Gerngross · Puchta · Becker

PLAYWAY 3

TEACHER'S BOOK

PLAYWAY Teacher's Book 3

1. Auflage 7 9 8 7 6 5 | 21 20 19 18 17

www.helbling.com
Ausgabe für Deutschland in Zusammenarbeit mit
Ernst Klett Verlag GmbH, Stuttgart
www.klett.de

Autoren: Carmen Becker, Günter Gerngross, Herbert Puchta
Redaktion: Manuela Adrigan, Barbara Alt, Christina Freudenschuss, Elisabeth Schipflinger
Layout: Helbling
Gestaltung: GrafikStudio HM
Umschlagillustration: Svjetlan Junaković
Illustrationen (Kopiervorlagen): Svjetlan Junaković, Charlotte Wagner, Elisabeth Weber
Reproduktion: Helbling, Rum/Innsbruck
Druck: Athesia, Innsbruck

Printed in Austria
ISBN 978-3-12-588123-5

Inhaltsverzeichnis

I. Einleitung

Die Logos für die einzelnen Komponenten von *Playway 3*:

	Pupil's Book
	Activity Book
	DVD
	CD
	Story Cards
	Picture Cards
	Word Cards
	Handpuppe Max

Playway to English

Text: Gerngross, Puchta
Musik: Lorenz Maierhofer

Zur Gestaltung:

P L A Y W A Y

snap left — snap right

Anmerkung: Der *Theme Song Playway to English* ist nicht zum Nachsingen für die Kinder gedacht.

I.
Einleitung

Die vorliegende Neubearbeitung von *Playway 3* stellt ein Lehrwerk für den Englischunterricht mit Beginn in der dritten Klasse dar, dessen wesentliches Kennzeichen das spielerische, nachhaltige Erlernen der Fremdsprache ist. Als Sprungbrett für die Entwicklung der interkulturell-kommunikativen Kompetenz entwickelt *Playway 3* mithilfe der SMILE-METHODE® Basiskompetenzen im Hörverstehen, Sprechen, Leseverstehen und Schreiben. Es weckt die Freude der Kinder am Lernen der Fremdsprache und stärkt ihr Selbstbewusstsein im Umgang mit dieser.

Die in der Praxis erfolgreich getestete SMILE-METHODE® basiert auf den folgenden Grundelementen:

S paß an der Fremdsprache
M erkhilfen durch Musik, Bewegung, Rhythmus und Reim
I ntelligenzförderung
L ernen mit allen Sinnen
E inbindung der Themenbereiche in den Gesamtunterricht

Playway 3 führt systematisch das Schriftbild ein und legt somit das Fundament für die Entwicklung der Kompetenzen im Schreiben und Lesen. Ferner ermöglicht es den Aufbau von landeskundlichem Orientierungswissen und bahnt gezielt den Erwerb der interkulturellen Kompetenzen schon in der Grundschule an.

Was ist neu an *Playway 3*?

Die Neubearbeitung von *Playway 3* bietet Ihnen neben bewährten Inhalten wie *Songs, Chants, Rhymes, Sketches, Cartoon Stories* und *Action Stories* auch eine Reihe wichtiger Neuerungen. Diese ermöglichen es Ihnen, Ihren Unterricht noch effizienter zu gestalten:

- **Eine stärkere Fokussierung auf persönliche und kreative Sprechanlässe**
  Das neue *Playway 3* bietet für die Entwicklung der Fertigkeiten des Sprechens neben der bewährten starken Output-Orientierung vielfältige Übungen, die die Kinder systematisch zum Sprechen in der Fremdsprache führen. Eine Erhöhung des Aufgabenangebotes an persönlichen Redeanlässen, z. B. Umfragen *(Class surveys)*, hilft den Kindern, zu den verschiedensten Themen in der Fremdsprache miteinander in Interaktion zu treten, sich zu persönlich relevanten Themen zu äußern und ein kontinuierlich anwachsendes Repertoire an kommunikativen Redemitteln zu erwerben.

- **Erweiterte Möglichkeiten zur inneren und äußeren Differenzierung**
  Alle Übungen der neuen Ausgabe sind mit 1–3 Sternen gekennzeichnet und entsprechen drei unterschiedlichen Anspruchsniveaus. Außerdem gibt es im Anhang des *Teacher's Book* Kopiervorlagen für leistungsstärkere Kinder und Kinder mit erhöhtem Förderungsbedarf. Das zusätzlich erhältliche Posterset (vgl. S. 9 f.) bietet den Kindern zahlreiche Gelegenheiten, sich entsprechend ihren Kompetenzniveaus und Interessen kreativ handelnd mit der Fremdsprache auseinanderzusetzen. Dabei wird das gesamte Leistungsspektrum gefördert und gefordert. Es wird ermöglicht, individuell auf die Bedürfnisse der Kinder einzugehen.

- **Eine behutsame Hinführung zum Verstehen des Regelsystems der englischen Sprache**
  Spezielle Hilfekästen *(LOOK!)* weisen die Kinder auf grammatische Phänomene der Zielsprache hin und fördern gezielt den methodischen Aufbau metakognitiver Kompetenzen. In strukturierten Sprachangeboten wie Geschichten, Dialogen und vielfältigen Übungsformen werden darüber hinaus der unbewusste Aufbau sowie Erwerb grammatischer Regeln ermöglicht.
  LOOK! I'm = I am

- **Eine stärkere Förderung der Entwicklung der Lese- und Schreibkompetenz**
  Playway 3 setzt behutsam und konsequent das Schriftbild als Merkhilfe zur Festigung wichtiger Wörter, Phrasen und Sätze ein. Vielfältige Aufgabentypen ermöglichen den differenzierten Aufbau der Lese- und Schreibkompetenz. Im neuen *Playway* sollen die Kinder in systematisch vorbereitenden Übungen zunächst Wörter, Phrasen und Sätze lesen, verstehen und abschreiben. Unter der bewährten Rubrik *My text* werden sie dann dazu angeregt, ihrem Leistungsstand oder Interesse entsprechend kleine Texte auf zwei unterschiedlichen Anspruchsniveaus durch *Creative Copying* individuell umzugestalten. Dies ermöglicht eine differenzierte Sicherung des Unterrichtsertrages und hilft dabei mit, den Lernfortschritt transparenter zu machen.
  My text

- **Eine stärkere Förderung des Erwerbs der interkulturellen Kompetenz**
  Neben den bereits bekannten *Sketches* rund um den Briten Mr Matt und seine beiden Kinder Danny und Daisy gibt es nun auch eine Serie von landeskundlichen Videos, die Einblick in das Alltagsleben der englischen Kinder Mia und Mike gibt. Die Serie zielt darauf ab, die interkulturelle Kompetenz der Kinder zu fördern. Diese können mithilfe der amüsanten Video-Geschichten Vergleiche zum eigenen Alltag anstellen. Damit wird das Verständnis kultureller Unterschiede angeregt und eine wichtige Voraussetzung für die Entwicklung von Empathie und Toleranz geschaffen.

- **Systematische Wege zum Aufbau eines individuellen Wortschatzes**
  Das neue *Playway* bietet Ihnen zum einen die bewährten multisensorischen Übungen zum Aufbau des Wortschatzes, zum anderen ermöglicht es Ihnen eine noch systematischere, auf individuelle Bedürfnisse abstimmbare und auf den neuesten Erkenntnissen der Forschung basierende Wortschatzarbeit. Eine Spalte mit den geschriebenen Kernwörtern der Unit ermöglicht den Einsatz des Schriftbildes als Merkhilfe von Anfang an sowie den Einsatz vielfältiger Übungen zur Festigung. Das Bild zur Wortschatzeinführung ist auch immer Teil eines Posters. Wenn Sie mit dem Posterset arbeiten, können Sie das jeweilige Poster in der Klasse aufhängen und auf diese Weise differenzierende Übungen zur Wortschatzarbeit durchführen (vgl. Einleitung, S. 18). Neben den bewährten alphabetischen Wortlisten im Anhang des *Pupil's Book*, mit welchen die Kinder auch den Umgang mit Wörterbüchern üben, bietet das neue *Playway* im Anhang des *Activity Book* thematische Wortfelder für eine systematische und kindgerechte Wortschatzarbeit.

- **Erweiterte Möglichkeiten der Evaluation und Selbstevaluation**
  Neben der Neufassung von *Show what you know* – dem bewährten Material zur Evaluation der fremdsprachlichen Kompetenz der Schüler/innen – bietet das neue *Playway* unter dem bereits bekannten Titel *Show what you can do* im *Activity Book* in regelmäßigen Abständen Doppelseiten zur Selbstevaluation im Bereich Wortschatz (linke Seite) und kommunikative Redemittel (rechte Seite) auf jeweils zwei Niveaustufen an.
  Nachdem die Kinder die Übungen gemacht haben, vergleichen sie ihre Ergebnisse mit einem bereitgestellten Lösungsblatt und beurteilen ihre Arbeit selbst mit *good, very good* bzw. *excellent.* Erfolgt eine Überprüfung der Selbsteinschätzung und eine Rückmeldung durch die Lehrkraft, unterstützt dies langfristig den Erwerb realistischer Selbsteinschätzungskompetenzen der Kinder.
  Zur Förderung einer realistischen Einschätzung kann auch eine Gesamtpunktezahl errechnet werden, indem die Kinder für jede richtig ausgeführte Aufgabe einen Punkt bekommen. Die Kinder vergleichen dann ihre Selbsteinschätzung mit der Tabelle, die Sie an die Tafel schreiben:
  21–24 Punkte = *excellent*
  15–20 Punkte = *very good*
  9–14 Punkte = *good*
  0–8 Punkte = *keep trying*
- **Eine stärkere Strukturierung der Units**
  Das neue *Playway 3* weist eine stärkere Strukturierung der Units im *Pupil's Book* auf. Die jeweils erste Seite der Units 1–9 beginnt mit einem Themenbild zur Wortschatzpräsentation; links neben dem Bild befindet sich eine Liste der neuen Wörter. Auf den ersten Seiten jeder Unit folgen eine *Cartoon Story* und/oder ein *Mr Matt Sketch* sowie zwei Seiten mit differenzierenden Übungen. Die Abschlussseite jeder Unit umfasst abwechselnd jeweils eine Möglichkeit zur Demonstration der Kompetenzen (Sprechen, Hören und Schreiben, interkulturell-landeskundlich) in verschiedenen Formen:
  - *Class survey* mit Interviews in Gruppenarbeit
  - *Mia & Mike* mit landeskundlich-interkulturellen Videos
  - *Word play* mit spielerischen Übungen zur Erstellung eigener kreativer Texte

  Diese stärkere und klar festgelegte Strukturierung ermöglicht es den Kindern, die innere Struktur des Buches unbewusst zu erfassen. Die Strukturierung wird dadurch vorhersehbar, was Sicherheit im Umgang mit dem Lernmaterial schafft und so Stress reduziert.

Die Werkteile von *Playway 3*

Playway 3 gliedert sich in ein umfassendes Angebot an Arbeitsmaterialien:

- *Teacher's Book*
- Audio-CDs
- *Pupil's Book*
- *Activity Book* inkl. Audio-CD oder
- *Activity Book* inkl. Audio-CD und Übungssoftware
- Schülersoftware Schullizenz
- DVD mit *Cartoon Stories, Mr Matt Sketches, Mia & Mike* Episoden
- *Cards Set* mit *Picture Cards, Word Cards, Story Cards*
- Handpuppe Max
- Posterset (neun Poster mit Begleitheft und Kopiervorlagen)
- Interaktive Tafelbilder
- *Show what you know* inkl. CD (Audio- und CD-ROM-Teil)

Teacher's Book

Im *Teacher's Book* finden Sie:

- **Informationen** über Aufbau, Werkteile und Einsatzmöglichkeiten des Materials sowie über die Ziele, die angestrebt werden. Außerdem finden Sie eine Einführung in die didaktische Konzeption von *Playway 3*, lernpsychologische Grundlagen und Prinzipien der Verwendung des Materials sowie eine Erörterung wichtiger Fragen des *classroom management.*
- **Kommentare** zu den einzelnen Units. Diese methodisch-didaktischen Anregungen bieten Ihnen eine klare Übersicht über das jeweilige Thema, die angestrebten Ziele, die Lerninhalte, die Lernaktivitäten und den Wortschatz sowie Hinweise zu möglichen Schwierigkeiten bei der Aussprache. Den Hauptteil bilden detaillierte und praxiserprobte Vorschläge, wie Sie die einzelnen Unterrichtssequenzen schrittweise in Ihrer Klasse erarbeiten können. Zudem finden Sie Anregungen, wie Sie die Fertigkeiten des Hörverstehens und Sprechens und Teilfertigkeiten wie Wortschatz und Aussprache üben können.
- **Anhangseiten:** Im Anhang des *Teacher's Book* finden Sie eine Reihe von Kopiervorlagen:
  - Mit den Übungen für *Fast finishers* stehen Ihnen Aufgaben zur zeitlichen Differenzierung besonders schnell arbeitender und zur Förderung leistungsstarker Kinder zur Verfügung. KV 1
  - Ferner gibt es Übungen mit einem geringen Anspruchsniveau für Kinder mit erhöhtem Förderbedarf. KV 3
  - Zusätzlich gibt es eine Auswahl an Bastelvorlagen.

Audio-CDs für den Unterricht

Die beiden Audio-CDs für den Unterricht enthalten Hörübungen *(Listening Exercises), Action Stories, Rhymes, Songs* und *Chants*, Dialoge und Interviews sowie die Hörspielversionen der *Cartoon Stories.* Für *Songs* und *Chants* gibt es Playbackversionen, wobei diese für die *Chants* stufenweise eingeführt werden. In der ersten Stufe (Halb-Playback) fehlen Textteile, die von den Kindern zu ergänzen sind. Die reine Playbackversion gibt nur noch den Rhythmus als Grundlage zum Mitsprechen vor. Das intensive und häufige Hören der Fremdsprache ist eine wichtige Voraussetzung für die Ausbildung der Fertigkeit des Sprechens.
Durch die Audio-CDs kommen die Kinder oft erstmals mit Beispielen authentischer Aussprache und Intonation von englischen Kindern und Erwachsenen *(native speakers)* in Berührung. Natürlich stellt die Lehrkraft das wichtigste Modell für die Aussprache und Intonation der Kinder dar, doch durch den Einsatz der CDs haben die Kinder vom Beginn ihres Lernprozesses an auch die Gelegenheit, unterschiedliche *native speakers* zu hören. Die Kinder können so ein differenziertes Hörverstehen entwickeln, das nicht nur auf eine Bezugsperson beschränkt ist. Dies stellt eine ideale Ausgangsposition für die Begegnung mit unterschiedlichen englischen Aussprachevarianten dar. Das differenzierte Hörverstehen gibt den Kindern zudem die Möglichkeit, beim Sprechen auf vielfältige Modelle zurückgreifen zu können. So haben wir in der Erprobungsphase von *Playway 3* immer wieder festgestellt, dass einige Kinder im Rollenspiel die Aussprache der Rollencharaktere fast perfekt nachahmen können. Es besteht offensichtlich ein Zusammenhang zwischen Motivation und Aussprache. Die nahezu perfekte Imitation, die bei isolierten Ausspracheübungen

nur selten erreicht wird, gelingt z. B. bei der Arbeit an einem lustigen Rollenspiel durch die Identifikation mit den Charakteren auf spielerische Weise.

Pupil's Book

Das *Pupil's Book* (64 Seiten) bietet zahlreiche Illustrationen, die die Entwicklung des Hörverstehens, Sprechens und Leseverstehens der Kinder unterstützen. Die Fertigkeit des Schreibens wird behutsam in Form einfacher Abschreibübungen angebahnt. Allmählich werden die Kinder mithilfe von Übungen zum Nachschreiben, Abschreiben und Umschreiben (siehe dazu auch die Ausführungen auf S. 22 f.) an die Fertigkeit des Schreibens herangeführt, ohne dass sie dadurch überfordert werden.

Beispiele für die Vielfalt der Übungen, die Ihnen im *Pupil's Book* zur Verfügung stehen:

- Spielerische Übungen zur Wortschatzwiederholung und -festigung: Nach der Wortschatzeinführung zum Thema *Body* stehen die Kinder beispielsweise in kleinen Gruppen im Kreis und werfen sich einen Ball zu. Sobald ein Kind den Ball fängt, nennt es eines der gerade erlernten Wörter.
- Illustrationen der Liedtexte bzw. der Texte der *Chants* (rhythmische Sprechgesänge): Die Kinder hören nach der Einführung von wichtigem Wortschatz das Lied bzw. den *Chant* von der CD und schauen im Buch mit. Sie lernen mithilfe der Bilder die Texte zu verstehen und allmählich auch zu singen.
- Illustrationen, die helfen, die Aufmerksamkeit der Kinder während des Anhörens der CD auf gezielte Aufgabenstellungen zu lenken. Die Kinder hören beispielsweise mehrere Dialoge und sollen diesen bestimmte Bilder zuordnen.
- Modellhafte Darstellungen szenischer Sprachverwendung in der Klasse anhand von Fotos, die Kinder in Interaktion zeigen. Unterstützend werden in den Sprechblasen wichtige Redemittel abgedruckt, die die Kinder während der Übung verwenden sollen.
- Die Kinder werden durch Bildimpulse dazu angeregt, über sich selbst zu sprechen (z. B. darüber, welche Tiere sie gerne mögen).
- Spielvorlagen für Partnerarbeiten und Gruppenspiele: Auf S. 46 im *Pupil's Book* spielen die Kinder beispielsweise ein Kartenspiel, das sie auf der Basis einer Bastelvorlage selbstständig gestalten können. Spielerisch setzen die Kinder so den neuen Wortschatz ein.
- ***My text*** Modelltexte als Hilfe zur Erstellung eigener kurzer Texte: Die Kinder lesen kurze Texte auf zwei Niveaus. Anschließend wählen sie nach Interesse und/oder Leistungsstand einen der beiden Texte aus und nutzen diesen als Vorlage für die eigene Textproduktion, indem sie einzelne Wörter austauschen.
- ***Word plays*** mit vorbereitenden Übungen: Hier lernen die Kinder *Rhymes* oder *Poems* und wandeln diese kreativ um, indem sie im Modelltext markierte Wörter austauschen.
- ***Class surveys*** mit Beispielen zum Führen von Interviews in Kleingruppen und zur Präsentation der Ergebnisse vor der Klasse.
- Die beliebten ***Cartoon Stories*** werden nun als vollständige Comics zum Mitlesen und -sprechen angeboten.
- ***Mia & Mike:*** Die Kinder finden hier fotobasierte *Pre-* und *Post-viewing* Aufgaben zu den *Mia & Mike* Episoden. So raten die Kinder im Vorfeld z. B., welche Fotos die Protagonisten der Geschichte abbilden und überprüfen dies beim Schauen der Episode. Zum Abschluss führen sie ein Gruppenprojekt durch.
- ***Special days***: Die Kinder erwerben hier landeskundlich-interkulturelles Orientierungswissen, indem sie kurze informative Texte zu den Feiertagen *(Christmas, Thanksgiving, Easter)* hören und lesen und jeweils passend zum Thema kreativ handeln, wie z. B. Lieder singen, Szenen spielen oder ein Poster über Ostern in der eigenen Familie erstellen.

Activity Book

Das *Activity Book* (56 Seiten) dient dem aufgabenorientierten Arbeiten in der Klasse. Die folgenden Beispiele veranschaulichen dies:

- Die Kinder haben eine *Cartoon Story* unter Einsatz der DVD gesehen. Sie haben die Geschichte anschließend im *Pupil's Book* zur Audio-CD mitgelesen. Nun bearbeiten sie Aufgaben auf drei Niveaustufen im *Activity Book*:
  - Bei der ersten Aufgabe schauen sich die Kinder Bilder aus der Geschichte an und lesen einen beschreibenden Satz. Anschließend entscheiden sie, ob der Satz zum Bild passt oder nicht.
  - Bei der zweiten Aufgabe vervollständigen die Kinder Lückentexte zur Geschichte mithilfe vorgegebener Wörter im Kästchen.
  - Bei der optionalen dritten Aufgabe bringen die Kinder Sätze der Geschichte in die chronologisch richtige Reihenfolge.
- Die Kinder hören eine Hörübung von der CD und führen eine Aufgabenstellung im *Activity Book* aus. Sie malen beispielsweise ein Bild gemäß den Anweisungen an, ordnen Sätze und Bilder einander zu, bringen Bilder in die richtige Reihenfolge, etc.
- Selbstevaluation *(Show what you can do)*: Nach jeder zweiten Unit findet sich im *Activity Book* eine Doppelseite mit der Überschrift *Show what you can do*. Diese Seiten fungieren als Zusammenfassung, Wiederholung und Festigung des verbindlichen Lernstoffes in Form von Wortschatz und Phrasen (kommunikative Sprachfunktionen) und dienen der Selbstevaluation. Die Kinder können damit ihren Wortschatz und ihr Handlungswissen an kommunikativen Sprachfunktionen zunächst mithilfe der Lehrperson und allmählich immer selbstständiger evaluieren.
- *Picture Dictionary:* Im Anhang des *Activity Book* befindet sich ein *Picture Dictionary*. Dieses ersetzt das klassische Vokabelheft mit Übersetzungen und soll das Dokumentieren von Wörtern in sinnvollen lexikalischen Einheiten und somit das langfristige Behalten des Vokabulars ermöglichen. Nach dem Bearbeiten einer Unit ordnen die Kinder die Wörter entsprechend den Bildern zu. Das Treffen von Entscheidungen zu jedem Wort ist kognitiv herausfordernd, unterstützt die Wahrscheinlichkeit der Integration des neuen Wortschatzes in bestehende Netzwerke und ermöglicht die Übertragung in das Langzeitgedächtnis.

Audio-CD für zu Hause (enthalten im *Activity Book*)
Es gibt zu *Playway 3* auch eine Audio-CD für die Verwendung zu Hause. Diese ist dem *Activity Book* beigelegt. Sie enthält zur Wiederholung alle *Chants* und *Songs* des *Pupil's Book*. Eine solche Wiederholung zu Hause übt mit Sicherheit einen positiven Einfluss auf die Aussprache und Intonation der Kinder aus.

CD-ROM (enthalten in der erweiterten Ausgabe des *Activity Book*)
Die erweiterte Ausgabe des *Activity Book* enthält neben der

Audio-CD für zu Hause auch eine CD-ROM. Diese Übungssoftware beinhaltet nicht nur Vokabeltraining, sondern auch entsprechende Übungen zu den *Action Stories*, *Cartoon Stories*, *Chants*, *Songs* und *Rhymes* aus dem Buch, sodass zu Hause oder auch in der Schule ein spielerisches Training der Inhalte aus *Playway 3* erfolgen kann.

Systemvoraussetzungen:
Betriebssystem: Windows 7, Windows 10, Mac OS X 10.13;
Hardware: CD-ROM Laufwerk; Festplattenspeicher: 300 MB;
Diese Software basiert auf Adobe AIR. Eine Verwendung der Software ist gegebenenfalls auch auf anderen Windows- und Mac-Versionen, die von Adobe AIR unterstützt werden, möglich.

Schülersoftware – Schullizenz (CD-ROM)

Die Schullizenz ist inhaltlich identisch mit der Einzelplatzversion. Zusätzlich zur Übungssoftware beinhaltet die Schullizenz ein Einstellungs- und Diagnoseprogramm, mit dem die Lehrkraft Klassen und Benutzer/innen anlegen und verwalten sowie einen Überblick über die Lernergebnisse ihrer Schüler/innen erhalten kann.
Systemvoraussetzungen: vgl. CD-ROM im *Activity Book*

DVD

Die DVD für den Unterricht enthält sieben *Cartoon Stories*, vier *Mr Matt Sketches* und drei *Mia & Mike* Episoden, die auf anregende, spannende und humorvolle Art die Fremdsprache in narrativen bzw. dialogischen Kontexten präsentieren, die zu den Themenbereichen passen.
Die *Cartoon Stories* sind im Zeichentrickverfahren hergestellt und voll animiert. Daneben gibt es auch eine Reihe humorvoller Kurzfilme, die sogenannten *Mr Matt Sketches*. Im Mittelpunkt dieser Sequenzen stehen Mr Matt und seine beiden Kinder Danny und Daisy. Als weiteres interkulturell-landeskundliches Element findet sich die *Mia & Mike* Serie auf der DVD. Hauptdarsteller der drei Sequenzen sind die beiden englischen Schulkinder Mia und Mike, die Einblick in ihr Alltagsleben in Großbritannien geben.

Die *Cartoon Stories*, *Mr Matt Sketches* und die *Mia & Mike* Episoden motivieren die Kinder, denn sie erleben die Fremdsprache in einem authentischen Kontext. Das Zusammenwirken von Bild und Ton bietet eine wichtige Stütze für den Verstehensprozess und die Entwicklung der Kompetenz des Hör- und Sehverstehens. Gleichzeitig regen die *Mr Matt Sketches* und die *Mia & Mike* Serie den Aufbau des landeskundlichen Orientierungswissens und somit die interkulturelle Kompetenz an, indem Aspekte wie der britische Humor oder das Familienleben englischer Schulkinder kindgerecht thematisiert werden. Der Einsatz von *native speakers* als Sprecher/innen bzw. Schauspieler/innen bietet eine ideale Vorbereitung für das Verstehen von Sprache in realen Situationen. Damit werden den Kindern auch wichtige Aussprachemodelle angeboten. Kinder der dritten Klasse lernen Aussprache noch stark imitativ und Erfahrungen im Klassenzimmer zeigen, dass dieser Prozess dann besonders wirksam wird, wenn die Aussprachemodelle entsprechend motivierend sind und zur Imitation einladen.
Es soll hier darauf hingewiesen werden, dass es zu den *Cartoon Stories* der DVD auch Hörspielversionen auf den Audio-CDs gibt. Dadurch können die Kinder eine Geschichte auch öfter zur Wiederholung anhören, ohne dass ein PC oder Fernseher mit DVD-Spieler benutzt werden muss.

Nach dem Anschauen der *Story* von der DVD hören die Kinder die Version von den Audio-CDs, wenn sie im *Pupil's Book* die *Cartoon Story* als Comic mitlesen oder mitsprechen.

Cards-Set

Dieses kompakte Paket mit *Picture Cards*, *Word Cards* und *Story Cards* unterstützt Sie bei Ihrer Arbeit im Unterricht.

Picture Cards

Auf den *Picture Cards* sind wichtige Wörter bildlich dargestellt. Die *Picture Cards* sind ein wesentliches Mittel der Bedeutungsvermittlung. Sie helfen den Kindern, die Bedeutung wichtiger neuer Wörter zu verstehen und sich die Wörter besser einzuprägen, da diese Visualisierung den Lernvorgang maßgeblich unterstützt.
Die *Picture Cards* sparen außerdem Vorbereitungszeit, weil Sie sich das Zeichnen an der Tafel oder das Herstellen von Bildern ersparen. Im *Teacher's Book* finden Sie zahlreiche Hinweise, wie die *Picture Cards* zur Erarbeitung und Wiederholung des Wortschatzes eingesetzt und in Spielen verwendet werden können.
Ein Verzeichnis aller zur Verfügung stehenden *Picture Cards* befindet sich im Anschluss an die methodisch-didaktischen Anregungen zu den einzelnen Units im *Teacher's Book* (siehe S. 214).

Word Cards

Die *Word Cards* zeigen das Schriftbild wichtiger Begriffe. Sie werden bei der Wortschatzarbeit zur Lernunterstützung eingesetzt. Nach der Vermittlung von Bedeutung und Aussprache mittels *Picture Cards* wird mithilfe der *Word Cards* das Schriftbild eingeführt. Dies geschieht ganzheitlich, um Interferenzen zu vermeiden, die durch die von der Aussprache abweichende Schreibung englischer Wörter auftreten können.
Ein Verzeichnis aller zur Verfügung stehenden *Word Cards* befindet sich im Anschluss an die methodisch-didaktischen Anregungen zu den einzelnen Units im *Teacher's Book* (siehe S. 214).

Story Cards

Zu den *Cartoon Stories* in *Playway 3* gibt es *Story Cards*. Wenn die Kinder eine Geschichte auf DVD angesehen haben, wiederholt die Lehrkraft die Geschichte mithilfe der *Story Cards* und allmählich können die Kinder bei der Rekonstruktion der Geschichte mitsprechen. Erst dann bearbeiten die Kinder die Aufgabe im *Pupil's Book* bzw. *Activity Book*.

Die Handpuppe Max

Die Handpuppe Max dient der anschaulichen Darstellung von Dialogen in der Klasse. Mit ihrer Hilfe können Sie sozusagen als „zwei Personen" agieren. Dadurch können die Kinder kurze Dialoge besser verstehen. Sie können Max aber auch einsetzen, um Kindern Fragen zu stellen bzw. mit ihnen einfache Dialoge zu spielen. Auch kleine Rollenspiele, in denen ein Kind die Handpuppe führt, sind möglich. Dies bietet sich z. B. an, nachdem die Kinder eine Geschichte auf DVD gesehen haben.

Das Posterset

Das Posterset enthält insgesamt neun Unit-bezogene Poster. Die Poster sind optional einsetzbar, dienen zur Wortschatzarbeit und zur inneren und äußeren Differenzierung im regulären Englischunterricht. Zu jedem Poster gibt es vier Aufgaben mit ansteigender Schwierigkeit, die selbstständig von den Kindern in Einzel-, Partner- und Gruppenarbeit bearbeitet werden können. Die ersten Aufgaben dienen dabei jeweils der Festigung des Wortschatzes, daran schließen sich Aufgaben zur Festigung von Phrasen *(chunks of language)* und Dialogen an. Eine Aufgabe zum kreativen selbstständigen Handeln rundet den jeweiligen Aufgabenkomplex ab. Dabei geht es zumeist darum, ohne Vorlage mit dem zur Verfügung stehenden Sprachrepertoire eigene kleine Dialoge und Szenen zu entwickeln. Dies soll die Kreativität der Kinder fördern und ihr Selbstbewusstsein im Umgang mit der Fremdsprache von Anfang an entwickeln. Als fünfte Bonusaufgabe können die Kinder ein verstecktes Objekt im Poster finden. Die Angaben zu den Aufgaben finden Sie als Kopiervorlagen im Poster-Begleitheft.

Interaktive Tafelbilder

Durch den Einsatz der Interaktiven Tafelbilder bietet sich den Kindern zusätzlich die Möglichkeit, den neuen Wortschatz über die „analoge" Posterarbeit hinaus mit allen Sinnen zu erfahren. Mithilfe dieser neuen interaktiven Software können nicht nur die Poster mittels Whiteboard oder Beamer projiziert werden, sondern es gibt auch einige Zusatzfunktionen. Klicken die Kinder auf die einzelnen Objekte/Tiere/etc., ertönt das Wort und/oder das entsprechende Schriftbild wird eingeblendet. Dasselbe gilt für einige ausgewählte Szenen auf dem Poster: Wird eine bestimmte Szene angeklickt, ist ein Modelldialog zu hören bzw. können optional auch die entsprechenden Redemittel eingeblendet werden. Die Kinder werden dadurch animiert, selbst kleine Dialoge und Szenen zu entwickeln und dabei die neuen Wörter zu verwenden. Zusätzlich werden die *Story Cards, Picture Cards, Word Cards* und die Videogeschichten in digitaler Form angeboten.

Show what you know

Im Englischunterricht der Grundschule geht es vor allem um die Entwicklung und Schulung des Hörverstehens und des Sprechens sowie um die Anbahnung der Lesefertigkeit. Um feststellen zu können, ob diese Ziele erreicht wurden, ist eine verlässliche Evaluation des Lernstandes und der Sprachkompetenz der Kinder notwendig. Diese Evaluation kann als Grundlage für die Bewertung und Benotung der Leistungen dienen. Das Material zu *Show what you know* enthält neben den Tests in Form von Kopiervorlagen auch eine *Testbuilder*-Software sowie Audioaufnahmen zu den Höraufgaben der Tests. Ferner werden zu den einzelnen Testaufgaben Lösungen bzw. Tapescripts zu den *listening comprehensions* angeboten. Zu jeder Unit stehen Ihnen Tests zur Verfügung, die nach Kompetenzen aufbereitet sind und teilweise auf zwei Anspruchsniveaus bearbeitet werden können. Mit den Materialien zu *Show what you know* bietet Ihnen *Playway 3* die Möglichkeit, den Lernstand der Kinder verlässlich zu evaluieren.

Ziele

Playway 3 hat folgende Ziele:

- Die Kinder mit allen Sinnen erleben zu lassen, dass das Lernen einer Fremdsprache Spaß macht.
- Die Kinder in die Lage zu versetzen, die Fremdsprache als Mittel der Kommunikation zu erleben.
- Das Hörverstehen und das Sprechen zu entwickeln, allmählich die Fertigkeit des Lesens anzubahnen und behutsam mithilfe von Übungsformen wie Nachschreiben, Abschreiben, Umschreiben die Fertigkeit des Schreibens vorzubereiten. In *Playway 4* für die Klasse 4 werden diese Grundlagen für das Schreiben weiter vertieft.
- Zum Prozess der Entwicklung der intellektuellen, sozialen, emotionalen und motorischen Fertigkeiten der Kinder beizutragen.
- Durch das Kennenlernen einer anderen Sprachgemeinschaft den Grundstein für eine aufgeschlossene und positive Haltung anderen Völkern und Kulturen gegenüber zu legen.
- Lehrkräften konkrete Unterrichtsmodelle für einen innovativen und zeitgemäßen Fremdsprachenunterricht in der Grundschule anzubieten und sie mit Ideen zur Integration des Fremdsprachenlernens in den Gesamtunterricht zu unterstützen.

Inhalte

Playway 3 ist in mehrere Themenbereiche gegliedert, die entsprechend dem Alter und den Interessen der Kinder dieser Schulstufe ausgewählt wurden und sich auch in den Gesamtunterricht integrieren lassen, da sie selbst immer wieder Elemente anderer Unterrichtsbereiche enthalten. So können beispielsweise die *Songs* und *Chants* im Musikunterricht bearbeitet werden, die *Action Stories* und Bewegungsspiele lassen sich in den Sportunterricht integrieren, verschiedene Themenbereiche bieten Anknüpfungspunkte zum Sachunterricht, und einfache Rechenaufgaben (wie z. B. im *Activity Book* auf S. 26) stellen Elemente des Mathematikunterrichts dar.
Playway 3 greift in den *Mr Matt Sketches*, der *Mia & Mike* Serie und auf den *Special days* Seiten landeskundliche und interkulturelle Aspekte englischsprachiger Länder, wie z. B. Schule, Familienleben, Essen, Feiertage etc., auf.
Als Protagonisten in den *Cartoon Stories* sowie in den Hörübungen von *Playway 3* finden sich des Öfteren Linda, Benny und Max. Max ist eine Fantasiefigur, die mit Benny und Linda befreundet ist. Max tritt als Handpuppe immer wieder in Aktion und agiert in Dialogen im Klassenzimmer.

Themenbereiche

Starter Unit	*What's your name?*
Unit 1	*Hello*
Unit 2	*School*
Unit 3	*Animals*
Unit 4	*Clothes*
Unit 5	*Family*
Unit 6	*Body*
Unit 7	*Weather*
Unit 8	*Lunch time*
Unit 9	*On the farm*
Special days	*Christmas, Thanksgiving, Easter*

Textsorten

Die Inhalte der Themenbereiche werden mithilfe folgender Textsorten vermittelt:

- *Cartoon Stories*
- *Mr Matt Sketches*
- *Mia & Mike* Episoden
- *Action Stories*
- *Songs*
- *Chants*
- *Rhymes* und *Poems*

Es gibt eindeutige Befunde dafür, dass fremdsprachliche Informationen dann am besten im Gedächtnis der Kinder bleiben, wenn die Lerninhalte besonders ansprechend sind. Der Großteil der Informationen, die über die verschiedenen Sinneskanäle unser Gehirn erreichen, wird rasch vergessen. Im Gedächtnis wird behalten, was für uns selbst relevant ist. Für die Vermittlung von interessanten und lustigen Inhalten sind *Stories, Rhymes, Songs* und *Chants* daher besonders gut geeignet.

Cartoon Stories, Mr Matt Sketches, Mia & Mike Episoden

Geschichten sind aus dem Unterricht der Grundschule nicht wegzudenken. Das mit gutem Grund, wie Lernpsychologen immer wieder betonen, da Geschichten einen wesentlichen Beitrag zur kulturellen, sozialen und emotionalen Entwicklung des Kindes leisten können, wie Egan bestätigt:

> *The story form is a cultural universal; everyone everywhere enjoys stories. The story, then, is not just some casual entertainment; it reflects a basic and powerful form in which we make sense of the world and experience.*[1]

Im Fremdsprachenunterricht lernen die Kinder, mithilfe von Geschichten längere Handlungsabfolgen zu verstehen. Dadurch gewöhnen sie sich allmählich an eine beschreibende und narrative Sprache. Befunde der Aktionsforschung zum Fremdsprachenunterricht in der Grundschule haben klar gezeigt, dass Geschichten in der Beliebtheitsskala bei Kindern ganz vorne liegen. Geschichten sind starke Motivationsträger und bleiben bei entsprechender Vermittlung sehr stark im Gedächtnis verankert.

Außerdem fördern sie die Freude der Kinder an der szenischen Darstellung. Nachdem die Kinder sich die Geschichten auf DVD angesehen haben, werden zunächst unterschiedliche Aufgabentypen bearbeitet. Danach besteht die Möglichkeit, Minidialoge einzuüben und anschließend ein Rollenspiel aufzuführen.

Die Arbeit mit Rollenspielen trägt wesentlich zur Entwicklung der Sprechfertigkeit der Kinder bei. Der hohe Grad der Identifikation mit dem Inhalt einer Geschichte kann darin gesehen werden, dass es vielen Kindern im Rollenspiel gelingt, Aussprache und Intonation der Rollen, der Sprecher/innen, die sie vorher von der DVD gehört haben, verblüffend ähnlich nachzuahmen.

Action Stories

Action Stories sind kurze Geschichten, deren Sätze sich durch Bewegung, Gestik und Mimik darstellen lassen. Die Bearbeitung erfolgt durch die von James Asher[2] entwickelte Methode der *Total Physical Response (TPR),* mithilfe derer Sprache multisensorisch vermittelt wird und zunächst eine intensive Schulung der Rezeptionsfähigkeit der Lernenden angestrebt wird. Wie bereits bei den *Stories* angemerkt wurde, ist die Schulung des Hörverstehens von großer Bedeutung. Je enger das Hörverstehen mit konkretem Tun verknüpft ist, desto besser merken sich die Kinder die gelernten Sprachmittel, und desto leichter können sie diese produktiv anwenden. Bei den *Action Stories* hören die Kinder einen Satz und stellen ihn sofort gestisch dar, indem sie die Lehrkraft imitieren. Auf einen gehörten Satz folgt also die „körperliche" Darstellung. Das heißt, dass Hörverstehen unmittelbar mit dem Tun verknüpft ist.

Action Stories sind ein klassisches Beispiel für das Lernen mit allen Sinnen. Untersuchungen zum Einsatz der *Total Physical Response* weisen nach, dass sich diese Methode aus mehreren Gründen für die Fremdsprachenvermittlung mit Kindern im Anfangsunterricht besonders gut eignet:

- Das gemeinsame Tun lässt das Kind die Ausführung der Anweisungen als Bewegungsspiel erleben. Sprache und Handeln werden als miteinander untrennbar verbunden erlebt, und die Bedeutung der Sprache wird direkt aus der Handlung erfahren.
- *Action Stories* werden in einem angstfreien Klima in spielerischer Form gelernt. Die Bewegung in der Gruppe gibt Sicherheit, und zwar auch jenen Kindern, die zur Verarbeitung der Sprache etwas länger brauchen. Sie können sich an anderen Kindern in der Gruppe orientieren und sie als „Modelle" des eigenen Sprachhandelns verwenden.
- Das Kind erlebt durch die *Action Stories* von Anfang an, dass es in der Fremdsprache etwas tun kann. Dies ist ein wichtiges Erfolgserlebnis und stärkt das Vertrauen in die eigene fremdsprachliche Lernfähigkeit.
- Die Schulung des Hörverstehens bildet eine wichtige Grundlage für das Sprechen. Bei der Erarbeitung der *Action Stories* sollen die Kinder zunächst zuhören. Allmählich werden sie mitsprechen, was die Lehrperson sagt, und können dadurch Sicherheit in Aussprache und Intonation gewinnen.

Das primäre Ziel der Arbeit mit *Action Stories* liegt in der Entwicklung des Hörverstehens. Das heißt, dass das Lehr-/Lernziel dann erreicht ist, wenn die Kinder die Sätze einer *Action Story* am Ende der Übungsphase selbstständig ausführen können. Es ist nicht Ziel der Arbeit mit *Action Stories*, dass die Kinder den Text der Geschichten nachsagen oder gar frei rekonstruieren können.

Songs

Lieder sind für Kinder im Grundschulalter besonders motivierend. Das Singen in der Gruppe macht Spaß, und Kinder freuen sich, wenn sie im Laufe des Jahres ein Repertoire an Liedern erlernt haben. *Playway 3* bietet *Songs* an, die speziell zu den Themenbereichen im Buch verfasst wurden. Dies hat den Vorteil, dass die *Songs* inhaltlich mit den übrigen Elementen eine Einheit bilden und dass der sprachliche Input gut kontrolliert werden kann. Falls Sie zusätzlich auf traditionelle Lieder aus dem englischsprachigen Raum nicht verzichten wollen, steht Ihnen eine große Auswahl von Material zur Verfügung.[3]

Chants

Chants sind Texte, die in einem bestimmten Rhythmus gesprochen werden. Sie bieten eine vortreffliche Übungsmöglichkeit für Aussprache, Intonation und Sprachrhythmus.

1 Kieran Egan, Teaching as Story Telling, University of Chicago Press, 1986, S. 2.
2 James Asher, Learning Another Language Through Actions. The Complete Teacher's Guide Book, Sky Oaks Publications, Los Gatos, CA. 1986.

3 Vgl. z. B. PONS Singlish – Das Liederbuch zum Mitsingen Englisch.

Auch alle *Chants* in *Playway 3* wurden speziell zu den Themenbereichen im Buch verfasst.
Bei der Erarbeitung eines *Chant* hören die Kinder diesen zunächst von der CD. Im *Pupil's Book* findet sich eine grafische Repräsentation des Textes. Während des nochmaligen Hörens zeigen die Kinder mit. In der Erprobungsphase von *Playway 3* zeigte sich, dass die Bilder beim gedanklichen Rekonstruieren des Textes sehr hilfreich sind.
Die Kinder sehen dann die Gestik der Lehrperson, imitieren sie und sprechen gleichzeitig. Danach hören sie die erste Playbackversion mit Lücken (Halb-Playback) und sprechen die fehlenden Textpassagen. Schließlich wird der vollständige Text mit rhythmischer Unterstützung durch die zweite Playbackversion gesprochen.

Rhymes

Auch die *Rhymes* in *Playway 3* wurden entsprechend den Themenbereichen im Buch ausgewählt. Zudem wurde darauf geachtet, dass sich die meisten *Rhymes* auch multisensorisch erarbeiten lassen. So wird beispielsweise der folgende *Rhyme* aus dem Themenbereich *Weather* (*Pupil's Book*, S. 42) dadurch erarbeitet, dass die Kinder gleichzeitig hören, sprechen und bestimmte Bewegungen ausführen.

Peter Frog likes the fog.
Hippo Jane likes the rain.
Penguin Joe likes the snow.
Lion Scott likes it hot.
And Stuart, our crazy dog,
likes sun and rain and snow and fog.

Die Erarbeitung unter Einbeziehung möglichst vieler Sinne bewirkt ein langfristiges Behalten im Gedächtnis. Befunde der Aktionsforschung im Englischunterricht der Grundschule zeigen, dass Kinder, die Textstücke vergessen haben, diese leicht wieder aktivieren können, wenn sie sich die Abfolge der Bewegungen in Erinnerung rufen.

> *Playway 3* ist inhaltlich auf die Interessen der Kinder der dritten Klasse abgestimmt. Deshalb haben Textsorten Priorität, die diesen Interessen entgegenkommen, wie *Stories, Sketches, Songs, Rhymes* und *Chants.* Die Vermittlung dieser Textsorten geschieht mit Methoden, die möglichst viele Sinne der Kinder ansprechen. **Die Kombination von interessanten Inhalten und ganzheitlicher Präsentation sichert das Behalten und den Spaß am Lernen der Fremdsprache.**

Der Einsatz von *Playway 3* im Unterricht

Im Unterricht der Grundschule bieten sich zahlreiche Möglichkeiten, die in *Playway 3* angebotenen Materialien in Verbindung mit Themen des Gesamtunterrichts einzusetzen. Das Angebot an Themen in *Playway 3* ist so gestaltet, dass die Lehrkraft immer wieder Inhalte und Aktivitäten vorfindet, die eine Verbindung zu den jeweils aktuellen Themen des Gesamtunterrichts möglich machen.

Die Auswahl des Unterrichtsmaterials

Die Units in *Playway 3* orientieren sich an den gängigen Themen der Unterrichtspraxis der dritten Klasse und nehmen auch auf aktuelle Feste und Feiern im Jahreskreis Bezug (*Special days* Seiten im Anhang des *Pupil's Book*). Die Übersicht ab S. 13 im *Teacher's Book* ermöglicht Ihnen das schnelle Auffinden passender Inhalte und Aktivitäten.
Am Beginn der methodisch-didaktischen Hinweise zu den einzelnen Unterrichtssequenzen finden Sie weitere detaillierte Informationen. Mit ihrer Hilfe können Sie sich rasch einen Überblick über den Stoff und die Unterrichtsszenarien im Rahmen einer Sequenz verschaffen. Im Einzelnen werden dort die folgenden Punkte aufgelistet:

- Wortschatz, Phrasen und Strukturen
- Sprachliche Fertigkeiten
- Kognitive, motorische und soziale Fertigkeiten
- Integration in den Gesamtunterricht
- Materialien

Die Anweisungen im *Pupil's Book* und im *Activity Book* am Beginn jeder Übung geben Hinweise darauf, welche Unterrichtsverfahren in der Arbeit mit dieser Seite hauptsächlich zum Einsatz kommen. Diese Anweisungen erleichtern auch die Vorbereitung auf den Unterricht. Für die Kinder werden sie allmählich zu Wegweisern im Lernprozess und helfen mit, ein positives Bewusstsein für Lernroutinen zu wecken.
Um den Unterrichtsablauf zu optimieren und das Auffinden der Hörtexte zu erleichtern, ist die Audio-Tracknummer aller Hörtexte nun direkt bei den Anweisungen jeder Übung angeführt.
Ferner sind alle Übungen mit 1–3 Sternen gekennzeichnet, sodass die Niveaustufe von Grundanforderung (ein Stern) bis hohem Anforderungsniveau und optionaler Bearbeitung (drei Sterne) auf den ersten Blick sichtbar ist. So können Sie Differenzierungsmaßnahmen optimal planen. Für die Kinder ermöglichen die Sterne eine Einschätzung des Anspruchsniveaus und eine Unterstützung beim Erwerb von Selbsteinschätzungskompetenzen.
Zur einfachen Handhabung finden Sie im *Pupil's Book* Verweise, die Sie auf die Verwendung des *Activity Book* und der Poster hinweisen. Zudem finden sich sowohl im *Pupil's Book* als auch im *Activity Book* Verweise auf die Kopiervorlagen im Anhang des *Teacher's Book.*

Zur zeitlichen Länge der Unterrichtssequenzen

Die Units in *Playway 3* sind so aufgebaut, dass sie ein ausgewogenes Angebot für das dritte Unterrichtsjahr darstellen. Die zeitliche Länge der einzelnen Unterrichtssequenzen lässt sich dabei nicht einheitlich festlegen, weil viele der Aktivitäten in *Playway 3* nahtlos zu Lerninhalten anderer Unterrichtsbereiche überleiten. Ein Beispiel: Am Ende der Unit *Weather* führen die Kinder eine Wetteraufzeichnungstabelle und befragen sich gegenseitig zu ihren Lieblingswettererscheinungen und Jahreszeiten. Diese Phase leitet nicht nur zum Sachunterricht über, sondern dient zudem der Entwicklung logisch-mathematischer und sozialer Fähigkeiten.

Unterrichtsplanung für das Schuljahr

Die Planung des Unterrichts sollte immer in Hinblick auf die jeweilige Klassensituation erfolgen.
Die folgende Übersicht gibt ein Beispiel für die Grobplanung. Diese Übersicht stellt eine Rahmenvorgabe dar, die als Grundlage für individuelle Planungen verwendet werden kann.

Unit	Kernwortschatz	Redemittel und Strukturen	Zeitrahmen
Starter – What's your name?	*one; two; three; four; five; six*	• *What's your name?; Hello to you; Hello/Hi, I'm …; How are you?; I'm good, thanks; Good morning; Goodbye.*	ca. 1–2 Wochen
Unit 1 – Hello	*orange; green; blue; yellow; grey; red; pink; white; black; brown* *one; two; three; four; five; six; seven; eight; nine; ten; zero*	• *Hello again; All right; Come on!* • *What colour is it?; What colour is the skateboard/teddy/computer/car/mountain bike/T-shirt?; It's (pink) and (brown);* • *A (red) bike/car for (Linda);* • *Give me (red); Here you are; The (red) pencil, please;* • *This is my friend, (Philip);* • *What's your telephone number?; (Maria)'s telephone number is …* • *Colour number (one) (green).*	ca. 3 Wochen
Unit 2 – School	*pencil case; ruler; rubber; pencil; scissors; pen; book; glue stick; chair; schoolbag; desk*	• *Can I have the/a (ruler), please; Here you are; Thank you;* • *Baby Face; Sit down;* • *(In my schoolbag), there's a/an/one (blue) (book); There are (two) (red) (pencils) (on the desk); It's picture number (one); What's in your schoolbag?* • *Stand up; Open your book; Draw a mouse; Colour the mouse; Take a pencil; Close your book; Listen; Point at the pencil case;* • *On the desk, there are …; My schoolbag is cool; It's (red) and (green);* • *In my schoolbag/pencil case, there's a/there are…*	ca. 3–4 Wochen
Unit 3 – Animals	*monkey; bat; elephant; fox; lion; bird; hippo; crocodile; frog; snake; rat* *eleven; twelve; thirteen; fourteen; fifteen; sixteen; seventeen; eighteen; nineteen; twenty*	• *What is it?; Is it the (crocodile)?; Yes, it is. / No, it isn't;* • *How many (brown) (snakes) are there?* • *Listen to the (animals); What a wonderful song; Come on, sing and dance with me;* • *I like/don't like (frogs);* • *In my crazy zoo; This is my super zoo; Come and see it – it's for you; but there are no (dogs).*	ca. 3 Wochen
Unit 4 – Clothes	*woolly hat; pullover; jeans; trainers; T-shirt; mittens; boots; cap; jacket; skirt; tights; shoes; socks*	• *Do you like the (cap)?; Yes, I do. / No, I don't;* • *A (blue) (cap), please; Here you are; I like/don't like it; Take it off; This (cap) is nice; Put it on; Yeah. It's cool; I'll take it;* • *It's cold outside; Put on your (jacket); OK, let's go; Let's go inside; It's hot in here; Take off your (mittens); Ah, that's better;* • *Her/His (cap) is (pink) and her/his (jeans) are (red); It's (Anna);* • *I like/don't like my (blue) (jacket);* • *(Susan) is wearing a (blue) (skirt); Her/His (T-shirt) is / (trainers) are (white);* • *What about T-shirt number (one)?; Do you like it?; In our group, (two) kids like T-shirt number (one).*	ca. 3–4 Wochen
Unit 5 – Family	*brother; sister; mum; dad; aunt; uncle; grandma; grandpa*	• *This is me; This is my brother/sister/…;* • *I think (Alisha)'s family is number (one); I think so too. / I don't think so;* • *The clever raccoons are helpful/strong; Oh, here they come; a bushy tail and two small ears; a funny face and a black nose; That's (Ronnie); He's Rosie's brother;* • *My mum, my two sisters and me; This is my (family); My name is (Tom); I'm (8) years old; I've got a (brother) and a (sister); His name is (David) and her name is (Barbara).*	ca. 2–3 Wochen

Unit	Kernwortschatz	Redemittel und Strukturen	Zeitrahmen
Unit 6 – Body	*hand; arm; shoulder; head; ear; hair; eye; nose; mouth; tooth/teeth; finger; knee; toe; leg; foot/feet*	• *Bend your knees; Touch your toes/nose/hair/chair/the sky; Clap your hands; Shake your fingers/head; Stamp your feet; Jump up high; Grow and grow;* • *Simon says;* • *Now jump!; Come on, lazy!* • *Let's rock; Listen everybody, get ready for the rock; Come on, shake your body to the beat; shake, from head to toes; Boys and girls, join in, please;* • *What's the problem/matter?; My (tummy) hurts; I feel sick; Have a cup of tea; Let's go to the doctor's/dentist's; Dialogue 1 is picture number …* • *(His) (eyes) are (brown); (He)'s got (five) (legs); Let's play a game; What's (his) name?* • *My monster has got (three) (teeth).*	ca. 3–4 Wochen
Unit 7 – Weather	*rain; snow; cloud; fog; wind; sun;* *It's raining/snowing/cloudy/foggy/windy/sunny;* *Monday; Tuesday; Wednesday; Thursday; Friday; Saturday; Sunday* *spring; summer; autumn; winter*	• *A cap on a cat/dog/rabbit/frog; Rain, snow or sun, caps are always fun;* • *Peter Frog likes the fog; Hippo Jane likes the rain; Penguin Joe likes the snow; Lion Scott likes it hot; And Stuart, our crazy dog, likes sun and rain and snow and fog; The (frog)'s name is Peter;* • *What's your favourite season?* • *On (Monday), it's (cloudy); On (Tuesday), there's …; it looks like gold; Oh, yeah, the weather's crazy; that's true; You never, never know;* • *What was your favourite day last week?; What is/was the weather like (in …)?; My favourite day was …; morning; afternoon.*	ca. 3 Wochen
Unit 8 – Lunch time	*pear; yoghurt; rice; chicken; apple; chips; fish; tomato soup; muesli bar; cheese sandwich; orange; broccoli; carrots; egg; peas; potatoes* *milk; orange juice; mineral water; hot chocolate; tea*	• *Can I have the (carrots)?; Here you are; Thank you;* • *Lots of spaghetti/chicken on a big, big plate; With butter and cheese/ketchup/chips; spaghetti/chicken is great;* • *(Lucy)'s lunch box is number (one);* • *I've got (a carrot) in my lunch box; Have you got (an apple)?; Yes, I have. / No, I haven't;* • *Good morning; I'm hungry; What's for breakfast?; Can I have some (orange juice)?* • *I like/don't like (tomatoes); My favourite (lunch) is (tomato soup); My number 2 favourite lunch is…; In my favourite lunch box, there are (two) (muesli bars);* • *(Helen) would like some (milk);* • *Here's your lunch box; Thank you. Ah, I've got …*	ca. 3–4 Wochen
Unit 9 – On the farm	*horse; cow; pig; hen; sheep; dog; rabbit; cat; duck; bee; earthworm* *big; small*	• *I like/don't like (pigs); Yes, (rabbits) are nice;* • *(In picture 1), there is one small/big horse; There are (three) small/big (dogs);* • *Hens lay eggs; Cows give milk; Bees make honey; Lots of eggs/milk/honey; Eddie is the king of the garden; Eddie, everybody loves you;* • *(Hens) can/can't (fly);* • *It/The animal can/can't fly/swim/lay eggs/give milk/make honey/eat grass/climb trees; What is it?* • *Oliver, the sheep, can sing/jump up high/eat spaghetti; But Oliver can't fly;* • *It/He/She/They can/can't (draw);* • *On my farm there is/are …*	ca. 3 Wochen
Special days: Christmas	*Christmas; stockings; biscuits; Father Christmas; present; crackers*	• *We wish you a Merry Christmas and a Happy New Year!*	ca. 2 Wochen
Special days: Thanksgiving	*Thanksgiving (Day); harvest; turkey; pumpkin (pie)*		ca. 1 Woche
Special days: Easter	*Easter bunny; Easter eggs; hot cross buns; bilby; chocolate*	• *Easter bunny, come along; It's time to come along; It's time for Easter eggs; Yellow, red and blue; It's time for you.*	ca. 1 Woche

Methodische Grundtechniken

Die Arbeit mit den *Picture Cards*

Die *Picture Cards* dienen der anschaulichen Einführung wichtiger neuer Wörter. Sie finden im Folgenden Vorschläge, wie Sie mit den *Picture Cards* im Unterricht arbeiten können. Basis sind folgende didaktische Prinzipien:

- Die Vermittlung der Bedeutung neuer Wörter im Fremdsprachenunterricht soll so **anschaulich** wie möglich erfolgen.
- Es gilt das Prinzip **Hören geht vor Sprechen**. Die Kinder sollen sich zuerst an die Aussprache und Intonation eines Wortes gewöhnen, bevor sie aufgefordert werden, das Wort nachzusprechen.
- Bei der Einführung neuer Wörter ist auf eine **Einbindung aller Sinne** zu achten. Bilder, Aussprache, Intonation sowie motorische Verarbeitungstechniken ergänzen einander und helfen mit, ein Wort im Langzeitgedächtnis zu verankern.
- Die **Festigung der neuen Wörter** wird dann umso dauerhafter sein, wenn sie entsprechend oft wiederholt werden. Dafür sind nicht mehr als ein bis zwei Minuten erforderlich. Die *Picture Cards* eignen sich für solche Wiederholungsphasen bestens.

Für den Einsatz der *Picture Cards* im Unterricht haben sich die folgenden Vorgehensweisen bewährt:

Wortschatzeinführung:

- Zur Erarbeitung von neuen Wörtern mithilfe der *Picture Cards* zeigen Sie die Karten der Reihe nach und sagen dazu das englische Wort.
- Befestigen Sie dann die Karten an der Tafel. Wiederholen Sie die Wörter zunächst der Reihe nach, dann durcheinander und zeigen Sie dabei auf die entsprechenden *Picture Cards.*
- Lassen Sie die Wörter mehrmals nachsprechen.
- Sagen Sie die Wörter vor, und die Kinder zeigen auf die *Picture Cards* (z. B. *Point to the T-shirt.*).
- Steigern Sie allmählich Ihr Tempo.

Wortschatzspiele zur Verankerung im Wiedererkennensgedächtnis:

- Rufen Sie ein Kind an die Tafel und sagen Sie die Wörter der Reihe nach. Das Kind zeigt an der Tafel auf die entsprechenden *Picture Cards.* Rufen Sie ein anderes Kind an die Tafel, sagen Sie die Wörter durcheinander und fordern Sie das Kind auf, mitzuzeigen.
- Rufen Sie einzelne Kinder an die Tafel und fordern Sie sie auf, eine Karte von der Tafel zu nehmen und diese einem anderen Kind in der Klasse zu geben. Sagen Sie z. B.: *Lena, take the elephant, please. Pass it to Mark.* Lena: *Here you are.* – Mark: *Thank you.* Wenn alle *Picture Cards* in der Klasse verteilt sind, sagen Sie z. B.: *Stick the picture of the elephant on the board.* Das Kind mit der entsprechenden *Picture Card* befestigt diese wieder an der Tafel. Fahren Sie auf diese Art fort, bis alle *Picture Cards* wieder an der Tafel befestigt sind.
- Rufen Sie einzelne Kinder zur Tafel. Geben Sie jeweils die folgende Anweisung: *Touch the cap.* etc. Die Kinder berühren die entsprechende *Picture Card.* Nehmen Sie dann alle *Picture Cards* von der Tafel. Fordern Sie die Kinder auf, die Augen zu schließen. Sagen Sie: *Close your eyes.* Durch das Wegschalten des visuellen Kanals können sich die Kinder ganz auf das Klangbild konzentrieren. Sprechen Sie die Wörter einzeln vor. Modulieren Sie dabei Ihre Stimme. Sprechen Sie die Wörter laut, leise, hoch, tief, fröhlich, traurig, zornig, aufmunternd. Die Kinder hören zunächst nur zu, dann sprechen sie jedes Wort genauso nach, wie Sie es vorsprechen.
- Legen Sie alle *Picture Cards* auf den Boden (bzw. befestigen Sie sie an der Tafel) und bitten Sie die Kinder, sich im Sitzkreis um die *Picture Cards* zu versammeln. Nun fordern Sie die Kinder auf, ihre Augen zu schließen. Sagen Sie: *Close your eyes.* und nehmen Sie eine/mehrere Karte/n weg. Anschließend sagen Sie: *Open your eyes. What's missing?* Die Kinder benennen die fehlende/n Karte/n.

Übungen zur Verankerung des Wortschatzes im Produktionsgedächtnis:

- Halten Sie eine *Picture Card* nach der anderen mit der Rückseite zu den Kindern und fragen Sie: *What is it? What do you think?* Die Kinder raten, um welches Wort es sich jeweils handelt. Wenn ein Kind richtig geraten hat, zeigen Sie die *Picture Card* und antworten mit: *Yes, it is.*
- Befestigen Sie die *Picture Cards* an der Tafel. Sagen Sie dann mit den Kindern gemeinsam alle Wörter der Reihe nach. Klatschen Sie zwischen den einzelnen Wörtern zweimal. Wiederholen Sie die Wörter einige Male, ändern Sie aber die Tätigkeiten zwischen den einzelnen Wörtern. Folgende Möglichkeiten bieten sich an: mit den Fingern schnippen, sich auf die Oberschenkel klopfen, mit den Füßen stampfen, aufstehen und sich beim nächsten Wort wieder setzen.
- Nehmen Sie eine *Picture Card* nach der anderen, sagen Sie das jeweilige Wort und drehen Sie die Karte um, sodass nur die Rückseite sichtbar ist. Wenn alle *Picture Cards* umgedreht sind, fragen Sie: *Who can remember the words?* Lassen Sie einzelne Kinder herauskommen, ein Wort sagen und die vermeintlich richtige Karte umdrehen.

Die Verwendung der *Word Cards*

Die *Word Cards* zeigen das Schriftbild wichtiger neuer Wörter. Diese werden mithilfe der *Picture Cards* eingeführt und im Anschluss an die Vermittlung der Bedeutung mittels verschiedener Techniken geübt (siehe oben). Erst wenn die Kinder die Wörter beherrschen und korrekt aussprechen können, empfiehlt sich die Einführung des Schriftbildes anhand der *Word Cards*, was zusätzliche visuelle Unterstützung beim Behalten der Wörter darstellt.

Das Arbeiten mit den *Word Cards* kann auf zweierlei Weise erfolgen:

- im unmittelbaren Anschluss an die Arbeit mit einem Wortfeld.
- mit zeitlicher Verzögerung (einen oder mehrere Unterrichtsabschnitte später).

Beide Verfahren sind gleichermaßen empfehlenswert und können – je nach den konkreten Bedingungen im Unterricht – variabel eingesetzt werden. Beim zweiten Vorgehen sollten allerdings Aussprache und Bedeutung der Wörter mithilfe der *Picture Cards* rasch wiederholt werden.

Folgendes ist in jedem Fall zu beachten:
Wenn die Kinder den Wortschatz produktiv beherrschen, werden die *Word Cards* gezeigt, und zwar rasch (*flashcard*-Verfahren), um zu vermeiden, dass die Kinder Buchstabe für Buchstabe zu lesen beginnen. Trotzdem erkennen die Kinder meist ganz leicht, um welches der gelernten Wörter es sich handelt, denn sie verbinden nun bereits gespeicherte Hörbilder ganzheitlich mit dem jeweiligen Schriftbild. Sie lernen in diesem Fall unbewusst, dass z. B. das mit einem [u] gesprochene *book* im Schriftbild kein „u" enthält.
Die Kinder nennen dann das jeweilige Wort. Die Lehrperson unterstützt sie, indem sie lobend die richtige Aussprache bestätigt: *Yes. Book. Very good.* Anschließend hängt ein Kind die *Word Card* zur entsprechenden *Picture Card.*
Die Fähigkeit, Lautbild und Schriftbild einander richtig zuzuordnen, bedeutet aber noch nicht, dass die Kinder schon fehlerfrei lesen können. Beim Zeigen der Wortkarten überlegt das Kind, welches von den vorher gehörten und gesprochenen Wörtern das Gezeigte sein könnte. Dieses ganzheitliche Verbinden von Laut- und Schriftbild ist jedoch eine wesentliche Grundlage für die Entwicklung der Fertigkeit des Lesens.
Im folgenden Absatz finden Sie eine Auswahl an Übungen zur Arbeit mit den *Word Cards*, die sich in der Praxis sehr gut bewährt haben.

Wortschatzübungen mit Schriftbildunterstützung:

- Halten Sie die *Word Cards* zu einem bestimmten Thema nur kurz hoch. Sagen Sie das jeweilige Wort und befestigen Sie die *Word Cards* an der Tafel bzw. fordern Sie einzelne Kinder auf, die *Word Cards* zu den entsprechenden *Picture Cards* an der Tafel zu hängen. Üben Sie die Wörter mit den Kindern durch mehrmaliges Vor- und Nachsprechen. Sagen Sie einzelne Wörter und die Kinder berühren die entsprechenden *Word Cards.* Fordern Sie die Kinder auf, die Augen zu schließen. Entfernen Sie einige Wörter von der Tafel. Die Kinder öffnen die Augen und nennen die fehlenden Wörter.

- Teilen Sie die *Picture Cards* und *Word Cards* an einzelne Kinder aus. Sagen Sie: *Let's find the matching pairs.* Sagen Sie z. B.: *Socks.* und fordern Sie die Kinder mit der entsprechenden *Picture Card* bzw. *Word Card* auf, herauszukommen und sich nebeneinander aufzustellen. Verfahren Sie mit den restlichen Wörtern ebenso.

- Halten Sie eine *Word Card* nach der anderen ganz kurz hoch. Wenn die Kinder das richtige Wort nennen, wiederholen Sie es. Ein Kind soll dann die Karte neben der entsprechenden *Picture Card* an der Tafel befestigen *(Put it on the board.).* Entfernen Sie alle *Picture Cards*, lassen Sie aber die *Word Cards* an der Tafel. Lesen Sie die Wörter mit den Kindern gemeinsam vor. Fordern Sie die Kinder auf, die Augen zu schließen: *Close your eyes.* Drehen Sie die *Word Cards* mit der beschrifteten Seite zur Tafel. Fordern Sie die Kinder auf, die Augen zu öffnen: *Open your eyes.* Zeigen Sie in beliebiger Reihenfolge auf die *Word Cards* und sagen Sie jeweils: *What is it? What do you think?*

- Memory Spiel: Setzen Sie sich mit den Kindern in einen Kreis. Teilen Sie die *Word Cards* an einzelne Kinder aus. Zeigen Sie eine *Picture Card* nach der anderen und die Kinder nennen das entsprechende Wort. Legen Sie die *Picture Card* mit der bedruckten Seite nach unten auf den Boden in die Mitte des Kreises. Das Kind mit der entsprechenden *Word Card* zeigt die Karte kurz den anderen Kindern, nennt das Wort und legt die *Word Card* ebenso mit der beschrifteten Seite nach unten auf den Boden. Wenn alle Karten am Boden liegen, vermischen Sie die Karten und spielen mit den Kindern das Memory Spiel. Jedes Kind darf der Reihe nach zwei Karten umdrehen. Dreht es eine *Picture Card* und die dazugehörige *Word Card* um, so darf das Kind das Kartenpaar behalten. Bilden die Karten kein *matching pair*, so werden diese wieder umgedreht und das nächste Kind ist an der Reihe. Wer am Schluss am meisten *matching pairs* hat, hat gewonnen.

Ferner kann es von Nutzen sein, mit den Kindern bei Gelegenheit darüber zu sprechen, wie man sich am besten die jeweilige Aussprache eines Wortes merken kann, auch wenn sich das Schriftbild von der Aussprache unterscheidet.
Lassen Sie die Kinder damit experimentieren, dass sie die Wörter mehrfach nachsprechen, ihre Stimme variieren, das Wort in der Luft nachschreiben und dazu sprechen etc.
Fragen Sie die Kinder, ob sie Ideen haben, wie man sich Wort- und Schriftbild möglichst gut einprägen könnte.

Der Einsatz der *Cartoon Stories* und der *Story Cards*

Für den Einsatz der Videosequenzen im Unterricht empfehlen wir die folgenden Schritte:

1. Phase: Vorentlastung wichtiger Wörter und Phrasen
Als Vorbereitung werden, wenn nötig, wichtige Wörter bzw. Phrasen – üblicherweise mithilfe der *Picture Cards* bzw. *Story Cards* – vorentlastet.

2. Phase: *Pre-viewing activity*
Bereiten Sie die Fragen vor, die im *Teacher's Book* bei der jeweiligen *Cartoon Story* angeführt sind, und stellen Sie diese den Kindern zur Verfügung. Die Kinder stellen Vermutungen zu den Fragen an.

3. Phase: Vorspielen der Videosequenz
Die Videosequenzen werden – eventuell mehrmals – vorgespielt.

4. Phase: Comic
Der Nachbearbeitung der Videosequenzen dienen die Hörspielfassungen zu den *Stories* auf der Audio-CD bzw. die dazugehörigen Comics im *Pupil's Book.* Dabei können die Kinder nochmals den Originalton mit den Stimmen und den Hintergrundgeräuschen der jeweiligen *Story* hören.

- Zunächst hören die Kinder nur zu und lesen im *Pupil's Book* die Comicfassung leise mit.
- Spielen Sie die Hörspielfassung ein zweites Mal vor. Die Kinder sollen die Antworten, die sie in der *Pre-viewing activity* gegeben haben, überprüfen.
- Stellen Sie die beiden Fragen noch einmal laut. Die Kinder beantworten die Fragen.

5. Phase: Erzählen der Geschichte
In weiteren Schritten dienen die *Story Cards* bzw. die Handpuppe Max der spielerischen Übung und Festigung der Texte der *Stories. Story Cards* und Handpuppe können in späterer Folge als ideale Mittel zur regelmäßigen Wiederholung des Gelernten eingesetzt werden.

- Erzählen Sie die Geschichte mithilfe der *Story Cards*. Befestigen Sie während des Erzählens die Karten nacheinander an der Tafel.
- Erzählen Sie die Geschichte noch einmal. Machen Sie während des Erzählens immer wieder Pausen und fordern Sie die Kinder mit entsprechender Mimik und Gestik auf, mit Ihnen die Geschichte zu rekonstruieren. Sagen Sie z. B. bei der Erarbeitung der Geschichte *The raccoons and the beaver* (*Pupil's Book*, S. 31): *The raccoons are going for a ...*
  Kinder: ... *picnic.*
  Sagen Sie: *Dad, Mum, Rosie and her brother, ...*
  Kinder: ... *Ronnie.* etc.

6. Phase: Spiele zur Rekonstruktion der Geschichte

- Verteilen Sie die *Story Cards* an einzelne Kinder. Erzählen Sie die Geschichte noch einmal. Das Kind mit dem jeweiligen Bild kommt heraus. Zuletzt stehen alle Kinder, an die die *Story Cards* verteilt wurden, in der Reihenfolge des Ablaufs der Geschichte vor der Klasse. Die Bilder werden für die anderen gut sichtbar in die Höhe gehalten.
- Erzählen Sie die Geschichte langsam und zeigen Sie dabei jeweils auf das Kind mit dem entsprechenden Bild. Stoppen Sie und fordern Sie das Kind auf, den Satz/die Sätze zu vervollständigen. Lassen Sie, wenn nötig, die anderen Kinder helfen. Unterstützen Sie die Kinder mit Mimik und Gestik.
  Sagen Sie: *The raccoons are going ...*
  Kind: ... *for a picnic.*
  Sagen Sie: *Dad, Mum, Rosie and her brother, Ronnie. Let's go ...*
  Kind: ... *to the river.* etc.
- Sagen Sie den Kindern, dass Sie schon etwas müde sind und sich nicht mehr so gut konzentrieren können. Erzählen Sie die Geschichte nochmals mithilfe der *Story Cards* und bauen Sie dabei Fehler ein. Sagen Sie z. B.: *The frogs are going for a picnic.*
  Die Kinder verbessern Sie: *The raccoons.*
  Bedanken Sie sich und fahren Sie fort: *Thank you. The raccoons are going for a picnic.* etc.

7. Phase: *Post-viewing activities*

- Auf S. 8 im *Teacher's Book* finden Sie Hinweise zur aufgabenorientierten Nachbereitung der *Cartoon Stories* im *Activity Book.*
- *Mini project:* In besonders leistungsstarken Klassen können die Kinder zur Differenzierung die Geschichte in Kleingruppen leicht abwandeln und anschließend aufführen. So kann z. B. aus *Father Bear makes woolly hats.* folgender Satz gemacht werden: *Father Lion makes jackets.* etc.

Die Arbeit mit den *Mr Matt Sketches*

- Zeigen Sie den Kindern den *Sketch* (eventuell zweimal) von der DVD.
- Fordern Sie die Kinder dann bei geschlossenen Büchern auf, Ihnen Wörter oder Sätze zu nennen, die sie sich gemerkt haben.
  Sagen Sie: *What do you remember? Give me words or sentences.* Schreiben Sie diese Wörter oder Sätze eventuell an die Tafel.
- Die Kinder öffnen nun die *Pupil's Books.* Geben Sie den Kindern Zeit, sich die Bilder anzusehen. Lesen Sie die Satzteile in den Sprechblasen vor und die Kinder zeigen im Buch mit.
- Anschließend fordern Sie die Kinder auf, die Sätze mündlich zu ergänzen. Schreiben Sie zur Kontrolle die kompletten Sprechblasen an die Tafel.
- Bei Bedarf können die kleinen Szenen auch vor der Klasse vorgespielt werden.
- Lassen Sie die Kinder die Bücher wieder schließen.
- Spielen Sie dann den *follow-up* Dialog, der sich auf den *Mr Matt Sketch* bezieht, von der CD einmal vor und fragen Sie die Kinder, welche Wörter sie verstanden haben.
- Die Kinder öffnen das *Pupil's Book.* Spielen Sie den Dialog nochmals von der CD ab. Die Kinder lesen im Buch mit.
- Üben Sie nun den Dialog durch mehrmaliges Vor- und Nachsprechen Satz für Satz ein.
- Die Kinder „lesen" den Dialog abschließend mit verteilten Rollen und setzen ihn spielhandelnd um.

Optionaler *follow-up:*

- Spielen Sie den Dialog mehrmals vor. Die Kinder hören zu und lesen im Buch mit. Alternativ können Sie den Kindern den Dialog an einer Hörstation mit Kopfhörern oder an einem ruhigen Ort zum selbstständigen Hören zur Verfügung stellen.
- Geben Sie den Kindern anschließend genügend Zeit, ähnliche Dialoge vorzubereiten und einzuüben. Dazu verändern die Kinder den Dialog im *Pupil's Book* kreativ, indem sie einzelne Wörter austauschen.
- Gehen Sie in der Klasse herum und helfen Sie nötigenfalls. Wenn es zeitlich möglich ist, lassen Sie die Szenen von mehreren Gruppen, die sich dafür freiwillig melden, aufführen.
- Fordern Sie nach jedem Rollenspiel die übrigen Kinder auf zu applaudieren. Sagen Sie: *Let's give them a big hand.*

Die Arbeit mit den *Mia & Mike* Episoden

Die *Mia & Mike* Episoden haben ein sehr hohes Anspruchsniveau. Hauptziel ist das Globalverstehen. Die Kinder werden hier mit authentischer Sprache konfrontiert. Die Kinder entwickeln eine Gelassenheit im Umgang mit unbekannten Sprachstrukturen und lassen sich auf die Sprache ein, ohne jedes einzelne Wort zu verstehen.

1. Phase: *Pre-viewing activity*

Leiten Sie die *Pre-viewing activity* ein, indem Sie die Kinder auffordern, das *Pupil's Book* auf der *Mia & Mike* Seite zu öffnen und die Fotos zu betrachten. Lesen Sie die Fragen vor und erläutern Sie deren Bedeutung, falls notwendig.
Gehen Sie die Fragen durch und lassen Sie so viele Kinder wie möglich Vermutungen zu den Antworten anstellen.

2. Phase: Vorspielen der Sequenz

Zeigen Sie den Kindern das Video einmal von der DVD. Anschließend beantworten die Kinder die im Vorfeld gestellten Fragen. Halten Sie die Ergebnisse an der Tafel fest.
Zeigen Sie den Kindern je nach Bedarf das Video ein weiteres Mal.

3. Phase: *Post-viewing activity*

Fordern Sie die Kinder auf, Ihnen Wörter oder Phrasen aus der Geschichte zu nennen. Sagen Sie: *Give me words or phrases.* Halten Sie die Phrasen und Wörter an der Tafel fest.

A group project: *Post-viewing* (optional)
Die Gruppenprojekte entsprechen einem hohem Anforderungsniveau. Sie können zur zeitlichen Differenzierung und zur Förderung besonders leistungsstarker Kinder eingesetzt werden und sind somit optional.

- In Unit 2 *(School)* werden die Kinder dazu aufgefordert, die Szenen in einem Rollenspiel darzustellen.
- In Unit 5 *(Family)* bietet sich für die Kinder die Möglichkeit, ihre eigenen Familien mithilfe von Fotos oder Zeichnungen zu präsentieren.
- In Unit 8 *(Lunch time)* geht es schließlich darum, eine *lunch box* zu basteln und mit einem Schulfrühstück zu füllen. Die Kinder können dazu z. B. Kuverts bemalen und kreativ gestalten. Für die Lebensmittel bietet sich eine Bastelvorlage an (vgl. S. 208). Die *lunch box* wird schließlich unter Verwendung der Redemittel an ein anderes Kind weitergegeben und von diesem „geöffnet" bzw. werden die Lebensmittel benannt.

Die Arbeit mit den *Playway* Postern

Die Unit-bezogenen Poster sind jeweils optional zur Differenzierung einsetzbar. Das Poster kommt eher zum Ende der Unit zum Einsatz, sodass der Wortschatz und die produktiven Redemittel bereits eingeführt und bekannt sind. Jede Kopiervorlage aus dem Poster-Begleitheft bietet fünf verschiedene Übungen, wobei der Schwierigkeitsgrad von Aufgabe 1 bis 4 zunimmt. Aufgabe 5 ist eine Bonusfrage zum Poster.
Im Unterrichtsverlauf können Kinder, die schneller mit der Arbeit fertig sind, dazu angehalten werden, die Aufgaben durchzulesen und alleine oder in Paar- bzw. in Gruppenarbeit zu bearbeiten. Es besteht jedoch auch die Möglichkeit, die Poster in klassischen Freiarbeitsphasen einzusetzen. Die Poster können grundsätzlich von allen Kindern einer Klasse zum Fördern und Fordern eingesetzt werden. Die Kinder arbeiten selbstständig mit den Postern. Dies ist möglich, weil die Aufgabenformate jenen des Buches entsprechen.

Vorbereitung:

- Hängen Sie das Poster in der Klasse auf. Es empfiehlt sich, die Poster schon am Beginn jeder neuen Unit zu präsentieren. So können die Kinder schon beim Erlernen neuer Wörter und sprachlicher Strukturen das Gelernte visuell mit dem Poster in Verbindung bringen.
- Kopieren Sie die Aufgabenstellungen aus dem Begleitheft und stellen Sie sie den Kindern zur Verfügung. Die Aufgabenstellungen sollten den Kindern jederzeit zugänglich sein.

Posterarbeit:

- Die ersten Aufgaben dienen der Festigung des Wortschatzes.
- Daran schließen sich Aufgaben zur Festigung von Phrasen *(chunks of language)* und Dialogen an.
- Aufgaben zum kreativen, selbstständigen Handeln runden den Aufgabenkomplex ab. Hier geht es zumeist darum, ohne Vorlage mit dem zur Verfügung stehenden Sprachrepertoire eigene kleine Dialoge und Szenen zu entwickeln. Dies soll die Kreativität der Kinder fördern und ihr Selbstbewusstsein im Umgang mit der Fremdsprache von Anfang an entwickeln.
- Die Kinder suchen sich auf dem Poster geeignete Szenen und Situationen aus, kombinieren dazu passende, bereits bekannte Redemittel kreativ und entwickeln entsprechend ihres Sprachentwicklungsstandes kleine Szenen. Wenn die Kinder von den Redemitteln abweichen und kreativ mit der Sprache umgehen, werden bei dieser freien Sprachproduktion entwicklungsbedingte Fehler auftreten. Die Kinder sprechen noch häufig in Einwortsätzen oder ersetzen unbekanntes Vokabular durch deutsche Wörter. Loben Sie sie und seien Sie äußerst tolerant gegenüber Fehlern. Eine sanfte Fehlerkorrektur kann erfolgen, indem Sie eine korrigierte Fassung anbieten und die falschen Sätze oder Wörter richtig wiederholen.
  Es hat sich bewährt, am Ende der Englischstunde eine fünf- bis zehnminütige ritualisierte Präsentationszeit einzurichten. Während dieser Zeit führen die Kinder die erarbeiteten Dialoge und Szenen auf.
- Zu jedem Poster gibt es eine Suchaufgabe. Die Kinder sollen einen kleinen Gegenstand, welcher auf dem Poster versteckt ist, suchen. Die Suchaufgabe hat kein direktes sprachliches Ziel, motiviert und fördert aber das genaue Hinschauen, welches für die Entwicklung des Sehverstehens eine wichtige Voraussetzung ist.
- Detaillierte Hinweise zur Arbeit mit den Postern finden Sie im Poster-Begleitheft.

Zusatzwortschatz:
Auf jedem Poster gibt es zusätzliche Wörter, die nicht zum Grundwortschatz gehören. Dieser Wortschatz kann von besonders motivierten Kindern gesucht und die Bedeutung mithilfe von (Bild-)Wörterbüchern oder einem *Online Dictionary* herausgefunden und, nach Wunsch, in einem eigenen Bildwörterbuch festgehalten werden. Im Poster-Begleitheft finden Sie eine Liste der empfohlenen Zusatzwörter. Die Wortschatzübungen der Kopiervorlage können mit diesen zusätzlichen Wörtern erneut durchgeführt werden.

Die Verwendung der Handpuppe Max

Die Handpuppe Max hat im Unterricht **wichtige Funktionen:**

- Max sollte immer dann gut sichtbar im Klassenzimmer platziert werden, wenn Sie den Kindern signalisieren wollen, dass jetzt eine Englischsequenz beginnt. Wenn die Kinder Max sehen, werden in der Erinnerung die bereits erlernten Inhalte wachgerufen und dadurch das Vorwissen der Kinder unbewusst aktiviert.
- Nach dem Anschauen einer *Cartoon Story* auf DVD führt Max aus der imaginären Welt der DVD in die reale Welt des Klassenzimmers und stellt somit ein Bindeglied zwischen diesen beiden Wahrnehmungsebenen dar. Auf diese Art können Sie wichtige Redemittel und Sprechfunktionen in der Klasse kommunikativ üben.
- Max kann immer wieder als „Modell" zum Nachsprechen eingesetzt werden. Sagen Sie den Kindern, dass er es liebt, wenn sie nachsprechen, was er ihnen vorspricht.

Hier einige **methodische Tipps**, die den Einsatz der Handpuppe Max im Unterricht besonders effizient machen:

- Verwenden Sie für Max eine etwas andere Stimme, indem Sie Ihre Stimme leicht verstellen. Sie können auch die Stimme von Max im Film nachahmen. Dies hilft, Max in der Wahrnehmung der Kinder eine eigene Identität zu geben, ihn also möglichst echt wirken zu lassen.

- Achten Sie darauf, dass sich Max nur dann bewegt, wenn er spricht (Mundbewegungen). Wenn Sie als Sie selbst sprechen, soll sich Max nicht bewegen. Dies ist für die Kinder eine wichtige Verstehenshilfe.
- Wenn Kinder Max auf Deutsch ansprechen, versteht er sie nicht. Max sollte auf keinen Fall im muttersprachlichen Unterricht eingesetzt werden, weil er als wichtiger psychologischer Anker für den Einsatz der Fremdsprache dient.

Die Umsetzung der *Action Stories*

Action Stories beruhen auf der Methode der *Total Physical Response*, mithilfe derer das Hörverstehen der Kinder auf spielerische Art ganzheitlich gefestigt wird. Hier ein Beispiel für den Text einer *Action Story* (aus dem Themenbereich *School, Activity Book*, S. 9):

Turn off the alarm clock.
Get out of bed.
Put on your jeans and your T-shirt.
Have a glass of milk.
Get your schoolbag.
Run to the bus stop.
Look at your feet.
You've got your slippers on.
Shout, 'Oh no!'

Die folgende Vorgangsweise wird für die Arbeit mit den *Action Stories* empfohlen:

1. Phase: Zuhören und imitieren
- Geben Sie die erste Anweisung *(Turn off the alarm clock.)* und führen Sie sie selbst aus, indem Sie z. B. so tun, als ob Sie aus dem Schlaf gerissen werden und den Wecker ausschalten. Die Kinder imitieren diese Bewegung.
- Geben Sie die nächste Anweisung und führen Sie sie aus. Die Kinder imitieren die Bewegung möglichst zeitgleich. Hintereinander werden alle Sätze der *Action Story* auf diese Art erarbeitet.

2. Phase: Anweisungen ausführen
- Die Abfolge der Anweisungen und Handlungen wird mehrfach wiederholt, bis Sie merken, dass die Kinder die Anweisungen ohne Schwierigkeiten selbstständig ausführen können.
- Dann geben Sie die Anweisungen nochmals, in derselben Reihenfolge wie zuvor, und die Kinder führen sie aus. Bewegen Sie sich nicht mehr mit. Auch dies wird mehrfach wiederholt, bis Sie merken, dass die Kinder die Anweisungen gut verstehen.

3. Phase: Anweisungen durcheinander ausführen
- Dann werden die Anweisungen durcheinander gegeben und die Kinder führen sie (ohne Bewegungsvorgaben durch die Lehrkraft) aus.
- Besonders beliebt ist eine Spielform, bei der die Lehrperson in steigendem Tempo einzelnen Kindern durcheinander jeweils eine Anweisung gibt. Das Spiel macht Spaß, übt das schnelle Reagieren auf fremdsprachliche Äußerungen und erhöht obendrein die Konzentration der Kinder.

4. Phase: Hörübung
- *Listen and point.* Zuletzt öffnen die Kinder das *Activity Book.* Sie hören die Anweisungen von der CD und zeigen im Buch mit.
- *Listen and write the numbers.* Bei der folgenden Hörübung, bei der die Anweisungen durcheinander mit jeweils einer Zahl genannt werden, nummerieren die Kinder gemäß den Anweisungen die einzelnen Bilder im Buch. Dies dient der Überprüfung und Bestätigung der Fähigkeit, die Sätze der *Action Story* verstehen zu können.

5. Phase: Auswertung
- Als Auswertung empfiehlt es sich, die Höraufgabe folgendermaßen zu überprüfen. Sagen Sie z. B.: *What number is 'Get out of bed'?* Oder: *Number four, (Nina), please do number four.* etc.
- In leistungsstarken Klassen können Sie die Ergebnisse kontrollieren, indem Sie z. B. *Three.* sagen und ein Kind mit *Put on your jeans and your T-shirt.* antwortet.

Die Arbeit mit den *Songs*

Die folgende Vorgangsweise hat sich in der Arbeit mit den *Songs* bestens bewährt:

1. Phase: Wortschatzvorentlastung und Vorspielen des Liedes von der CD
Führen Sie eventuell neue Wörter mithilfe der *Picture Cards* ein. Erarbeiten Sie ggf. wichtige Phrasen mit entsprechenden Bewegungen und Gesten oder Tafelzeichnungen. Spielen Sie das Lied von der CD zweimal vor. Die Kinder schauen im Buch mit.

2. Phase: Texterarbeitung
Lesen Sie mit den Kindern gemeinsam einige Male den Text im Buch im Rhythmus des Liedes. Erleichtern Sie das Textverständnis durch entsprechende Bewegungen bzw. Gesten. Die Kinder imitieren Ihre Bewegungen und Gesten.

3. Phase: Mitsingen
Singen Sie das Lied gemeinsam mit den Kindern einige Male zur CD. Fordern Sie die Kinder auf, sich in einem Kreis aufzustellen. Summen Sie die Melodie des Liedes. Allmählich schließen sich Ihnen die Kinder an und summen mit. Wenn alle summen, beginnen Sie den Text zu singen.

4. Phase: Singen zur Playbackversion der CD
Singen Sie das Lied gemeinsam mit den Kindern zur Playbackversion von der CD.

Die Arbeit mit den *Rhymes*

Auch bei den *Rhymes* in *Playway 3* wurde darauf geachtet, dass sich diese multisensorisch erarbeiten lassen. So wird beispielsweise der folgende Reim aus dem Themenbereich *Animals* (*Pupil's Book*, S. 20) dadurch erarbeitet, dass die Kinder gleichzeitig hören, sprechen und bestimmte Bewegungen ausführen.

Hello, I'm Crocky, the crocodile.
I don't like elephants.
I don't like bats.
I like frogs
and I like rats.
Hehehehehe.

Die folgende Vorgangsweise hat sich in der Praxis bestens bewährt:

1. Phase: Den Reim von der CD vorspielen und dessen Inhalt gestisch darstellen
Spielen Sie den Reim von der CD vor und stellen Sie gleichzeitig seinen Inhalt mithilfe von entsprechenden Gesten und Bewegungen dar. Bei der Zeile *Hello, I'm Crocky, the crocodile* winken Sie den Kindern zur Begrüßung zu und imitieren Sie ein Krokodil, indem Sie beispielsweise die ausgestreckten Arme öffnen und dann die Handflächen schließen, um ein Krokodilmaul anzudeuten, etc.

2. Phase: Texterarbeitung
Spielen Sie den Reim ein zweites Mal vor. Machen Sie wieder die entsprechenden Bewegungen dazu. Die Kinder schauen zunächst nur zu. Sagen Sie den Reim Zeile für Zeile mit gestischer Unterstützung. Die Kinder machen Ihre Bewegungen nach.
Üben Sie mit den Kindern den Text Zeile für Zeile ein, indem Sie vorsprechen und die entsprechenden Bewegungen dazu machen. Die Kinder sprechen nach und imitieren Ihre Bewegungen.

3. Phase: Festigung des Textes
Nun öffnen die Kinder ihr Buch und schauen sich den Text im Buch an. Lesen Sie den Text noch einmal vor. Die Kinder lesen laut mit. Sagen Sie dann die Textzeilen in beliebiger Reihenfolge und die Kinder zeigen auf die entsprechenden Textzeilen im Buch.

4. Phase: Präsentation
Fordern Sie abschließend Kinder, die sich sicher fühlen, dazu auf, den Reim aufzusagen. Die Kinder können dies auch zu zweit machen.

Die Arbeit mit den *Chants*

Alle *Chants* wurden in *Playway 3* speziell zu den Themenbereichen passend verfasst. Wie bei den *Rhymes* wurde darauf geachtet, dass eine multisensorische Erarbeitung möglich ist.

Die folgende Vorgangsweise bietet eine Grundstruktur zur Erarbeitung der *Chants*:

1. Phase: *Chant* von der CD vorspielen und Textverständnis vorentlasten
Führen Sie während des Abspielens des *Chant* entsprechende Bewegungen aus, um das Textverständnis zu erleichtern.

2. Phase: Texterarbeitung
Spielen Sie den *Chant* noch einmal von der CD vor und lassen Sie die Kinder im Buch mitzeigen. Es findet sich hier neben dem Text auch eine grafische Repräsentation des Textes. Sprechen Sie den Text Zeile für Zeile vor, die Kinder machen die Bewegungen.

3. Phase: Festigung des Textes
Üben Sie mit den Kindern den *Chant*, indem Sie jeweils eine Zeile sagen und Bewegungen dazu ausführen. Die Kinder imitieren Ihre Bewegungen und sprechen nach. Üben Sie nun auf diese Weise den *Chant* (Strophe für Strophe) ein. Lassen Sie den Text von den Kindern rhythmisch nachsprechen und ausführen.

4. Phase: Verwendung der ersten Playbackversion der CD (Halb-Playback)
Spielen Sie nochmals die Vollversion des *Chant* von der CD. Die Kinder zeigen auf die entsprechenden Bilder bzw. Textstellen im Buch und sprechen die Wiederholungsstrophen mit. Anschließend spielen Sie die Halb-Playbackversion von der CD. Die Kinder zeigen im Buch mit und sprechen die fehlenden Textteile.

5. Phase: Verwendung der zweiten Playbackversion der CD (Vollplayback)
Die Kinder sprechen zu dieser Version den gesamten Text selbst. Teilen Sie die Kinder abschließend in zwei Gruppen. Eine Gruppe übernimmt mit Ihnen den Teil des Sprechers und die andere Gruppe wiederholt die Ansagen. Jene Gruppe, die gerade nicht spricht, führt die Bewegungen aus. Wiederholen Sie dies mehrmals.

Die Entwicklung der Fertigkeit des Sprechens

Die Entwicklung der Fähigkeit der Kinder, sich allmählich immer besser in der Fremdsprache ausdrücken zu lernen, stellt ein wichtiges Ziel im didaktischen Konzept von *Playway 3* und in seiner methodischen Umsetzung dar.
Grundlagen für das Sprechen werden zunächst dadurch gelegt, dass die Kinder mithilfe verschiedener Textsorten (*Action Stories, Songs, Chants, Cartoon Stories, Sketches, Poems*, Hörtexten und der landes- und kulturkundlichen Information auf den *Special days* Seiten) wichtige Wörter, *chunks of language*, Sätze und Texte kennen und verstehen lernen, und viele davon durch die textaufbereitenden Übungen aufnehmen und speichern.
Ein breites Spektrum an Übungen dient dem konsequenten Aufbau und der systematischen Erweiterung der Redemittel der Kinder. Dabei gilt es zwischen sogenannten „vorkommunikativen" und „kommunikativen" Übungen zu unterscheiden. Bei ersteren liegt der Schwerpunkt auf der Arbeit an der Sprache, die Übungen bereiten meist auf spätere kommunikative Übungen vor. Diese kommunikativen Übungen zeichnen sich dadurch aus, dass sie Redeanlässe bieten, mithilfe derer sich die Kinder äußern wollen bzw. müssen.

Beispiele für **vorkommunikative Übungen** in *Playway 3:*

- **Matching:**
  Auf S. 30 im *Activity Book* ordnen die Kinder nach der Einführung wichtiger Wörter und der Erklärung der Bedeutung von Sätzen (z. B.: *My knee hurts.*) diese den entsprechenden Bildern zu. Durch die Zuordnung sprachlicher Äußerungen zu Bildern wird das Sprachhandlungsinventar der Kinder – zunächst nur rezeptiv – erweitert. Die Mini-Dialoge wie auf S. 38 im *Pupil's Book* helfen dabei, die Sprachfunktionen in das Produktionsinventar der Kinder zu bringen. (z. B.: A: *What's the problem?* – B: *My tummy hurts.*)

- **Completing:**
  Die Kinder sehen einen *Mr Matt Sketch* auf DVD. Nach mehrmaligem Anschauen sehen die Kinder im *Pupil's Book* eine Zusammenfassung der Geschichte. Die

Äußerungen in den Sprechblasen werden nun komplettiert.

- **Skeleton text reconstruction:**
  Diese Technik dient der effizienten und visuellen Verankerung von Phrasen und Sätzen im Langzeitgedächtnis der Kinder. Wenn Sie zum Beispiel den Liedtext auf S. 19 im *Pupil's Book* erarbeitet haben, empfiehlt es sich, zur Festigung den Text Satz für Satz so aufzuschreiben, dass Sie jeweils nur die Anfangsbuchstaben der Wörter eines Satzes an die Tafel schreiben. Für den ersten Satz dieses Liedes *(Listen to the elephant.)* würde dies folgendermaßen aussehen:

  L t th e.

  Helfen Sie nun den Kindern, den Satz mithilfe der Anfangsbuchstaben zu sagen. Später können Sie auch einzelne Buchstaben aus dem Satz löschen. Bei entsprechender Wiederholung werden Sie merken, dass die Kinder mithilfe dieser Technik auch kurze Texte schnell im Langzeitgedächtnis speichern können.

- **Satzbauübungen:**
  Bei diesen Übungen werden zunächst Bedeutung und Aussprache erklärt bzw. gefestigt. Die Kinder wählen dann aus einem fixen Angebot an Redemitteln und Vokabeln aus und bauen damit Sätze. Als Beispiel sei hier die Übung 10 auf S. 38 im *Pupil's Book* angeführt. Es empfiehlt sich, solche Übungen sowohl mündlich als auch schriftlich durchführen zu lassen.

Beispiele für **kommunikative Übungen** in *Playway 3:*

- **Spiele:**
  Mithilfe von *games* kann das Sprechen auf sehr kindgemäße und motivierende Art geübt werden. Auf S. 12, Übung 6 im *Pupil's Book* sehen sich die Kinder zunächst die beiden Tische mit den Schulsachen an. Nach der Erarbeitung der sprachlichen Mittel beschreibt Kind A verschiedene Gegenstände von einem der beiden Tische und Kind B nennt das Bild, auf das die Beschreibung zutrifft.

- **Interviews:**
  Hier unterstützen vorgegebene Redemittel die Kinder bei kleinen Dialogen. Auf S. 8 im *Pupil's Book* fragt ein englisches Kind ein anderes beispielweise nach seiner Telefonnummer. Nach der Hörübung übernehmen die Kinder die Rollen.

- **Dialoge und Szenen:**
  Im Anschluss an die *Mr Matt Sketches* finden sich im *Pupil's Book* kurze themenbezogene Dialoge. Es wird empfohlen, diese zuerst anhören zu lassen und anschließend die Redemittel gut einzuüben. Kinder lieben es, solche Dialoge auch vor der Klasse vorzuspielen. Dabei sollten die Kinder unbedingt dazu aufgefordert werden, die Dialoge nicht einfach „auswendig" aufzusagen, oder gar aus dem *Pupil's Book* vorzulesen. Sie sollten vielmehr vor dem Spielen Gelegenheit bekommen, sich die Dialoge gut einzuprägen und darüber nachzudenken, wie sie „ihren Dialog" jeweils individuell verändern könnten. Schon kleine Veränderungen *(A yellow T-shirt, please.* statt der Vorgabe im Buch *A blue cap, please.)* zeigen den Kindern, dass es nicht um das „Aufsagen" von Sprache geht, sondern dass sie selbst Sprache kommunikativ anwenden können.

- **Class survey:**
  Auf S. 27 im *Pupil's Book* werden den Kindern z. B. Redemittel und eine dazugehörige Tabelle mit den Ergebnissen einer Umfrage angeboten. Stellen Sie die Redemittel mithilfe der Handpuppe Max vor. Befragen Sie Max z. B. mithilfe der Redemittel zu den abgebildeten T-Shirts. Üben Sie die Redemittel mit den Kindern ein, indem Sie Max oder sich selbst befragen. Anschließend unterstützen Sie die Kinder dabei, eine Tabelle für die Befragung anzufertigen und sich dann in Gruppen gegenseitig zu ihren Vorlieben und Abneigungen zu befragen.

Die **Verwendung der englischen Sprache im Hier und Jetzt** des Unterrichts:

Das Klassengespräch sollte sich zunehmend in englischer Sprache entwickeln. Sprechen Sie Englisch und die Kinder verstehen und lernen auszuführen, was Sie auf Englisch sagen. Mit entsprechendem Geschick wird es möglich sein, die Kinder immer wieder dazu zu motivieren, selbst etwas auf Englisch auszudrücken, was über die weiter oben geschilderten vorkommunikativen bzw. kommunikativen Übungen hinausgeht. Unterstützen Sie die Kinder dabei durch Einflüstern von Wörtern oder Wortgruppen. Wichtig ist zu betonen, dass Fremdsprachenlernen und Fehlermachen untrennbar zusammengehören.

Wenn Sie die Kinder konsequent und systematisch zur kommunikativen Verwendung der englischen Sprache im Unterricht führen wollen, empfehlen wir die folgende Vorgangsweise:

Schreiben Sie auf ein DIN A4-Blatt groß die Aufschrift *SAY WHAT YOU WANT* und befestigen Sie dieses für alle Kinder gut sichtbar an der Tafel. Erklären Sie den Kindern, dass immer dann, wenn dieses Blatt an der Tafel befestigt ist, die Gelegenheit besteht, Ihnen etwas auf Englisch zu sagen, was sie Ihnen gern mitteilen möchten. Sagen Sie auch, dass die Kinder Wörter, die sie auf Englisch noch nicht sagen können, auf Deutsch ausdrücken dürfen. Geben Sie den Kindern ca. eine halbe Minute Zeit zum Nachdenken.

Im Folgenden sehen Sie ein Beispiel für ein solches Klassengespräch zwischen einer Schülerin (S) und der Lehrperson (T). Es zeigt das Interesse der Lehrperson an den Äußerungen des Kindes und hilft dem Kind nachhaltig, sich auszudrücken. Zu beachten ist der behutsame Umgang mit sprachlichen Fehlern. Ein unsensibles Korrigieren sprachlicher Fehler würde eine solche Kommunikation sicher bald beenden.

S: *My mother is* krank.
T: *Oh, really? Your mother is ill. I'm sorry to hear that. What's the problem?*
S: *Have got* Grippe.
T: *Oh, she's got the flu.*
S: *Yes, big* Kopfschmerzen.
T: *Ah, she's got a bad headache.*
S: *She's got a bad headache. Yes.*

Die Entwicklung der Fertigkeit des Schreibens

Das Ziel des **freien Schreibens** – die Kinder schreiben selbstständig **ohne Vorlage** kleine Texte – kann nicht erreicht werden, wenn in der 3. und 4. Klasse nur zwei Unterrichtsstunden pro Woche zur Verfügung stehen, was dem Normalfall entspricht.
Hinsichtlich der Fertigkeit des Schreibens stellt sich also die Frage, was der Englischunterricht in der Grundschule als Vorbereitung auf das freie Schreiben, das erstmals in der 5. Schulstufe angebahnt wird, leisten kann und welche Übungsformen auf das freie Schreiben vorbereiten können. Wir unterscheiden grundsätzlich zwischen vorkommunikativen Aktivitäten und kommunikativen Übungstypen, beziehungsweise zwischen sprachbezogenem und mitteilungsbezogenem Schreiben.
Mit vorkommunikativen Aktivitäten ist gemeint, dass das motorische Element, die Gewöhnung an das Schriftbild, das genaue Hinsehen und Übertragen im Vordergrund steht. Beim mitteilungsbezogenen Schreiben stehen Inhalt und Botschaft im Vordergrund.

Vorkommunikative Übungen

- **Die Zuordnung von Wort und Bild:**
  Auf S. 7 im *Activity Book* finden die Kinder beispielsweise in einem Kasten die Wörter für die Zahlen von 1–10 und schreiben unter das jeweilige Bild der Zahl das passende Wort.

- **Die Zuordnung von Bild und Satz:**
  Auf S. 17 im *Activity Book* stehen z. B. sechs Sätze in einem Kasten. Darunter sind sechs Bilder angeordnet. Die Kinder ordnen die Sätze dem jeweils passenden Bild zu.

- **Das Einordnen von Wörtern und Sätzen in den Kontext einer Geschichte:**
  Sie haben den Kindern eine Geschichte von der DVD bzw. CD vorgespielt und die Kinder haben diese im *Pupil's Book* mitgelesen. Nun öffnen die Kinder ihre *Activity Books* und erarbeiten den Inhalt der Geschichte mithilfe von verschiedenen Übungstypen: Zunächst schauen sich die Kinder die abgebildeten Szenen aus der *Cartoon Story* an und lesen die dazugehörigen Bildunterschriften. Dann entscheiden sie, ob die Aussagen mit dem jeweiligen Bild übereinstimmen und kreisen das entsprechende Feld ein (*true* oder *false*). In der nächsten Übung vervollständigen die Kinder mehrere Sätze oder Mini-Dialoge, indem sie das jeweils passende Wort aus dem Kasten einfügen. In der letzten Übung werden die Kinder schließlich dazu aufgefordert, die Sätze aus der *Cartoon Story* in die richtige Reihenfolge zu bringen.

- **Lückentexte:**
  Sie bearbeiten mit den Kindern eine *Cartoon Story*. Diese Geschichte lernen die Kinder zunächst nur als Erzähl- sowie als Video- und Hörfassung kennen und lesen sie dann als Comic im *Pupil's Book*. Anschließend fordern Sie die Kinder auf, die dazugehörigen *Post-viewing activities* im *Activity Book* zu betrachten (z. B. Seite 16, Übung 6). Nachdem die Kinder die erste Übung erledigt haben, bearbeiten sie einen Lückentext. Die Kinder vervollständigen den Text mit den Wörtern im Kasten und überprüfen selbstständig mithilfe des *Pupil's Book* bzw. mit Ihrer Hilfe, ob sie die Aufgabe richtig gelöst haben.

- **Kreuzworträtsel:**
  Die Kinder bearbeiten ein Kreuzworträtsel zum Thema *Clothes (Activity Book,* S. 18). Da sie mit großer Wahrscheinlichkeit die Wörter nicht frei schreiben können, sind die entsprechenden *Word Cards* an der Tafel befestigt. Als Alternative legen Sie die Wortkarten auf Ihrem Tisch aus. Die Kinder haben so ebenfalls die Möglichkeit, die korrekte Schreibung zu überprüfen. Sie gehen zum Tisch, sehen sich ein oder mehrere Wörter an und kehren dann zu ihrem Platz zurück, um die Wörter niederzuschreiben. Diese Art der Aufgabe ist eine größere Herausforderung, da die Kinder die Wörter im Gedächtnis solange visualisieren müssen, bis sie vom Lehrertisch zu ihrem Platz zurückgegangen sind.

Kommunikative Übungstypen

- **Word play:**
  Die Kinder haben das folgende Gedicht gehört und mehrere Male gesprochen (*Pupil's Book,* S. 57).

  Oliver, the sheep, can sing.
  Oliver can jump up high.
  Oliver can eat spaghetti.
  But Oliver can't fly.

  Nun schreiben die Kinder auf der Basis des Gedichtes ihr „eigenes" Gedicht, indem sie einzelne Wörter austauschen (z. B. *Joe, the horse* anstatt *Oliver, the sheep*). Die Kinder fertigen auch eine Zeichnung dazu an und stellen ihre Version des Gedichtes der Klasse vor. Es hat sich in der Erprobungsphase gezeigt, dass diese Sprachbastelei den Kindern großen Spaß macht und die Tatsache, dass sie selbst in der Fremdsprache ein Gedicht gestalten können, sie ungemein motiviert.

- **My text: *Creative Copying***
  Die Technik des *Creative Copying* unter der Rubrik *My text* macht es möglich, Kinder der dritten und vierten Klasse der Grundschule zum sinnvollen Schreiben von Mini-Texten zu führen. Dabei geht es nicht um eigenständiges Schreiben (das über die in den Lehrplänen festgelegten Zielsetzungen weit hinausgehen würde), sondern um kreatives Abschreiben und Verändern, mithilfe dessen die Kinder kohärente schriftliche Aussagen über sich selbst machen können. *Creative Copying* ist motivierend, trägt wesentlich zur Selbstevaluation der produktiven Fertigkeiten der Kinder bei, stärkt das Selbstvertrauen für das Lernen der Fremdsprache und macht Kindern, Eltern und Lehrpersonen die produktiven Kompetenzen der Kinder besser bewusst. *Creative Copying* beruht auf der Verwendung kurzer Modelltexte. Sie sollen die Kinder dazu anregen, ähnliche Texte über sich selbst zu gestalten. Dabei werden die Kinder zur „Textproduktion" geführt, indem sie Wörter oder Wortgruppen im Modelltext so austauschen, dass der neu entstandene Text jeweils auf die eigene Lebenswirklichkeit zutrifft.
  Creative Copying wird immer erst am Ende einer Unit eingesetzt, wenn Wortschatz und Strukturen bereits erarbeitet und gut geübt wurden. So dient es der Konsolidierung der gelernten Sprache. Es wird in zwei Anforde-

rungsniveaus angeboten, sodass Kinder die Texte entsprechend ihres Interesses oder Leistungsniveaus auswählen können. Es gilt zu beachten, dass die mit drei Sternen gekennzeichneten Aufgaben im Bereich von *My text* optional sind.

Methodische Umsetzung:

1. Textpräsentation
Präsentieren Sie den jeweiligen Modelltext, indem Sie ihn an die Tafel schreiben und vorlesen. Hier ein Beispiel für die Unit 4, *Clothes,* aus *Playway 3* (*Pupil's Book,* S. 26):

I like my blue and white jacket.
I don't like my black shoes.

2. Textrekonstruktion
Lesen Sie den Text nochmals vor. Fordern Sie die Kinder auf, die Sätze des Textes nachzusprechen. Geben Sie den Kindern eine Minute Zeit, sich den Text gut einzuprägen.
Löschen Sie den Text von der Tafel. Fordern Sie die Kinder auf, Ihnen den Text zu diktieren. Schreiben Sie ihn dabei wieder an die Tafel. Helfen Sie den Kindern, wenn sie Fehler machen.

Alternative 1
Schreiben Sie einen so genannten *skeleton text* an die Tafel. Dabei schreiben Sie nur die jeweiligen Anfangsbuchstaben anstatt der Wörter:

I l m b a w j.
I d't l m b sh.

Die Kinder arbeiten paarweise und „lesen" einander nun den Skeletttext vor.

Alternative 2
Löschen Sie aus jedem Satz ein Wort. Fordern Sie die Kinder auf, den Text nochmals zu lesen. Fahren Sie nun so fort: löschen Sie jeweils ein weiteres Wort und fordern Sie die Kinder auf, jeweils den gesamten Text zu lesen. Am Ende dieses Prozesses können die Kinder den gesamten Text ohne visuelle Stütze aus der Erinnerung rekonstruieren.

3. Textproduktion
Zeigen Sie den Kindern, wie sie durch Austauschen einzelner Wörter aus dem Modelltext durch Abschreiben einen Text verfassen können, der für sie selbst passt. Geben Sie, wenn nötig, ein Beispiel *(I like my green and red T-shirt. I don't like my white cap.).* Die Kinder schreiben nun auf ein Blatt Papier den ersten Entwurf ihres Textes.

4. Korrektur und Reinschrift
Helfen Sie den Kindern bei der Korrektur von Fehlern, indem Sie mit Bleistift die richtige Form über die Wörter schreiben, in denen Fehler vorkommen. Die Kinder schreiben anschließend den Text nochmals und fertigen dazu eventuell auch Zeichnungen an.

5. Veröffentlichung der Schülertexte
Es empfiehlt sich, die Texte der Kinder an der Wand in der Klasse *(Our texts in English)* zu veröffentlichen. Eine beliebte Alternative ist das Sammeln solcher Texte in einem *Treasure book*, das als Portfolio die Leistung des jeweiligen Kindes dokumentiert.

Lernpsychologische Anmerkungen zum frühen Fremdsprachenlernen

Voraussetzungen für das frühe Fremdsprachenlernen

Wenn Kinder mit dem Englischlernen in der Grundschule beginnen, kennen sie in der Regel nicht nur einige englische Wörter, sie verfügen sogar über eine Reihe von Grundfertigkeiten, die sie dazu befähigen, eine neue Sprache zu lernen. Diese Fertigkeiten wurden im Lernprozess der Muttersprache erworben.
Das schulische Fremdsprachenlernen baut auf diesen bereits vorhandenen Grundlagen auf und entwickelt diese Fertigkeiten weiter:

- **Die Fähigkeit, Bedeutung zu erfassen**
  Bevor Kleinkinder die genaue Bedeutung einzelner Wörter kennen, sind sie schon in der Lage, ganze Äußerungen ihrem Sinn nach zu verstehen. Intonation, Mimik, Gestik und der Zusammenhang zwischen dem Gesagten und ihrer Umgebung helfen ihnen dabei, Gehörtes zu entschlüsseln. Im Fremdsprachenunterricht gilt es, genau diese Fähigkeit zu aktivieren. Auf diese Art haben die Kinder schon in sehr frühen Phasen des Fremdsprachenunterrichts wichtige Erfolgserlebnisse.

- **Die Fähigkeit, mit begrenzten sprachlichen Mitteln kreativ zu handeln**
  Kinder spielen häufig mit Sprache und versuchen, ihre oft noch sehr geringen sprachlichen Möglichkeiten durch Übertragung des Gelernten auf andere Kontexte und durch Neuschöpfungen zu erweitern. Häufig werden zum Beispiel deutsche Wörter Englisch ausgesprochen, wenn einem Kind ein Wort auf Englisch nicht einfällt. All diese Beobachtungen geben der Lehrperson Aufschluss über wichtige Prozesse des Sprachenlernens.

- **Die Fähigkeit, indirekt zu lernen**
  Grundschulkinder sind kaum an den grammatikalischen Strukturen, dem System der Aussprache oder anderen formalen Sprachaspekten interessiert. Sie sind fasziniert von einer Geschichte und versuchen, diese zu verstehen. Sie haben Freude am Klang neuer Wörter, die die Lehrperson einführt, und sagen diese Wörter gerne nach. Sie haben Spaß an *Chants* und *Songs* und bewegen sich begeistert mit, wenn sie diese sprechen bzw. singen. Sie wollen die Lösung in einem Ratespiel finden und verwenden dazu mit großem Eifer die Struktur, die die Lehrperson ihnen vorgegeben hat. Sie spielen in der Klasse Szenen aus einer *Story* und imitieren dabei die Stimmen der Figuren, die sie spielen, so gut, dass ihre Aussprache sehr nahe an die Modelle herankommt, die sie vorher auf DVD gesehen haben. In allen diesen und in vielen anderen Fällen lernen die Kinder unbewusst wichtige sprachliche Fertigkeiten. Sprache ist dabei nicht Selbstzweck, sondern ein natürliches Mittel zum Erreichen kommunikativer Ziele.

- **Die Fähigkeit, mit Fantasie und Imagination zu lernen**
  Im Rollenspiel wissen Kinder, dass es sich um ein Spiel handelt. Gleichzeitig identifizieren sie sich aber so stark mit der Spielhandlung, als ob sie tatsächlich Wirklichkeit wäre. Die Grenzen zwischen Fantasie und Wirklichkeit verschwimmen, wenn Kinder in spielerische Aktivitäten involviert sind.
  Für das Sprachenlernen bedeutet das, dass sich die Kinder in solchen Situationen die Fremdsprache besser zu Eigen machen können. Dadurch wird die Fremdheit der neuen Sprache allmählich abgebaut.

- **Die Fähigkeit zur Interaktion und zum Sprechen**
  Kinder haben ein natürliches Bedürfnis, sich einander und uns mitzuteilen. Dies mag nicht immer einfach sein, besonders dann, wenn wir sie zum Zuhören bewegen wollen. Gleichzeitig ist es aber eine wichtige Grundfertigkeit, auf die die fremdsprachliche Interaktionsfähigkeit aufbauen kann.

Sprachenlernen als ganzheitlicher Prozess

Sprache ist Kommunikation. Mithilfe von Sprache können wir andere verstehen und uns selbst verständlich machen. Für viele Erwachsene ist beim Lernen einer Fremdsprache die bewusste Auseinandersetzung mit formalen Aspekten der neuen Sprache wichtig. Sie wollen verstehen, wie die Sprache funktioniert und welchen Regeln sie folgt. Sie wollen z. B. wissen, wie verschiedene Zeiten gebildet und wann sie verwendet werden, und versuchen, ihr kognitives Wissen über Sprache als Hilfe beim Lernen einer Fremdsprache systematisch einzusetzen.

Kinder lernen eine Fremdsprache anders. Sie nehmen sie in einem ganzheitlichen Prozess auf. Eine wichtige Grundlage dieses ganzheitlichen Prozesses bildet die **Entwicklung des Hörverstehens**. Das Kind lernt, Gehörtes zu verstehen, indem es zunächst Vermutungen anstellt, was das Gesagte bedeuten könnte. Dabei spielen Mimik und Gestik, Realgegenstände und andere Anschauungsmittel, wie Bilder und Tafelzeichnungen, als Verstehenshilfe eine große Rolle. So können die Kinder von Beginn an die Aufforderung der Lehrperson *(Stand up.)* dadurch verstehen, dass die Lehrperson selbst aufsteht, wenn sie die Phrase das erste Mal verwendet und die Kinder durch Mimik und Gestik zum Nachmachen auffordert. Wenn die Lehrperson die genannte Äußerung in der Folge immer wieder verwendet, kann sie allmählich auf mimische und gestische Unterstützung völlig verzichten. Aus den Vermutungen der Kinder, was eine Phrase oder ein Satz bedeuten könnte, wird durch oftmalige Wiederholung Sicherheit. Eine angstfreie Atmosphäre und ein angenehmes Lernklima, in dem Lob für richtiges Verstehen und geduldige Hilfe bei „falschem" Verstehen vorherrschen, stellen unverzichtbare Hilfen in der systematischen Entwicklung des Verstehens der neuen Sprache dar.

Von entscheidender Bedeutung für die Motivation des Kindes, die Fremdsprache zu entschlüsseln, sind die Inhalte, die an das Kind in der neuen Sprache herangetragen werden. Wenn diese sinnvoll, interessant, spannend oder lustig sind, wird das Kind stärker motiviert, das Gehörte verstehen zu wollen. Die Freude über die Fähigkeit, eine *Story* in der Fremdsprache verstehen zu können, verstärkt das Selbstwertgefühl und steigert die **Motivation zum Lernen.**

Das Gleiche gilt für die **Anbahnung der Sprechfertigkeit.** *Songs, Rhymes* und *Chants* bieten den Kindern die Möglichkeit, auf angstfreie und spielerische Weise Erfahrungen mit Aussprache und Intonation der Fremdsprache zu sammeln. Dabei üben und wiederholen sie auf lustbetonte Weise wichtige Wörter und Redemittel und prägen sich diese unbewusst ein. Wie beim Erwerb der Muttersprache bilden auch beim Fremdsprachenlernen *Stories, Sketches* und Rollenspiele eine wertvolle Hilfe bei der Entwicklung der Sprechfertigkeit. Die Kinder prägen sich dabei wichtige Redemittel ein, sie lernen, Zusammenhänge zu verstehen, und sie können im Rollenspiel einfache Äußerungen in kommunikativen Kontexten spielerisch erproben.

Die SMILE-Methode®

Bei der Entwicklung der **SMILE-METHODE®** ließen wir uns von den folgenden Grundprinzipien leiten, die als gesicherte Befunde der lernpsychologischen Forschung gelten:

S M I L E
→ Spaß

Die Motivation beim Lernen hängt in hohem Maß davon ab, ob sich die Lernenden mit den Lerninhalten **identifizieren.** Ein hoher Grad an Identifikation mit dem Gelernten führt dazu, dass sich die Kinder das Gelernte besser merken und es länger im Gedächtnis behalten. Sie merken sich ganzheitlich Phrasen, Satzteile und oft ganze Sätze (sogenannte *chunks of language*). Gute Fremdsprachenlerner/innen zeichnen sich dadurch aus, dass sie solche *chunks of language* immer wieder auf andere Kontexte übertragen und so die Fremdsprache gleichsam spielerisch üben und festigen. Wer sich mit einer Fremdsprache identifiziert, macht diese Fremdsprache leichter zu seinem „eigenen Besitz". Dadurch wird das „Fremde" an der Fremd-Sprache abgebaut.

Dieses Prinzip spielt auch beim Erwerb einer guten Aussprache eine wichtige Rolle. Rollenspiele sind natürlicher Bestandteil des kindlichen Alltags. Im Rollenspiel entwickelt das Kind seine Identität. Die Identifikation mit der Fremdsprache und mit fremdsprachlichen Rollen und Charakteren im Rollenspiel in der Klasse hilft beim Aufbau einer guten Aussprache und Intonation.

S M I L E
→ Merkhilfen durch Musik, Bewegung, Rhythmus und Reim

Es ist bekannt, dass sich Erwachsene oft noch nach vielen Jahren an Reime und Lieder erinnern können, die sie in frühester Kindheit gelernt haben. Diese Lieder werden unter anderem deshalb so gut gemerkt, weil Kinder sie unter Verwendung von Bewegungen ausführen. In der Lernpsychologie wird der Verarbeitung von Sprache und deren Verankerung im Langzeitgedächtnis durch Musik, Bewegung und Reim große Bedeutung beigemessen.

Ebenso stellt Rhythmus eine wichtige „mnemotechnische" Hilfe dar:

Rhythmus ist gleichzeitig Raum-, Zeit- und Maßstrukturierung. Einzelne optische, akustische, motorische und melodische Elemente werden serial zu einem gegliederten, einheitlichen Ganzen geordnet bzw. in ihrer Ordnung differenziert. Die Fähigkeit zur Erfassung und Realisierung rhythmischer Gliederung kann geradezu als ein Ausdruck für das Niveau der Sprachentwicklung eines Kindes angesehen werden. Die zentrale Funktion der rhythmischen Differenzierungsfähigkeit für die Einheit von Wahrnehmen und Verstehen von Sprache ist wichtig für die Speicherung von Wort und Schriftinhalten sowie von Satzschemata.[4]

S M I L E

↳ Intelligenzförderung

Unter dem Sammelbegriff „Intelligenz“ werden unterschiedliche, voneinander unabhängige menschliche Fähigkeiten zusammengefasst. Intelligenzforscher sprechen von einer Vielzahl von Intelligenzen.
So führt beispielsweise Howard Gardner unter *multiple intelligences* sieben verschiedene Fähigkeiten an.[5] Die moderne Intelligenzforschung weist auch eindeutig nach, dass Intelligenz nicht eine Begabung ist, mit der ein Mensch geboren wird und die ihn dann für den Rest des Lebens in Form eines mehr oder weniger hohen IQ (Intelligenzquotienten) begleitet. Wenn auch die vererbte Anlage nicht unwesentlich ist, wird Intelligenz ganz eindeutig durch Lernprozesse beeinflusst. Vereinfacht lässt sich also sagen: Intelligenz ist lernbar. Frühes Fremdsprachenlernen hilft auf vielfältige Weise mit, die Intelligenz des Kindes anzuregen und zu entwickeln. Durch die **SMILE-METHODE®** werden alle von Howard Gardner genannten Kompetenzen vielfältig gefördert:

Intelligenzbereich	Aktivierung in *Playway 3*
Sprachliche Intelligenz	• Systematische Entwicklung der Fähigkeit zur Entschlüsselung der fremdsprachlichen Bedeutung durch eine Vielzahl kommunikativer Textsorten. • Entwicklung des phonematischen Gehörs des Kindes durch Übung zur lautlichen und artikulatorischen Differenzierung. • Förderung der Lust am Spiel mit Sprache. • Förderung des unbewussten Entdeckens sprachlicher Gesetzmäßigkeiten. • Anbieten assoziativer Hilfen beim Merken von Wortschatz und Redemitteln.
Kinästhetische Intelligenz	• Ganzkörperliche Verarbeitung von Sprache durch *Action Stories,* Bewegungsspiele und Tänze. • Entwicklung feinmotorischer Fertigkeiten durch zahlreiche Übungstypen: Zeichen-, Mal- und Bastelaufgaben.
Musische Intelligenz	• Förderung der rhythmischen Differenzierungsfähigkeit durch *Chants* und *Rhymes.* • Förderung der melodischen Differenzierungsfähigkeit durch *Songs.*
Visuell-räumliche Intelligenz	• Entwicklung der visuell-räumlichen Wahrnehmung durch Suchbilder. • Förderung des visuellen Erinnerungsvermögens durch Bilderrätsel.
Interpersonale Intelligenz	• Entwicklung grundlegender sozialer Fähigkeiten als ein immanentes Prinzip: einander zuhören lernen, Toleranz von sprachlichen Fehlern, Geduld etc. • Förderung der Empathie durch Rollenspiele. • Förderung der Teamfähigkeit durch kooperative Arbeitsformen.
Mathematisch-logische Intelligenz	• Förderung durch Übungen, bei denen die Kinder sortieren und zuordnen. • Anbahnung der logischen Wahrnehmung durch logische Reihen und Ordnungsübungen.
Intrapersonale Intelligenz	• Anbahnung der Reflexionsfähigkeit als Grundlage für das eigene Sprechen.

4 Helmuth Breuer und Maria Weuffen, Lernschwierigkeiten am Schulanfang, Beltz, 1993, S. 39.
5 Howard Gardner, Frames of Mind. The Theory of Multiple Intelligences, Basic Books, 1983.

S M I L E

Lernen mit allen Sinnen

Man braucht nur Kinder beim Spiel zu beobachten, um sich die Bedeutung des Lernens mit allen Sinnen in Erinnerung zu rufen. *Playway 3* zielt auf eine ständige Aktivierung möglichst aller Sinnesbereiche, die – kurz zusammengefasst – auf den folgenden Erkenntnissen der Lernpsychologie beruht:

- Wenn unsere Schüler/innen Informationen aufnehmen, geschieht dies über die Sinne: sie lernen, was sie sehen, hören und konkret tun.
- Die auditive Aufnahme von Informationen korreliert mit so genannten linkshemisphärischen Gehirntätigkeiten. Die kinästhetische Informationsverarbeitung – durch konkretes Handeln, sich Bewegen, Be-greifen im wahrsten Sinne des Wortes – steht in einem engen Zusammenhang zu Verarbeitungsprozessen, die häufig der rechten Gehirnhemisphäre zugeschrieben werden. Die visuelle Informationsaufnahme kann links- oder rechtshemisphärisch gesteuert sein.
- Je besser die einzelnen Sinne in die Phase der Präsentation von Informationen integriert werden, desto besser werden die Schüler/innen Informationen aufnehmen können (multisensorische Aufnahme).
- Der Aufnahme durch die Sinne entspricht die Aktivierung der neurologischen Systeme (visuell, auditiv, kinästhetisch) bei der Verarbeitung von Informationen, beim Denken und beim Erinnern. Eine multisensorische Aktivierung des Gehirns bei diesen Prozessen erhöht die Merkfähigkeit und Konzentration der Schüler/innen und das langfristige Behalten von sprachlichen Informationen.
- Die Tatsache, dass die meisten Schüler/innen unterschiedliche Lerntypen sind und damit den einen oder anderen Sinneskanal bevorzugen (und dadurch Schwächen in einem oder zwei Sinneskanälen haben können), unterstreicht die Wichtigkeit eines Unterrichtskonzepts, das unterschiedlichen sensorischen Bedürfnissen der Kinder Rechnung trägt und eine Balance zwischen visueller, auditiver und kinästhetischer Darbietung, Verarbeitung und Übung sprachlicher Informationen anstrebt.
- Kinder lieben *Stories* (narrative Texte) und humorvolle *Sketches* (Dialoge). Bei entsprechender multisensorischer Vermittlung bleiben diese *Stories* und *Sketches* besonders gut im Gedächtnis. Dadurch werden Wörter, Satzteile und Sätze *(chunks of language)* im Langzeitgedächtnis verankert.

S M I L E

Einbindung der Themen in den Gesamtunterricht

Neuere Ergebnisse der Lernpsychologie zeigen deutlich, dass die Entwicklung von fremdsprachlichen Fertigkeiten nicht unabhängig von der allgemeinen kognitiven Entwicklung stattfindet. Wenn ein Kind z. B. damit beschäftigt ist, die Bedeutung eines Satzes zu entschlüsseln, den es von der Lehrperson gehört hat, greift es dabei auf Fähigkeiten zurück, die es auch bei Aufgabenstellungen in anderen Bereichen des Unterrichts und Lebens braucht. Solche Fähigkeiten umfassen das Lösen von Problemen, das Herstellen kausaler Zusammenhänge, das Bilden von Analogieschlüssen etc. Aus diesen Gründen und aus den oben angeführten Erkenntnissen zur Intelligenzentwicklung liegt es nahe, das frühe Fremdsprachenlernen so weit wie möglich in den Gesamtunterricht zu integrieren. Dies kommt der noch sehr ganzheitlichen Wahrnehmung des Kindes dieser Altersstufe entgegen. Fremdsprachenunterricht und Gesamtunterricht entwickeln, auf diese Art integriert, allgemeine intellektuelle Fertigkeiten des Kindes und fördern einander gegenseitig.

Spielerisches Fremdsprachenlernen ist mehr als Spielerei

„[Damit] ist jedoch keineswegs gesagt, dass auch das Lernen selbst in allen diesen Fällen schon spielhaft sei. Es kann auch während eines Spiels durchaus mit Anstrengung verbunden bleiben …“[6] Frühes Fremdsprachenlernen ist alles andere als anstrengendes Einpauken von Vokabeln, mühsame Auseinandersetzung mit Strukturen oder angstbesetztes Ringen um Sprachrichtigkeit. Fremdsprachenlernen sollte in keinem Alter solche negativen Assoziationen erwecken – und doch verbinden es zumindest manche Erwachsene mit solchen oder ähnlichen Erinnerungen.

Zeitgemäßes frühes Fremdsprachenlernen bietet dem Beobachter ein völlig anderes Bild:

- Bewegungsspiele, Lieder, Tänze, Geschichten, Rätsel und dergleichen machen den Unterricht für die Kinder motivierend und abwechslungsreich.
- Die Kinder können es oft nicht erwarten, einen Reim oder einen kurzen Dialog im Rollenspiel vor der Klasse darstellen zu dürfen.
- Lehrpersonen werden häufig von den Kindern gefragt, wann denn wieder Englisch sei.
- Durch die vielen spielerischen Elemente scheinen die Kinder völlig zu vergessen, dass sie lernen. Sie sind so fasziniert von den Geschichten, den Rollenspielen, den Liedern und Aktivitäten, dass sie mühelos die Fremdsprache aufnehmen und sie sich gut einprägen.

Die Wichtigkeit regelmäßiger Wiederholung

Wiederholung ist für das Erlernen einer Fremdsprache unerlässlich. Lernpsychologisch erklärt sich das wie folgt:
Der Erwerb einer Fremdsprache macht es notwendig, sich eine Reihe von komplexen Fertigkeiten anzueignen, die man aus der Sicht der kognitiven Psychologie unter *procedural knowledge* zusammenfasst. Es handelt sich hierbei um eine Vielzahl von prozesshaften kognitiven Fertigkeiten, die miteinander verwoben sind, als komplexes Ganzes erworben werden und nicht mit dem bloßen Lernen von Fakten *(declarative knowledge)* verglichen werden können. Eine der wesentlichen Vorbedingungen für den Aufbau von *procedural knowledge* ist, dass sein Erwerb bedeutend mehr Zeit benötigt und regelmäßiges Üben über einen längeren Zeitraum hindurch erfordert.

6 Hans Scheuerl, Das Spiel, Band 1, Beltz, 1990, S. 176.

Dieses *procedural knowledge* wird, wie das Lenken eines Autos, durch regelmäßige Wiederholung gefestigt.[7]
Für den Unterricht bietet sich daher an, immer wieder in ganz kurzen Phasen bereits gelernten Stoff mit den Kindern zu wiederholen. Solche Phasen sind bei den Kindern sehr beliebt. Sie werden zu Demonstrationen des eigenen Könnens und stellen somit eine unverzichtbare Bestätigung des Lernerfolges dar. Sie zeigen den Kindern und der Lehrperson, wie die Fremdsprache wächst und allmählich in den „Besitz" der Kinder übergeht. Der Applaus der Klassengemeinschaft und das Lob der Lehrperson sind nicht nur ein äußeres Zeichen für den Lernzuwachs, sie bewirken zusätzlich eine Stärkung des Selbstbewusstseins und verstärken die Motivation der Kinder.

Playway 3 bietet Ihnen zahlreiche sinnvolle Möglichkeiten zur Wiederholung:

- Wiederholen Sie regelmäßig *Songs* und *Chants*.
- Wiederholen Sie die *Rhymes* und lassen Sie sie von einzelnen Kindern aufsagen.
- Führen Sie regelmäßige Wortschatzwiederholungen mithilfe der *Picture Cards* und *Word Cards* durch.
- Verwenden Sie die *Story Cards* zur Wiederholung der Geschichten.
- Geben Sie den Kindern die Möglichkeit, unter der Verwendung der Handpuppe Max kleine Minidialoge aus den *Stories* zu üben.
- Lassen Sie *Stories,* die sich dafür anbieten, von den Kindern im Rollenspiel vor der Klasse vorführen.
- Spielen Sie bereits gelernte *Songs*, *Rhymes*, *Chants* und *Action Stories* von der CD vor, während die Kinder Routinetätigkeiten ausführen (wenn sie z. B. etwas anmalen). Dies fördert das unbewusste, periphere Lernen.

Classroom management

Die Fremdsprachenlehrkraft hat im Prozess der Sprachvermittlung vielfältige Aufgaben:

- Sie vermittelt sprachlichen Input (zum Teil mithilfe von Medien) und sie überprüft, ob dieser sprachliche Input auch verstanden wird.
- Sie verwendet die Muttersprache wohldosiert.
- Sie etabliert Routinen.
- Sie ermutigt die Kinder, sich in der Fremdsprache auszudrücken.
- Sie reagiert auf Fehler der Kinder methodisch richtig.
- Sie ermutigt die Kinder zum selbstständigen Lernen.
- Sie passt die Sitzordnung bzw. Sozialform der jeweiligen Unterrichtssituation an.

Überprüfung des Verständnisses

In den vorhergehenden Abschnitten wurde wiederholt auf die Vermittlung von sprachlichem Input eingegangen. Wir haben auf die Wichtigkeit von Inhalten hingewiesen, die die Kinder emotional ansprechen, wie *Stories, Sketches, Songs*, *Chants* und *Rhymes*, und zudem die ganzheitliche Art der Vermittlung erläutert.

Hier soll nun auf die Frage der Überprüfung des Verständnisses eingegangen werden. Wenn wir eine Fremdsprache lernen, setzen wir uns ständig dem Risiko aus, nicht alles zu verstehen, was wir hören oder lesen. Wir versuchen Botschaften ganzheitlich zu verstehen und das, was nicht verstanden wurde, aus dem Kontext zu erschließen. Im Englischunterricht der Grundschule versucht die Lehrperson, durch die Vermittlung von Information über verschiedene Sinneskanäle (auditiv, visuell und motorisch) Nichtverstehen möglichst auszuschließen.

Die Beobachtung der Kinder beim Lösen von Aufgaben *(tasks)* gibt der Lehrkraft wichtige Hinweise, inwieweit die Kinder verstanden haben. Hinsichtlich der Überprüfung des Verständnisses sind drei Verhaltensweisen, die sich im Unterricht beobachten lassen, **nicht zielführend:**

- Das ständige Übersetzen von einzelnen Wörtern. Diese Verhaltensweise vermittelt den Kindern das Gefühl, dass sie die Fremdsprache nur dann verstehen können, wenn sie jedes einzelne Wort kennen.

  Ein Beispiel:
  Wenn Sie im Rahmen der Erarbeitung eines *Chants* die Phrasen *Bend your knees; Touch your toes* etc. einüben (siehe *Pupil's Book*, S. 35), dann wird das Verstehen der Sätze ganzheitlich vermittelt. Ein Übersetzen der Einzelwörter wäre unsinnig und würde das Lernen behindern. Dagegen ist im folgenden Fall die Übersetzung angebracht:
  Die Lehrperson einer dritten Klasse sagt *Touch the pencil.* etc., um festzustellen, ob die Kinder die englischen Bezeichnungen für die Schulgegenstände beherrschen. Ein Kind schlägt mit der Hand auf jeden der genannten Gegenstände. Die Lehrperson kann im Moment nicht erkennen, ob das Kind aggressives Verhalten zeigt und Aufmerksamkeit erregen will oder nicht verstanden hat. Sie geht zum Kind und sagt: *Touch the book.* und fügt auf Deutsch hinzu: „Berühre das Buch." Dabei führt sie dem Kind nochmals die Handlung vor.

- Die Frage *Do you understand?* ist meist nicht zielführend. Es ist für die Kinder angenehmer, die Frage zu bejahen, als sich auf die Erklärung einzulassen, was sie nicht verstanden haben. Sinnvoller ist es, Augenkontakt zu halten und genau zu beobachten, wie sich die Kinder verhalten, und daraus Rückschlüsse zu ziehen, ob weitere Verständnishilfen angebracht sind.

- Häufig ist im Unterricht folgende Verhaltensweise zu beobachten: Die Lehrperson gibt eine Anweisung auf Englisch und übersetzt sie dann in die Muttersprache. Der Grund für diese Verhaltensweise dürfte darin liegen, dass die Lehrperson nicht sicher ist, ob die Kinder die englische Anweisung wirklich verstehen. Sobald sich die Kinder des Musters, dass jede Anweisung auch in der Muttersprache gegeben wird, bewusst werden, hören sie bei einer Anweisung auf Englisch kaum mehr zu. Es empfiehlt sich daher, in kurzen Sätzen zu sprechen, den Kindern Zeit zum Nachdenken zu geben, Anweisungen geduldig zu wiederholen, Hilfe durch Mimik und Gestik anzubieten bzw. in manchen Fällen an der Tafel die Anweisung durch Zeichnungen oder Skizzen zu unterstützen.

7 Vgl. dazu J. R. Anderson, The Architecture of Cognition. Harvard, University Press, 1983.

Die Rolle der Muttersprache

In den ersten Monaten des Kontakts der Kinder mit der Fremdsprache wird es sich nicht vermeiden lassen, Erklärungen, Anordnungen etc. auch auf Deutsch zu geben.
Ziel ist es jedoch, im Laufe des Unterrichtsjahres das Unterrichtsgeschehen immer stärker mithilfe der Fremdsprache zu lenken. Durch die ständige Verwendung von *classroom phrases* ist es einfach, ständig wiederkehrende Routinen allmählich nur in der Fremdsprache ablaufen zu lassen. So reagieren die Kinder z. B. sehr bald auf die Aufforderung *Let's do an Action Story.* mit Aufstehen und Wegräumen ihrer Stühle, um sich Platz für Bewegungen zu verschaffen, und auf die Aufforderung *Now work in pairs.*, indem sie näher zusammenrücken. Obwohl es das Ziel ist, bei der Vermittlung der Fremdsprache die Muttersprache auszuklammern, kommen immer wieder Situationen vor, in denen es notwendig ist, einzelne Wörter oder Phrasen zu übersetzen, die sich durch Gesten, Bilder, Realien etc. nicht darstellen lassen. So ist es beispielsweise unumgänglich, *Let's …* in *Let's make a …* beim ersten Vorkommen durch ein deutsches Äquivalent zu erklären. *Let's …* kann nicht durch Gesten, Bilder, Realien etc. dargestellt werden, und es muss verhindert werden, dass sich die Kinder ihre eigene Interpretation zurechtlegen. Hingegen wäre es unsinnig, bei der Einführung des Wortes *skirt* während des Zeigens eines Rockes die Übersetzung hinzuzufügen. Die Bedeutung wird durch das Bild klar.
Zusammenfassend kann gesagt werden, dass hinsichtlich des Einsatzes der Muttersprache folgende Grundregel sinnvoll ist: So viel Englisch wie möglich und nur so viel Muttersprache wie unbedingt nötig.

Eine Anmerkung zu den Namen der Kinder

Es gibt an Grundschulen die Tradition, den Kindern im Englischunterricht englische Namen zu geben.
Zwei **Pro-Argumente** werden meist angeführt:

- Die Kinder schlüpfen gerne in eine andere Rolle.
- Wenn die Lehrkraft beispielsweise sagt: *Gerd, can you help me, please?*, dann ist die artikulatorische Basis beim Namen des Kindes deutsch, und sie wechselt mit dem folgenden Wort ins Englische.

Wir meinen, dass die folgenden **Gegenargumente** eher für die Beibehaltung der Namen der Kinder sprechen:

- Das Übernehmen einer Rolle in einem Rollenspiel bedeutet, dass ein Kind die Identität eines Charakters für die Zeit des Spiels annimmt. Wenn aus Klara in der Englischstunde Sue wird, wird jedoch keine andere Identität übernommen. Es wird nur ein Name ausgetauscht. Das Kind bleibt dieselbe Person, auch wenn es einen anderen Namen bekommt oder annimmt.
- Die Kinder – manches Mal auch die Lehrperson – vergessen immer wieder die englischen Namen ihrer Mitschüler/innen. Das führt bei Partner- oder Gruppenarbeit immer wieder zu Verwirrung.
- Wenn Kinder lernen sollen, in der Fremdsprache zu kommunizieren, dann ist damit auch gemeint, dass sie über ihre Gefühle, ihr Befinden, ihre Vorlieben etc. Aussagen machen. Wenn die Lehrkraft beispielsweise Sue, die in Wirklichkeit Klara heißt, auffordert, ihr Lieblingsessen zu nennen, dann macht Klara Aussagen über sich. Die Identität der Sue ist nicht vorhanden.
- Lernt Klara in den Ferien ein anderes Kind kennen, mit dem sie sich nur auf Englisch unterhalten kann, dann wird sie, nach ihrem Namen gefragt, mit Klara und nicht mit Sue antworten.

Routinen

Im Englischunterricht laufen ständig wechselnde Unterrichtsszenarien ab. Die Kinder sehen und hören eine *Story* und zeigen durch das Zuordnen von Bildern, dass sie die *Story* verstanden haben; sie bemühen sich, einen *Song* zu erlernen; sie üben und wiederholen einen bereits bekannten Reim; sie fragen einander in Partnerarbeit nach Wörtern etc. Neben diesen Szenarien auf der Inhaltsebene laufen ständig Prozesse auf der sozial-emotionalen Ebene ab. Ein Kind stört, ein anderes will die Aufmerksamkeit der Lehrperson erregen, ein drittes erklärt seinem Partner eine Übung, ein weiteres sucht seinen Bleistift oder borgt sich einen Radiergummi aus etc.
Die Lehrperson versucht diese Prozesse verbal und nonverbal zu steuern. Wichtig ist, dass sich im Rahmen all dieser komplexen Prozesse Routinen herauskristallisieren, die in zunehmendem Maße von der Lehrperson auf Englisch gesteuert werden. Im Folgenden finden Sie eine Zusammenstellung von wichtigen Äußerungen im Englischunterricht der Grundschule.

Allgemeines:
Let's start.
Listen.
Can you come here?
Can you come to the front?
Show me a/the …
Bring me a/the …
Give me a/the …
Put it here/there.
Open/Close the door/window …
Stop now.
Pay attention.
Stop eating.
Put it in the bin.

Arbeit mit Wortschatz:
Say the word.
All together.
Say it after/with me.
Say it again.
Now in groups.

Arbeit mit dem *Pupil's Book* und dem *Activity Book:*
Open your books (at page) …
Look at the picture/pictures.
Write. Fill in the words.
Work in/get into pairs.
Colour the …
Read the word.
Can you read the words?

Arbeit mit *Songs, Rhymes* und *Chants:*
Sing along.
Say after me.
Stand up.
Sit down.

Lob:
Great!
Well done.
Yes, that's right.
What a lovely drawing!
Good./Very good.

Kinder:
Can I have the scissors?
I don't know.
I don't understand.
May I go to the toilet?
Check, please.
Good morning.
Goodbye.
Hello.
It's my turn.
Sorry!
Thank you.
I can't find my ...
I haven't got ...
What's ... in English?

Der Umgang mit sprachlichen Fehlern

Welche Fehler machen Kinder beim Erlernen einer Fremdsprache? Grundsätzlich unterscheiden wir zwischen Fehlern, die beim Verstehen auftreten, und Fehlern bei der Reproduktion bzw. Produktion von Sprache. Die Fehler, die in einer Reproduktionsphase oder in der Produktion von Sprache gemacht werden können, kommen auf der Ebene der Aussprache und Intonation, des Wortschatzes und der Grammatik vor.

Drei Beispiele mögen dies illustrieren:

- In einem Rollenspiel sagt ein Kind zum anderen *Go away.* Bei der Aufführung gelingt es mehreren Kindern nicht, das [w] in *away* korrekt auszusprechen. Die Lehrperson unterbricht das Rollenspiel nicht. Sie geht auch nach dem Rollenspiel nicht darauf ein, dass drei bestimmte Kinder diesen Aussprachefehler gemacht haben, sondern sie übt das [w] mit der ganzen Klasse mit anderen, bereits bekannten Wörtern und zeigt genau die Stellung des Mundes. Es wäre falsch anzunehmen, dass diese kompensatorische Übung den Effekt hätte, Schwierigkeiten mit dem [w] ein für allemal auszuräumen.
  Die korrekte Aussprache von Lauten und Lautkombinationen sowie die Intonation sind das Ergebnis langen Übens. Die Voraussetzungen sind ausreichende Gelegenheit, die Fremdsprache in motivierenden Situationen zu hören, das gute Vorbild der Lehrkraft und kurze, immer wieder durchgeführte Übungen.
- Ein Kind sagt im Rahmen eines Minidialogs *Here.* statt *Here you are.* Die Lehrperson unterbricht nicht, übt jedoch die Phrase nochmals ein, bevor weitere Paare den Dialog aufführen.
- Ein Kind sagt bei der Auswertung eines Rätsels *Four cat.* Die Lehrperson wiederholt: *Right, four cats.* Anders als bei einem Rollenspiel, einem *Rhyme* oder *Chant*, wo eine Unterbrechung durch die Lehrperson den Unterrichtsablauf stören würde, nimmt sie in diesem Beispiel die inhaltlich korrekte Äußerung des Kindes positiv zur Kenntnis und fügt die sprachliche Korrektur hinzu.

Auf dem Weg zur Zielsprache ist es **unvermeidlich, Fehler zu machen.** Deshalb soll die Korrektur der Lehrperson vom Kind als hilfreich empfunden werden. Negatives Korrekturverhalten ist kontraproduktiv. Es führt dazu, dass sich die Kinder nicht mehr zu reden trauen.
Fehler, die bei Übungen auftreten, die das Ziel verfolgen, korrekte Sprache zu produzieren (Nachsprechübungen etc.), werden sofort verbessert. Bei Rollenspielen und in allen anderen Situationen, in denen die Kinder versuchen, sprachlich kreativ zu sein, wird die Lehrperson nicht korrigieren. Sie wird Interesse an der Mitteilung des Kindes zeigen. Kommen in solchen Phasen bestimmte Fehler immer wieder vor, dann wird sie im Rahmen einer Nachbereitung überlegen, welche Übungen förderlich sein könnten, um die Sprachrichtigkeit zu verbessern.

Das Lernen lernen

Das Lernen zu lernen kann in Ansätzen schon in der dritten Klasse der Grundschule entwickelt werden. Ziel ist, dass sich die Kinder allmählich bewusst werden, wie sie Dargebotenes verstehen, was ihnen hilft, sich Wörter, Phrasen und Texte zu merken, und ob das Unterrichtstempo angemessen ist. Um dieses Ziel zu erreichen, ist es wichtig, immer wieder mit den Kindern über Ziele und über ihr Lernen zu sprechen. Damit ist nicht gemeint, dass die Lehrkraft die Position der Allwissenden einnimmt, sondern es kommt darauf an, aus den Erzählungen und Mitteilungen der Kinder zu entnehmen, was ihren Lernfortschritt besonders fördert oder hemmt.

Die Sitzordnung

Obwohl es unrealistisch ist anzunehmen, dass für die kurzen Sequenzen des Englischunterrichts die Tische der Klasse umgestellt werden, sollten folgende Punkte hinsichtlich der Sitzordnung nach Möglichkeit beachtet werden:

- Tische und Stühle sollten so arrangiert sein, dass die Kinder an ihren Plätzen genügend Raum haben, um sich bewegen zu können.
- Idealerweise sollte in der Klasse ein Freiraum sein oder geschaffen werden können, der die Aufführung eines Rollenspiels erlaubt.
- Die Tafel soll für alle Kinder gut sichtbar sein.
- Wenn der DVD-Player verwendet wird, sollten die Kinder die Möglichkeit haben, wie beim Kasperltheater auf dem Boden vor der „Bühne" zu sitzen.

Die Rolle der Eltern

Die Eltern der Grundschulkinder stehen im Allgemeinen dem frühen Fremdsprachenlernen sehr positiv gegenüber und wollen die sprachliche Entwicklung ihrer Kinder tatkräftig unterstützen.

Es empfiehlt sich, etwa im Rahmen eines Elternabends, auf die folgenden Punkte hinzuweisen:

- Die Kinder sollen zunächst positive Lernerfahrungen sammeln. Sie gewinnen dadurch Selbstvertrauen und Motivation und verlieren die Scheu, sich in einer Fremdsprache zu äußern.
- Die Eltern dürfen nicht erwarten, dass ihre Kinder von Anfang an Englisch sprechen können. Sie sollen zunächst

sprachliche Äußerungen verstehen lernen und in weiterer Folge auf einfachste Art sprachlich reagieren.

- Durch den Fremdsprachenunterricht mit *Playway 3* werden intellektuelle, soziale, emotionale und motorische Fertigkeiten der Kinder entwickelt.
- Frühes Fremdsprachenlernen fördert eine aufgeschlossene Haltung gegenüber anderen Völkern und Kulturen.
- Weisen Sie darauf hin, dass es sehr wichtig ist, die Kinder für kleinste Lernfortschritte zu loben. Wenn ein Kind nach Hause kommt und sagt „Heute haben wir *yes* und *no* gelernt", so sollte es dafür Anerkennung bekommen.
- Wenn Kinder zu Hause zeigen möchten, was sie schon alles können, sollten die Eltern geduldig zuhören und Interesse bekunden. Fehler sind ein Zeichen des Lernfortschritts. Es ist völlig normal, dass Kinder am Anfang viele Fehler machen.
- Eltern sollten ihre Kinder nie auffordern, englische Sätze ins Deutsche zu übersetzen. Die Kinder lernen die Fremdsprache ganzheitlich. Sie können manche Sätze und Phrasen inhaltlich verstehen, aber nicht ins Deutsche übersetzen.
- Eltern sollten nicht enttäuscht sein, wenn ihr Kind etwas bereits Gelerntes noch nicht sagen kann. Manche Kinder beginnen früher zu sprechen als andere.

Eltern können ihre Kinder beim Englischlernen mit *Playway 3* auf folgende Art unterstützen:

- Sie können die für das Hören zu Hause gedachte Audio-CD mit allen *Songs* und *Chants* (im *Activity Book* beigelegt) gemeinsam anhören.
- *Rhymes*, *Songs* und *Chants* können wiederholt werden. Als Unterstützung dazu können die Bilder im *Pupil's Book* herangezogen werden.
- Sie können die Sprachkompetenz ihres Kindes sehr fördern, indem sie mit ihrem Kind die Spiele der CD-ROM (im erweiterten *Activity Book* beigelegt) ausprobieren.
- Eltern können mit ihren Kindern „Schule" spielen und dabei die Schülerrolle übernehmen. Mit Freude wird das Kind die Eltern in der Fremdsprache unterrichten.

Kopiervorlage

Charakteristika des frühen Fremdsprachenlernens

So lernen Ihre Kinder konkret:

- Sie erfassen die Bedeutung neuer Wörter mithilfe von Bildkarten und werden allmählich mit dem englischen Schriftbild mittels Wortkarten vertraut.
- Sie erlernen die richtige Aussprache durch Imitation englischer Sprecher/innen *(native speakers)* von der CD und von der DVD.
- Sie erweitern ihren Wortschatz spielerisch mithilfe einer Vielzahl motivierender und gezielter Übungen.
- Sie lernen Bewegungsgeschichten auszuführen (sogenannte *Action Stories*) und entwickeln ihr Hörverstehen durch die konkrete Verbindung von Sprache und Bewegungen.
- Das Hörverstehen wird auch dadurch geübt, dass die Kinder kurze Videosequenzen mit Geschichten sehen.
- Die Kinder lernen Lieder, Reime und *Chants* (rhythmische Sprechgesänge) – dies wirkt sich positiv auf die Entwicklung der Aussprache und Intonation aus.
- Die Kinder führen in der Klasse kleine Dialoge und Rollenspiele auf.
- Die Fähigkeit, englische Wörter und Sätze zu lesen, wird behutsam und systematisch entwickelt.

II.

Methodisch-didaktische Anregungen zu den einzelnen Units

UNTERRICHTSSEQUENZ 1

Wortschatz, Phrasen und Strukturen:
I'm (Max); What's your name?; Hello to you; Hello, I'm Laura/...

Sprachliche Fertigkeiten:
Eine *Cartoon Story (I'm Max)* von der DVD und von der CD verstehen.
Ein Lied *(What's your name?)* singen.
Sich vorstellen und nach dem Namen von anderen Kindern fragen.

Kognitive, motorische und soziale Fertigkeiten:
Beim Singen und Klatschen auf den richtigen Rhythmus achten.
Auf Klatschpausen achten.

Integration in den Gesamtunterricht:
Musik

Materialien:
DVD *(Cartoon Story: I'm Max,* 02:32); Handpuppe Max; *Pupil's Book,* Seite 2, Übungen 1–2; CD 1 Nr. 2–4

Einstimmung

- Begrüßen Sie die Kinder auf Englisch: *Hello. (Good morning.) I'm Mrs/Ms/Mr ...*
- Machen Sie den Kindern Appetit auf das Englischlernen, indem Sie ihnen erzählen, was sie alles erwarten können: Lieder, *Chants,* Reime, Spiele, lustige *Cartoon Stories* und *Sketches.*
- Geben Sie den Kindern kurz Zeit, ihre Bücher durchzublättern und wecken Sie dadurch die Neugierde der Kinder.

Hinweis: Zur Einstimmung empfiehlt es sich auch, die Kinder nach englischen Wörtern zu fragen, die sie schon kennen.

☆ 1 Watch the story.
Cartoon Story: I'm Max

Videoscript: I'm Max

Max:	*Hello.*
Linda and Benny:	*Hello.*
Linda:	*What's your name?*
Max:	*Aaaaaaaah ... M ... m ... m ...*
Benny:	*Martin?*
Max:	*M ... m ... m ...*
Linda:	*Mike?*
Max:	*M ... m ... m ...*
Benny:	*Max?*
Max:	*Yes. Yes. I'm Max. Max. What's your name?*
Benny:	*I'm Benny.*
Max:	*And what's your name?*
Linda:	*I'm Linda.*
All (singing):	*What's your name?* etc.

- Zeigen Sie den Kindern die Videosequenz *I'm Max* zweimal von der DVD.
- Wenn die Aufmerksamkeit der Kinder auf den Bildschirm gerichtet ist, legen Sie die Handpuppe Max unauffällig vor den Fernseher, sodass es so aussieht, als sei Max aus dem Fernseher gefallen wie in der *Cartoon Story.*
- Sagen Sie erfreut: *Look! It's Max!* Nehmen Sie die Handpuppe und sagen Sie zu einzelnen Kindern mit veränderter Stimmlage: *Hello, I'm Max. What's your name?* Das Kind sagt z. B.: *David.* Flüstern Sie die Redemittel nötigenfalls ein, z. B.: *I'm David.*
- Üben Sie die Redemittel durch mehrmaliges Vor- und Nachsprechen ein.
- Gehen Sie mit der Handpuppe durch die Klasse. Fragen Sie die Kinder nach ihrem Namen und begrüßen Sie sie.
- Fordern Sie nun einzelne (mutige) Kinder auf, die Rolle von Max zu übernehmen und andere Kinder nach ihrem Namen zu fragen.

Listen and read.
Hör- und Leseübung

CD 1 2

- Fordern Sie die Kinder auf, Übung 1 auf Seite 2 im *Pupil's Book* anzusehen.
- Spielen Sie die Geschichte von der CD (CD 1 Nr. 2) vor und fordern Sie die Kinder auf, die *Cartoon Story* mitzulesen. Die Kinder hören die Geschichte, lesen die Sprechblasen und zeigen im Buch mit.

What's your name?

- Anschließend bietet sich eine Differenzierung an. Schlagen Sie dazu verschiedene Handlungsalternativen vor, für die sich die Kinder als Gruppe entscheiden dürfen:
  1: Die Kinder hören die Geschichte nochmals von der CD (CD 1 Nr. 2) und lesen mit.
  2: Die Kinder arbeiten in Gruppen. Ein Kind liest eine Phrase aus einer Sprechblase vor, die anderen sollen die entsprechende Sprechblase finden und darauf zeigen.
  3: Die Kinder teilen die Rollen auf (Linda, Benny und Max) und sprechen mit Unterstützung des Buches die *Cartoon Story* nach. Bei Zeit und Interesse fertigen die Kinder abschließend mit einem Aufnahmegerät ein Hörspiel an.
  4: Die Kinder setzen die Geschichte spielhandelnd um und führen sie anschließend vor der Klasse auf.

☆ 2 Listen. Sing the song. Song: What's your name?

CD 1 3/4

- Spielen Sie das Lied von der CD (CD 1 Nr. 3) mehrere Male vor und singen Sie selbst mit.
- Sprechen Sie den Text mehrere Male vor und lassen Sie die Kinder mitsprechen.
- Spielen Sie das Lied nochmals vor. Klatschen Sie dreimal nach dem zweiten *What's your name*? und fordern Sie die Kinder auf mitzuklatschen.
  Sagen Sie: *Come on. Clap your hands.*
- Singen Sie das Lied mit den Kindern zur Playbackversion (CD 1 Nr. 4). Die Kinder klatschen an den entsprechenden Stellen und singen mit.
- Verteilen Sie die Rollen von Linda, Benny und Max an drei oder mehrere Kinder. Diese sprechen oder singen die Textzeile *I'm Linda/Benny/Max* alleine oder als Gruppe.

Hinweis: Geben Sie den Kindern, die Benny, Linda und Max spielen, je ein charakteristisches Merkmal, z. B. eine Kappe für Benny und ein rosa T-Shirt für Linda. Max wird mit der Handpuppe dargestellt.

What's your name?

Text: Puchta, Gerngross
Musik: Lorenz Maierhofer
© Helbling, Rum/Innsbruck

U N T E R R I C H T S S E Q U E N Z 2

Wortschatz, Phrasen und Strukturen:
Hi, I'm ...; What's your name?

Sprachliche Fertigkeiten:
Klanglich abgesicherte Phrasen und Wörter mit ihrem Schriftbild verbinden.
Ein Lied singen.

Kognitive, motorische und soziale Fertigkeiten:
Beim Singen und Klatschen auf den richtigen Rhythmus achten.
Sich vorstellen und nach dem Namen von anderen fragen.
In Partnerarbeit Minidialoge ausführen.
Sätze den entsprechenden Personen zuordnen.

Integration in den Gesamtunterricht:
Sachunterricht: Lernen, wie man sich in einer Gemeinschaft verhält.
Musik

Materialien:
CD 1 Nr. 4
Handpuppe Max; mehrere Bögen Papier; Scheren; Buntstifte; *Activity Book*, Seite 2, Übungen 1–2

Wiederholung

CD 1 4

- Singen Sie mit den Kindern zur Wiederholung das Lied *What's your name?* mit Unterstützung der Playbackversion von der CD (CD 1 Nr. 4).

Wiederholung der Phrasen

- Nehmen Sie die Handpuppe Max und wiederholen Sie die bereits gelernten Phrasen.
  Sagen Sie mit veränderter Stimmlage zu einzelnen Kindern: *Hello, I'm Max. What's your name?* Das Kind antwortet z. B.: *I'm Tobi.* Flüstern Sie, wenn nötig, den Kindern die Redemittel ein. Max antwortet wiederum: *Hello, Tobi.*
- Gehen Sie mit der Handpuppe durch die Klasse. Fragen Sie die Kinder nach ihrem Namen und begrüßen Sie sie.
- Erklären Sie den Kindern, dass sie nun Fingerpuppen basteln werden.

- Fordern Sie die Kinder auf, kleine Figuren von Aliens auf ein Blatt Papier zu zeichnen und sich für diese einen Namen auszudenken.
  Sagen Sie: *Draw an alien. Give your alien a name.*
- Achten Sie darauf, dass die Zeichnungen klein werden. Eventuell fertigen Sie zur Vorbereitung selbst eine kleine Figur in der Größe eines Fingerpüppchens an und stellen diese vor: *Hi, I'm Marty. What's your name?*
- Fordern Sie die Kinder auf, Gruppen zu bilden. In diesen Gruppen sollen sich die Aliens gegenseitig begrüßen und vorstellen.
- Schreiben Sie die zu verwendenden Phrasen zur Erinnerung an die Tafel.

☆ 1 Complete.
Zuordnungsübung

AB

- Zeichnen Sie ein weibliches und ein männliches Strichmännchen an die Tafel und stellen Sie beide vor. Sagen Sie: *Mrs Brown and Mr Black.*

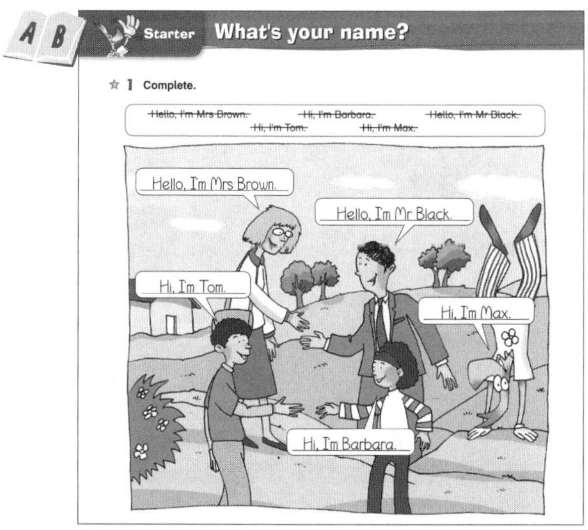

- Fordern Sie die Kinder auf, die Übung 1 auf Seite 2 im *Activity Book* zu betrachten. Lesen Sie die Phrasen aus dem Kasten laut vor. Die Kinder lesen und zeigen still mit.
- Sagen Sie: *Work with your partner. Point and read.* Die Kinder arbeiten nun paarweise und zeigen sich gegenseitig, welche Phrase welcher Sprechblase zugeordnet wird.
- Anschließend tragen die Kinder die Phrasen in die entsprechenden Sprechblasen ein.
- Zeichnen Sie nun fünf Sprechblasen in derselben Anordnung wie im Buch an die Tafel, um die Übung zu repräsentieren.
- Zeigen Sie auf die einzelnen Sprechblasen. Die Kinder nennen die jeweils dazugehörige Phrase.
- Vervollständigen Sie die Sprechblasen an der Tafel entsprechend. Die Kinder kontrollieren so ihre Ergebnisse.

☆ 2 Play the game.
Spiel: Wortschatzwiederholung

AB

- Fordern Sie die Kinder auf, die Übung 2 auf Seite 2 im *Activity Book* zu betrachten.
- Anschließend bilden die Kinder einen Sitzkreis. Sagen Sie: *Make a circle.*
- Demonstrieren Sie mit einem Kind das Spiel. Das Kind sitzt auf einem Stuhl in der Mitte des Kreises und hält sich die Hände über die Augen. Stellen Sie sich nun mit einem falschen Namen vor: *Hi, I'm Mr Black.* Das Kind rät: *No.* Nun stellen Sie sich mit Ihrem richtigen Namen vor und das Kind sagt: *Yes.*
- Wählen Sie dann mehrere Kinder aus, die jeweils zu dem Kind in die Mitte kommen und sich vorstellen. Fordern Sie einzelne Kinder dazu auf, sich mit einem falschen Namen vorzustellen bzw. ihre Stimme zu verstellen. Das Kind rät jeweils, ob die Aussage stimmt.
- Nach ein paar Rateversuchen bestimmen Sie ein anderes Kind, das in die Mitte des Kreises kommt.

UNTERRICHTSSEQUENZ 3

Wortschatz, Phrasen und Strukturen:

one; two; three; four; five; six; Hi, I'm ...; What's your name?; How are you?; I'm good; Good morning; Goodbye.

Sprachliche Fertigkeiten:

Dialoge von der CD verstehen.
Klanglich abgesicherte Phrasen und Wörter mit ihrem Schriftbild verbinden.

Kognitive, motorische und soziale Fertigkeiten:

Sich vorstellen und nach dem Namen von anderen Kindern fragen.
In Partnerarbeit Minidialoge ausführen.
Klassenszenen nachspielen.
Sätze durch Nummerieren den entsprechenden Bildern zuordnen.

Integration in den Gesamtunterricht:

Mathematik
Musik

Materialien:

CD 1 Nr. 4
Pupil's Book, Seite 3, Übungen 3–4; CD 1 Nr. 5–6; *Activity Book*, Seite 3, Übungen 3–4; Zettelchen mit englischen Namen; evtl. Handpuppe Max

Wiederholung

CD 1 4

- Singen Sie zur Wiederholung gemeinsam mit den Kindern das Lied *What's your name?* zur Playbackversion (CD 1 Nr. 4).
- Festigen Sie die Phrase *Hi, I'm …*, indem Sie die Kinder das Spiel aus dem *Activity Book* auf Seite 2, Übung 2 nochmals spielen lassen (siehe Unterrichtssequenz 2).

Wortschatzeinführung

one; two; three; four; five; six

- Führen Sie die Zahlen von 1 bis 6 ein, indem Sie laut zählen und mit den Fingern mitzeigen.
- Schreiben Sie die Zahlen von 1 bis 6 an die Tafel. Zählen Sie von 1 bis 6, dann von 6 bis 1 und zeigen Sie dabei immer auf die entsprechende Zahl.
- Zeigen Sie zuletzt in ungeordneter Reihenfolge auf die Zahlen, wobei Sie die jeweils entsprechende Zahl nennen.
- Nennen Sie abschließend in ungeordneter Reihenfolge eine Zahl nach der anderen. Die Kinder zeigen die entsprechende Menge mithilfe ihrer Finger.

☆ 3 Listen and speak.
Hör- und Sprechübung

PB CD 1 5

Tapescript:

Situation one.
Emma: Hi, I'm Emma. What's your name?
Peter: I'm Peter.

Situation two.
Emma: How are you?
Peter: I'm good, thanks.

Situation three.
Teacher: Good morning, children.
Children: Good morning, Mrs Wilson.

Situation four.
Teacher: Goodbye, children.
Children: Goodbye, Mrs Wilson.

- Spielen Sie den Kindern die Szenen von der CD vor (CD 1 Nr. 5). Halten Sie Ihr Buch für alle gut sichtbar hoch und zeigen Sie auf das jeweilige Bild in Ihrem *Pupil's Book* auf Seite 3. Die Kinder hören zu und schauen mit.
- Fordern Sie die Kinder nun auf, das *Pupil's Book* auf Seite 3 aufzuschlagen und die Bilder anzuschauen.
- Spielen Sie die vier Szenen noch einmal von der CD vor. Die Kinder zeigen in ihrem Buch auf das entsprechende Bild.
- Spielen Sie gemeinsam mit einzelnen Kindern die Szenen nach. Wenn ein Kind ein Wort vergessen hat, flüstern Sie es ein.

Hinweis: Die Phrase *I'm good, thanks.* als Antwort auf die Frage *How are you?* wird in Großbritannien häufig in der täglichen Kommunikation verwendet. *I'm fine, thanks.* ist selbstverständlich auch korrekt.

4 Now do a role play.
Rollenspiel

PB

- Das Rollenspiel ist optional und entspricht einem hohen Anforderungsniveau. Es kann zur zeitlichen Differenzierung und zur Förderung besonders leistungsstarker Kinder eingesetzt werden.
- Fordern Sie die Kinder auf, Gruppen zu bilden. Verteilen Sie an alle Kinder Zettelchen mit englischen Namen Ihrer Wahl. Achten Sie darauf, dass ausreichend Mädchen- und Jungennamen vorhanden sind.
- Die Kinder spielen nun die Szenen aus dem Buch nach und verwenden dabei die ihnen zugewiesenen Namen.
- Gehen Sie während der Gruppenarbeit durch die Klasse und helfen Sie nötigenfalls. Sie können hierfür auch die Handpuppe Max verwenden.

Hinweis: Bei Bedarf können auch kleine Videos mit Minivideokameras oder Handykameras gedreht und abschließend auf dem Computer gezeigt werden.

Aussprachetipp: Achten Sie auf die deutliche Diphthongierung bei *name* [neim].

3 Listen and read.
Hör- und Leseübung

AB 1 6

AB

Starter

3 6 **Listen and read.**

1	*Mr Holmes:*	How are you, Simon?	
	Simon:	I'm good, thanks, Mr Holmes.	
2	*Tom:*	I'm Tom. What's your name?	
	Daniel:	I'm Daniel.	
3	*Sandra:*	Good morning, Mrs Finch.	
	Mrs Finch:	Good morning, Sandra.	
4	*Molly:*	I'm Molly. What's your name?	
	Kate:	I'm Kate.	
5	*Christopher:*	Goodbye, Elizabeth.	
	Elizabeth:	Goodbye, Christopher.	
6	*Mrs Beckett:*	How are you, Lucas?	
	Lucas:	I'm good, thanks, Mrs Beckett.	

- Erklären Sie den Kindern, dass Sie nun verschiedene Dialoge von der CD hören werden.
- Spielen Sie den Kindern die Dialoge von der CD vor (CD 1 Nr. 6).

Tapescript:

One.	
Mr Holmes:	*How are you, Simon?*
Simon:	*I'm good, thanks, Mr Holmes.*
Two.	
Tom:	*I'm Tom. What's your name?*
Daniel:	*I'm Daniel.*
Three.	
Sandra:	*Good morning, Mrs Finch.*
Mrs Finch:	*Good morning, Sandra.*
Four.	
Molly:	*I'm Molly. What's your name?*
Kate:	*I'm Kate.*
Five.	
Christopher:	*Goodbye, Elizabeth.*
Elizabeth:	*Goodbye, Christopher.*
Six.	
Mrs Beckett:	*How are you, Lucas?*
Lucas:	*I'm good, thanks, Mrs Beckett.*

- Die Kinder betrachten nun die Sätze auf Seite 3, Übung 3 im *Activity Book.*
- Spielen Sie die Übung von der CD erneut ab. Die Kinder lesen mit und zeigen auf die entsprechenden Sätze.

4 Look at 3. Write the numbers in the pictures.
Zuordnungsübung

AB

AB

4 Look at **3**. Write the numbers in the pictures.

3

- Fordern Sie die Kinder dazu auf, die Übung 4 auf Seite 3 im *Activity Book* zu betrachten. Erklären Sie den Kindern, dass sie hier die Dialoge aus Übung 3 abgebildet sehen.
- Anschließend lesen die Kinder die Sätze in Übung 3 noch einmal und ordnen die Nummern den entsprechenden Bildern in Übung 4 zu.
- Haben die Kinder alle Bilder nummeriert, vergleichen sie das Arbeitsergebnis mit ihrer Sitznachbarin/ihrem Sitznachbarn.
- Zeichnen Sie anschließend sechs Kreise an die Tafel. Diese repräsentieren die Abbildungen im Buch.
- Die Kinder diktieren Ihnen die Zahlen, die sie in die Kreise eingetragen haben, und kontrollieren so die Ergebnisse.

UNTERRICHTSSEQUENZ 1

Wortschatz, Phrasen und Strukturen:

Wortschatzwiederholung: *one; two; three; four; five; six*
seven; eight; nine; ten; Hello again; orange; green and blue; yellow; grey; Hey!; red and pink and white; black and brown; All right!; Come on!; What colour is (number) one/...?; What number is (blue)?; What colour is it?

Sprachliche Fertigkeiten:

Bedeutung und Aussprache der neuen Wörter lernen.
Wörter von der CD verstehen und dabei auf die entsprechenden Bilder bzw. Wörter im Buch zeigen.
Neue Wörter lesen und zuordnen können.
Zahlen und Farben nennen.
Ein Lied *(Hello)* singen.
Zahlen und Farben in einem Lied verstehen.
Nach der Farbe von Gegenständen fragen.

Kognitive, motorische und soziale Fertigkeiten:

Bis zehn zählen.
Im Chor rhythmisch sprechen.
Sich Farben und Zahlen assoziativ einprägen.
Einen Liedtext hören und aufsagen und dabei im Buch mitschauen.
Ein Lied singen und dabei entsprechende Bewegungen machen.
Zu zweit ein Spiel spielen.

Integration in den Gesamtunterricht:

Mathematik
Musik

Materialien:

Pupil's Book, Seite 3; Handpuppe Max
Picture Cards 1–10; *Word Cards* 1–10;
CD 1 Nr. 7–8; *Pupil's Book,* Seite 4, Übungen 1–2; Farbkreiden; evtl. Lesezeichen (siehe Anhang, Seite 213); Poster 1

Wiederholung

- Lassen Sie die Kinder zur Wiederholung die Begrüßungsszenen von Seite 3 im *Pupil's Book* nachspielen.
- Fordern Sie die Kinder auf, aufzustehen und sich frei im Raum zu bewegen.
- Sie können für diese Übung auch die Handpuppe Max einsetzen: Die Kinder gehen im Klassenzimmer herum. Immer wenn Max ein Signal gibt (Sie können z. B. mit Ihrer freien Hand auf den Tisch klopfen), bleiben die Kinder stehen und wenden sich jeweils der Person zu, die ihnen am nächsten steht. Die Kinder begrüßen sich und fragen einander nach dem Befinden. Sie können als Max auch an der Aufwärmübung teilnehmen und die Kinder begrüßen.

Wortschatzwiederholung und -erweiterung

one; two; three; four; five; six; seven; eight; nine; ten

- Wiederholen Sie die Zahlen von 1 bis 6, indem Sie die Zahlen laut vorzählen und mit den Fingern mitzeigen.
- Führen Sie dann die Zahlen von 7 bis 10 ein. Beginnen Sie hierfür wieder bei 1 und zählen Sie laut bis 10 weiter. Zeigen Sie mit Ihren Fingern mit.
- Schreiben Sie die Zahlen von 1 bis 10 an die Tafel. Zählen Sie nochmals von 1 bis 10, dann von 10 bis 1 und zeigen Sie dabei immer auf die entsprechende Zahl.
- Zeigen Sie anschließend in ungeordneter Reihenfolge auf die Zahlen, wobei Sie die jeweils entsprechende Zahl nennen.
- Nennen Sie in ungeordneter Reihenfolge eine Zahl nach der anderen. Die Kinder zeigen die entsprechende Menge mithilfe der Finger.

Übungen zur Verankerung des Wortschatzes im Produktionsgedächtnis

- Rhythmisches Sprechen: Zählen Sie mit den Fingern von 1 bis 10 und sagen Sie gleichzeitig die Zahlen. Variieren Sie Ihre Stimme in Lautstärke und Sprechtempo: Zählen Sie zuerst langsam, dann immer schneller und lauter. Werden Sie anschließend wieder langsamer und leiser etc. Die Kinder sprechen genauso nach.
- Zeigen Sie eine Menge nach der anderen mit den Fingern, die Kinder nennen die jeweils entsprechende Zahl.
- Partnerarbeit: Kind A zeigt eine Menge und Kind B nennt die Zahl. Nach drei Zahlen werden die Rollen getauscht.
- Anschließend berührt Kind A mit einer bestimmten Anzahl von Fingern den Rücken von Kind B und dieses versucht, die Anzahl der Finger zu erraten. Nach drei Versuchen werden die Rollen getauscht.

Wortschatzeinführung

orange; green; blue; yellow; grey; red; pink; white; black; brown

- Führen Sie die Wörter mithilfe der *Picture Cards* ein. Zeigen Sie die *Picture Cards* der Reihe nach und wiederholen Sie die Wörter mehrere Male.
- Befestigen Sie die *Picture Cards* an der Tafel. Zeigen Sie in beliebiger Reihenfolge auf die *Picture Cards* und nennen Sie die entsprechende Farbe.
- Fordern Sie einzelne Kinder auf, zu Ihnen an die Tafel zu kommen. Sagen Sie z. B.: *(Peter), come here, please. Point to blue.* Das Kind zeigt auf die entsprechende Farbe an der Tafel.

Übungen zur Verankerung des Wortschatzes im Produktionsgedächtnis

- Fordern Sie die Kinder auf, die Augen zu schließen. Sagen Sie: *Close your eyes.* Entfernen Sie eine der *Picture Cards* von der Tafel.
  Sagen Sie: *Open your eyes.* Die Kinder öffnen ihre Augen.
- Fragen Sie anschließend: *What's missing?* Die Kinder nennen die fehlende Farbe. Die Kinder schließen ihre Augen wieder und Sie entfernen zwei oder mehrere *Picture Cards.*
- Spielen Sie *What's missing?* bis alle Kärtchen von der Tafel entfernt sind.
- Sagen Sie die neuen Wörter (Zahlen, Farben) mehrere Male. Die Kinder sprechen Ihnen nach.
- Schreiben Sie die Zahlen von 1 bis 10 in jeweils unterschiedlichen Farben an die Tafel, z. B.:
  1 in Blau, 2 in Rot, 3 in Grün etc.
- Sagen Sie mehrmals mit den Kindern gemeinsam die Zahlen und die Farben, in denen die Zahlen geschrieben sind.
- Fordern Sie die Kinder auf, sich die Zahlen und die entsprechenden Farben an der Tafel einzuprägen. Geben Sie ihnen dafür genügend Zeit.
- Stellen Sie sich an die hintere Wand des Klassenzimmers, sodass Sie die Tafel sehen können. Die Kinder drehen sich zu Ihnen um – sie können die Tafel also nicht sehen. Fragen Sie nun nach den Farben und anschließend nach den Zahlen. Betonen Sie dabei das Zahlwort bzw. das Wort für die Farbe:
  What colour is (number) ***one****? What colour is (number)* ***three****? What number is* ***blue****? What number is* ***red****?* etc.

Anmerkung: Falls die Kinder Schwierigkeiten haben, sich die Kombinationen von zehn Zahlen und Farben einzuprägen, kann auch abwechselnd mit den Zahlen von 1 bis 5 bzw. 5 bis 10 gespielt werden.

Wortschatzeinführung mit Schriftbildunterstützung

orange; green; blue; yellow; grey; red; pink; white; black; brown

- Wiederholen Sie zunächst die Wörter mithilfe der *Picture Cards* und befestigen Sie diese an der Tafel.
- Führen Sie nun das Schriftbild für die Farben ein.
- Sagen Sie eine Farbe und halten Sie die entsprechende *Word Card* nur kurz hoch, um Interferenzen zwischen Aussprache und Schriftbild zu vermeiden.
- Befestigen Sie anschließend die *Word Cards* neben den jeweiligen *Picture Cards* an der Tafel.
- Üben Sie die Wörter durch mehrmaliges Vor- und Nachsprechen.
- Rufen Sie einzelne Kinder an die Tafel.
  Sagen Sie z. B.: *(Sophie), touch yellow.* Das Kind berührt die entsprechenden Karten etc.

☆ 1 Listen. Sing the song. Song: Hello

PB CD 1 7/8

- Fordern Sie die Kinder auf, die Seite 4 im *Pupil's Book* aufzuschlagen und Übung 1 zu betrachten.
- Spielen Sie dann das Lied von der CD vor (CD 1 Nr. 7). Die Kinder hören zu und schauen im Buch mit.
- Sprechen Sie den Liedtext Zeile für Zeile vor. Die Kinder sprechen nach und zeigen im Buch mit.
- Sprechen Sie mit den Kindern gemeinsam den Text, wobei die Kinder die Bildreihen im Buch als Gedächtnisstütze benützen.
- Spielen Sie das Lied nochmals von der CD. Die Kinder singen mit und benützen wieder die Bildreihen bzw. den Text als Merkhilfe.

Hello

Text: Puchta, Gerngross
Musik: Lorenz Maierhofer
© Helbling, Rum/Innsbruck

- Singen Sie das Lied mit den Kindern gemeinsam, dieses Mal ohne die Merkhilfe im Buch. Machen Sie bei *Hello!* eine entsprechende Geste: Winken Sie.
  Bei *All right!* nicken Sie mit dem Kopf. Die Kinder imitieren Ihre Gesten.
- Singen Sie das Lied nochmals, diesmal zur Playback-version (CD 1 Nr. 8). Machen Sie gemeinsam mit den Kindern wiederum die Bewegungen.

Then test your partner. Partnerarbeit

- Fordern Sie die Kinder auf, sich gegenseitig abzufragen. Demonstrieren Sie dies mit einem Kind.

Halten Sie dazu Ihr Buch hoch und verdecken Sie die Vokabelspalte links von der Abbildung. Verwenden Sie dazu z. B. Ihre Hand oder ein Blatt Papier. Sie können den Kindern auch das Lesezeichen von Seite 213 zum Abdecken zur Verfügung stellen.

- Fordern Sie das Kind auf, auf einen Farbklecks in der Abbildung zu zeigen. Sagen Sie dann das entsprechende Farbwort.
- Tauschen Sie die Rollen: Sie zeigen auf eine Farbe in der Abbildung und das Kind sagt das entsprechende Farbwort.
- Die Kinder arbeiten anschließend paarweise und testen sich gegenseitig: Kind A zeigt bei verdeckter Spalte auf die Farbe, Kind B sagt das entsprechende Wort. Zur Kontrolle kann in der Spalte mit den Wörtern nachgesehen werden.
- Gehen Sie in der Klasse herum und helfen Sie gegebenenfalls.
- Zur Festigung des Schriftbildes kann die Übung auch umgekehrt durchgeführt werden: Die Kinder benennen die Farbwörter, z. B. *Blue.* und die jeweiligen Partner/innen zeigen auf das Farbwort in der Spalte.

☆ 2 Play a game in class.
Spiel: Partnerarbeit

PB

- Demonstrieren Sie mit einem Kind die Partnerarbeit, die auf Seite 4 in Übung 2 im *Pupil's Book* abgebildet ist.
- Zeigen Sie auf ein farbiges Objekt in der Klasse, dessen Farbe die Kinder auf Englisch benennen können, und fragen Sie: *What colour is it?* Das Kind gibt die entsprechende Antwort.
- Sie können diesen Dialog auch mithilfe der Handpuppe Max vorführen.
- Die Kinder spielen nun paarweise. Kind A zeigt auf ein Objekt und fragt: *What colour is it?* Kind B nennt die entsprechende Farbe. Dann werden die Rollen getauscht.
- Gehen Sie bei dieser Übung durch die Klasse und helfen Sie, wenn dies nötig ist.

Poster 1: Hello

- Hängen Sie das Poster in der Klasse auf und laden Sie die Kinder ein, es zu betrachten. Erklären Sie den Kindern, dass das Poster zum Thema der Unit, die sie gerade machen, passt und dass sie bei Gelegenheit Aufgaben dazu erledigen werden.
- Halten Sie Kopien der Arbeitsblätter zum Poster für die Kinder bereit. Kinder, die im Laufe der Bearbeitung von Unit 1 schneller mit ihrer Arbeit fertig sind, nehmen sich ein Arbeitsblatt und bearbeiten die Aufgaben in Einzelarbeit. Wenn sie damit fertig sind, können die Kinder Paare bzw. Gruppen bilden, um den Rest der Übungen durchzuführen.
- Da es sich um die Anfangsphase handelt, besprechen Sie die Aufgaben mit den Kindern. Lesen Sie dazu die unterschiedlichen Arbeitsaufträge vor und demonstrieren Sie diese mit einem Kind.
- Weitere Angaben zur Arbeit mit den Postern finden Sie im Poster-Begleitheft.

UNTERRICHTSSEQUENZ 2

Wortschatz, Phrasen und Strukturen:

Wortschatzwiederholung zu den Themenbereichen *Numbers* und *Colours*
Vorwiegend rezeptiv: *Number (one) is (blue); What colour is number (one)?*

Sprachliche Fertigkeiten:

Ein Lied *(Hello)* singen.
Bis zehn zählen.
Zahlen und Farben von der CD verstehen.
Zahlen und Farben nennen.
Neue Wörter lesen und zuordnen.

Kognitive, motorische und soziale Fertigkeiten:

Ein Lied singen und dabei entsprechende Bewegungen machen.
Zahlen und Farben von der CD verstehen und im Buch mitzeigen und entsprechend anmalen.

Integration in den Gesamtunterricht:

Mathematik
Musik

Materialien:

CD 1 Nr. 8; *Picture Cards* 1–20; *Word Cards* 1–20
Activity Book, Seite 4, Übungen 1–2; CD 1 Nr. 9; Buntstifte

Wiederholung

ball 1 8

- Singen Sie zur Wiederholung das Lied *Hello* aus der vorhergehenden Unterrichtssequenz gemeinsam mit den Kindern zur Playbackversion (CD 1 Nr. 8).
- Wiederholen Sie die Wörter für Zahlen und Farben mithilfe der *Picture Cards.* Befestigen Sie die Kärtchen an der Tafel und sagen Sie die Wörter mehrmals vor. Die Kinder sprechen Ihnen nach.

- Rufen Sie einzelne Kinder an die Tafel.
  Sagen Sie z. B.: *(Jakob), touch green.* etc. Die Kinder berühren die entsprechende *Picture Card.*
- Befestigen Sie dann die *Word Cards* an der Tafel und zeigen Sie zügig auf einzelne Wörter. Die Kinder nennen das entsprechende Wort.

☆ 1 Listen and colour.
Hörübung

AB 1 9

- Fordern Sie die Kinder auf, Buntstifte in den folgenden Farben vorzubereiten: *brown, blue, red, pink, grey, orange, green, black, yellow.*
- Nennen Sie verschiedene Farben: *blue, yellow, red and green, blue and pink, ...* Die Kinder halten jeweils die entsprechenden Buntstifte in die Höhe.
- Die Kinder schlagen das *Activity Book* auf Seite 4 auf und betrachten Übung 1.
- Erklären Sie den Kindern, dass sie Anweisungen von der CD hören werden und während des Zuhörens die Zahlen im *Activity Book* jeweils in der Farbe markieren sollen, die im Hörtext angegeben wird. Die Zahlen können später komplett ausgemalt werden.
  Sagen Sie ihnen, dass *white* ausgespart bleibt.
- Spielen Sie die Hörübung von der CD vor (CD 1 Nr. 9). Die Kinder markieren die Zahlen.

Tapescript:

One:	*Yellow.*
Two:	*Brown.*
Three:	*Red.*
Four:	*Green.*
Five:	*Black.*
Six:	*Blue.*
Seven:	*Pink.*
Eight:	*Orange.*
Nine:	*Grey.*
Ten:	*White.*

- Fragen Sie anschließend: *What colour is number one?* etc. Die Kinder antworten entsprechend.
- Abschließend malen die Kinder die Zahlen in den entsprechenden Farben fertig aus.

☆ 2 Match.
Schriftbild erkennen und zuordnen

AB ball

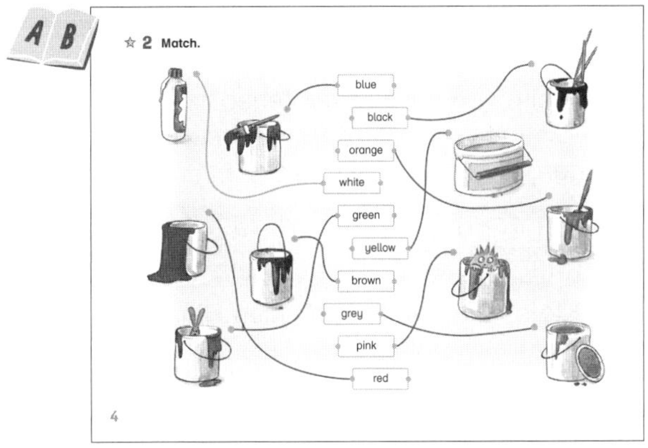

- Fordern Sie die Kinder auf, die Seite 4 im *Activity Book* aufzuschlagen und Übung 2 anzusehen.
- Halten Sie Ihr Buch hoch. Zeigen Sie zuerst der Reihe nach, dann in ungeordneter Reihenfolge auf die Farbtöpfe. Die Kinder nennen die jeweilige Farbe.
- Lesen Sie dann die einzelnen Wörter in den Kästchen vor. Die Kinder lesen im Buch mit und zeigen auf das jeweilige Wort.
- Lesen Sie die Wörter in ungeordneter Reihenfolge vor und die Kinder zeigen wieder im Buch mit.
- Die Kinder verbinden nun die Wörter in den Kästchen mit den jeweiligen Farbtöpfen.
- Wenn die Kinder mit der Aufgabe fertig sind, tauschen sie ihr Buch mit einem/einer Partner/in.
- Befestigen Sie die *Word Cards* in der Reihenfolge der Wörter in Übung 2 an der Tafel. Rechts und links davon befestigen Sie die *Picture Cards* mit den Farben entsprechend der Übung im Buch.
- Fordern Sie nun einzelne Kinder auf, die Farben mit den entsprechenden Farbwörtern an der Tafel zu verbinden.
- Die Kinder vergleichen die Ergebnisse ihres Partners/ihrer Partnerin mit den Angaben an der Tafel.

UNTERRICHTSSEQUENZ 3

Wortschatz, Phrasen und Strukturen:

skateboard; teddy; computer; car; mountain bike; T-shirt; What colour is the skateboard/...?; It's pink and brown/...; A (red) bike/car for (Linda).

Sprachliche Fertigkeiten:

Nach der Farbe von Gegenständen fragen und darauf antworten.
Einen Reim von der CD verstehen.
Einen „selbst verfassten" Reim lernen und aufsagen.

Kognitive, motorische und soziale Fertigkeiten:

Beim Klatschen auf den richtigen Rhythmus achten.
Wörter von der CD verstehen und auf die Bilder im Buch zeigen.
Zu zweit ein Spiel spielen und sich dabei an Regeln halten.
Bilder in entsprechenden Farben anmalen und einen eigenen Reim verfassen.
Im Rhythmus sprechen.
Den eigenen Reim aufsagen.

Integration in den Gesamtunterricht:

Mathematik
Musik

Materialien:

CD 1 Nr. 8; evtl. Farbkreiden
Pupil's Book, Seite 5, Übungen 3–4; CD 1 Nr. 10–11; *Activity Book,* Seite 5, Übungen 3–4; evtl. Kopiervorlage 1; evtl. kleiner Taschenspiegel

Wiederholung

CD 1 8

- Singen Sie zur Wiederholung das Lied *Hello* aus der ersten Unterrichtssequenz gemeinsam mit den Kindern zur Playbackversion (CD 1 Nr. 8).
- Sagen Sie die Zahlen von 1 bis 10 ohne Stimme *(Read my lips).* Die Kinder raten die jeweilige Zahl.
- Sagen Sie nun die Farben ohne Stimme. Die Kinder raten die jeweilige Farbe.
- Schreiben Sie die Farbwörter, eventuell mit den entsprechenden Farbkreiden, an die Tafel.
- Geben Sie dann einen bestimmten Klatschrhythmus vor, den die Kinder nachklatschen.
- Rufen Sie zehn Kinder heraus an die Tafel. Der Reihe nach spricht jedes dieser Kinder jeweils ein Farbwort laut vor. Nach jedem Wort klatschen die anderen Kinder im eingeübten Rhythmus, z. B.:

  yellow
  x x xx x
  green
  x x xx x
  blue
  x x xx x
  etc.

☆ 3 Listen and point. Hörübung

PB CD 1 10

- Fordern Sie die Kinder auf, die Seite 5 im *Pupil's Book* aufzuschlagen und das Bild in Übung 3 für ca. 20 Sekunden zu betrachten.
- Zeigen Sie auf die verschiedenen Gegenstände und benennen Sie diese, während die Kinder im Buch mitschauen: *teddy, mountain bike, computer, skateboard, T-shirt, car.*
- Dann fordern Sie die Kinder auf, die Bücher zu schließen. Sagen Sie: *Close your books.*
- Sagen Sie: *Give me words.* Die Kinder nennen Ihnen die Wörter, die sie sich gemerkt haben. Schreiben Sie die Wörter an die Tafel.
- Erklären Sie den Kindern, dass sie nun eine Hörübung von der CD (CD 1 Nr. 10) hören werden. Ihre Aufgabe ist es, auf die entsprechenden Abbildungen im Buch zu zeigen.

Tapescript:

The skateboard is pink and brown.
The teddy is brown and green.
The computer is grey and yellow.
The car is red and yellow.
The mountain bike is blue and white.
The T-shirt is orange and black.

- Spielen Sie die CD bei Bedarf zweimal vor.
- Sagen Sie dann z. B.: *What colour is the T-shirt?* Die Kinder nennen Ihnen die entsprechenden Farben dazu. Sie können z. B. auch sagen: *It's blue and white.* In diesem Fall nennen die Kinder den entsprechenden Gegenstand: *Mountain bike.* etc.

4 Work in pairs. Spiel: Partnerarbeit

PB

- Demonstrieren Sie das im *Pupil's Book,* Seite 5, Übung 4, abgebildete Spiel mit einem Kind vor der ganzen Klasse.
- Das Kind schließt die Augen und Sie halten Ihr Buch hoch. Zeigen Sie z. B. auf das *skateboard* und fragen Sie *What colour is the skateboard?* Helfen Sie eventuell durch Einflüstern: *It's ...*
- Das Kind versucht sich an die Farben zu erinnern und antwortet: *It's pink and brown.* Dann übernimmt das Kind die Rolle der/des Fragenden und Sie antworten entsprechend.
- Die Kinder spielen das Spiel mit einem/einer Partner/in und tauschen z. B. nach zwei richtig erratenen Gegenständen die Rollen.
- Gehen Sie in der Klasse herum und achten Sie darauf, dass die Kinder die entsprechenden Redemittel verwenden. Helfen Sie gegebenenfalls.

3 Listen and colour. Hörübung

AB 1 11

- Fordern Sie die Kinder auf, die Seite 5 im *Activity Book* aufzuschlagen und Übung 3 anzusehen.
- Halten Sie Ihr Buch hoch. Zeigen Sie auf eines der Räder im Buch und sagen Sie das Wort *bike* mehrere Male. Lassen Sie die Kinder nachsprechen.
- Zeigen Sie auf den Jungen im Vordergrund und stellen Sie ihn vor. Sagen Sie: *This is Li.*
- Zeigen Sie nun auf Benny, Linda und Max. Schauen Sie fragend und sagen Sie *This is...?* Die Kinder nennen die Namen.
- Zeigen Sie mithilfe der Handpuppe Max nochmals auf die Kinder in der Abbildung. Sagen Sie als Max: *Linda – Li – Benny – me.* Machen Sie bei *me* eine Bewegung mit der Handpuppe, die verdeutlicht, dass Max gemeint ist.
- Zeigen Sie dann auf die Farbtöpfe rechts vom Bild und lassen Sie einzelne Kinder die entsprechende Farbe nennen.
- Sagen Sie nun *Listen.* und spielen Sie den Reim vor (CD 1 Nr. 11).

Tapescript:

A red bike for Linda.
A green bike for Li.
A yellow bike for Benny.
A blue bike for me.

- Fordern Sie die Kinder dazu auf, einen blauen, einen roten, einen grünen und einen gelben Stift zu nehmen.
- Sagen Sie: *Take a blue, a red, a green and a yellow pencil.*
- Nun sagen Sie den Kindern, dass Sie nochmals den Reim hören werden: *Listen to the rhyme. What colour is Linda's bike? Put a dot on the bike.*
- Demonstrieren Sie den Kindern unbedingt, dass sie erst nur einen Punkt auf die Fahrräder machen, indem Sie das mit einem Farbstift in Ihrem eigenen Buch andeuten.
- Spielen Sie den Reim nochmals von der CD ab.
- Fragen Sie die Kinder nun: *What colour is Linda's bike? What colour is Li's bike?* etc. Die Kinder nennen die richtigen Antworten und malen die Fahrräder vollständig an.

4 Colour and say. Sprechübung: Step to creativity

AB

- Fordern Sie die Kinder auf, die Seite 5 im *Activity Book* aufzuschlagen und Übung 4 anzusehen.
- Zeigen Sie auf eines der Autos in der Abbildung und sagen Sie das Wort *car* mehrere Male. Lassen Sie die Kinder nachsprechen.
- Die Kinder legen Buntstifte in allen Farben, die sie gelernt haben, vor sich auf dem Tisch bereit. Erklären Sie den Kindern nun, dass sie jedes Auto in jeweils einer Farbe anmalen sollen und dass sie so ihren eigenen

Reim verfassen werden. Anschließend malen sie sich selbst, indem sie die vierte Person vervollständigen.

- Der Reim wird dann mithilfe der aus Übung 3 bekannten Struktur zusammengestellt:

  A … car for Linda.
  A … car for Li.
  A … car for Benny.
  A … car for me.

- Geben Sie den Kindern für diese Arbeit genügend Zeit. Gehen Sie währenddessen in der Klasse herum und achten Sie darauf, dass die Kinder jedes Auto tatsächlich in nur einer Farbe anmalen.
- Danach lernen die Kinder den Text ihres „selbst verfassten" Reims auswendig zu sprechen. Zeigen Sie den Kindern, wie man dies am besten macht. Halten Sie ein Buch mit angemalten Autos hoch. Sprechen Sie den Reim mehrmals halblaut vor und zeigen Sie im Buch mit. Gehen Sie dann in der Klasse herum und helfen Sie nötigenfalls.
- Einzelne Kinder stellen abschließend ihren „selbst verfassten" Reim vor der Klasse vor. Denken Sie an entsprechenden Applaus. Sagen Sie: *Let's give (Julia) a big hand!*

Anmerkung: Die Kinder können diese Arbeit auch zu zweit durchführen und sich die Reime gegenseitig vorstellen.

Kopiervorlage 1: Colours

Write the words.
Schreibübung

- Zur Differenzierung besonders schnell arbeitender Kinder bereiten Sie Kopien der Kopiervorlage 1 vor (siehe Anhang, Seite 190). Legen Sie diese im Klassenzimmer auf.
- Die Kinder sollen die Wörter in Spiegelschrift entziffern und das entsprechend richtige Wort auf die Linie daneben schreiben.
- Je nach Leistungsstand können sie einen kleinen Taschenspiegel, ihre *Pupil's Books* oder das *Picture Dictionary* im Anhang des *Activity Book* zu Hilfe nehmen und nach Vorlage oder aus dem Gedächtnis schreiben.

Hinweis: Auch wenn die Überprüfung der differenzierenden Aufgaben in Selbstkontrolle erfolgt, sollten Sie gerade in der Anfangsphase des Englischunterrichts die richtige Rechtschreibung der Wörter überprüfen und eventuelle Fehler behutsam korrigieren.

Lösung:

Kopiervorlage 1: Colours — Playway 3 *Teacher's Book*, S. 44

Write the words.

1 der	red	5 neerg	green
2 etihw	white	6 eulb	blue
3 kcalb	black	7 wolley	yellow
4 nworb	brown	8 yerg	grey

U N T E R R I C H T S S E Q U E N Z 4

Wortschatz, Phrasen und Strukturen:

Wortschatzwiederholung zum Themenbereich *Colours*
Give me (red); Here you are; The (red) pencil, please.

Sprachliche Fertigkeiten:

Farben von der CD verstehen und benennen.
Einen *Chant (Give me red)* von der CD verstehen.
Farbwörter lesen, zuordnen und schreiben.
Einen kurzen Dialog verstehen.

Kognitive, motorische und soziale Fertigkeiten:

Einen Dialog führen.
Einen *Chant* hören und dabei im Buch mitschauen und -lesen.
Ein *Chant* rhythmisch sprechen und dabei entsprechende Bewegungen machen.
Dialoge von der CD verstehen und dazu passende Farben im Buch markieren.

Integration in den Gesamtunterricht:

Musik

Materialien:

Handpuppe Max
Picture Cards 1–10; *Word Cards* 1–10; *Pupil's Book*, Seite 6, Übungen 5–6; CD 1 Nr. 12–15; *Activity Book*, Seite 6, Übungen 5–6; Buntstifte

Wiederholung

- Lassen Sie die Kinder zur Wiederholung den Reim *A red bike for Linda* sprechen.
- Sprechen Sie den Reim mithilfe der Handpuppe Max vor, falls sich die Kinder nicht mehr an den Text erinnern können (siehe vorhergehende Unterrichtssequenz).

Wortschatzwiederholung

orange; green; blue; yellow; grey; red; pink; white; black; brown

- Verteilen Sie die *Picture Cards* mit den Farben an einzelne Kinder. Schauen Sie das Kind mit der roten Farbkarte auffordernd an und sagen Sie *Give me red.*
- Nehmen Sie die rote *Picture Card* an sich. Schauen Sie nun die Kinder mit den anderen Karten auffordernd an und sagen Sie jeweils *Give me ...*, bis Sie auf diese Weise alle Karten eingesammelt haben.
- Fordern Sie nun die Kinder auf, mit *Give me ...* die Farbkarten von Ihnen zurückzuverlangen. Sagen Sie jedes Mal, nachdem ein Kind die Farbkarte von Ihnen gefordert hat und Sie diese übergeben haben: *Here you are.*

☆ 5 Listen. Do the chant. Chant: Give me red

PB CD 1 12–14

Tapescript:

Give me red. *Here you are.*	*Give me blue.* *Here you are.*
Give me yellow. *Here you are.*	*Give me black.* *Here you are.*
Give me green. *Here you are.*	*Give me white.* *Yeah, all right.*

- Spielen Sie den *Chant* (CD 1 Nr. 12) vor und machen Sie eine fordernde Geste für *Give me …* und eine gebende Geste für *Here you are.*
- Spielen Sie den *Chant* nochmals vor. Die Kinder machen die Gesten mit und sprechen eventuell auch schon mit.
- Die Kinder schlagen nun das *Pupil's Book* auf Seite 6 auf und betrachten die Bilder der Übung 5.
- Spielen Sie den *Chant* ein weiteres Mal vor und die Kinder sprechen und zeigen im Buch mit.
- Spielen Sie die erste Playbackversion (Halbplayback, CD 1 Nr. 13) vor. Die Kinder zeigen im Buch mit und sprechen die fehlenden Textteile. Abschließend sprechen die Kinder den gesamten Text zur zweiten Playbackversion (CD 1 Nr. 14).

☆ 6 Work in pairs. Partnerarbeit

PB

- Erklären Sie das Wort *pencil*. Halten Sie dazu einen Buntstift hoch und sagen Sie die entsprechende Farbe, z. B.: *A red pencil.* etc.
- Fordern Sie nun einige Kinder dazu auf, Ihnen Buntstifte auszuhändigen.
- Sagen Sie: *The red pencil, please.* Beim Übergeben des Stiftes sagen die Kinder: *Here you are.* Helfen Sie durch Einflüstern, falls dies den Kindern noch schwer fallen sollte.
- Fordern Sie die Kinder nun auf, das *Pupil's Book* auf Seite 6 aufzuschlagen und lesen Sie die Sprechblasen in Übung 6 vor. Die Kinder zeigen mit.
- Abschließend legen sich die Kinder eine Reihe verschiedenfarbiger Buntstifte zurecht und spielen den Dialog unter Verwendung der Redemittel paarweise nach. Die Rollen werden abwechselnd getauscht.

☆ 5 Write the words. Farbwörter schreiben

AB ball

- Fordern Sie die Kinder auf, die Seite 6 im *Activity Book* aufzuschlagen und Übung 5 anzusehen.
- Halten Sie Ihr Buch hoch. Zeigen Sie zuerst der Reihe nach, dann in ungeordneter Reihenfolge auf die verschiedenfarbigen Blumen in der Abbildung. Die Kinder nennen die jeweilige Farbe.
- Lesen Sie dann die einzelnen Wörter im Kästchen der Reihe nach vor. Die Kinder lesen im Buch mit und zeigen auf das jeweilige Wort.
- Lesen Sie die Wörter in ungeordneter Reihenfolge vor und die Kinder zeigen wieder im Buch mit.
- Die Kinder schreiben nun die Wörter aus dem Kästchen in die dafür vorgesehenen Zeilen unter die jeweiligen Blumen.
- Zur eigenen Kontrolle streichen sie die eingetragenen Wörter im Kästchen durch.
- Wenn die Kinder mit der Schreibaufgabe fertig sind, befestigen Sie die *Picture Cards* entsprechend der Abbildung im Buch an der Tafel. Ergänzen Sie das Schriftbild mit passenden Farbkreiden oder lassen Sie die Kinder die entsprechenden *Word Cards* dazuhängen.
- Die Kinder überprüfen so ihre Ergebnisse.

☆ 6 Listen and colour. Hörübung

AB CD 1 15

- Fordern Sie die Kinder auf, Buntstifte in den folgenden Farben vorzubereiten: *red, green, yellow* und *blue*.
- Die Kinder schlagen das *Activity Book* auf Seite 6 auf und betrachten Übung 6.
- Erklären Sie den Kindern, dass sie mehrere Dialoge von der CD hören werden. Die Kinder markieren während des Zuhörens die Buntstifte im *Activity Book* in der Farbe, die im Hörtext angegeben wird und malen sie erst im nächsten Schritt komplett aus.
- Spielen Sie die Hörübung von der CD vor (CD 1 Nr. 15). Die Kinder markieren währenddessen die Stifte im Buch in den entsprechenden Farben.

Tapescript:

Speaker:	*One.*
Girl:	*The red pencil, please.*
Boy:	*Here you are.*
Speaker:	*Two.*
Boy:	*The green pencil, please.*
Girl:	*Here you are.*
Speaker:	*Three.*
Boy:	*The yellow pencil, please.*
Girl:	*Here you are.*
Speaker:	*Four.*
Girl:	*The blue pencil please.*
Boy:	*Here you are.*

- Fragen Sie anschließend: *What colour is the pencil in number one?* etc. Die Kinder antworten entsprechend.
- Abschließend malen die Kinder die Stifte in den entsprechenden Farben fertig aus.

U N T E R R I C H T S S E Q U E N Z 5

Wortschatz, Phrasen und Strukturen:

Vorwiegend rezeptiv: *Hello! My name's ...; You can call me Mr Matt; OK? I'm Mr Matt!; Say, 'Hello, Mr Matt!'; Very good!; Nice to meet you; What's your name?; This is my boy/girl; Where are they? Here we are, Dad; My girl, Daisy; Say hello!; Stop saying that!; This is my friend, (Philip).*

Sprachliche Fertigkeiten:

Einen *Mr Matt Sketch (Hello)* von der DVD verstehen.
Klanglich abgesicherte Sätze lesen, verstehen und vervollständigen.

Kognitive, motorische und soziale Fertigkeiten:

Mimik, Gestik und Intonation zum Entschlüsseln gesprochener Sprache nutzen und Spracherwerbsstrategien entwickeln.
Einer dialogischen Geschichte von der DVD folgen und kurze Sätze dementsprechend vervollständigen.

Integration in den Gesamtunterricht:

Mathematik
Musik

Materialien:

Handpuppe Max
DVD *(Mr Matt Sketch: Hello,* 04:10); *Pupil's Book,* Seite 7, Übungen 7–8; Blätter Papier; Buntstifte

Wiederholung

- Geben Sie zur Wiederholung die Anweisungen aus der vorhergehenden Unterrichtssequenz. Sagen Sie: *Give me (red).* Die Kinder führen die Anweisungen mit Buntstiften aus.
- Zeichnen Sie ein + und ein – an die Tafel und sagen Sie *plus* [plʌs] und *minus* [mʌɪnəs].
- Wiederholen Sie die Zahlen von 1 bis 10 mit einfachen Rechenaufgaben, z. B. *One plus two is ...* Die Kinder antworten z. B. *Three.* Klären Sie nötigenfalls die Bedeutung von *plus* [plʌs] und *minus* [mʌɪnəs]. Achten Sie darauf, dass die Summe 10 nicht übersteigt.
- Setzen Sie eventuell auch die Handpuppe Max ein, um die Kinder zu begrüßen. Verstellen Sie Ihre Stimme, wenn Sie die Anweisungen als Max geben.

☆ 7 Watch the story and say words you remember.
Mr Matt Sketch: Hello

- Zeigen Sie den Kindern den Kurzfilm *Hello* einmal von der DVD.
- Fordern Sie die Kinder anschließend dazu auf, Wörter aus dem Film zu nennen, an die sie sich erinnern. Sagen Sie: *Give me words you remember.* Schreiben Sie diese Wörter oder eventuell auch Phrasen an die Tafel.
- Zeigen Sie den Kindern den Kurzfilm noch einmal.

Videoscript: Hello

Mr Matt:	*Hello! My name's Matthew Morris Minor Major Mumble Mountain Mousetrap Mumps.*
	You can call me Mr Matt.
	OK? I'm Mr Matt!
	Say, 'Hello, Mr Matt!'
	After three. One, two, three!
	<Pause>
	Sorry?
	Again. Say, 'Hello, Mr Matt!'.
	One, two, three!
	<Pause>
	Very good!
	Nice to meet you! What's your name?
	One, two, three!
	<Pause>
	Louder! What's your name?
	<Pause>
	Very good!
Mr Matt:	*Hello! (looking at boy)*
	Hello! (looking at girl)
	This is my boy. Danny!
	Say hello!
Danny:	*Hello!*
Mr Matt:	*And … this is my girl.*
	Oh!
	This is my girl.
Mr Matt:	*Where are they?*
	Here?
	No!
	Here?
	No!
Danny and Daisy:	*Here we are, Dad!*
Mr Matt:	*My girl, Daisy. Say hello!*
Daisy:	*Hi! I'm Daisy!*

<They start singing.>

Danny:	*I'm Danny!*
Daisy:	*I'm Daisy!*
Mr Matt:	*And I'm Mr Matt!*
Danny (pointing at Daisy):	*Danny!*
Daisy (pointing at Danny):	*Daisy!*
Mr Matt:	*Oh, no! Stop saying that!*
Mr Matt:	*You're Danny!*
	You're Daisy!
Danny and Daisy:	*OK, OK, OK!*
Danny:	*I'm Danny!*
Daisy:	*I'm Daisy!*
All three:	*Hooray, hooray, hooray!*

Finish the sentences.
Sätze vervollständigen

- Fordern Sie die Kinder auf, die Seite 7 im *Pupil's Book* aufzuschlagen und die Bilder der Geschichte in Übung 7 zu betrachten.
- Erklären Sie den Kindern, dass sie die Sätze in den Sprechblasen mündlich vervollständigen werden.
- Lesen Sie den Satzanfang jeweils vor. Die Kinder lesen und zeigen im Buch mit.
- Fordern Sie die Kinder nun dazu auf, die vervollständigten Sätze jeweils ihrer Sitznachbarin/ihrem Sitznachbarn vorzusprechen.
- Lassen Sie anschließend einzelne Kinder die vervollständigten Texte der Sprechblasen vorsprechen.

8 Look and read. Then draw and speak.
Kreative Sprechübung

- Fordern Sie die Kinder auf, die Seite 7 im *Pupil's Book* aufzuschlagen und die Bilder in Übung 8 zu betrachten.
- Anschließend lesen Sie die Sätze in den Sprechblasen laut vor und die Kinder zeigen im Buch mit.
- Fordern Sie die Kinder nun auf, auf einem Blatt Papier ein Bild von ihrer Freundin/ihrem Freund zu malen. Es kann sich dabei auch um ein Haustier handeln. Wenn nötig, demonstrieren Sie die Anweisung mit einem Blatt Papier, auf das Sie schnell ein Strichmännchen zeichnen, welches Sie anschließend vorstellen: *This is my friend ...*
- Sie können die Aufgabe differenzieren, indem einige Kinder eine Sprechblase auf ihrem Bild mit dem Satz *This is my friend ...* versehen.
- Anschließend stellen die Kinder ihre gezeichneten Freundinnen/Freunde einer Partnerin/einem Partner vor.
- Zum Abschluss präsentieren einzelne Kinder ihre Arbeitsergebnisse der Klasse.
- Die Zeichnungen können auch an der Wandtafel in der Klasse ausgestellt werden.

UNTERRICHTSSEQUENZ 6

Wortschatz, Phrasen und Strukturen:

Wortschatzwiederholung: *Numbers 1 to 10*
0 (zero); What's your telephone number?

Sprachliche Fertigkeiten:

Klanglich abgesicherte Wörter und Phrasen mit ihrem Schriftbild verbinden.
Einen dialogischen Text von der CD verstehen.
Zahlwörter schreiben.

Kognitive, motorische und soziale Fertigkeiten:

Wörter von der CD verstehen und auf die Bilder im Buch zeigen.
Landeskundliche Informationen (Schuluniformen in Großbritannien) mithilfe entsprechender Illustrationen verstehen.
Ein Rollenspiel in zwei Gruppen, allenfalls zu zweit, aufführen.

Integration in den Gesamtunterricht:

Sachunterricht: Redeanlass: „Schuluniformen in Großbritannien".
Eine Auskunft geben und Informationen erfragen als wichtige Grundlagen des menschlichen Zusammenlebens.

Materialien:

Pupil's Book, Seite 8, Übungen 9–10; CD 1 Nr. 16–17; *Activity Book*, Seite 7, Übung 7; evtl. Lesezeichen (siehe Anhang, Seite 213); evtl. Kopiervorlage 2 (mit Lösungsblatt)

Wiederholung

- Beginnen Sie bis 10 zu zählen und machen Sie eine auffordernde Bewegung, sodass die Kinder mitsprechen.
- Schreiben Sie die Zahlen der Reihe nach an die Tafel. Zählen Sie ein paar Mal vorwärts und rückwärts. Die Kinder zählen mit.
- Fordern Sie eine Gruppe von Kindern dazu auf, nach vorne zu kommen und schnell eine Zahl zu berühren, sobald Sie sie nennen. Sagen Sie z. B.: *Touch five.* Die Kinder berühren die entsprechende Zahl.

☆ 9 Listen and point. Then test your partner. PB CD 1 16
Partnerarbeit: Wortschatzübung

- Fordern Sie die Kinder dazu auf, die Seite 8 im *Pupil's Book* aufzuschlagen und die Zahlwörter in der Spalte in Übung 9 abzudecken.
- Spielen Sie nun die Zahlwörter von der CD vor (CD 1 Nr. 16). Die Kinder zeigen in der Illustration auf die jeweils genannten Zahlen.

Tapescript:

One.	*Six.*
Two.	*Seven.*
Three.	*Eight.*
Four.	*Nine.*
Five.	*Ten.*

- Nun entfernen die Kinder den Gegenstand wieder, mit dem sie die Spalte abgedeckt hatten. Spielen Sie die CD 1 Nr. 16 noch einmal ab. Die Kinder zeigen nun auf das jeweilige Schriftbild der Zahlwörter.
- Fordern Sie die Kinder auf, die Zahlwörter in der Spalte wieder zu verdecken und sich gegenseitig abzufragen. Kind A zeigt auf eine Zahl in der Abbildung und Kind B sagt das entsprechende Wort. Zur Kontrolle kann unter der Abdeckung nachgesehen werden.
- Je nach Leistungsstand können die Kinder dabei in richtiger oder vertauschter Reihenfolge auf die Zahlen zeigen und die Zahlwörter benennen bzw. nur darauf zeigen.
- Gehen Sie in der Klasse herum und helfen Sie gegebenenfalls. Achten Sie darauf, dass die Kinder die Rollen auch tauschen.

Alternative: Kind A benennt die Zahlen, z. B. *Five.* und Kind B zeigt auf das Zahlwort in der Spalte.

Wortschatzerweiterung

0 (zero)

- Führen Sie die englische Bezeichnung für die Zahl Null ein, indem Sie vor die Zahl 1 an die Tafel eine Null schreiben. Sagen Sie dabei die Zahl mehrmals hintereinander: *Zero.* Die Kinder sprechen Ihnen nach.
- Die Kinder arbeiten paarweise: Kind A schreibt Kind B eine Zahl von 0 bis 10 mit dem Finger auf den Rücken. Kind B versucht die Zahl zu erraten. Nach einer Weile werden die Rollen getauscht.

Aussprachetipp: Achten Sie bei der englischen Bezeichnung für die Zahl Null auf die Aussprache ['zɪərəʊ]. Weisen Sie die Kinder unbedingt darauf hin, dass die Null im Englischen meist *zero* heißt, dass aber am Telefon zu Null [əu] gesagt wird.

Hinweis: Partnerarbeit erhöht die Sprechzeit der Kinder in der Fremdsprache und leistet einen wichtigen Beitrag zum sozialen Lernen. Demonstrieren Sie diese Übung zuerst mit einem Kind vor der ganzen Klasse, bevor alle Kinder in Partnerarbeit arbeiten.

☆ 10 Listen and read.
Hörübung

- Fordern Sie die Kinder auf, ihr *Pupil's Book* auf Seite 8 aufzuschlagen und die Fotos in Übung 10 anzusehen. Die Texte in den Sprechblasen sollten noch nicht gelesen werden. Fragen Sie die Kinder, was ihnen dabei auffällt.
- Erklären Sie den Kindern, dass es in Großbritannien üblich ist, dass Kinder Schuluniformen tragen.
- Fragen Sie die Kinder auf Deutsch nach ihrer Meinung dazu, z. B. ob sie gerne eine Schuluniform tragen würden bzw. warum (nicht).

Landeskundliche Kurzinformation: Schuluniformen in Großbritannien

- Großbritannien ist das größte Land in Europa, in dem Schuluniformen Pflicht sind. Es ist Tradition, dass alle Schüler/innen einer Schule eine farblich einheitliche Schuluniform mit einem Schulemblem tragen.
- In vielen der ehemaligen Kolonien Großbritanniens (wie Südafrika, Australien, Neuseeland, Indien, Kenia usw.) ist diese Tradition ebenfalls weit verbreitet.
- Die Vorschriften für die einzelnen Kleidungsstücke sind heute meist nicht mehr so streng wie früher: Mädchen dürfen heutzutage auch Hosen tragen und statt des traditionellen Blazers ist mittlerweile meist auch das Tragen von Sweatshirts erlaubt.
- Einen großen Wert auf einheitliche Kleidung legt man in Großbritannien auch nach wie vor beim Schulsport. Die Art und Farbe der Turnhose sowie des Oberteils sind genau vorgeschrieben, sodass alle Kinder im Sportunterricht einheitlich gekleidet sind.

Hörübung

17

- Spielen Sie nun die Hörübung von der CD (CD 1 Nr. 17) vor. Zeigen Sie dabei auf die Bilder in Übung 10 und fordern Sie die Kinder auf, im Buch mitzuschauen.

Tapescript:

Jake: *Ann?*
Ann: *Yes, Jake?*
Jake: *What's your telephone number?*
Ann: *5 8 4 3 9 0.*
Jake: *5 8 4 3 9 0. Thanks, Ann.*
Ann: *All right!*

- Spielen Sie den Dialog nochmals von der CD vor. Die Kinder schauen wieder im Buch mit.
- Sprechen Sie den Dialog Zeile für Zeile vor. Die Kinder sprechen nach.
- Übernehmen Sie anschließend die Rolle von *Jake* und fragen Sie die ganze Klasse, die die Rolle von *Ann* übernimmt: *Ann?*
  Die Klasse antwortet: *Yes, Jake?*
  Helfen Sie, wenn nötig, durch Einflüstern.
  Spielen Sie auf diese Weise den gesamten Dialog durch. Schreiben Sie als Hilfe *Ann's telephone number* an die Tafel: *5 8 4 3 9 0.*
- Teilen Sie die Klasse in zwei Gruppen. Gruppe A spielt *Jake* und Gruppe B übernimmt die Rolle von *Ann.* Unterstützen Sie zu Beginn beide Gruppen durch Mitsprechen des jeweiligen Textes.
- Fordern Sie anschließend zwei freiwillige Kinder auf, die Rollen zu übernehmen und den Dialog vorzuspielen. Helfen Sie den Kindern nötigenfalls weiter.
- Fordern Sie dann weitere Paare auf, den Dialog vorzuspielen.

☆ 7 Write the words.
Zahlwörter schreiben

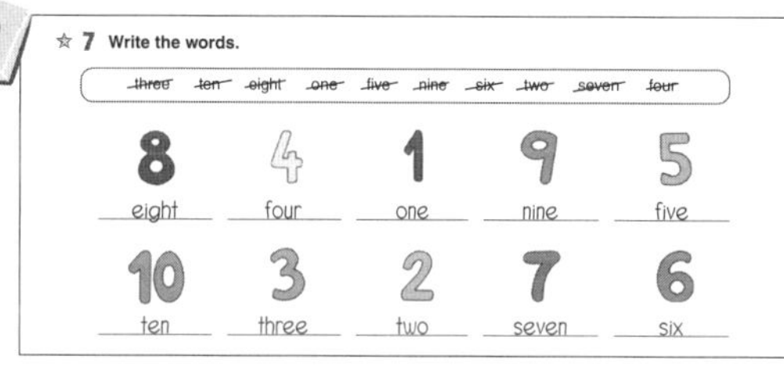
☆ 7 Write the words.

~~three~~ ~~ten~~ ~~eight~~ ~~one~~ ~~five~~ ~~nine~~ ~~six~~ ~~two~~ ~~seven~~ ~~four~~

8	4	1	9	5
eight	four	one	nine	five
10	3	2	7	6
ten	three	two	seven	six

- Fordern Sie die Kinder auf, die Seite 7 im *Activity Book* aufzuschlagen und Übung 7 zu betrachten.
- Halten Sie Ihr Buch hoch. Zeigen Sie zuerst der Reihe nach von 1 bis 10, dann in ungeordneter Reihenfolge auf die Zahlen. Die Kinder nennen die jeweilige Zahl.
- Lesen Sie dann die einzelnen Wörter im Kästchen vor. Die Kinder lesen im Buch mit und zeigen auf das jeweilige Wort.
- Lesen Sie die Wörter in ungeordneter Reihenfolge vor. Die Kinder zeigen wieder im Buch mit.
- Die Kinder schreiben nun die Wörter aus dem Kästchen in die dafür vorgesehenen Zeilen unter die jeweiligen Zahlen.
- Zur Kontrolle werden die Wörter in der richtigen Reihenfolge wie im Buch an die Tafel geschrieben.
- Die Kinder vergleichen die Ergebnisse mit den Wörtern an der Tafel.

Kopiervorlage 2: Numbers 1–10

Write.
Kreuzworträtsel

- Zur Differenzierung besonders schnell arbeitender Kinder bereiten Sie Kopien der Kopiervorlage 2 vor (siehe Anhang, Seite 190). Legen Sie diese im Klassenzimmer aus.
- Die Kinder schreiben die Zahlwörter in die entsprechend richtigen Kästchen des Kreuzworträtsels. Je nach Leistungsstand können sie ihre *Pupil's Books* oder das *Picture Dictionary* im Anhang des *Activity Book* zu Hilfe nehmen und die Wörter nach Vorlage oder aus dem Gedächtnis schreiben.

- Legen Sie ein ausgefülltes Kreuzworträtsel in die Klasse, sodass die Kinder ihre Arbeit selbstständig überprüfen können.

Hinweis: Auch wenn die Überprüfung der differenzierenden Aufgaben in Selbstkontrolle erfolgt, sollten Sie gerade in der Anfangsphase des Englischunterrichts die richtige Rechtschreibung der Wörter überprüfen und eventuelle Fehler behutsam korrigieren.

Lösung:

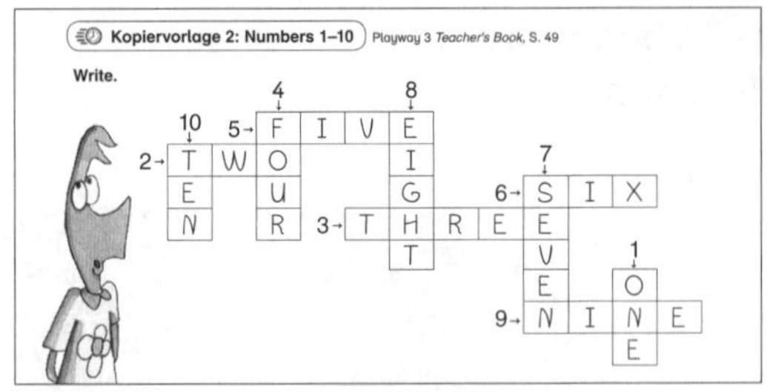
Kopiervorlage 2: Numbers 1–10 Playway 3 Teacher's Book, S. 49
Write.

UNTERRICHTSSEQUENZ 7

Wortschatz, Phrasen und Strukturen:

Colour number 1 (green); 0 (zero); What's your telephone number?; Can you tell me your telephone number?; My telephone number is …; Let me think.

Sprachliche Fertigkeiten:

Zahlen und Farben nennen.
Telefonnummern von der CD verstehen.
Minidialoge durchführen.

Kognitive, motorische und soziale Fertigkeiten:

Zahlen im Buch in den entsprechenden Farben ausmalen.
Telefonnummern erfragen, notieren und mitteilen.

Integration in den Gesamtunterricht:

Mathematik

Materialien:

CD 1 Nr. 7
Activity Book, Seite 7, Übungen 8–9; CD 1 Nr. 18;
Pupil's Book, Seite 9, Übungen 11–12; Buntstifte; Posterpapier; evtl. Kopiervorlage 3 (mit Lösungsblatt)

Wiederholung

CD 1 7

- Singen Sie zur Wiederholung das Lied *Hello* (CD 1 Nr. 7).
- Stellen Sie den Kindern einige einfache Rechenaufgaben. Sagen Sie: *One plus one is …? Five plus five is…? Four minus one is …?* etc. In leistungsstarken Klassen können Sie durchaus auch Kettenaufgaben stellen. Achten Sie darauf, dass die Summe 10 nicht übersteigt. Geben Sie den Kindern genügend Zeit zum Rechnen.

8 Colour the numbers. Work in pairs. Partnerarbeit

AB

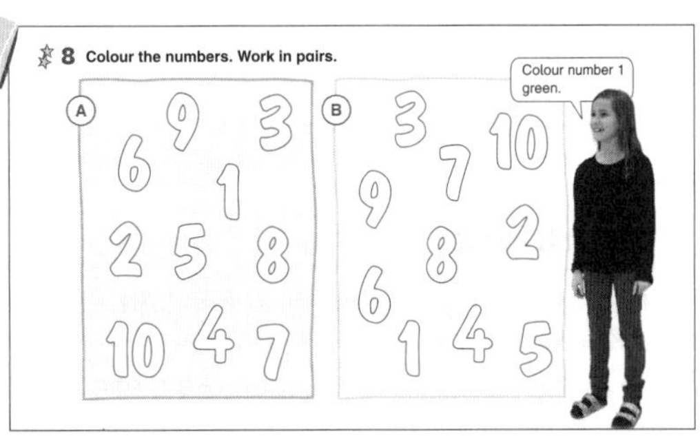

- Fordern Sie die Kinder dazu auf, Übung 8 auf Seite 7 im *Activity Book* zu betrachten.
- Teilen Sie die Kinder in zwei Gruppen: Gruppe A und B. Wählen Sie die Gruppen so aus, dass jeweils ein Kind der Gruppe A neben einem Kind der Gruppe B sitzt.
- Sagen Sie den Kindern, dass sie die Zahlen im Rahmen A bzw. B, entsprechend ihrer Gruppe, in verschiedenen Farben ihrer Wahl, die sie auf Englisch benennen können, ausmalen sollen. Weisen Sie darauf hin, dass sie die ausgemalten Zahlen auf keinen Fall ihren Sitznachbarinnen/Sitznachbarn zeigen sollen.
- Demonstrieren Sie dies, wenn notwendig, und sagen Sie: *Colour the numbers. Don't show your partner. It's top secret.*
- Sind die Zahlen fertig ausgemalt, geben sich die Kinder gegenseitig Anweisungen. Sagen Sie: *Work in pairs. Tell your partner the colours of your numbers.*
- Demonstrieren Sie dies mit einem Kind. Sagen Sie z. B. *One - red, two - blue,* etc. Das Kind malt die Zahlen im jeweils anderen Rahmen nach Anweisung aus und umgekehrt.
- Anschließend vergleichen die Kinder ihre Arbeitsergebnisse. Die Kinder sollten die gleichen Ergebnisse vor sich liegen haben: Kasten A entspricht Kasten A; Kasten B enspricht B.

9 Listen and tick (✓). Hörübung

AB CD 1 18

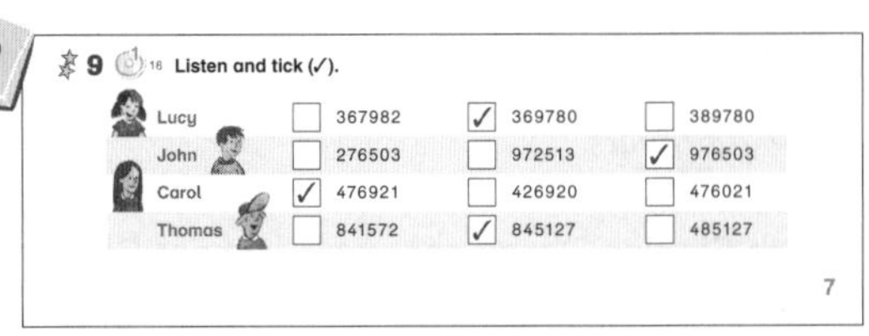
9 CD 1 16 Listen and tick (✓).

Lucy	367982	✓ 369780	389780
John	276503	972513	✓ 976503
Carol	✓ 476921	426920	476021
Thomas	841572	✓ 845127	485127

7

- Fordern Sie die Kinder dazu auf, das *Activity Book* auf Seite 7 aufzuschlagen und Übung 9 zu betrachten.
- Lesen Sie die Nummern der Reihe nach vor, die Kinder zeigen im Buch mit.
- Sagen Sie: *Listen and tick.* Erinnern Sie noch einmal an die Aussprache der Zahl Null in Telefonnummern: [əu].
- Spielen Sie die Minidialoge von der CD (CD 1 Nr. 18) zweimal vor. Die Kinder hören gut zu und markieren die jeweils richtige Telefonnummer.

Tapescript:

Interviewer:	*Lucy, what's your telephone number?*
Lucy:	*It's 369780. 369780.*
Interviewer:	*John, can you tell me your telephone number?*
John:	*Yes, of course. It's 976503. 976503.*
Interviewer:	*Carol, what's your telephone number?*
Carol:	*My telephone number is 476921. 476921.*
Interviewer:	*Thomas, can you tell me your telephone number?*
Thomas:	*Let me think. It's 94 … No, it's 845127. 845127.*

- Fragen Sie anschließend *What's Lucy's telephone number?* usw. und lassen Sie sich die Telefonnummern diktieren.
- Schreiben Sie diese an die Tafel. Die Kinder überprüfen so ihre Arbeitsergebnisse.

11 Make a chart. Hold interviews and make notes. Minidialoge: Interviews führen

PB

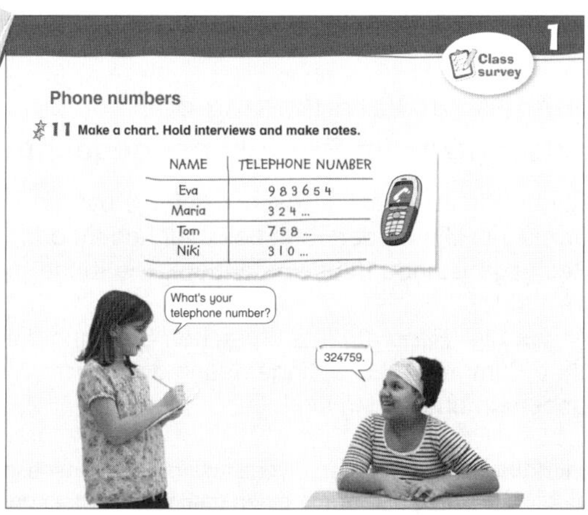

- Fordern Sie die Kinder dazu auf, das *Pupil's Book* auf Seite 9 aufzuschlagen. Lesen Sie mit den Kindern gemeinsam die Redemittel in den Sprechblasen in Übung 11 laut vor.
- Spielen Sie nun den Dialog mit einem Kind vor. Fragen Sie: *What's your telephone number?* Das Kind antwortet entsprechend der Sprechblase: *324759.*
- Zeichnen Sie einen Raster wie im *Pupil's Book* an die Tafel (*name; telephone number).* Die Kinder zeichnen denselben Raster auf einen Zettel.
- Spielen Sie den Dialog mit mehreren Kindern vor und notieren Sie sich jeweils die Telefonnummer der Kinder.
- Fordern Sie die Kinder auf, durch die Klasse zu gehen und mindestens drei andere Kinder nach ihrer Telefonnummer zu fragen und diese auf ihrem Zettel zu notieren. Helfen Sie nötigenfalls.

12 Use poster paper. Make a chart for your class. Ein Poster anfertigen

PB

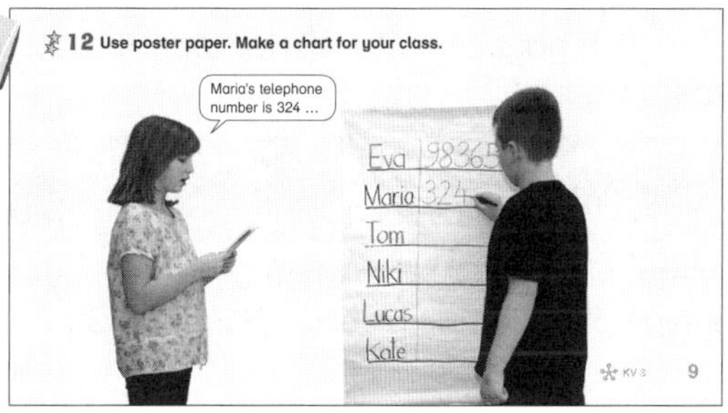

- Fordern Sie die Kinder nun auf, alle Telefonnummern gemeinsam auf einem Poster zu sammeln. Befestigen Sie dazu ein Posterpapier an der Tafel.
- Fordern Sie ein Kind auf, an die Tafel zu kommen. Die anderen Kinder diktieren der Reihe nach die verschiedenen Telefonnummern.
- Fragen Sie z. B.: *What's Maria's telephone number?* Ein Kind aus der Klasse, das Marias Telefonnummer in der vorhergehenden Übung notiert hat, diktiert diese nun dem Kind an der Tafel.
- Fahren Sie auf diese Weise mit den restlichen Telefonnummern fort, bis die Telefonnummern aller Kinder notiert wurden.

Kopiervorlage 3: Numbers 1–10

Complete. Logische Reihen

- Zur Förderung von Kindern mit erhöhtem Förderbedarf bereiten Sie Kopien der Kopiervorlage 3 vor (siehe Anhang, Seite 190).
- Die Kinder betrachten die Übung und setzen die logischen Reihen fort. Ermuntern Sie die Kinder, sich diese zunächst zu überlegen und dann einem anderen Kind auf Englisch vorzusprechen. Anschließend tragen die Kinder die Ergebnisse ein.
- Legen Sie zur Selbstkontrolle eine ausgefüllte Kopiervorlage in das Klassenzimmer. Geben Sie den Kindern die Möglichkeit, die Arbeitsergebnisse vorzustellen und korrigieren Sie eventuelle Fehler behutsam.

Lösung:

Kopiervorlage 3: Numbers 1–10 Playway 3 Teacher's Book, S. 51

Complete.

1	2	3	4	5	6	7
3	4	3	4	3	4	3
8	9	9	8	9	9	8
7	6	5	4	3	2	1

U N T E R R I C H T S S E Q U E N Z 1

Wortschatz, Phrasen und Strukturen:

Wortschatzwiederholung: *Numbers 1 to 10; pencil pencil case; rubber; ruler; scissors; pen; book; glue stick; chair; schoolbag; desk*

Sprachliche Fertigkeiten:

Bedeutung und Aussprache der neuen Wörter lernen.
Klanglich abgesicherte Wörter und Phrasen mit ihrem Schriftbild verbinden.

Kognitive, motorische und soziale Fertigkeiten:

Wörter von der CD verstehen und dabei auf die entsprechenden Bilder bzw. Wörter im Buch zeigen.
Wörter mit entsprechenden Bewegungen und dem Schriftbild verbinden.
Auf Wörter mit Gesten reagieren.
Das Schriftbild den entsprechenden Bildkarten zuordnen.
In Partnerarbeit den neuen Wortschatz überprüfen.
Dialoge in Partnerarbeit durchführen.

Integration in den Gesamtunterricht:

Sachunterricht: Redeanlass „Wir gehen in die Schule".

Materialien:

Picture Cards 21–31; *Word Cards* 21–31; *Pupil's Book*, Seite 10, Übungen 1–2; CD 1 Nr. 19; Handpuppe Max; Realia (Schulsachen); evtl. Lesezeichen (siehe Anhang, Seite 213); Poster 2

Wiederholung

- Nennen Sie eine Zahl zwischen 1 und 10. Sagen Sie z. B.: *Seven.* Gehen Sie dann einen Schritt nach links und fordern Sie die Kinder auf, die nächsthöhere Zahl zu nennen.
- Sagen Sie dann eine andere Zahl, z. B. *five,* und gehen Sie einen Schritt nach rechts. Fordern Sie die Kinder auf, die nächstniedrigere Zahl zu nennen. Evozieren Sie die Antwort: *Four.*
- Wenn die Kinder die Regeln für das Spiel verstanden haben, spielen sie es in Kleingruppen.

Wortschatzwiederholung und -einführung

pencil; pencil case; rubber; ruler; scissors; pen; book; glue stick; chair; schoolbag; desk

- Wiederholen Sie das Wort *pencil* bzw. führen Sie den neuen Wortschatz mithilfe der *Picture Cards* ein.
- Zeigen Sie die *Picture Cards* der Reihe nach und nennen Sie das jeweilige Wort. Befestigen Sie dann die Karten an der Tafel.
- Sprechen Sie die Wörter zunächst in geordneter Reihenfolge, dann durcheinander mehrmals vor. Zeigen Sie dabei auf die entsprechenden *Picture Cards* und lassen Sie die Kinder nachsprechen.
- Fordern Sie dann einzelne Kinder auf, an die Tafel zu kommen. Sagen Sie z. B.: *(Nora), touch the ruler, please.* Das Kind berührt die entsprechende *Picture Card* etc.

Anmerkung: Mit *pen* wird sowohl der Füllfederhalter *(fountain pen)*, als auch der Filzstift *(felt tip)* und Kugelschreiber *(biro)* bezeichnet.

Übungen zur Verankerung des Wortschatzes im Wiedererkennensgedächtnis

- Zeigen Sie den Kindern zunächst, wie der neue Wortschatz pantomimisch dargestellt werden kann. Nennen Sie jeweils ein Wort und zeigen Sie eine passende Bewegung vor.
- Machen Sie den Unterschied zwischen *pen* und *pencil* deutlich, indem Sie beispielsweise bei *pen* vorgeben, die Kappe des Füllfederhalters zu entfernen, und bei *pencil* zeigen, dass Sie den Stift anspitzen, bevor Sie eine Schreibbewegung andeuten.
- Sagen Sie dann ein Wort nach dem anderen und fordern Sie jeweils ein Kind auf, mit der entsprechenden Geste den Gegenstand pantomimisch darzustellen.
- Sagen Sie die Wörter in rascher Abfolge, damit alle Kinder möglichst oft an die Reihe kommen.
- Spielen Sie abschließend ein Ratespiel: Wählen Sie ein Kind aus, das zu Ihnen an die Tafel kommt, und flüstern Sie ihm einen Gegenstand ein. Das Kind stellt das Wort pantomimisch dar. Das Kind, das den Gegenstand am schnellsten benennen kann, darf als nächstes zu Ihnen an die Tafel kommen etc.

Übungen zur Verankerung des Wortschatzes im Produktionsgedächtnis

- Zeigen Sie zunächst in rascher Abfolge auf die *Picture Cards*, die Sie an der Tafel befestigt haben, oder auf Realgegenstände (falls vorhanden). Die Kinder nennen die Wörter.
- Sagen Sie: *Read my lips.* Sprechen Sie dann die Wörter ohne Stimme vor. Die Kinder lesen die Wörter von Ihren Lippen ab und sagen sie laut.

Anmerkung: Das Tempo der Wortschatzarbeit ist insgesamt zügig und durch einen raschen Wechsel der Übungen bestimmt. Jedes Kind muss jedoch, wenn nötig, genügend Zeit zum Nachdenken bekommen.

Wortschatzübungen mit Schriftbildunterstützung

pencil; pencil case; rubber; ruler; scissors; pen; book; glue stick; chair; schoolbag; desk

- Führen Sie das Schriftbild der neuen Wörter ein, indem Sie eine *Word Card* nach der anderen kurz hochhalten und das jeweilige Wort laut vorsagen.

- Verteilen Sie die *Word Cards* dann an einzelne Kinder und fordern Sie diese auf, die *Word Cards* zu den entsprechenden *Picture Cards* an die Tafel zu hängen. Loben Sie die Kinder und wiederholen Sie die Wörter mehrmals.
- Sie können die Wortschatzübung je nach Leistungsstand vertiefen, indem Sie mit den Kindern das Memory Spiel spielen. Hinweise zu diesem Spiel und zur weiteren Verwendung der *Word Cards* finden Sie in der Einleitung auf S. 15 f.

☆ 1 Listen and point. Hörübung

PB CD 1 19

- Fordern Sie die Kinder auf, die Seite 10 im *Pupil's Book* aufzuschlagen. Die Kinder decken die Spalte mit den Wörtern ab, z. B. mit einem Blatt Papier oder dem Lesezeichen aus dem Anhang (Seite 213), und betrachten die Schulsachen in Übung 1.
- Nennen Sie die Schulsachen durcheinander und die Kinder zeigen auf die entsprechenden Abbildungen.
- Spielen Sie dann die Hörübung von der CD vor (CD 1 Nr. 19). Die Kinder hören zu und zeigen im Buch mit.

Tapescript:

One:	*Pencil case.*
Two:	*Rubber.*
Three:	*Ruler.*
Four:	*Pencil.*
Five:	*Scissors.*
Six:	*Pen.*
Seven:	*Book.*
Eight:	*Glue stick.*
Nine:	*Chair.*
Ten:	*Schoolbag.*
Eleven:	*Desk.*

- Fordern Sie die Kinder nun auf, die Abdeckung von der Spalte zu entfernen.
- Lesen Sie die Wörter in der Spalte der Reihe nach laut vor. Die Kinder lesen mit und sprechen Ihnen nach.
- Spielen Sie dann die Hörübung von der CD (CD 1 Nr. 19) nochmals vor. Die Kinder zeigen nun auf die Wörter in der Spalte.

Then test your partner. Partnerarbeit

PB

- Fordern Sie die Kinder nun auf, ihr Wissen gegenseitig zu überprüfen. Die Kinder arbeiten zu zweit. Nach zwei oder drei richtig benannten Gegenständen tauschen die Kinder jeweils die Rollen.
- Zunächst wird die Spalte mit den geschriebenen Wörtern abgedeckt. Kind A zeigt auf einen Gegenstand und Kind B benennt diesen.
- In einem nächsten Schritt wird die Spalte mit den Wörtern aufgedeckt. Kind A nennt die Wörter und Kind B zeigt auf das entsprechende Schriftbild in der Spalte.

Anmerkung: Gehen Sie in der Klasse herum und beobachten Sie die Kinder. Wenn Ausspracheprobleme auftreten, üben Sie die schwierigen Laute anschließend mit der ganzen Klasse.

☆☆ 2 Work in pairs. Partnerarbeit

PB

- Legen Sie die im *Pupil's Book* auf Seite 10 in Übung 2 abgebildeten Gegenstände für die Kinder gut sichtbar vor sich auf den Tisch (Realia aller Kernwörter außer *chair* und *desk*).
- Üben Sie die Redemittel mithilfe der Handpuppe Max ein. Sagen Sie als Max: *Can I have the ruler, please?* Reichen Sie der Handpuppe das Lineal und sagen Sie: *Here you are.* Antworten Sie als Max mit *Thank you.*
- Gehen Sie mit Max zum Tisch eines Kindes und lassen Sie Max sagen: *Can I have the pencil, please?* Das Kind gibt Max den Stift und sagt: *Here you are.* Wenn nötig, helfen Sie dem Kind durch Einflüstern. Bedanken Sie sich beim Kind, indem Sie Max *Thank you.* sagen lassen.
- Demonstrieren Sie den Mini-Dialog bei Bedarf ein weiteres Mal, indem Sie ein Kind nach einem anderen Gegenstand fragen.
- Fordern Sie die Kinder dann auf, die Übung 2 auf Seite 10 im *Pupil's Book* zu betrachten. Lesen Sie den Dialog in den Sprechblasen vor und lassen Sie die Kinder mitzeigen.
- Die Kinder arbeiten zu zweit. Sie legen die Gegenstände, wie in Übung 2 im Buch abgebildet, vor sich auf den Tisch. Kind A fragt nach einem Gegenstand und Kind B reicht ihm diesen unter Verwendung der Redemittel.
- Nach einigen Durchgängen werden die Rollen getauscht.
- Gehen Sie in der Klasse herum und helfen Sie nötigenfalls.

Poster 2: School

- Eine detaillierte Beschreibung zur Arbeit mit dem Poster finden Sie im entsprechenden Abschnitt in der Einleitung auf Seite 18.

2 School

UNTERRICHTSSEQUENZ 2

Wortschatz, Phrasen und Strukturen:

Vorwiegend rezeptiv: *(Max), can I have the/a ...?; The/A (red) (pencil) and the (glue stick); Here you are; Thank you/Thanks; That's OK.*

Sprachliche Fertigkeiten:

Dialoge von der CD verstehen.
Gegenstände benennen.
Klanglich abgesicherte Wörter und Phrasen mit ihrem Schriftbild verbinden.
Sätze lesen und vervollständigen.

Kognitive, motorische und soziale Fertigkeiten:

Dialoge von der CD verstehen und die jeweils entsprechenden Bilder im Buch abhaken.
Wörter mit dem entsprechenden Schriftbild assoziieren.

Integration in den Gesamtunterricht:

Sachunterricht

Materialien:

Picture Cards 21–31; *Word Cards* 21–31; *Activity Book,* Seite 8, Übungen 1–2; CD 1 Nr. 20

Wiederholung

- Tun Sie so, als ob Sie ein Buch halten und öffnen würden. Schauen Sie in die Klasse und sagen Sie: *Tell me the English word.* Stellen Sie auch die anderen Gegenstände aus der vorhergehenden Unterrichtssequenz mimisch dar. Die Kinder nennen die Wörter.
- Nehmen Sie eine *Picture Card.* Zeigen Sie die Bildseite nur eine Sekunde lang und lassen Sie die Kinder dann den Gegenstand nennen. Wenn ein Kind die richtige Bezeichnung nennt, dann befestigen Sie die Bildkarte an der Tafel. Verfahren Sie mit den anderen *Picture Cards* ebenso.
- Teilen Sie dann die *Word Cards* an einzelne Kinder aus. Fordern Sie die Kinder auf, die *Word Cards* zu den entsprechenden *Picture Cards* an die Tafel zu hängen. Verfahren Sie dabei folgendermaßen: Ein Kind kommt an die Tafel, zeigt seine *Word Card*, sagt das Wort und befestigt die Karte neben der entsprechenden *Picture Card.*
- Weitere Vorschläge zur Arbeit mit den *Picture Cards* und *Word Cards* finden Sie in der Einleitung auf Seite 15 f.

☆ 1 Listen and tick (✓). Hörübung

AB 1 20

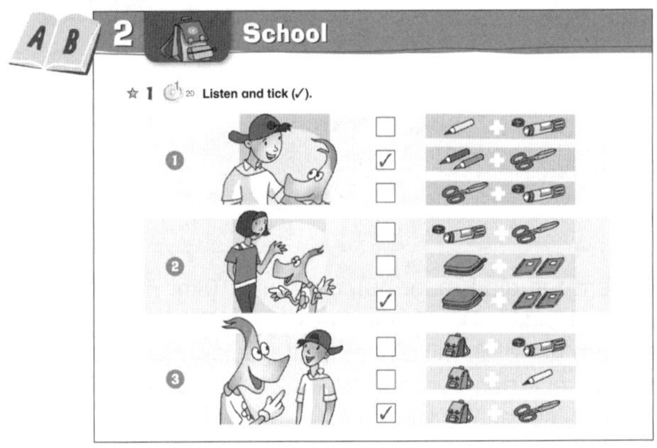

- Fordern Sie die Kinder auf, das *Activity Book* auf Seite 8 aufzuschlagen und Übung 1 zu betrachten.
- Lenken Sie die Aufmerksamkeit der Kinder auf die erste Abbildung. Sagen Sie: *Look at Benny and Max.* Dann sagen Sie: *The yellow pencil and the glue stick. Point at the picture.*
- Fordern Sie die Kinder auf, auf das erste Bildpaar zu zeigen und wiederholen Sie den Satz zwei- oder dreimal. Dann fahren Sie mit den anderen zwei Bildpaaren fort. Sagen Sie: *The red and the green pencil and the scissors.* und *The scissors and the glue stick.* Die Kinder zeigen auf das jeweils entsprechende Bildpaar.

- Fordern Sie die Kinder anschließend auf, sich die zweite Situation im Buch anzuschauen. Sagen Sie: *Look at Linda and Max.* Nennen Sie wieder die abgebildeten Bildpaare, diesmal in ungeordneter Reihenfolge, und fordern Sie die Kinder auf, mitzuzeigen.
- Verfahren Sie mit der dritten Situation ebenso *(Max and Benny)*.
- Erklären Sie den Kindern die Höraufgabe. Die Kinder hören genau zu, um herauszufinden, welche Gegenstände Benny, Linda und Max jeweils haben möchten. Sie haken dann das entsprechende Bildpaar im Buch ab.
- Spielen Sie die Hörübung von der CD (CD 1 Nr. 20) zweimal vor. Die Kinder hören zu und haken die richtigen Antworten ab.

Tapescript:

Speaker:	*Situation one.*
Benny:	*Max, can I have a red and a green pencil and the scissors, please?*
Max:	*A red and a green pencil and the scissors. Here you are.*
Benny:	*Thank you, Max.*
Max:	*That's OK.*
Speaker:	*Situation two.*
Linda:	*Max, can I have the blue pencil case and the two books, please?*
Max:	*The blue pencil case and the two books. Here you are.*
Linda:	*Thank you, Max.*
Max:	*That's OK.*
Speaker:	*Situation three.*
Max:	*Benny, can I have the yellow, grey and blue schoolbag and the scissors, please?*
Benny:	*The yellow, grey and blue schoolbag and the scissors. Here you are.*
Max:	*Thanks, Benny.*

- Kontrollieren Sie die Antworten der Kinder auf folgende Weise: Sagen Sie: *Look at Benny and Max in situation one. What does Benny want?* Ein Kind antwortet z. B.: *A red and a green pencil and the scissors.*
- Zeichnen Sie bei Bedarf drei mal drei Kästchen an die Tafel, die die Übung im Buch repräsentieren. Haken Sie das richtige Kästchen ab, sobald ein Kind die richtige Antwort gegeben hat.

☆ 2 Read and write.
Schreibübung

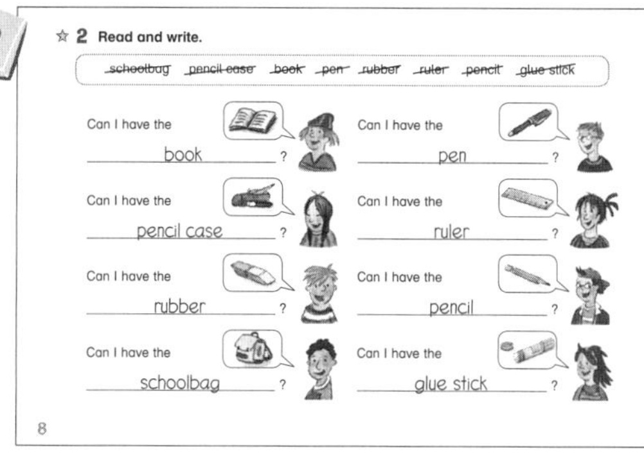
☆ 2 Read and write.

~~schoolbag~~ ~~pencil case~~ ~~book~~ ~~pen~~ ~~rubber~~ ~~ruler~~ ~~pencil~~ ~~glue stick~~

Can I have the book ?
Can I have the pen ?
Can I have the pencil case ?
Can I have the ruler ?
Can I have the rubber ?
Can I have the pencil ?
Can I have the schoolbag ?
Can I have the glue stick ?

8

- Fordern Sie die Kinder auf, die Übung 2 auf Seite 8 im *Activity Book* zu betrachten.
- Zeigen Sie der Reihe nach auf die einzelnen Schulsachen im Buch. Die Kinder nennen die jeweiligen Wörter.
- Lesen Sie dann den ersten Satz laut vor. Zeigen Sie auf die Abbildung und sagen Sie: *Can I have the ...* Die Kinder lesen im Buch mit und vervollständigen den Satz: *... book?*
- Nun ergänzen die Kinder selbstständig die Sätze und verwenden die Wörter in der Auswahlbox zur Unterstützung.
- Lassen Sie abschließend einzelne Kinder die Sätze vorlesen.
- Befestigen Sie zur Kontrolle die *Picture Cards* und *Word Cards* an der Tafel. Ordnen Sie die *Picture Cards* und *Word Cards* dabei entsprechend der Reihenfolge im Buch in zwei Spalten an.

Anmerkung: Zur Differenzierung können die Kinder, die sich das Schreiben der Wörter ohne Unterstützung bereits zutrauen, den Wörterkasten über der Übung mit einem Blatt Papier abdecken.

UNTERRICHTSSEQUENZ 3

Wortschatz, Phrasen und Strukturen:
Vorwiegend rezeptiv: *Turn off the alarm clock; Get out of bed; Put on your jeans and your T-shirt; Have a glass of milk; Get your schoolbag; Run to the bus stop; Look at your feet; You've got your slippers on; Shout, 'Oh no!'*

Sprachliche Fertigkeiten:
Eine Kette von Anweisungen einer *Action Story (Off to school)* verstehen.
Anweisungen von der CD verstehen und mit entsprechenden Bildern verbinden.

Kognitive, motorische und soziale Fertigkeiten:
Anweisungen mit Bewegungen verbinden.
Anweisungen in vertauschter Reihenfolge verstehen und ausführen.
Anweisungen von der CD verstehen und die Bilder im Buch entsprechend nummerieren.

Integration in den Gesamtunterricht:
Sachunterricht: Redeanlass „Mein Schulweg“.

Materialien:
Picture Cards 21–31; *Word Cards* 21–31
Activity Book, Seite 9, Übungen 3–4; CD 1 Nr. 21–22; evtl. Kopiervorlage 4 (mit Lösungsblatt)

Wiederholung

- Fordern Sie einzelne Kinder auf, Wörter aus dem Themenbereich *school things*, an die sie sich erinnern können, aufzuzählen.
- Wiederholen Sie die Wörter mit Unterstützung der *Picture Cards* und *Word Cards*, indem Sie beispielsweise die entsprechende Bild- und Wortkarte nach jedem genannten Wort an der Tafel befestigen.
- Sobald alle Wörter genannt wurden, fordern Sie einzelne Kinder auf, zu Ihnen an die Tafel zu kommen. Sagen Sie z. B.: *(Stella), touch the scissors, please.* Das Kind berührt die entsprechende *Picture Card* und *Word Card.*
- Weitere Vorschläge zur Arbeit mit den *Picture Cards* und *Word Cards* finden Sie in der Einleitung auf Seite 15 f.

Wortschatzvorentlastung

alarm clock; bus stop; slippers

- Erarbeiten Sie den neuen Wortschatz bei Bedarf mithilfe von einfachen Tafelzeichnungen oder passenden Bewegungen.

☆ 3 Listen and mime.
Action Story: Off to school
Zuhören und imitieren

- Die Kinder stehen auf. Geben Sie die Anweisungen der *Action Story* und führen Sie sie gleichzeitig mimisch bzw. gestisch aus. Die Kinder imitieren Ihre Handlungen. Sagen Sie:

Turn off the alarm clock.
Get out of bed.
Put on your jeans and your T-shirt.
Have a glass of milk.
Get your schoolbag.
Run to the bus stop.
Look at your feet.
You've got your slippers on.
Shout, 'Oh no!'

- Wiederholen Sie dies so oft, bis Sie merken, dass sich die Kinder die Sätze und die dazugehörigen Handlungen gut gemerkt haben.

Anweisungen ausführen

- Sagen Sie den Kindern, dass Sie nun die gleichen Anweisungen geben werden, aber ohne sie selbst auszuführen.
- Geben Sie die Anweisungen wie zuvor, in derselben Reihenfolge. Die Kinder führen die Bewegungen aus. Sie selbst bewegen sich nicht, geben aber bei richtiger Ausführung eine positive Rückmeldung (z. B. durch Kopfnicken).
- Wiederholen Sie dies so oft, bis Sie merken, dass die Kinder die Anweisungen mühelos umsetzen können.
- Steigern Sie allmählich das Tempo.

Hinweis: Weisen Sie die Kinder darauf hin, dass sie Ihre Anweisungen nicht nachzusprechen brauchen. Falls Kinder jedoch nachsprechen wollen, lassen Sie sie gewähren.

Anweisungen durcheinander ausführen

- Kündigen Sie an, dass Sie die Anweisungen nun durcheinander geben werden und die Kinder diese ausführen sollen. Sie selbst machen keine Bewegungen dazu.
- Sagen Sie z. B.: *Have a glass of milk. Get out of bed. Look at your feet.* etc.
- Wiederholen Sie dies so oft, bis Sie merken, dass die Kinder die Anweisungen problemlos ausführen können.
- Rufen Sie auch einzelne Kinder auf und geben Sie ihnen jeweils eine Anweisung, die sie ausführen.

Then listen and point.
Hörübung

AB CD 1 21

- Fordern Sie die Kinder nun auf, ihr *Activity Book* auf Seite 9 aufzuschlagen und die Bilder zu betrachten. Geben Sie ihnen dafür genügend Zeit.
- Spielen Sie die *Action Story* von der CD vor (CD 1 Nr. 21). Die Kinder zeigen während des Zuhörens auf die entsprechenden Bilder im Buch.

Tapescript:

Turn off the alarm clock.
Get out of bed.
Put on your jeans and your T-shirt.
Have a glass of milk.
Get your schoolbag.
Run to the bus stop.
Look at your feet.
You've got your slippers on.
Shout, 'Oh no!'

- Spielen Sie die Hörübung bei Bedarf nochmals vor.

☆4 Listen and write the numbers.
Hörübung

AB CD 1 22

- Erklären Sie die Höraufgabe. Sagen Sie den Kindern, dass sie die Sätze der *Action Story* in ungeordneter Reihenfolge jeweils zusammen mit einer Zahl hören werden. Sie sollen, während sie zuhören, die Bilder in Übung 3 auf Seite 9 im *Activity Book* entsprechend der Ansage nummerieren.
- Spielen Sie die Hörübung vor (CD 1 Nr. 22). Die Kinder nummerieren die Bilder im Buch. Gehen Sie in der Klasse herum und überprüfen Sie die Arbeit der Kinder.

Tapescript:

One:	*Look at your feet.*
Two:	*Turn off the alarm clock.*
Three:	*Put on your jeans and your T-shirt.*
Four:	*Get out of bed.*
Five:	*Have a glass of milk.*
Six:	*Run to the bus stop.*
Seven:	*Shout, 'Oh no!'*
Eight:	*You've got your slippers on.*
Nine:	*Get your schoolbag.*

- Spielen Sie die Hörübung bei Bedarf ein weiteres Mal von der CD vor.
- Als Auswertung empfiehlt es sich, die Höraufgabe folgendermaßen zu überprüfen. Sagen Sie z. B.: *What number is 'Get out of bed'?* Oder: *Number four, (Nina), please do number four.* etc.

Alternative: Zeichnen Sie einen Raster mit neun Feldern an die Tafel. Dieser Raster repräsentiert die Seite 9 im *Activity Book*. Lassen Sie sich von den Kindern die Zahlen für das jeweilige Feld diktieren. Fragen Sie: *What number is it?*

Anmerkung zur Differenzierung: In leistungsstarken Klassen können Sie die Ergebnisse kontrollieren, indem Sie z. B. *Four.* sagen und ein Kind mit *Get out of bed.* antwortet.

Kopiervorlage 4: Off to school (Action Story)

Cut out and put into the correct order.
Sätze chronologisch ordnen

- Zur Differenzierung besonders leistungsstarker Kinder kopieren Sie die Kopiervorlage 4 (siehe Anhang, Seite 191).
- Die Kinder lesen die Sätze der *Action Story* leise durch, schneiden diese aus und bringen sie anschließend in die richtige Reihenfolge.
- Zur Überprüfung spielen Sie die *Action Story* von der CD ab (CD 1 Nr. 21). Die Kinder kontrollieren ihre Arbeitsergebnisse. Eine weitere Möglichkeit der Überprüfung bietet ein vorbereitetes Lösungsblatt mit den Sätzen in der richtigen Reihenfolge, welches die Kinder zur Selbstkontrolle nutzen.

Lösung: vgl. Tapescript CD 1 Nr. 21

UNTERRICHTSSEQUENZ 4

Wortschatz, Phrasen und Strukturen:

Baby Face; Sit down!; In my schoolbag, there's a/ an ...

Sprachliche Fertigkeiten:

Anweisungen einer *Action Story (Off to school)* verstehen und ausführen.
Einen *Chant (Baby Face)* von der CD verstehen.
Den *Chant* rhythmisch sprechen, auch in Gruppen.
Neu erlernte Strukturen spielerisch umsetzen.

Kognitive, motorische und soziale Fertigkeiten:

Einen *Chant* von der CD hören, im Buch mitzeigen und den *Chant* in der Gruppe ausführen.
Auf den richtigen Rhythmus achten.
Auf Wörter mit Gesten reagieren.

Integration in den Gesamtunterricht:

Musik

Materialien:

evtl. Handpuppe Max; *Picture Cards* 21–31; *Word Cards* 21–31
Pupil's Book, Seite 11, Übungen 3–4; CD 1 Nr. 23–25

Wiederholung

- Spielen Sie zur Wiederholung das Wortschatzspiel *Simon says ...* mit den Anweisungen aus der *Action Story* aus der vorhergehenden Unterrichtssequenz *(Off to school)*. Fordern Sie die Kinder dazu auf, die verschiedenen Tätigkeiten auszuführen.
- Sagen Sie z. B.: *Simon says, 'Have a glass of milk'.* Die Kinder führen Ihre Anweisung aus, jedoch nur dann, wenn sie mit *Simon says ...* eingeleitet werden.
- Geben Sie eine Anweisung, ohne diese mit *Simon says ...* einzuleiten, so darf diese Anweisung nicht ausgeführt werden. Wer sie trotzdem ausführt, scheidet aus.
- Wiederholen Sie die bereits gelernten Schulsachen mithilfe der *Picture Cards* und *Word Cards* in gewohnter Weise.

Hinweis: Sie können bei diesem Spiel auch die Handpuppe Max einsetzen.

☆ 3 Listen. Do the chant. Chant: Baby Face

PB 23–25

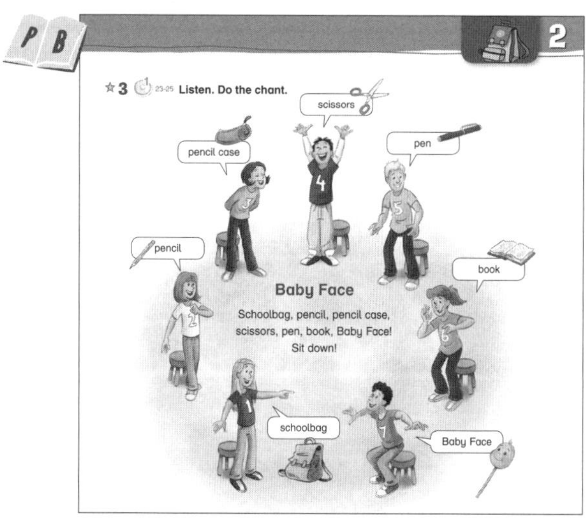

- Die Kinder schlagen das *Pupil's Book* auf Seite 11 auf und betrachten die Bilder der Übung 3.
- Spielen Sie den *Chant* von der CD vor (CD 1 Nr. 23) und zeigen Sie im Buch mit. Die Kinder schauen und zeigen im Buch zunächst nur mit.

> **Tapescript:**
> *Schoolbag, pencil, pencil case,*
> *scissors, pen, book, Baby Face!*
> *Sit down!*

- Spielen Sie den *Chant* ein zweites Mal vor und fordern Sie die Kinder auf, mitzusprechen.
- Bitten Sie die Kinder, einen Stehkreis zu bilden. Sagen Sie: *Let's make a circle.*
- Sprechen Sie den *Chant* mehrere Male und zeigen Sie dabei der Reihe nach auf einzelne Kinder. Das Kind, das als letztes genannt wird – *Baby Face!* – scheidet aus und setzt sich auf den Boden *(Sit down!)*.
- Übernehmen Sie zunächst die Rolle des Auszählenden. Sprechen Sie den *Chant* jeweils bis *Baby Face!* durch und lassen Sie die Kinder zuletzt gemeinsam *Sit down!* rufen. Später können einzelne Kinder Ihre Rolle übernehmen.
- Spielen Sie die erste Playbackversion von der CD vor (CD 1 Nr. 24). Die Kinder zeigen im Buch mit und sprechen erst die fehlenden Textteile, dann den gesamten Text zur zweiten Playbackversion (CD 1 Nr. 25).

4 Play the game. Wortschatzspiel

PB

- Diese Aufgabe hat ein erhöhtes Anforderungsniveau. Sie kann übersprungen werden oder als zeitliche Differenzierung für besonders schnelle Kinder, die auf erhöhtem Anforderungsniveau arbeiten, angeboten werden.

- Führen Sie die Phrase *In my schoolbag, there's a/an ...* ein, indem Sie Ihre Schultasche auspacken und dabei beschreiben, was darin enthalten ist.
- Gehen Sie in der Klasse herum und fragen Sie die Kinder, was sie in ihrer Schultasche haben. Sie können dies auch mithilfe der Handpuppe Max machen.
- Die Kinder nennen jeweils einen Gegenstand unter Verwendung der Redemittel. Helfen Sie durch Einflüstern, falls notwendig.
- Wiederholen Sie dies so lange, bis die Kinder die Struktur sicher beherrschen.
- Fordern Sie die Kinder dann auf, das *Pupil's Book* auf Seite 11 zu öffnen und Übung 4 zu betrachten. Lesen Sie die Sätze in den Sprechblasen vor. Die Kinder zeigen mit.
- Bilden Sie nun Gruppen mit vier bis sechs Kindern und demonstrieren Sie das Spiel einmalig mit einer Gruppe, in die Sie sich einreihen.
- Die Kinder spielen nun das *chain game*. Dieses Spiel wird wie das klassische „Ich packe meinen Koffer"-Spiel gespielt. Kind A sagt einen Satz, z. B.: *In my schoolbag, there's a yellow ruler.* Kind B wiederholt diesen Satz und erweitert ihn um einen neuen Gegenstand, z. B.: *In my schoolbag, there's a yellow ruler and a red pen.* usw.
- Gehen Sie in der Klasse herum und helfen Sie, falls notwendig. Sagen Sie den Kindern, dass sie sich gegenseitig helfen dürfen, wenn es Probleme beim Merken der Gegenstände gibt.

UNTERRICHTSSEQUENZ 5

Wortschatz, Phrasen und Strukturen:

Wortschatzwiederholung: *Numbers 1 to 10*
There's (one) (book) and there are (two) (glue sticks); It's picture number ...; What's in your schoolbag?

Sprachliche Fertigkeiten:

Unterschiede in Bildern erkennen und sich dazu sprachlich äußern.
Gegenstände beschreiben.
Sätze von der CD verstehen und Gegenstände entsprechend anmalen.

Kognitive, motorische und soziale Fertigkeiten:

Satzstrukturen von der CD verstehen und anwenden.
Ein Ratespiel in Partnerarbeit durchführen.

Integration in den Gesamtunterricht:

Mathematik
Sachunterricht

Materialien:

Pupil's Book, Seite 12, Übungen 5–6; CD 1 Nr. 26–27; *Activity Book*, Seite 10, Übungen 5–7; blickdichtes Tuch; Buntstifte; Handpuppe Max; evtl. Kopiervorlage 5 (mit Lösungsblatt)

Wiederholung

- Wiederholen Sie die Zahlen von 1 bis 10, indem Sie die Zahlen durcheinander an die Tafel schreiben und zügig auf die Zahlen zeigen. Die Kinder nennen die entsprechende Zahl.
- Lassen Sie dann die Kinder zu jeder Zahl, auf die Sie zeigen, zwei dazuzählen bzw. wegzählen. Zeigen Sie also beispielsweise auf die Zahl *three* und sagen Sie: *Three plus two is ...?* Zeigen Sie auf die Zahl *five* und lassen Sie die Kinder antworten. Sagen Sie dann: *Three minus two is ...?* Zeigen Sie auf die Zahl *one* und lassen Sie die Kinder wiederum antworten. Wiederholen Sie diesen Vorgang mehrere Male mit unterschiedlichen Zahlen.
- Übersetzen Sie bei Bedarf die Bedeutung der Wörter *plus* und *minus.*

Anmerkung: Bei den Zahlen 9 und 10 lassen Sie die Kinder jeweils zwei wegzählen, damit die Summe 10 nicht überschreitet.

5 Listen and say.
Hör- und Sprechübung

PB CD 1 26

- Fordern Sie die Kinder auf, einen Sitzkreis zu bilden. Legen Sie verschiedene Schulsachen, die die Kinder benennen können, in unterschiedlicher Anzahl auf den Boden in die Mitte und sagen Sie die entsprechende Anzahl, z. B.: *There are two books. There is one rubber. There are ten pencils.* usw.
- Decken Sie die Dinge nun mit einem blickdichten Tuch ab und fordern Sie die Kinder auf, die Anzahl zu benennen. Je nach Sprachentwicklungsstand antworten die Kinder mit Zweiwortsätzen oder in ganzen Sätzen mit *There is ...* bzw. *There are ...*
Es kommt dabei nicht so sehr auf die Richtigkeit der Anzahl an, sondern vielmehr darauf, dass sich so viele Kinder wie möglich äußern dürfen.

- Entfernen Sie das Tuch abschließend wieder und beschreiben Sie noch einmal die Anzahl der Dinge, sodass die Kinder eine Bestätigung bekommen, ob sie richtig geraten haben oder nicht.
- Anschließend schlagen die Kinder das *Pupil's Book* auf Seite 12 auf und betrachten die Bilder der Übung 5.
- Spielen Sie nun die Hörübung von der CD vor (CD 1 Nr. 26) und fordern Sie die Kinder auf, auf die entsprechenden Bilder zu zeigen und gut zuzuhören. Die Kinder hören jeweils eine kurze Bildbeschreibung, die zweimalig gesprochen wird. Zwischendurch wird ein kurzer Jingle gespielt. Währenddessen sollen die Kinder sagen, welches Bild gerade beschrieben wurde: *It's (picture) number ...* . Helfen Sie durch Einflüstern, falls nötig.

Tapescript:

There's one book and there are two glue sticks.
There's one glue stick and there are five books.
There are seven books and there's one glue stick.
There are five books and there are two glue sticks.

6 Play the game.
Ratespiel

PB

- Fordern Sie die Kinder auf, die Übung 6 auf Seite 12 im *Pupil's Book* zu betrachten. Lesen Sie den Inhalt der Sprechblasen vor und weisen Sie auch auf die *LOOK!* Box hin.
- Halten Sie dann Ihr Buch gut sichtbar hoch und sagen Sie: *There are three books (on the desk).*
  Schauen Sie die Kinder fragend an und sagen Sie dabei *It's picture number ...?* Die Kinder vervollständigen Ihren Satz mit der korrekten Zahl.
- Wiederholen Sie dies einige Male. Dann spielen die Kinder das Spiel alleine. Dazu betrachtet Kind A jeweils beide Bilder und beschreibt ein oder mehrere Dinge mit *There is ...* bzw. *There are ...* Kind B nennt das Bild, auf das die Beschreibung zutrifft. Nach ein paar Durchgängen werden die Rollen getauscht.

Kopiervorlage 5: School things

Look and write the numbers.
Suchbild

- Zur Differenzierung von Kindern mit Förderbedarf kopieren Sie Kopiervorlage 5 (siehe Anhang, Seite 191).
- Die Kinder betrachten die Abbildung, zählen die einzelnen Schulsachen und tragen die entsprechend richtige Anzahl in die Tabelle ein.
- Bereiten Sie ein Lösungsblatt mit der richtig ausgefüllten Tabelle zum Vergleichen der Arbeitsergebnisse und zur Selbstkontrolle vor.

Lösung:

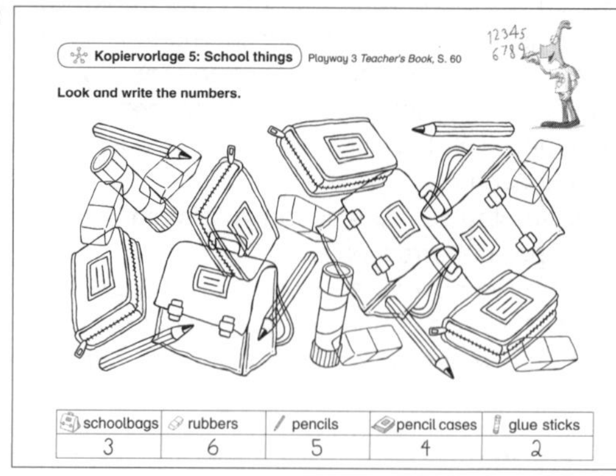
Kopiervorlage 5: School things — Playway 3 Teacher's Book, S. 60

Look and write the numbers.

schoolbags	rubbers	pencils	pencil cases	glue sticks
3	6	5	4	2

5 Listen and colour.
Hörübung

AB CD 1 27

- Fordern Sie die Kinder auf, das *Activity Book* auf Seite 10 zu öffnen und die Übung 5 zu betrachten.
- Fordern Sie die Kinder anschließend dazu auf, Buntstifte in den Farben grün, orange, gelb, blau, rot, schwarz, rosa und braun zurechtzulegen. Sagen Sie: *Take a brown, a pink, ... and a ... pencil. Put the pencils on your table.*
- Weisen Sie die Kinder darauf hin, dass sie nun gut zuhören und die entsprechenden Dinge nach Ansage von der CD ausmalen sollen. Betonen Sie, dass es reicht, den entsprechenden Gegenstand vorerst nur mit einem Punkt farblich zu markieren. Sagen Sie: *Listen and colour. A small dot only, please.* Demonstrieren Sie dies nötigenfalls in Ihrem eigenen *Activity Book.*
- Spielen Sie nun den Hörtext von der CD (CD 1 Nr. 27). Falls nötig, halten Sie die CD mit der Pausetaste nach jeder Ansage an, sodass die Kinder sich nicht unter Druck gesetzt fühlen.

Tapescript:

There's a green pencil case.
There are three orange pencils.
There's a yellow and blue schoolbag.
There's a red glue stick.
There's a black pen.
There are two pink rubbers.
There's a brown ruler.

- Spielen Sie den gesamten Hörtext nochmals ab und fordern Sie die Kinder auf, zu überprüfen, ob sie die Gegenstände richtig markiert haben. Sagen Sie: *Check your work, please.*

☆ 6 Work in pairs. Look at 5 and say. Partnerarbeit

- Demonstrieren Sie die Übung 6 auf Seite 10 im *Activity Book* gemeinsam mit einem Kind. Verwenden Sie dazu Ihr Buch.
- Erklären Sie den Kindern, dass Sie nun das Bild, das die Kinder in Übung 5 ausgemalt haben, beschreiben werden. Bitten Sie das Kind, das die Übung mit Ihnen vorzeigt, mitzuschauen und Ihre Beschreibung zu überprüfen. Sagen Sie: *Look at the picture in 5. Check.*
- Beginnen Sie, das Bild zu beschreiben. Sagen Sie z. B.: *There's a green pencil case. There are three red pencils.* etc. Das Kind soll jeweils mit *Yes.* Ihre Sätze bestätigen oder mit *No.* (wie im Fall von *three red pencils*) deutlich machen, dass die von Ihnen genannte Farbe falsch ist. Anschließend stellt das Kind Ihre Aussage richtig.
- Fordern Sie die Kinder nun auf, das *Activity Book* auf Seite 10 zu öffnen. Lesen Sie die Inhalte der Sprechblasen in Übung 6 laut vor.
- Die Kinder spielen nun zu zweit. Kind A beschreibt das Bild aus Übung 5 mit *There is/are ...* Kind B bestätigt oder verneint mit *Yes.* oder *No.* Die Rollen werden nach einer Weile getauscht.

☆☆☆ 7 Hold interviews in class. Interviews führen

- Die Übung 7 auf Seite 10 im *Activity Book* ist eine Übung mit hohem Anforderungsniveau. Sie kann zur zeitlichen Differenzierung und zur Förderung leistungsstarker Kinder durchgeführt werden und ist optional.
- Nehmen Sie die Handpuppe Max. Max fragt Sie, was Sie in Ihrer Schultasche haben. Verstellen Sie Ihre Stimme und fragen Sie als Max: *What's in your schoolbag?*
- Packen Sie Ihre Schultasche aus und benennen Sie jeweils, was Sie auspacken. Zählen Sie z. B. auf: *There's a yellow pencil case. There are two black pens.* etc.
- Anschließend gehen die Kinder in der Klasse umher und befragen sich gegenseitig nach dem Inhalt ihrer Schultaschen.
- Je nach Leistungsstand können sich die Kinder dazu auch schriftliche Notizen machen. Sie können die Sprechblasen in Übung 7 als visuelle Hilfe verwenden.
- Gehen Sie während der Übung in der Klasse umher und unterstützen Sie jene Kinder, die Hilfe benötigen.

UNTERRICHTSSEQUENZ 6

Wortschatz, Phrasen und Strukturen:

Stand up; Open your book; Draw a mouse; Colour the mouse; Take a pencil; Sit down; Close your book; Listen; Point at the pencil case.
Nur rezeptiv: *How many are there?*

Sprachliche Fertigkeiten:

Anweisungen von der CD verstehen.
Klanglich abgesicherte Zahlen, Wörter und Phrasen mit entsprechenden Bildern verbinden.

Kognitive, motorische und soziale Fertigkeiten:

Anweisungen von der CD verstehen und die entsprechenden Bewegungen dazu ausführen.
In Kleingruppen Anweisungen geben und ausführen.
Anweisungen passenden Bildern zuordnen und dementsprechend abhaken.

Integration in den Gesamtunterricht:

Mathematik

Materialien:

Realia (Schulsachen); blickdichtes Tuch
Pupil's Book, Seite 13, Übungen 7–8; CD 1 Nr. 28–29; *Activity Book,* Seite 11, Übungen 8–9; evtl. *Word Cards* 21–24, 26–27, 30; evtl. Kopiervorlage 6

Wiederholung

- Legen Sie verschiedene Schulsachen, die die Kinder benennen können, auf den Fußboden und bedecken Sie diese mit einem blickdichten Tuch, ohne dass die Kinder die Dinge gesehen haben. Die Kinder versammeln sich im Sitzkreis um das Tuch.
- Fordern Sie die Kinder nun dazu auf, zu erraten, was sich unter dem Tuch befindet. Sagen Sie: *Guess.*
- Die Kinder stellen nun je nach Leistungsvermögen in Ein- oder Zweiwortsätzen oder in ganzen Sätzen mit *There is/are ...* Vermutungen darüber an, was sich unter dem Tuch befindet.

- Haben so viele Kinder wie möglich ihre Vermutung geäußert, wird das Tuch entfernt. Lassen Sie die Kinder die Gegenstände betrachten und benennen Sie diese abschließend gemeinsam mit den Kindern noch einmal.

☆ 7 Listen and point. Zuhören und imitieren

PB CD 1 28

- Geben Sie die Anweisungen der Übung 7 auf Seite 13 im *Pupil's Book* und führen Sie sie gleichzeitig mimisch und gestisch aus. Die Kinder imitieren Ihre Handlungen. Sagen Sie z. B.: *Open your book.* Öffnen Sie dabei Ihr Buch etc.
- Wiederholen Sie dies so oft, bis Sie merken, dass die Kinder die Anweisungen problemlos mimisch bzw. gestisch umsetzen können.
- Steigern Sie allmählich das Tempo. Führen Sie die Bewegungen sehr schnell *(fast track)* oder ganz langsam *(slow motion)* durch.
- Spielen Sie die Hörübung von der CD vor (CD 1 Nr. 28). Die Kinder und Sie machen die entsprechenden Bewegungen dazu.

Tapescript:
Stand up.
Open your book.
Draw a mouse.
Colour the mouse.
Take a pencil.
Sit down.
Close your book.
Listen.
Point at the pencil case.

Anweisungen ausführen

- Geben Sie mehrmals dieselben Anweisungen wie oben, in der gleichen Reihenfolge. Machen Sie selbst aber die Bewegungen nicht mehr dazu. Die Kinder führen Ihre Anweisungen mimisch bzw. gestisch aus. Geben Sie bei richtiger Ausführung eine positive Rückmeldung, z. B. durch Kopfnicken.
- Fordern Sie die Kinder nun auf, ihr *Pupil's Book* auf Seite 13 aufzuschlagen und die Bilder in Übung 7 zu betrachten.
- Spielen Sie die Hörübung ein- bis zweimal von der CD vor (CD 1 Nr. 28). Die Kinder zeigen während des Zuhörens auf die entsprechenden Bilder im Buch.

Hinweis: Weisen Sie die Kinder darauf hin, dass sie Ihre Anweisungen noch nicht nachzusprechen brauchen. Falls Kinder jedoch nachsprechen wollen, lassen Sie sie gewähren.

☆ 8 Say and mime. Gruppenarbeit

PB

- Geben Sie die Anweisungen aus Übung 7 im *Pupil's Book* auf Seite 13 der Reihe nach und lassen Sie die Kinder nachsprechen. Wiederholen Sie die Sätze mehrmals, bis die Kinder die Anweisungen mühelos nachsprechen können.
- Halten Sie Ihr Buch für alle gut sichtbar hoch und zeigen Sie auf einzelne Bilder. Lassen Sie die Kinder die entsprechenden Anweisungen nennen.
- Fordern Sie die Kinder dann auf, die Übung 8 auf Seite 13 im *Pupil's Book* zu betrachten und lesen Sie den Text in der Sprechblase vor.
- Demonstrieren Sie die Übung zuerst mit einer kleinen Gruppe vor der ganzen Klasse, bevor alle Kinder in Kleingruppen arbeiten. Achten Sie darauf, dass sich die Kinder (Bunt-)Stifte, Bücher, Zeichenblätter und Federmäppchen zurechtlegen. Geben Sie eine der Anweisungen aus Übung 7, die Kinder in Ihrer Gruppe führen diese aus.
- Teilen Sie die Klasse dann in kleine Gruppen zu je drei bis vier Kindern. Geben Sie den Gruppen genügend Zeit für diese Übung, damit jedes Kind mindestens eine Anweisung geben kann, die die anderen Gruppenmitglieder ausführen. Gehen Sie in der Klasse herum und helfen Sie nötigenfalls.

Kopiervorlage 6: Words Units 1–2

Write more words. Wortfelder erstellen

- Zur Differenzierung besonders leistungsstarker Kinder kopieren Sie die Kopiervorlage 6 (siehe Anhang, Seite 192).
- Die Kinder betrachten die Abbildungen und die entsprechenden Überschriften (Wortfelder). Zur Vorbereitung nennen die Kinder mündlich weitere zu den Wortfeldern passende Wörter. Anschließend schreiben sie die passenden Wörter in die dafür vorgesehenen Säckchen.
- Die Kinder kontrollieren die Rechtschreibung und Zuordnung mithilfe des *Picture Dictionary* auf den Seiten 48 und 49 im *Activity Book*.

Lösung:

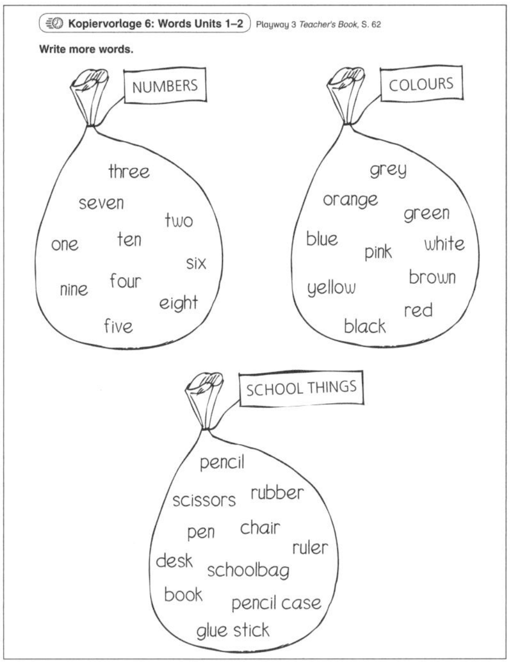

☆ 8 Listen and tick (✓).
Hörübung

CD 1 29

- Fordern Sie die Kinder dazu auf, das *Activity Book* auf Seite 11 aufzuschlagen und die Bilder in Übung 8 zu betrachten.
- Erklären Sie den Kindern, dass Sie die Anweisungen nun durcheinander geben werden. Die Kinder zeigen auf die jeweils entsprechende bildliche Darstellung. Sagen Sie z. B.: *Point at the book. Draw a picture. Stand up. Open your book. Take out a pencil. Listen. Close your book. Sit down.*
- Spielen Sie nun die Hörübung von der CD vor (CD 1 Nr. 29) und sagen Sie den Kindern, dass sie im Kästchen des jeweils genannten Bildes ein Häkchen setzen sollen.

Tapescript:

One:	*Open your book.*
Two:	*Take out a pencil.*
Three:	*Listen.*
Four:	*Stand up.*

- Spielen Sie die Übung ein zweites Mal vor. Sagen Sie: *Check your work.* Die Kinder kontrollieren ihre Ergebnisse.
- Abschließend überprüfen Sie gemeinsam mit den Kindern die Ergebnisse, indem Sie jeweils die Nummer des Bildes nennen und die Kinder die dazugehörige Anweisung nennen. Sagen Sie: *One.* Die Kinder antworten: *Open your book.* usw.

Alternative: Zeichnen Sie zweimal vier Kästchen an die Tafel. Diese repräsentieren die Übung im Buch. Lassen Sie sich die richtigen Antworten von den Kindern diktieren. Berichtigen Sie die Antworten nötigenfalls.

☆☆ 9 Look and write.
Schreibübung

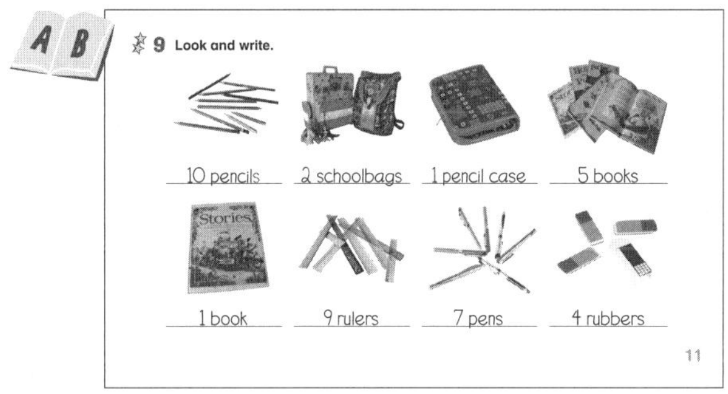

- Fordern Sie die Kinder auf, ihr *Activity Book* auf Seite 11 aufzuschlagen und die Übung 9 zu betrachten.
- Halten Sie Ihr Buch hoch und zeigen Sie auf die einzelnen Abbildungen der Schulsachen. Zeigen Sie beispielsweise auf die Bleistifte und sagen Sie: *Look! Pencils. How many are there?*
- Die Kinder zählen und nennen die entsprechende Zahl. Je nachdem, ob die Kinder die richtige Menge nennen, antworten Sie. *No, sorry. Look again.* bzw. *Yes, good! There are ten pencils.*
- Zeigen Sie auf das Bild mit den Schultaschen. Sagen Sie: *Schoolbags. How many are there, (Marc)?* Fahren Sie mit den restlichen Bildern in gleicher Weise fort und fordern Sie jeweils ein Kind auf, die Anzahl der Objekte zu nennen.
- Die Kinder arbeiten anschließend selbstständig und schreiben die entsprechende Menge und Bezeichnung der Gegenstände in die dafür vorgesehenen Zeilen unterhalb der Bilder.
- Überprüfen Sie die Arbeit der Kinder, indem Sie einzelne Kinder ihre Ergebnisse vorlesen lassen.
- Halten Sie die Ergebnisse an der Tafel fest, damit die Kinder auch ihre Rechtschreibung kontrollieren können.

Hinweis: Für Kinder, die noch das Schriftbild als Unterstützung benötigen, können Sie die Übung auch in differenzierter Fassung anbieten. Stellen Sie das Schriftbild der im Buch abgebildeten Gegenstände mithilfe der *Word Cards* an der Tafel zur Verfügung.

U N T E R R I C H T S S E Q U E N Z 7

Wortschatz, Phrasen und Strukturen:

On the desk, there are (four pencils); It's picture number …; My schoolbag is cool; It's (red) and (green); In my schoolbag, there's a (blue pencil case); In my pencil case, there are (two pencils).

Sprachliche Fertigkeiten:

Einen kurzen Text lesen und verstehen.
Einem kurzen Text entsprechende Bilder zuordnen.
Einen Modelltext kreativ und individuell abwandeln.

Kognitive, motorische und soziale Fertigkeiten:

Anweisungen mit Bewegungen verbinden.
Mit Partnern ein Ratespiel spielen.
Einen Text selbstständig verfassen.
Eine Reinschrift anfertigen und den Text mit einer Zeichnung verzieren.

Integration in den Gesamtunterricht:

Kunst

Materialien:

evtl. Handpuppe Max
Pupil's Book, Seite 14, Übungen 9–12

Wiederholung

- Spielen Sie zur Wiederholung das Wortschatzspiel *Simon says* ... mit den Anweisungen aus der letzten Unterrichtssequenz.
- Sagen Sie z. B.: *Simon says*, '*Stand up*'. Die Kinder führen Ihre Anweisungen aus, jedoch nur dann, wenn Sie den Satz mit *Simon says* ... einleiten. Geben Sie eine Anweisung, ohne *Simon says* ... zu sagen, so darf diese von den Kindern nicht ausgeführt werden. Wer sie trotzdem ausführt, scheidet aus.

Hinweis: Sie können bei diesem Spiel auch die Handpuppe Max einsetzen.

☆ 9 Read the text. Find the correct picture. Lese- und Zuordnungsübung

PB

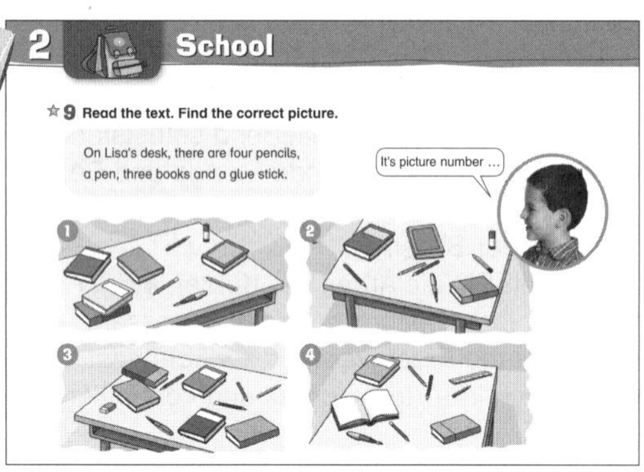

- Fordern Sie die Kinder dazu auf, die Abbildungen im *Pupil's Book* auf Seite 14, Übung 9, zu betrachten.
- Lesen Sie dann den Text in der rosa Box vor. Die Kinder lesen mit.
- Erklären Sie den Kindern, dass nur eines der vier Bilder auf den Text zutrifft. Leiten Sie die Kinder dazu an, den Text genau zu lesen und das entsprechende Bild zu finden. Geben Sie den Kindern ausreichend Zeit dafür.
- Fragen Sie nun nach dem Bild: *What number is it?* Lassen Sie so viele Kinder wie möglich antworten und wiederholen Sie anschließend die richtige Antwort. Sagen Sie z. B.: *Yes, super. It's picture number two.*
- Beschreiben Sie abschließend eines der anderen Bilder. Sagen Sie z. B.: *There are five books, a pen,…* etc. Lassen Sie die Kinder raten, welches Bild Sie beschrieben haben: *It's picture number ...*

☆ 10 Play a guessing game. Ratespiel

PB

- Fordern Sie die Kinder dazu auf, sich in Zweier- oder Dreiergruppen zusammenzufinden und das Ratespiel zu spielen.
- Kind A beschreibt ein Bild und verwendet dabei die Struktur *On the desk, there are …* Kind B errät mit *It's picture number ...* das entsprechende Bild.
- Danach werden die Rollen getauscht. Gehen Sie während die Kinder spielen in der Klasse umher und helfen Sie, falls notwendig.

Lösung:
1 – *On the desk, there are five books, a pen, three pencils and a glue stick.*
2 – *On the desk, there are four pencils, a pen, three books and a glue stick.*
3 – *On the desk, there are five books, a pen, four pencils and a rubber.*
4 – *On the desk, there are three books, a pen, four pencils and a ruler.*

11 Read. Write your own text. Kreative Schreibübung: My text

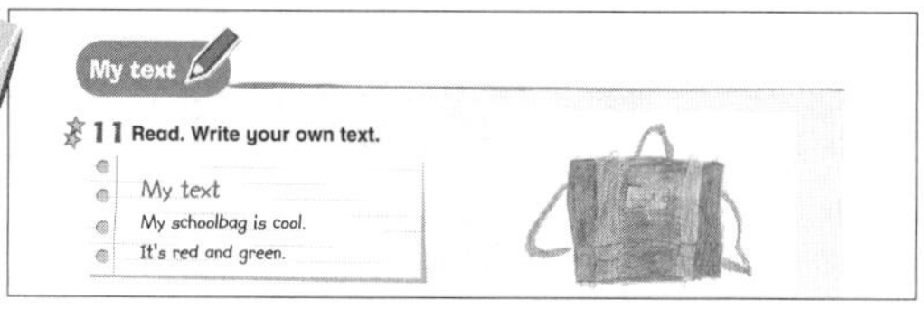

- Präsentieren Sie den ersten Modelltext von Seite 14, Übung 11 im *Pupil's Book*, indem Sie ihn an die Tafel schreiben und vorlesen.
- Lesen Sie den Text nochmals vor. Fordern Sie die Kinder auf, die Sätze des Textes nachzusprechen.
- Geben Sie den Kindern eine Minute Zeit, sich den Text gut einzuprägen.
- Löschen Sie den Text von der Tafel. Fordern Sie die Kinder auf, Ihnen den Text zu diktieren. Schreiben Sie ihn dabei wieder an die Tafel. Helfen Sie den Kindern, wenn sie Fehler machen.
- Fordern Sie die Kinder nun auf, das *Pupil's Book* auf Seite 14 aufzuschlagen und den Text in Übung 11 zu betrachten.
- Erklären Sie den Kindern dann, dass sie nun ihren eigenen Text über ihre Schultasche schreiben werden, indem sie einzelne Wörter austauschen. Geben Sie, wenn nötig, ein Beispiel *(My schoolbag is cool. It's yellow and blue.)*.
- Die Kinder arbeiten selbstständig und verwenden den Text im Buch als Modelltext. Gehen Sie in der Klasse herum und helfen Sie, falls dies notwendig ist.
- Kontrollieren Sie die Arbeit der Kinder und fordern Sie die Kinder dann auf, eine Reinschrift ihres Textes anzufertigen. Wenn die Kinder damit fertig sind, können sie ihre Texte illustrieren.
- Am Ende dürfen die Kinder, die es gerne möchten, ihren Text vorlesen und die Illustration zeigen.
- Es empfiehlt sich auch, die Texte der Kinder an der Wand in der Klasse zu veröffentlichen *(Our texts in English.)*. Eine beliebte Alternative ist das Sammeln solcher Texte in einem *Treasure book*.

12 Read. Write your own text. Kreative Schreibübung: My text

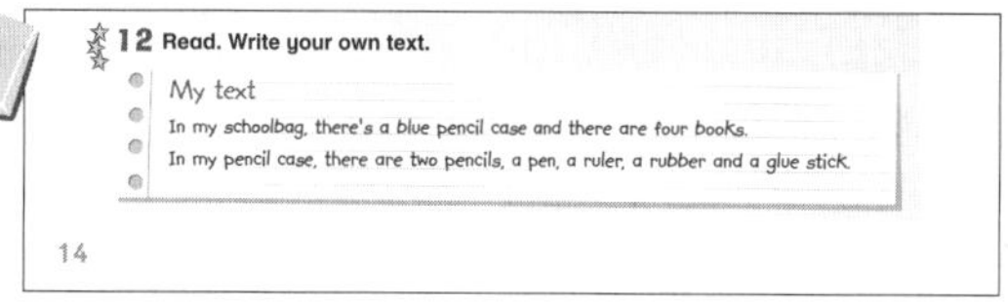

- Der zweite Modelltext entspricht einem hohen Anforderungsniveau und ist somit optional. Er kann zur zeitlichen Differenzierung und zur Förderung besonders leistungsstarker Kinder eingesetzt werden.
- Gehen Sie bei der Bearbeitung des Textes genauso vor wie bei der Bearbeitung des Textes in Übung 11. Anstatt den gesamten Text von der Tafel zu löschen, löschen Sie jedoch zunächst aus jedem Satz nur ein Wort. Fordern Sie die Kinder auf, den Text nochmals zu lesen. Löschen Sie dann jeweils ein weiteres Wort und fordern Sie die Kinder auf, jeweils den gesamten Text zu lesen. Am Ende können die Kinder den gesamten Text ohne visuelle Stütze aus der Erinnerung rekonstruieren.
- Die Kinder betrachten anschließend nochmals die Texte im Buch und wählen entsprechend der Neigung oder des Leistungsstandes Text 1 oder 2 als Modelltext aus.
- Am Ende dürfen die Kinder, die es gerne möchten, ihren Text vorlesen und die Illustration zeigen.

Hinweis: Unterbrechen Sie die Kinder, die sich zum Vorlesen ihrer Texte gemeldet haben, auf gar keinen Fall und loben Sie sie außerordentlich für ihren Mut. Sollten die Kinder bei der Aussprache Fehler machen, notieren Sie sich dies und üben Sie am Ende die richtige Aussprache der Wörter noch einmal spielerisch, indem Sie die Wörter lustig, laut, leise, wütend, traurig, langsam oder schnell aussprechen und die Kinder die Wörter nachsprechen lassen.

UNTERRICHTSSEQUENZ 8

Wortschatz, Phrasen und Strukturen:

guest; children; teacher; class;
Vorwiegend rezeptiv: *Hello, and welcome to Mia and Mike; This is (Mike); How are you?; I'm good/great, thanks; So this is our school and Lily is our special guest today; Come along; Welcome to our (school); There are (18) girls/boys; And now let's have a look around; What have you got there?; This is my (eraser); And here's Mrs Harris, our teacher; Good morning; I really like your school uniforms!*

Sprachliche Fertigkeiten:

Vermutungen zu Bildern anstellen.
Eine *Mia & Mike* Episode *(A special guest)* von der DVD verstehen.
Klanglich abgesicherte Wörter und Phrasen mit ihrem Schriftbild verbinden.
Ein Rollenspiel durchführen.

Kognitive, motorische und soziale Fertigkeiten:

Dialoge entwickeln.
Phrasen im Buch als Grundlage für das Entwickeln eigener Szenen nutzen.
Merkhilfen verwenden.
Sich in verschiedene Rollen hineindenken und diese spielen.
Eine Szene kreativ verändern und vorspielen.

Integration in den Gesamtunterricht:

Sachunterricht: Redeanlass „Schule in anderen Ländern".
Deutsch: Diskussion „Schuluniform pro und contra".

Materialien:

Pupil's Book, Seite 15, Übung 13; DVD *(Mia & Mike: A special guest,* 03:11)

Wiederholung

- Zeichnen Sie, wenn möglich vor der Stunde, verschiedene Schulsachen, die die Kinder benennen können, in unterschiedlicher Anzahl auf die Tafel und klappen Sie die beiden Außenflügel der Tafel darüber (bzw. schieben Sie einen zweiten Tafelteil darüber), sodass Ihre Zeichnungen verdeckt sind. Auf den Teil der Tafel, den die Kinder nun sehen können, schreiben Sie das Wort *pencil case.*
- Lassen Sie die Kinder erraten, was Sie auf die Innenseite der Tafel gezeichnet haben. Sagen Sie: *Guess what's in my pencil case.*
- Die Kinder raten und verwenden dabei die gelernten Redemittel *(There is/are …).*
- Anschließend klappen Sie die Tafel auf und benennen, was sich in Ihrem '*pencil case*' befindet.

Pre-viewing activity

13 Look at the photos. Guess the answers.
Zuordnungsübung

PB

- Fordern Sie die Kinder dazu auf, das *Pupil's Book* auf Seite 15 aufzuschlagen und die Fotos in Übung 13 zu betrachten.
- Leiten Sie die Aufgabe ein, indem Sie erklären, dass Mia und Mike zwei englische Schulkinder sind. Sagen Sie: *Mia and Mike are two English kids.*
- Erklären Sie den Kindern, dass sie erraten sollen, wer auf den Fotos abgebildet ist. Sagen Sie: *Look at the photos. Guess. Who is Mia? Who is Mike?* etc.
- Halten Sie Ihr Buch für alle gut sichtbar hoch, zeigen Sie auf das Foto oben links und fragen Sie: *Is this Mia?* Lassen Sie die Kinder raten.
- Führen Sie rasch eine Abstimmung in der Klasse durch. Sagen Sie z. B.: *Number one is Mia.* etc. Die Kinder entscheiden, welcher Aussage sie jeweils zustimmen und zeigen entsprechend auf. Setzen Sie dies mit den anderen Personen fort.
- Bei der Frage *Who is the guest?* fragen Sie gezielt nach der Bedeutung des Wortes *guest.* Die Kinder sollen Vermutungen darüber anstellen, was *guest* bedeuten könnte und ihre Vermutungen äußern. Übersetzen Sie das Wort nötigenfalls.

Watch the story and check.
Mia & Mike: A special guest

- Sind Sie alle Fragen mit den Kindern durchgegangen und haben so viele Kinder wie möglich Vermutungen zu den in der Geschichte handelnden Personen abgegeben, sagen Sie den Kindern, dass sie nun ein Video anschauen und ihre Antworten überprüfen werden. Sagen Sie: *Watch the video and check.*
- Zeigen Sie den Kindern den Kurzfilm *A special guest* einmal von der DVD.

Videoscript: A special guest

Mia:	*Hello, and welcome to Mia and Mike. I'm Mia, and this is Mike. Hello, Mike.*
Mike:	*Hello, Mia. How are you?*
Mia:	*I'm good, thanks, Mike. Oh, just a moment. Hi!*

Lily:	*Hello!*
Mia:	*Hi, Lily. How are you?*
Lily:	*I'm great, thanks.*
Mia:	*Lily, this is Mike. Mike, this is Lily.*
Mike:	*Hi, Lily!*
Lily:	*Hi, Mike.*
Mia:	*OK, so this is our school and Lily is our special guest today. Come along, Lily.*
Mia:	*And welcome to our school.*
Mike:	*And welcome to our classroom. There are 18 girls …*
Mia:	*… and 14 boys.*
Mike:	*Say hi everyone!*
Kids:	*Hi!*
Mike:	*Hi, guys. This is Lily. Lily's our special guest today.*
Kids:	*Hi, Lily.*
Lily:	*Hiya!*
Mia:	*And now, let's have a look around! So, this is Lucas. Hello, Lucas.*
Lucas:	*Hi.*
Mike:	*What have you got there?*
Lucas:	*Well, this is my eraser*. This is my glue stick. This is my pen with green, blue, red and black ink. These are my pencils. These are my scissors. This is my ruler. Cool, eh?*
Mike:	*And here's Mrs Harris, our teacher.*
Teacher:	*Good morning, class.*
Children:	*Good morning, Mrs Harris.*
Teacher:	*Ah, our guest.*
Mia:	*Mrs Harris, this is Lily.*
Teacher:	*Welcome to our class, Lily.*
Lily:	*Thanks, Mrs Harris.*
Teacher:	*OK, go and sit down. Take out your English books and open them on page 10.*
Lily:	*I really like your school uniforms! They're cool.*
Mike:	*Oh, well …*
Mia:	*Thanks, Lily.*

- Fragen Sie die Kinder nach dem erstmaligen Anschauen des Videos nochmals, wer auf welchem Foto im *Pupil's Book* abgebildet ist. Die Kinder antworten mit *Number (one) is …* Halten Sie die Ergebnisse an der Tafel fest.
- Zeigen Sie den Kindern den Kurzfilm *A special guest* je nach Bedarf ein weiteres Mal von der DVD.

***Hinweis:** Anstatt *rubber* wird in englischsprachigen Ländern auch häufig *eraser* verwendet.

Post-viewing activities

Give me words and phrases.

- Fordern Sie die Kinder auf, Ihnen Wörter oder Phrasen aus der Geschichte zu nennen, an die sie sich erinnern können. Sagen Sie: *Give me words or phrases.* Halten Sie die Wörter und Phrasen an der Tafel fest und loben Sie die Kinder für ihre Mitarbeit.
- Sie können den Anlass auch dazu nutzen, das Klassengespräch über das Thema Schuluniformen zu vertiefen (vgl. Unit 1, Unterrichtssequenz 6). Es würde sich beispielsweise anbieten, die Eindrücke der Kinder in Form einer Pro-/Kontra-Diskussion zu sammeln.
- Führen Sie diese Diskussion auf Deutsch. Eine fächerübergreifende Bearbeitung des Themas wäre z. B. auch für den Deutschunterricht denkbar.

A group project: A guest in your class
Rollenspiel

- Das Projekt entspricht einem hohen Anforderungsniveau und ist optional. Es kann zur zeitlichen Differenzierung und zur Förderung besonders leistungsstarker Kinder eingesetzt werden.
- Besprechen Sie zunächst die Phrasen im *Pupil's Book* auf Seite 15 unten mit den Kindern. Die Kinder hören zu, während Sie die Redemittel zum ersten Mal vorlesen. Sprechen Sie die Phrasen dann mehrmals vor und lassen Sie die Kinder nachsprechen.
- Sobald die Redemittel gefestigt sind, versuchen die Kinder selbstständig eine kurze Szene zum Thema *A guest in our class* zu entwickeln und darzustellen. Sie arbeiten dabei in kleinen Gruppen mit verteilten Rollen.
- Geben Sie den Kindern genügend Zeit, die Phrasen nach ihren Bedürfnissen vorzubereiten und einzuüben. Gehen Sie in der Klasse herum und helfen Sie nötigenfalls. Wenn es zeitlich möglich ist, lassen Sie die Szenen von mehreren Gruppen, die sich dafür freiwillig melden, aufführen.
- Fordern Sie nach jedem Rollenspiel die übrigen Kinder auf zu applaudieren. Sagen Sie: *Let's give them a big hand.*

Hinweis: Eine weitere Möglichkeit der natürlichen Differenzierung ergibt sich, wenn Kinder mit unterschiedlichen Leistungsniveaus in heterogenen Gruppen arbeiten, die von Ihnen vorgegeben werden. Die Kinder werden automatisch Phrasen und Wörter verwenden, die sie beherrschen, in Einwortsätzen sprechen oder nonverbal agieren. Lassen Sie dies unbedingt zu und unterstützen Sie die Gruppen.

Alternative: Stellen Sie bei Bedarf eine Minivideokamera *(flip cam)*, Handykamera o. Ä. zur Verfügung. Besonders schnelle Gruppen können ihre selbstständig entwickelte Szene auch filmen. Helfen Sie den Kindern beim Abspeichern des Videos und geben Sie ihnen die Möglichkeit zu einer Filmvorführung. Loben Sie die Kinder individuell für ihre Leistung.

UNTERRICHTSSEQUENZ 1

Wortschatz, Phrasen und Strukturen:
Überprüfung der Wortschatzkenntnisse und des Handlungswissens.

Sprachliche Fertigkeiten:
Wörter und kurze Sätze lesen und verstehen.
Wörter aus den Units 1–2 schreiben.

Kognitive, motorische und soziale Fertigkeiten:
Wörter bzw. Sätze durch Nummerieren den entsprechenden Bildern zuordnen.
Sätze (kommunikative Sprachfunktionen) den entsprechenden Situationen zuordnen.
Selbstevaluation.

Materialien:
Activity Book, Seiten 12–13, Übungen 1–4; evtl. Lösungsblätter

1 Read and write the numbers.
Zuordnungsübung

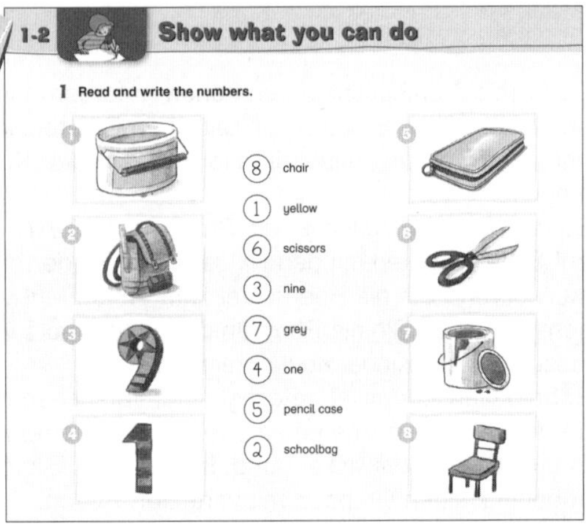

- Erklären Sie den Kindern, dass sie nun selbst herausfinden sollen, welche Wörter zu den Zeichnungen im *Activity Book* auf Seite 12 in Übung 1 sie bereits gut lesen und verstehen können und an welchen Wörtern sie noch arbeiten sollten.
- Die Kinder überprüfen selbstständig, ob sie zu den Zeichnungen das jeweilige Schriftbild kennen. Sie ordnen die jeweiligen Wörter den Bildern durch Nummerieren zu. Zeigen Sie das erste Beispiel vor.
- Geben Sie den Kindern für diese Arbeit genügend Zeit. Gehen Sie in der Klasse herum und unterstützen Sie die Kinder in der ersten Phase ihrer Selbstevaluation.

2 Look and write.
Schreibübung

- Erklären Sie den Kindern, dass sie nun überprüfen werden, welche Wörter im *Activity Book* auf Seite 12 in Übung 2 sie bereits gut kennen und schreiben können und welche Wörter noch Übung erfordern.
- Die Kinder arbeiten selbstständig und versuchen, das den Bildern entsprechende Wort ohne Vorlage zu schreiben. Sie schreiben die jeweiligen Wörter Buchstabe für Buchstabe unter die Bilder auf die Linien.
- Geben Sie den Kindern für diese Arbeit genügend Zeit. Gehen Sie in der Klasse herum und unterstützen Sie die Kinder.
- Legen Sie zur Selbstkontrolle Lösungsblätter in der Klasse aus oder schreiben Sie die Wörter abschließend in der richtigen Reihenfolge an die Tafel, damit die Kinder ihre Rechtschreibung kontrollieren können.

3 Read and write the numbers.
Zuordnungsübung

- Fordern Sie die Kinder auf, die Seite 13 im *Activity Book* aufzuschlagen und sich die Situationen in Übung 3 genau anzusehen. Sie sollen nun selbstständig überprüfen, ob sie die kommunikativen Sprachfunktionen (die Sätze im Kästchen oben) den entsprechenden Bildern zuordnen können.
- Die Kinder arbeiten eigenständig und ordnen die jeweiligen Sätze den Bildern durch Nummerieren zu.

4 Read and match.
Lese- und Zuordnungsübung

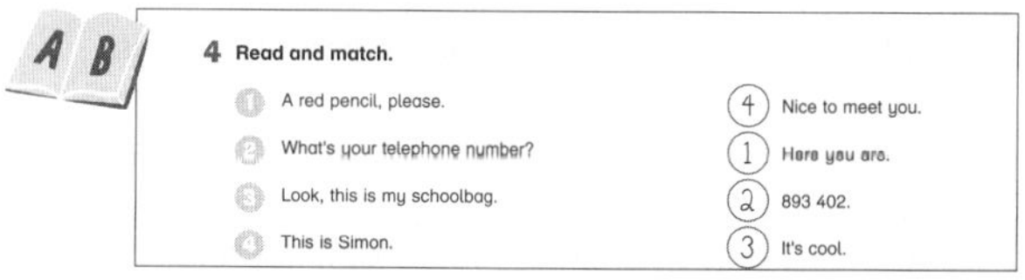

- Fordern Sie die Kinder auf, sich die Sätze in Übung 4 genau anzusehen. Sie sollen nun selbstständig überprüfen, ob sie den nummerierten kommunikativen Sprachfunktionen die passenden Antworten auf der rechten Seite zuordnen können.

- Die Kinder ordnen die jeweiligen Sätze durch Nummerieren zu.
- Stellen Sie zur Kontrolle ein Lösungsblatt zur Verfügung oder besprechen Sie die Ergebnisse mithilfe eines Tafelbildes.

Selbstevaluation

- Fordern Sie die Kinder dazu auf, ihre persönliche Gesamtleistung zu beurteilen, sobald sie alle Aufgaben bearbeitet haben.
- Sagen Sie ihnen, dass sie sich noch einmal alle Übungen anschauen und genau überlegen sollen, wie leicht sie ihnen gefallen sind, was sie vielleicht noch nicht so gut können und wo noch Übungsbedarf besteht. Erst dann geben die Kinder ein ehrliches Gesamturteil ab.

Hinweis 1: Es kann auch eine Gesamtpunktezahl errechnet werden:
- Die Kinder vergleichen ihre Ergebnisse mit den Lösungsblättern. Für jede richtig ausgeführte Aufgabe bekommen die Kinder einen Punkt. Sie markieren diese Aufgaben jeweils mit einem Häkchen. Anschließend zählen die Kinder die Häkchen und schätzen ihre Leistungen ein. Dazu markieren sie eines der Felder im *Activity Book: good, very good* und *excellent.*
- Zur Förderung einer realistischen Einschätzung vergleichen die Kinder abschließend ihre Selbsteinschätzung mit der Tabelle, die Sie an die Tafel schreiben.
  Die Tabelle ist selbstverständlich nur als Vorschlag zu verstehen.
  21–24 Punkte = *excellent*
  15–20 Punkte = *very good*
  9–14 Punkte = *good*
  0–8 Punkte = *keep trying*

Hinweis 2: Möchten Sie die Selbsteinschätzungskompetenz langfristig entwickeln und eine realistische Selbsteinschätzung anbahnen, dann sollten Sie unbedingt eine Rückmeldung über das Erfüllen der Aufgaben geben. Sie können mit den Kindern individuelle Gespräche führen, um die Selbsteinschätzung mit Ihrer Fremdeinschätzung abzugleichen und eventuelle Diskrepanzen aufzudecken.

UNTERRICHTSSEQUENZ 1

Wortschatz, Phrasen und Strukturen:

monkey; bat; elephant; fox; lion; bird; hippo; crocodile; frog; snake; rat; What is it?; Is it the (crocodile)?; Yes, it is; No, it isn't.

Sprachliche Fertigkeiten:

Bedeutung und Aussprache der neuen Wörter und Phrasen lernen.
Wörter von der CD verstehen.
Klanglich abgesicherte Wörter mit ihrem Schriftbild verbinden.

Kognitive, motorische und soziale Fertigkeiten:

Bildkarten je nach Anweisung berühren.
Bildkarten den entsprechenden Wörtern zuordnen.
In Partnerarbeit Tiere erraten.
Das Schriftbild des neu erlernten Wortschatzes in einem Wortsuchbild finden.

Integration in den Gesamtunterricht:

Sachunterricht: Tiere

Materialien:

Picture Cards 21–31
Picture Cards 32–42; *Word Cards* 32–42; Handpuppe Max; *Pupil's Book*, Seite 16, Übungen 1–2; *Activity Book*, Seite 14, Übung 1; CD 1 Nr. 30; evtl. Lesezeichen (siehe Anhang, Seite 213); (beschriftete) Blätter Papier; Poster 3

Wiederholung

- Spielen Sie zur Wiederholung *What's missing?* mit den *Picture Cards* der vorhergehenden Unit.
- Halten Sie eine *Picture Card* nach der anderen hoch und lassen Sie die Kinder das jeweilige Wort nennen.
- Befestigen Sie die *Picture Cards* an der Tafel. Fordern Sie die Kinder dann auf, ihre Augen zu schließen. Sagen Sie: *Close your eyes.* Entfernen Sie dann eine *Picture Card* von der Tafel und bitten Sie die Kinder, die Augen wieder zu öffnen: *Open your eyes. What's missing?* Die Kinder raten, welche *Picture Card* fehlt. Wiederholen Sie den Vorgang mehrmals.
- Falls die Kinder in der vorhergehenden Unterrichtssequenz ein Video zu *A guest in our class* erstellt haben, können Sie alternativ diese Videos vorspielen.

Wortschatzeinführung

monkey; bat; elephant; fox; lion; bird; hippo; crocodile; frog; snake; rat

- Führen Sie den neuen Wortschatz mithilfe der *Picture Cards* in gewohnter Weise ein.
- Zeigen Sie die Karten der Reihe nach und nennen Sie das jeweilige Wort.
- Befestigen Sie die *Picture Cards* an der Tafel, zeigen Sie auf die Bilder und fordern Sie die Kinder auf, nachzusprechen.
- Geben Sie dann z. B. die Anweisung *Touch the snake.* Ein Kind kommt zur Tafel und berührt die entsprechende *Picture Card* etc.

Kommentar: Die Kinder hören die Wörter mehrere Male und können sich durch die Wiederholung das exakte Lautbild gut einprägen. Außerdem werden die Wörter durch die Kombination von Hören, Sehen und Motorik besser im Gedächtnis verankert.

Übungen zur Verankerung des Wortschatzes im Produktionsgedächtnis

- Fordern Sie die Kinder auf, die Augen zu schließen. Nehmen Sie die *Picture Cards* von der Tafel, während Sie die neuen Wörter sagen. Die Kinder hören nur zu.
- Sprechen Sie die Wörter einzeln vor und modulieren Sie dabei Ihre Stimme (laut, leise, hoch, tief etc.). Die Kinder sprechen jedes Wort genauso nach, wie Sie es vorsprechen.
- Die Kinder öffnen die Augen wieder. Nehmen Sie die Handpuppe Max. Max hält eine *Picture Card* mit der Rückseite zu den Kindern in der Hand und fragt: *What is it?*
- Die Kinder raten, um welches Tier es sich handelt, z. B.: *Is it the lion?* Max sagt entsprechend: *Yes, it is.* oder *No, sorry, it isn't.*
- Wenn ein Kind richtig geraten hat, zeigt Max die *Picture Card.* Befestigen Sie die Karte an der Tafel.
- Wiederholen Sie das Spiel, bis alle *Picture Cards* an der Tafel befestigt sind. Lassen Sie die Karten für die nächste Übung an der Tafel hängen.

Wortschatzübung mit Schriftbildunterstützung

monkey; bat; elephant; fox; lion; bird; hippo; crocodile; frog; snake; rat

- Halten Sie eine *Word Card* nach der anderen hoch und sagen Sie das jeweilige Wort. Zeigen Sie die *Word Cards* aber nur kurz, damit die Kinder die Wörter nicht Buchstabe für Buchstabe lesen. Sie sollen das Schriftbild ganzheitlich erfassen.
- Zeigen Sie den Kindern eine *Word Card* und fragen Sie: *What is it?* Wenn ein Kind das richtige Wort nennt, wiederholen Sie es. Reichen Sie dem Kind die *Word Card* und fordern Sie es auf, die Karte neben der entsprechenden *Picture Card* an der Tafel zu befestigen. Sagen Sie: *Put it on the board, please.* Wiederholen Sie den Vorgang, bis die Kinder alle *Word Cards* an der Tafel befestigt haben.

- Entfernen Sie anschließend alle *Picture Cards*, lassen Sie aber die *Word Cards* an der Tafel hängen. Lesen Sie die Wörter mit den Kindern gemeinsam vor.
- Bitten Sie die Kinder, die Augen zu schließen. Drehen Sie die *Word Cards* mit der beschrifteten Seite zur Tafel. Fordern Sie die Kinder auf, die Augen zu öffnen. Zeigen Sie auf die *Word Cards* in beliebiger Reihenfolge und fragen Sie jeweils: *What is it? What do you think?*

☆ 1 Listen and point. Hörübung

PB CD 1 30

- Die Kinder schlagen das *Pupil's Book* auf Seite 16 auf und betrachten das Bild in Übung 1.
- Erklären Sie die Höraufgabe. Die Kinder werden den neuen Wortschatz nun von der CD hören. Die linke Spalte mit den geschriebenen Wörtern wird z. B. mit einem Blatt Papier oder einem Lesezeichen (siehe Anhang, Seite 213) abgedeckt und nach jedem Wort, das die Kinder hören, zeigen sie auf das entsprechende Tier.
- Spielen Sie die Hörübung von der CD vor (CD 1 Nr. 30). Die Kinder zeigen im Buch mit während sie zuhören.

Tapescript:

One:	*Monkey.*	*Seven:*	*Hippo.*
Two:	*Bat.*	*Eight:*	*Crocodile.*
Three:	*Elephant.*	*Nine:*	*Frog.*
Four:	*Fox.*	*Ten:*	*Snake.*
Five:	*Lion.*	*Eleven:*	*Rat.*
Six:	*Bird.*		

- Anschließend wird das Blatt Papier entfernt. Lesen Sie die Wörter in der Spalte der Reihe nach laut vor. Die Kinder lesen mit und sprechen Ihnen nach.
- Spielen Sie dann die Hörübung nochmals von der CD vor (CD 1 Nr. 30). Die Kinder zeigen nun auf die Wörter in der Spalte.

Then test your partner. Partnerarbeit

PB

- Abschließend überprüfen die Kinder ihr Wissen gegenseitig. Die Kinder arbeiten zu zweit. Nach zwei oder drei richtig benannten Tieren tauschen die Kinder jeweils die Rollen.
- Zunächst wird die Spalte mit den geschriebenen Wörtern abgedeckt. Kind A zeigt auf ein Tier und Kind B benennt dieses.
- In einem nächsten Schritt wird die Spalte mit den Wörtern aufgedeckt. Kind A nennt die Tiere und Kind B zeigt auf das entsprechende Schriftbild in der Spalte.

☆ 2 Play the game. Ratespiel

PB

- Fordern Sie die Kinder auf, die Übung 2 im *Pupil's Book* auf Seite 16 zu betrachten.
- Halten Sie Ihr Buch für alle gut sichtbar hoch und lesen Sie den Inhalt der Sprechblasen vor. Üben Sie die Redemittel, indem Sie sie mehrere Male vorsprechen und die Kinder nachsprechen.
- Verteilen Sie dann A4-große Blätter an die Kinder. Die Kinder wählen ein Tier aus und schreiben das Wort groß auf den Zettel. In leistungsschwächeren Klassen können Sie die beschrifteten Zettel auch vorbereiten.
- Die Kinder arbeiten zu zweit und befestigen das selbst beschriftete Blatt Papier an der Kleidung des/der jeweiligen Partners/Partnerin, indem sie z. B. das obere Ende des Blattes in den Kragen stecken. Weisen Sie die Kinder jedoch darauf hin, dass sie nicht schauen dürfen, was auf dem Zettel steht, den ihr/e Partner/in befestigt hat.
- Nun wird geraten: Kind A beginnt und fragt: *What is it?* Kind B rät, was auf seinem Zettel stehen könnte: *Is it the (monkey)?* Kind A antwortet entsprechend mit *Yes, it is.* bzw. *No, it isn't.*
- Für die weitere Vorgehensweise sammeln Sie alle Zettel ein. Mischen Sie die Zettel und verteilen Sie sie an die Kinder. Diese befestigen das Blatt Papier jeweils selbst am Kragen, ohne zu lesen, was darauf steht.

☆ 1 Find the ten animals. ↓ → Suchspiel

AB ball

- Die Kinder schlagen das *Activity Book* auf Seite 14 auf und betrachten das Wortsuchbild *(word search)* in Übung 1.

- Erklären Sie den Kindern, dass zehn Tiernamen in dem Rätsel versteckt sind. Ein elftes Tier ist als Beispiel vorgegeben. Als Hilfestellung dienen die Illustrationen um das Rätsel herum.
- Die Kinder arbeiten selbstständig und kreisen die gefundenen Wörter im Buch ein.
- Ermuntern Sie die Kinder, sich bei Unklarheiten gegenseitig zu helfen. Falls die Kinder zusätzliche Unterstützung bei der Bearbeitung der Aufgabe benötigen, können Sie die entsprechenden Wörter als *Word Cards* an der Tafel befestigen.
- Gehen Sie in der Klasse herum und überprüfen Sie die Arbeit der Kinder.

Poster 3: Animals

- Eine detaillierte Beschreibung zur Arbeit mit dem Poster finden Sie im entsprechenden Abschnitt in der Einleitung auf Seite 18.

U N T E R R I C H T S S E Q U E N Z 2

Wortschatz, Phrasen und Strukturen:

eleven; twelve; thirteen; fourteen; fifteen; sixteen; seventeen; eighteen; nineteen; twenty; How many (snakes) are there?

Sprachliche Fertigkeiten:

Zahlen von der CD verstehen und mit dem entsprechenden Schriftbild verbinden.
Nach Mengen fragen und dabei die Pluralform der Wörter beachten.

Kognitive, motorische und soziale Fertigkeiten:

Mengen erraten.
In einem Suchbild Tiere finden und abzählen.
In Partnerarbeit Ergebnisse überprüfen.

Integration in den Gesamtunterricht:

Mathematik

Materialien:

Picture Cards 32–42
Pupil's Book, Seite 17, Übungen 3–5; Blatt Papier; CD 1 Nr. 31; evtl. Kopiervorlage 7 (mit Lösungsblatt)

Wiederholung

- Wiederholen Sie alle bisher gelernten Tiere mit Unterstützung der *Picture Cards.*
- Zeigen Sie nacheinander alle *Picture Cards,* sagen Sie das entsprechende Wort und befestigen Sie die Karten an der Tafel.
- Drehen Sie die *Picture Cards* dann um, sodass nur die Rückseite sichtbar ist. Fragen Sie: *Who can remember the words?*
- Lassen Sie einzelne Kinder herauskommen, ein Wort sagen und die vermeintlich richtige Karte umdrehen.
- Deckt ein Kind eine andere als die vorhergesagte Karte auf, so lassen Sie das Kind die nun sichtbare *Picture Card* benennen.
- Fahren Sie auf diese Weise fort, bis alle *Picture Cards* von den Kindern umgedreht und richtig benannt wurden.

Wortschatzeinführung

eleven; twelve; thirteen; fourteen; fifteen; sixteen; seventeen; eighteen; nineteen; twenty

- Führen Sie die Zahlen von 11 bis 20 ein, indem Sie die Zahlen an die Tafel schreiben, der Reihe nach darauf zeigen und jeweils laut mitzählen. Wiederholen Sie dies mehrmals. Lassen Sie die Kinder allmählich nachsprechen.
- Zeigen Sie dann in ungeordneter Reihenfolge auf die Zahlen, wobei Sie die jeweils entsprechende Zahl nennen.
- Nennen Sie in ungeordneter Reihenfolge eine Zahl nach der anderen. Die Kinder nennen die entsprechende Zahl. Wiederholen Sie dies öfter und steigern Sie dabei langsam das Tempo.

Wortschatzarbeit mit Schriftbildunterstützung

- Schreiben Sie das Schriftbild der Zahlen *eleven* bis *twenty* unter die entsprechenden Zahlen an die Tafel und führen Sie auf diese Weise das Schriftbild der Zahlen ein. Zeigen Sie zuerst der Reihe nach, dann durcheinander auf die Wörter und benennen Sie die Zahlen nochmals.
- Spielen Sie dann *What's missing?* mit den Kindern, indem Sie nacheinander ein bis zwei Zahlen und deren Schriftbild von der Tafel löschen etc.

☆3 Listen and point. Hörübung

PB CD 1 31

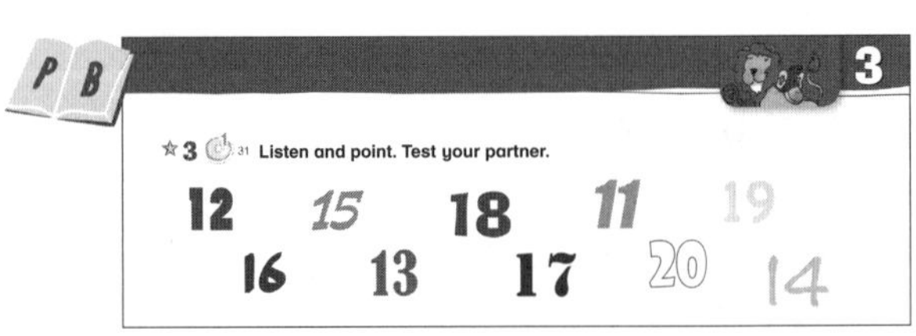

- Die Kinder schlagen das *Pupil's Book* auf Seite 17 auf und betrachten die Zahlen in Übung 3.

- Erklären Sie die Höraufgabe. Die Kinder werden die Zahlen zwischen 11 und 20 von der CD hören. Sie sollen auf die Zahl, die sie hören, zeigen.
- Spielen Sie die Hörübung von der CD vor (CD 1 Nr. 31). Die Kinder zeigen im Buch mit.

Tapescript:

Eleven.	*Sixteen.*
Twelve.	*Seventeen.*
Thirteen.	*Eighteen.*
Fourteen.	*Nineteen.*
Fifteen.	*Twenty.*

Test your partner.
Partnerarbeit

- Anschließend überprüfen sich die Kinder gegenseitig.
- Demonstrieren Sie die Übung mit einem Kind. Kind A nennt eine Zahl zwischen 11 und 20 und Sie zeigen in Ihrem Buch auf die jeweilige Zahl.
- Die Kinder arbeiten dann zu zweit und tauschen nach drei oder vier Zahlen die Rollen.

☆ 4 Count the animals. Make notes on a piece of paper.
Zählübung

- Fordern Sie die Kinder auf, das *Pupil's Book* auf Seite 17 aufzuschlagen. Geben Sie den Kindern 30 Sekunden Zeit, sich das Bild in Übung 4 anzuschauen.
- Die Kinder schließen ihr Buch und nennen Ihnen Wörter, an die sie sich erinnern können. Halten Sie die Äußerungen der Kinder an der Tafel fest.
- Fragen Sie die Kinder dann z. B.: *How many rats are there? Guess!*
- Lassen Sie die Kinder raten. Ein Kind rät z. B.: *Five.* Antworten Sie: *No, sorry. Guess again.* Ein jeweils anderes Kind rät weiter, bis die richtige Antwort genannt wird: *Fifteen.* Bestätigen Sie: *Yes, right. There are fifteen rats.*
- Sagen Sie den Kindern nun, dass sie das Buch wieder öffnen dürfen. Sie sollen die Tiere zählen und die Anzahl auf einem Blatt Papier notieren.

☆☆ 5 Check with a partner.
Sprechübung

- Die Kinder schlagen das *Pupil's Book* auf Seite 17 auf. Lesen Sie die Sprechblase in Übung 5 vor. Demonstrieren Sie mit einem Kind das Vergleichen der Arbeitsergebnisse, indem Sie fragen: *How many crocodiles are there?* Das Kind nennt die Anzahl auf Englisch.
- Entsprechend der Antwort bestätigen Sie mit *Yes.* oder *No.*
- Üben Sie mit allen Kindern gemeinsam die Frage *How many ... are there?* durch Vor- und Nachsprechen ein.
- Die Kinder vergleichen nun ihre Arbeitsergebnisse in Paaren.
- Lassen Sie sich abschließend die Ergebnisse diktieren, indem Sie z. B. fragen: *How many rats are there?* etc. Schreiben Sie das jeweils korrekte Ergebnis an die Tafel, damit die Kinder ihre Notizen überprüfen können.

Lösung: *15 rats, 20 frogs, 11 crocodiles, 17 snakes, 12 lions, 19 birds, 13 foxes*

Kopiervorlage 7: Numbers 11–20

Match.
Zuordnungsaufgabe

- Zur Differenzierung besonders leistungsstarker Kinder kopieren Sie die Kopiervorlage 7 (siehe Anhang, Seite 193).
- Die Kinder betrachten die Zahlen und die Zahlwörter und ordnen diese einander anschließend entsprechend zu.
- Die Kinder überprüfen ihre Arbeitsergebnisse mithilfe eines in der Klasse ausgelegten Lösungsblatts oder mithilfe des *Picture Dictionary* im *Activity Book* auf Seite 48.

Lösung:

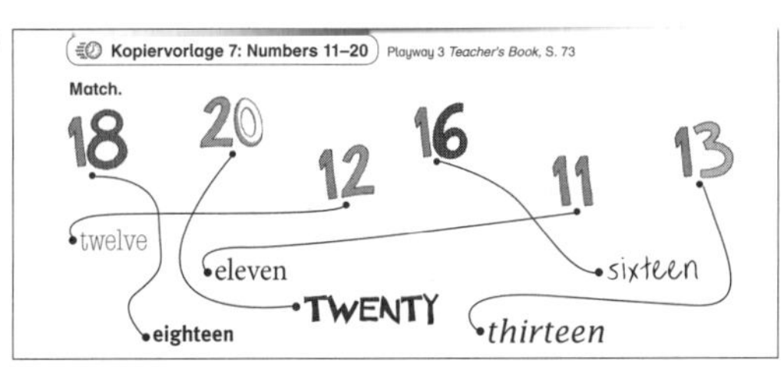

U N T E R R I C H T S S E Q U E N Z 3

Wortschatz, Phrasen und Strukturen:

Wortschatzwiederholung zu den Themenbereichen *Animals, Numbers* und *Colours*
How many (blue) (elephants) are there?

Sprachliche Fertigkeiten:

Anleitungen von der CD verstehen und Zahlen entsprechend verbinden.
Zahlen ihrem Schriftbild zuordnen.

Kognitive, motorische und soziale Fertigkeiten:

Mengen erraten.
In einem Suchbild Tiere finden und zählen.
Fragen lesen, verstehen und aus zwei Lösungsvorschlägen die richtige Antwort wählen.

Integration in den Gesamtunterricht:

Mathematik

Materialien:

Picture Cards 32–42; *Word Cards* 32–42; *Activity Book*, Seiten 14–15, Übungen 2–4; CD 1 Nr. 32

Wiederholung

- Die Kinder arbeiten paarweise: Kind A zeichnet mit dem Finger eine Zahl von 1 bis 20 auf den Rücken von Kind B und dieses versucht, die Zahl zu erraten. Nach drei Versuchen werden die Rollen getauscht.

Memory
Spiel

- Verteilen Sie die *Picture Cards* der Tiere an einzelne Kinder. Nennen Sie ein Tier nach dem anderen. Die Kinder halten die entsprechenden *Picture Cards* hoch.
- Fordern Sie die Kinder auf, einen Sitzkreis zu bilden. Spielen Sie dann das Memory Spiel mit den Kindern. Sie benötigen dazu die *Picture Cards* und die dazugehörigen *Word Cards* für die Tiere.
- Die Karten werden gemischt und mit der Bild- bzw. Schriftseite nach unten auf den Boden gelegt.
- Kind A beginnt. Es dreht eine Karte um und nennt das entsprechende Tier. Nun versucht Kind A die dazu passende *Picture Card* bzw. *Word Card* zu finden.
- Bilden die zwei aufgedeckten Karten ein Paar – hält das Kind also die Bild- und Wortkarte zu demselben Tier in Händen – darf das Kind die zwei Karten beiseite legen und weiterspielen.
- Stimmen die Karten jedoch nicht überein, werden beide Karten mit der Bild- bzw. Schriftseite nach unten auf den Boden zurückgelegt. Nun ist Kind B, dann Kind C etc. an der Reihe. Wer am Schluss die meisten Kartenpaare hat, hat gewonnen.
- Das Spiel kann mehrere Male wiederholt werden.

☆ 2 Listen and draw. Colour.
Hörübung

AB CD 1 32

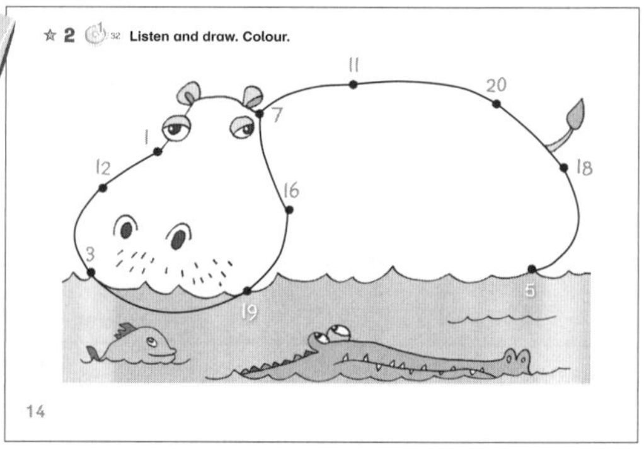

- Die Kinder schlagen das *Activity Book* auf Seite 14 auf und betrachten Übung 2.
- Erklären Sie die Höraufgabe. Die Kinder werden von der CD hören, welche Zahlen sie verbinden sollen. Weisen Sie die Kinder darauf hin, dass sie zunächst nur mit dem Finger mitzeichnen sollen. Sagen Sie: *Take your finger.*
- Spielen Sie die Hörübung von der CD vor (CD 1 Nr. 32). Die Kinder zeigen, während sie zuhören, im Buch mit.

Tapescript:

OK? Here we go.
Start at number one.
Go from one to twelve.
Go from twelve to three.
Go from three to nineteen.
Go from nineteen to sixteen.
Go from sixteen to seven.
Go from seven to eleven.
Go from eleven to twenty.
Go from twenty to eighteen.
Go from eighteen to five.
What is it?

- Anschließend spielen Sie die Höraufgabe nochmals ab. Diesmal verwenden die Kinder einen Bleistift.
- Lassen Sie die Kinder das Tier benennen und loben Sie sie für die richtige Antwort: *Yes, super, it's a hippo.*

Hinweis: Falls den Kindern die Hörübung zu schnell ist, halten Sie die CD nach jeder Anweisung mit der Pausetaste an.

☆ 3 Read and match.
Zuordnungsaufgabe

AB

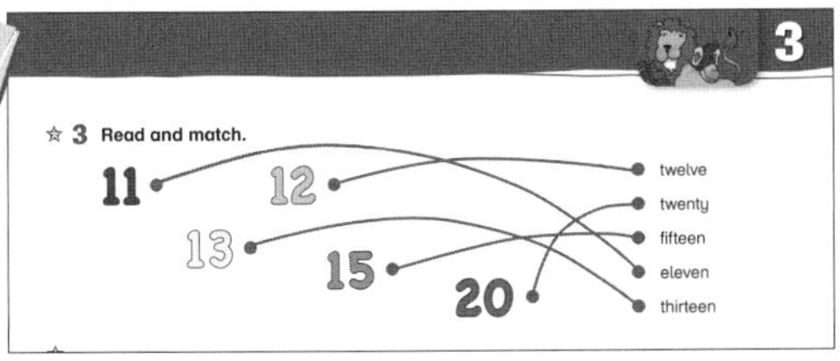

- Die Kinder schlagen das *Activity Book* auf Seite 15 auf und betrachten Übung 3.
- Erklären Sie die Aufgabe: Die Kinder verbinden die Zahlen mit den entsprechenden Wörtern auf der rechten Seite. Lesen Sie die Zahlwörter bei Bedarf noch einmal vor.
- Abschließend schreiben Sie zur Überprüfung der Ergebnisse die Zahlwörter untereinander an die Tafel.
- Fordern Sie nun einzelne Kinder auf, nach vorne an die Tafel zu kommen und die Zahlen neben das entsprechende Wort zu schreiben und zu sagen.

Hinweis: Kinder, die sich das laute „Vorlesen" der Zahlen nicht zutrauen, sollten keinesfalls dazu aufgefordert werden. Es bietet sich an, die Zahlen chorisch zu sprechen oder es von anderen Kindern übernehmen zu lassen.

☆☆ 4 Look. Read and tick (✓).
Suchbild

AB

☆☆ 4 Look. Read and tick (✓).

How many blue elephants are there?	4	✓	5	
How many grey elephants are there?	11	✓	13	
How many yellow lions are there?	7		9	✓
How many brown lions are there?	12	✓	14	
How many red monkeys are there?	5		7	✓
How many brown monkeys are there?	13		14	✓
How many pink snakes are there?	7		8	✓
How many green snakes are there?	16	✓	18	
How many grey hippos are there?	12		14	✓

15

- Fordern Sie die Kinder auf, das *Activity Book* auf Seite 15 aufzuschlagen. Geben Sie den Kindern 15 Sekunden Zeit, sich das Bild in Übung 4 anzuschauen.
- Die Kinder schließen ihr Buch und nennen Ihnen Wörter, an die sie sich erinnern können. Halten Sie die Äußerungen der Kinder an der Tafel fest.
- Fragen Sie die Kinder dann z. B.: *How many blue elephants are there? Guess!*
- Lassen Sie die Kinder raten. Ein Kind sagt z. B.: *Three.* Antworten Sie: *No, sorry. Guess again.* Die Kinder raten erneut: *Four.* Bestätigen Sie: *Right. There are four blue elephants.*
- Die Kinder schlagen dann ihr *Activity Book* wieder auf Seite 15 auf. Lesen Sie die Fragen in Übung 4 der Reihe nach vor. Die Kinder lesen im Buch mit.
- Erklären Sie den Kindern, dass sie jeweils die richtige Anzahl der Tiere abhaken sollen.
- Machen Sie das erste Beispiel mit den Kindern gemeinsam. Halten Sie Ihr Buch hoch. Fragen Sie nochmals: *How many blue elephants are there?*
- Zeigen Sie dann auf die einzelnen blauen Elefanten im Bild und zählen Sie gemeinsam mit den Kindern: *One, two, three, four.* Tun Sie so, als ob Sie das erste Kästchen mit der Zahl 4 abhaken würden und sagen Sie: *There are four blue elephants. Tick.*
- Die Kinder beantworten anschließend selbstständig die restlichen Fragen. Geben Sie ihnen genügend Zeit.
- Überprüfen Sie die Ergebnisse der Kinder, indem Sie sie fragen: *How many grey elephants are there?* Die Kinder antworten: *Eleven.* Fahren Sie auf diese Weise fort. Notieren Sie die richtigen Ergebnisse an der Tafel.

U N T E R R I C H T S S E Q U E N Z 4

Wortschatz, Phrasen und Strukturen:

Vorwiegend rezeptiv: *The lion is ill; The elephant/ hippo/monkey/snake wants to help; Listen to my music; Stop it, please; What's this?; Oh, thank you for the wonderful music.*

Sprachliche Fertigkeiten:

Eine *Cartoon Story (The lion is ill)* von der DVD, von der CD und beim Erzählen durch die Lehrperson verstehen.
Allmählich beim Erzählen mitsprechen.
Inhaltliche Fehler in der Geschichte entdecken und richtigstellen.
Einen Lückentext lesen.
Die Geschichte als Rollenspiel darstellen.

Kognitive, motorische und soziale Fertigkeiten:

Die zeitliche Abfolge einer Geschichte verstehen.
Sätze lesen und deren Wahrheitsgehalt beurteilen.
Einen Lückentext ergänzen.
Sätze der Geschichte in die chronologisch richtige Reihenfolge bringen.
Sich in verschiedene Rollen hineindenken.

Integration in den Gesamtunterricht:

Sachunterricht: Redeanlässe „Zusammenhalten", „Jemandem eine Freude machen".

Materialien:

Picture Cards 32–42
Story Cards 1–12; DVD *(Cartoon Story: The lion is ill*, 02:35); *Pupil's Book*, Seite 18, Übung 6; CD 1 Nr. 33; *Activity Book*, Seite 16, Übungen 5–7

Wiederholung

- Halten Sie die *Picture Cards* der Tiere in einem Fächer, sodass die Kinder die Bilder nicht sehen können. Lassen Sie dann ein Kind eine Karte ziehen. Das Kind betrachtet die *Picture Card* kurz und dreht sie dann um.
- Die anderen Kinder raten nur unter Verwendung der Phrase *Is it a ...?*, um welches Tier es sich handelt.
- Wenn das Tier richtig erraten wurde, zeigt das Kind die *Picture Card*.
- Ein anderes Kind zieht dann eine *Picture Card* und die restlichen Kinder raten wieder.

Vorentlastung wichtiger Phrasen

is ill; wants to help

- Befestigen Sie die *Story Card* Nr. 1, die den Satz *The lion is ill.* illustriert, an der Tafel. Zeigen Sie auf den Löwen im Bett und sagen Sie: *Look, the lion is ill.*
- Nehmen Sie nun die *Story Card* Nr. 2, die den Satz *The elephant wants to help.* zeigt, und erklären Sie *want to help* (helfen wollen) auf Deutsch.

Pre-viewing activity

- Befestigen Sie die *Story Cards* Nr. 1 und 12 an der Tafel. Fordern Sie die Kinder auf, die Bilder zu betrachten.
- Zeigen Sie auf die erste *Story Card* und fragen Sie: *Is the lion happy in this picture?* Evozieren Sie die Antwort *No.* von den Kindern und sagen Sie: *The lion is ill.*
- Zeigen Sie dann auf die *Story Card* Nr. 12 und wiederholen Sie die Frage: *Is the lion happy in this picture?* Lassen Sie die Kinder mit *Yes.* antworten.

Anmerkung: Sollte den Kindern die Bedeutung des Wortes *happy* nicht klar sein, verdeutlichen Sie diese nonverbal über Ihre Mimik, indem Sie z. B. lächeln.

☆ 6 Watch the story.
Cartoon Story: The lion is ill

Videoscript: The lion is ill

Storyteller:	*The lion is ill.* *The elephant wants to help.*
Elephant:	*Lion, listen to my music.*
Lion:	*Stop it, please.*
Storyteller:	*The hippo wants to help.*
Hippo:	*Lion, listen to my music.*
Lion:	*Stop it, please.*
Storyteller:	*The monkey wants to help.*
Monkey:	*Lion, listen to my music.*
Lion:	*Stop it, please.*
Storyteller:	*The snake wants to help.*
Snake:	*Lion, listen to my music.*
Lion:	*Stop it, please.* *What's this?*
Storyteller:	*It's the elephant, the hippo, the monkey and the snake.*
Lion:	*Oh, thank you for the wonderful music. Thank you.*

- Spielen Sie den Kindern die Videosequenz *The lion is ill* einmal von der DVD vor.
- Lassen Sie die Kinder Wörter und Phrasen aus der Geschichte nennen. Sagen Sie: *Tell me words and phrases you remember.* Sammeln Sie die Rückmeldungen der Kinder an der Tafel. Hängen Sie eventuell auch die entsprechenden *Picture Cards* an die Tafel, sobald die Kinder die Tiere nennen.
- Zeigen Sie den Kindern die Videosequenz bei Bedarf ein zweites Mal.

Listen and read.
Hör- und Leseübung

PB 33

- Lesen Sie anschließend mit den Kindern die *Cartoon Story* auf der Seite 18 im *Pupil's Book.*
- Verwenden Sie dazu auch die CD (CD 1 Nr. 33). Spielen Sie die CD ab. Die Kinder zeigen je nach Leistungsstand auf die Bilder oder den entsprechenden Text.
- Kommen Sie abschließend noch einmal auf die in der *Pre-viewing activity* gestellten Fragen zurück: Zeigen Sie auf das erste und letzte Bild der *Cartoon Story* in Ihrem Buch und lassen Sie die Kinder die Antworten wiederholen.

Hinweis: Falls genügend Zeit bleibt, können Sie den Kindern verschiedene Handlungsalternativen vorschlagen (siehe Seite 34, links oben).

Erzählen der Geschichte

- Wiederholen Sie nun die Geschichte mithilfe der *Story Cards.* Während des Erzählens befestigen Sie die jeweils entsprechende Karte an der Tafel. Erzählen Sie die ganze Geschichte auf diese Art.
- Sagen Sie die Sätze dann in ungeordneter Reihenfolge. Lassen Sie jeweils ein Kind auf das entsprechende Bild an der Tafel zeigen.
- Erzählen Sie die Geschichte noch einmal. Brechen Sie immer wieder ab und sehen Sie die Kinder fragend an. Fordern Sie sie auf, einzelne Wörter zu ergänzen. Sagen Sie z. B.: *The lion is ...*
  Die Kinder ergänzen: *... ill.* etc.

Spiel zur Rekonstruktion der Geschichte

- Sagen Sie den Kindern, dass Sie schon müde sind und dass es passieren kann, dass Sie während des Erzählens inhaltliche Fehler machen. Die Kinder sollen besonders gut aufpassen und diese Fehler verbessern.
  Sagen Sie z. B.: *The monkey is ill.*
  Die Kinder verbessern: *No. The lion.*
- Wiederholen Sie den Satz nötigenfalls im richtigen Wortlaut: *The lion is ill.*
- Fahren Sie auf diese Weise fort.
- Bevor die Kinder versuchen, die Geschichte mit verteilten Rollen darzustellen, empfiehlt es sich, die Hörspielfassung von *The lion is ill* von der CD (CD 1 Nr. 33) noch einmal zu spielen. Die Kinder hören zu und schauen gleichzeitig im Buch mit.

Post-viewing activities

☆ 5 Look, read and circle *True* or *False*. Leseübung

AB

- Die Kinder schlagen das *Activity Book* auf Seite 16 auf und betrachten Übung 5.
- Lesen Sie die Sätze unter den Bildern vor. Die Kinder entscheiden, ob die Aussagen mit dem jeweiligen Bild übereinstimmen und kreisen das entsprechende Feld ein (*True* oder *False).*
- Überprüfen Sie abschließend die Arbeitsergebnisse, indem Sie die Sätze noch einmal vorlesen. Die Kinder lesen ihr Ergebnis *(True* oder *False)* vor.
- Stellen Sie die falschen Sätze richtig, indem Sie die Kinder nach der entsprechend richtigen Antwort fragen oder sie gegebenenfalls selbst richtigstellen.

Lösung: 1 – *False: The lion is happy.*
2 – *True*
3 – *False: 'What's this?'*
4 – *True*

☆☆ 6 Complete the three mini dialogues with the correct words. Lückentext

AB

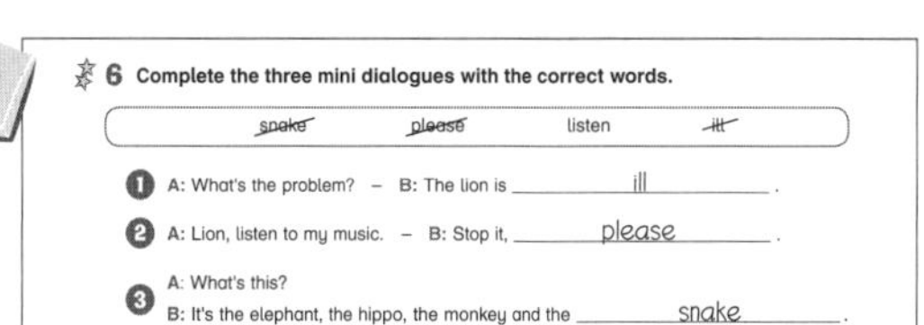

6 Complete the three mini dialogues with the correct words.

~~snake~~ ~~please~~ listen ~~ill~~

1. A: What's the problem? – B: The lion is ill.
2. A: Lion, listen to my music. – B: Stop it, please.
3. A: What's this?
   B: It's the elephant, the hippo, the monkey and the snake.

- Diese Aufgabe hat ein erhöhtes Anforderungsniveau und muss nicht von allen Kindern gleichermaßen bearbeitet werden. Sie dient zur zeitlichen Differenzierung und zur Förderung leistungsstarker Kinder.

- Die Kinder betrachten die Übung 6 auf Seite 16 im *Activity Book*, lesen die Minidialoge und setzen die entsprechend richtigen Wörter aus dem Kasten ein. Machen Sie die Kinder darauf aufmerksam, dass sich ein Wort zuviel im Kästchen befindet und sie daher nur drei der vier Wörter verwenden werden.
- Zum gemeinsamen Vergleichen der Arbeitsergebnisse lesen Sie jeweils den Satz A vor. Die Kinder beenden den Minidialog, indem sie ihr Arbeitsergebnis vorlesen.

Anmerkung: Benötigen die Kinder noch Hilfe bei der Bewältigung der Aufgabe, erlauben Sie ihnen, die Seite 18 im *Pupil's Book* zur verwenden. Leistungsstärkere Kinder können auf diese Weise ihre Arbeitsergebnisse selbstständig kontrollieren.

7 Put the sentences in the correct order. Write 1–5. Sätze chronologisch ordnen

AB

7 Put the sentences in the correct order. Write 1–5.

(2) The elephant, the monkey, the hippo and the snake want to help.
(1) The lion is ill.
(3) The lion says, 'Stop it, please.'
(5) The lion is happy.
(4) There is some wonderful music.

16

- Diese Aufgabe hat ein hohes Anforderungsniveau und kann differenzierend eingesetzt werden. Die Bearbeitung ist optional.
- Fordern Sie die Kinder auf, das *Activity Book* auf Seite 16 aufzuschlagen. Die Kinder betrachten Übung 7, lesen die Sätze durch und bringen sie in die richtige Reihenfolge.
- Zum Vergleichen der Arbeitsergebnisse zeichnen Sie fünf Kreise an die Tafel, die die Übung im Buch repräsentieren. Die Kinder diktieren Ihnen die jeweilige Zahl.
- Lesen Sie zum Schluss noch einmal alle Sätze in der richtigen Reihenfolge vor oder lassen Sie einzelne Kinder vorlesen.

Anmerkung: Zur Unterstützung beim Bearbeiten der Aufgabe bzw. zur Selbstkontrolle der Ergebnisse erlauben Sie den Kindern, die Seite 18 im *Pupil's Book* zu verwenden.

Mini project: Change the story

- Diese Übung dient zur Differenzierung.
- Die Kinder finden sich in Gruppen zusammen und verändern die Geschichte *The lion is ill* kreativ.
- Sagen Sie: *Work in groups. Think of a new story. You need a storyteller and three or four other animals: a fox, a bird, a frog, a rat …*
- Helfen Sie den Kindern dabei, die Geschichte umzugestalten. Demonstrieren Sie die Aufgabe, indem Sie z. B. als *Storyteller* sagen: *The fox is ill. The rat wants to help.* Sagen Sie dann z. B. als *rat*: *Fox, listen to my music.* etc.
- Anschließend führen die Gruppen ihre Geschichten vor der Klasse auf.

Anmerkung 1: Die Kinder können den Text der *Cartoon Story* auf Seite 18 im *Pupil's Book* als Vorlage verwenden.

Anmerkung 2: Es bietet sich auch an, die Geschichte mit Minivideo- oder Handykameras zu filmen und die Aufnahme zu speichern, um Sie im Portfolio zu dokumentieren oder den Eltern auf dem Elternsprechtag oder Elternabend vorzuführen.

U N T E R R I C H T S S E Q U E N Z 5

Wortschatz, Phrasen und Strukturen:
Listen to the (elephant); What a wonderful song; one, two, three; come on, sing and dance with me!

Sprachliche Fertigkeiten:
Ein Lied *(Listen to the animals)* verstehen und mitsingen.

Kognitive, motorische und soziale Fertigkeiten:
Einen Liedtext durch Mitlesen im Buch und durch Bewegungen erlernen.
Ein Lied kreativ verändern und vorführen.
Wörter in Spiegelschrift lesen und selbstständig übertragen.

Integration in den Gesamtunterricht:
Musik

Materialien:
Story Cards 1–12
Pupil's Book, Seite 19, Übungen 7–8; CD 1 Nr. 34–35; *Activity Book*, Seite 17, Übung 8; evtl. Taschenspiegel

Wiederholung

- Verteilen Sie die *Story Cards* von *The lion is ill* an einzelne Kinder.
- Erzählen Sie die Geschichte Szene für Szene nach.
- Das Kind, das die entsprechende Szene in der Hand hält, steht auf und hält die *Story Card* hoch.
- Wiederholen Sie die Übung, sodass jedes Kind einmal an die Reihe kommt.

☆ 7 Listen. Sing the song.
Song: Listen to the animals

PB CD 1 34/35

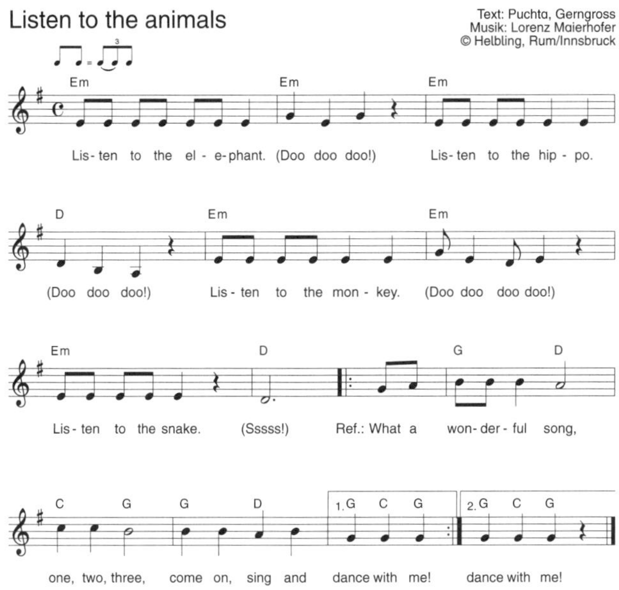

PB

- Spielen Sie das Lied einmal von der CD vor (CD 1 Nr. 34) und machen Sie dabei entsprechende Bewegungen, um das Textverständnis zu erleichtern.
- Die Kinder öffnen dann das Buch auf Seite 19 und lesen mit, während Sie das Lied ein zweites Mal vorspielen.
- Lesen Sie jeweils einen Satz und die Kinder zeigen auf das entsprechende Tier, das erwähnt wird. Sagen Sie z. B.: *Listen to the elephant.* Die Kinder zeigen auf den abgebildeten Elefanten.
- Anschließend schließen die Kinder das *Pupil's Book.* Schreiben Sie zur Festigung den Liedtext Satz für Satz so auf, dass jeweils nur die Anfangsbuchstaben der Wörter jedes Satzes an der Tafel stehen. Für den ersten Satz des Liedes würde dies folgendermaßen aussehen:

  L t th e.

- Helfen Sie nun den Kindern, den Satz mithilfe der Anfangsbuchstaben zu sagen. Später können Sie auch einzelne Buchstaben aus dem Satz löschen. Bei entsprechender Wiederholung werden Sie merken, dass die Kinder mithilfe dieser Technik auch kurze Texte schnell im Langzeitgedächtnis speichern können.
- Singen Sie das Lied mehrmals gemeinsam mit den Kindern.
- Sobald die Kinder den Text mühelos mitsprechen können, verwenden Sie die Playbackfassung (CD 1 Nr. 35).

☆☆ 8 Work in groups. Sing the song using other animal words.
Sprechübung

PB

PB

- Fordern Sie die Kinder dazu auf, das *Pupil's Book* auf Seite 19 aufzuschlagen und die Übung 8 zu betrachten.
- Erklären Sie die Aufgabe. Die Kinder sollen das Lied abändern, indem sie die im Text in Übung 7 farblich hinterlegten Wörter *(elephant, hippo, monkey, snake)* durch andere Tiere ersetzen.
- Die Kinder üben das Lied in Kleingruppen ein; dabei sollen sie auch passende Bewegungen dazu einstudieren. Gehen Sie dabei in der Klasse umher und helfen Sie, falls nötig.
- Sollten den Kindern keine Tiere einfallen, so können Sie eine Liste mit Tieren an der Tafel zusammenstellen, von der sich die Kinder Tiere auswählen können.
- Am Schluss führen die Kinder ihre Lieder vor. Falls gewünscht nehmen Sie die Präsentation mit einer Minivideo- oder Handykamera auf.

Hinweis: Kinder kennen häufig auch weitere englische Bezeichnungen für Tiere. Ermuntern Sie die Kinder dazu, auch diese zu verwenden, oder weitere zu finden (Bildwörterbuch, Interaktive Tafelbilder, Internet).

☆☆ 8 Look and write.
Schreibübung

AB

AB

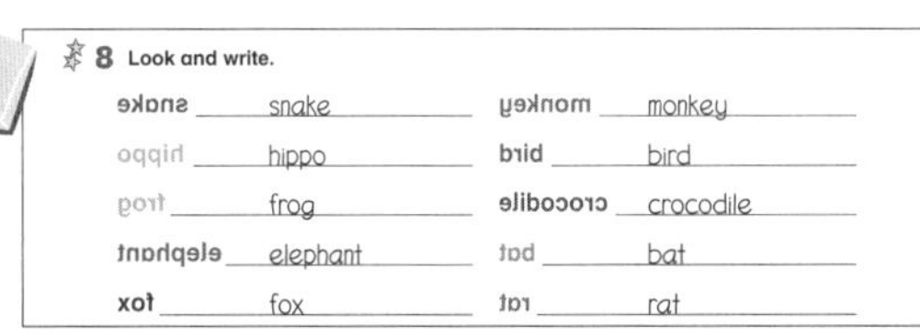

- Die Kinder schlagen das *Activity Book* auf Seite 17 auf und schauen sich Übung 8 an.
- Erklären Sie den Kindern, dass die Tiere in Spiegelschrift *(words in mirror writing)* abgedruckt sind. Lassen Sie das erste Wort von den Kindern entziffern. Zeigen Sie auf das erste Wort, schauen Sie die Kinder fragend an und fordern Sie sie auf, das erste Wort zu lesen: *Read the word.*
- Die Kinder versuchen, die Wörter zu lesen und schreiben sie auf die jeweilige Zeile.
- Gehen Sie während der Bearbeitung der Aufgabe in der Klasse umher und helfen Sie, falls nötig.
- Zur Überprüfung der Arbeitsergebnisse zeichnen Sie zehn Linien an die Tafel, die die Übung im Buch repräsentieren. Zeigen Sie auf die Linien. Die Kinder nennen die Ergebnisse entsprechend ihrer Antworten im Buch.

Hinweis: Die Kinder können auch einen (Taschen-)Spiegel verwenden, sollten sie Hilfe bei der Bearbeitung der Aufgabe benötigen. Dieser kann auch zur Überprüfung der Arbeitsergebnisse genutzt werden.

UNTERRICHTSSEQUENZ 6

Wortschatz, Phrasen und Strukturen:

I like …; I don't like …
Vorwiegend rezeptiv: *What a big snake!; They are beautiful; Ugh, a rat; Watch!*

Sprachliche Fertigkeiten:

Minidialoge von der CD verstehen und mit dem Schriftbild verbinden.
Einen Reim *(Crocky, the crocodile)* von der CD verstehen.
An Gesprächen teilnehmen und über Vorlieben und Abneigungen sprechen.

Kognitive, motorische und soziale Fertigkeiten:

Das Fragment eines Reimes selbstständig vervollständigen.
Sich gegenseitig befragen.

Integration in den Gesamtunterricht:

Musik

Materialien:

CD 1 Nr. 35
Handpuppe Max; *Picture Cards* 32–42; *Pupil's Book,* Seite 20, Übungen 9–11; CD 1 Nr. 36–37; *Activity Book,* Seite 17, Übung 9; evtl. Blätter Papier; evtl. Kopiervorlage 8 (mit Lösungsblatt)

Wiederholung

1 35

- Die Kinder singen das Lied *Listen to the animals* zur Playbackversion (CD 1 Nr. 35).
- Einige Gruppen können ihre eigenen Versionen des Liedes zur Playbackversion vorsingen.

Wortschatzeinführung

I like; I don't like

- Zeichnen Sie einen *smiley* ☺ und einen *frownie* ☹ nebeneinander an die Tafel. Nehmen Sie die Handpuppe Max und die *Picture Cards* zum Themenbereich *Animals* zur Hand.
- Zeigen Sie Max die *Picture Cards.* Sprechen Sie mit verstellter Stimme als Max und sagen Sie, welche Tiere er mag und welche nicht. Sagen Sie z. B. als Max: *I like frogs. I don't like snakes.* Unterstreichen Sie die Aussagen mit entsprechender Gestik bzw. Mimik.
- Bringen Sie die Tiere auf der jeweils entsprechenden Seite *(smiley* oder *frownie)* an der Tafel an.
- Nun sind die Kinder an der Reihe: Zeigen Sie eine *Picture Card*, z. B. *elephant,* und schauen Sie dann ein Kind auffordernd an. Das Kind antwortet entsprechend mit *I like elephants.* bzw. mit *I don't like elephants.* Befestigen Sie die Karte auf der entsprechenden Seite.
- Wiederholen Sie diese Vorgehensweise mehrmals.
- Helfen Sie durch Einflüstern, falls die Kinder noch Probleme mit den neuen Phrasen haben sollten.

☆ 9 Listen and point. Hörübung

PB 1 36

- Die Kinder schlagen nun das *Pupil's Book* auf Seite 20 auf und betrachten die Bilder in Übung 9.
- Erklären Sie anschließend die Höraufgabe. Die Kinder hören gut zu und zeigen mit dem Finger auf die zum Hörtext passende Sprechblase.
- Spielen Sie nun den Hörtext von der CD zweimal vor (CD 1 Nr. 36). Die Kinder zeigen mit dem Finger mit.

Tapescript:

Girl: *What a big snake! I don't like snakes.*
Father: *I like snakes. They are beautiful.*

Boy: *Ugh, a rat. I don't like rats.*
Cat: *I like rats. Watch!*

- Fordern Sie die Kinder abschließend auf, die Dialoge paarweise zu lesen.

☆☆ 10 Listen and say the rhyme. Rhyme: Crocky, the crocodile

PB 1 37

- Lassen Sie die Kinder die Übung 10 auf Seite 20 im *Pupil's Book* für einige Sekunden betrachten. Sie sollen jedoch den Text noch nicht lesen, sondern sich auf die Abbildung konzentrieren.
- Fordern Sie die Kinder dann auf, ihre Bücher zu schließen. Sagen Sie: *Give me words.* und evozieren Sie die Tiere. Halten Sie die Äußerungen der Kinder an der Tafel fest.
- Spielen Sie den *Rhyme* von der CD vor (CD 1 Nr. 37). Die Kinder hören zunächst nur zu.

Tapescript:

Hello, I'm Crocky, the crocodile.
I don't like elephants.
I don't like bats.
I like frogs
and I like rats.
Hehehehehe.

- Sagen Sie: *Open your books.* Die Kinder öffnen ihre Bücher wieder. Spielen Sie den *Rhyme* nochmals von der CD vor. Die Kinder hören zu und lesen im Buch mit.
- Spielen Sie den *Rhyme* nochmals von der CD und zeigen Sie vor, wie die Kinder zum Text passende Gesten machen können.
- Üben Sie mit den Kindern gemeinsam den Text, indem Sie jede Zeile mehrmals vorlesen. Die Kinder lesen im Buch mit und sprechen Ihnen nach.
- Lassen Sie sich von den Kindern den Text diktieren, sodass der gesamte Text an der Tafel steht. Lesen Sie den Text gemeinsam mit den Kindern laut vor.
- Löschen Sie dann z. B. den zweiten Satz – *I don't like elephants.* – und lesen Sie den Text wiederum gemeinsam, auch den fehlenden Satz.
- Löschen Sie dann den dritten Satz und die letzte Zeile, sodass letztendlich nur folgendes Fragment an der Tafel steht:

Hello, I'm Crocky, the crocodile.

___________________________.

___________________________.

I like frogs and I like rats.

___________________________.

- Die Kinder lesen den *Rhyme,* auch die fehlenden Sätze, abschließend noch einmal ohne Ihre Unterstützung vor.

11 Make a list. Talk to your partner. PB
Schreib- und Sprechübung

- Fordern Sie die Kinder dazu auf, das *Pupil's Book* auf Seite 20 aufzuschlagen und die Aufgabe 11 zu betrachten. Sagen Sie ihnen, dass sie auf einem Blatt Papier eine Liste von Tieren anlegen sollen, die sie mögen und nicht mögen.
- Anschließend arbeiten die Kinder zu zweit und tauschen sich über ihre Vorlieben und Abneigungen aus, indem sie die Phrasen *I like ...* und *I don't like ...* verwenden.
- Demonstrieren Sie dies bei Bedarf mit einem Kind, indem Sie auf die Liste zeigen und Unterschiede aufzeigen, z. B. *Ah, you don't like bats. I like bats.* etc.

Kopiervorlage 8: I like ... / I don't like ...

Look and write.
Schreib- und Zuordnungsübung

- Zur Differenzierung besonders leistungsstarker Kinder kopieren Sie die Kopiervorlage 8 (siehe Anhang, Seite 193).
- Die Kinder betrachten die Abbildungen. Nun schreiben sie entsprechend der Vorlieben und Abneigungen der dort abgebildeten Kinder gegenüber bestimmten Tieren entweder *I like...* oder *I don't like ...* in die Sprechblasen.
- Die Kinder überprüfen ihre Arbeitsergebnisse mithilfe eines Lösungsblatts.

Lösung:

☆ 9 Match the sentences with the pictures. AB
Zuordnungsübung

- Die Kinder schlagen das *Activity Book* auf Seite 17 auf. Sagen Sie ihnen, dass sie die Sätze lesen und die Bilder in Übung 9 betrachten sollen.
- Die Kinder arbeiten dann selbstständig und ordnen die Nummern der Sätze den entsprechenden Bildern zu. Geben Sie ihnen dafür genügend Zeit.
- Gehen Sie während der Bearbeitung der Aufgabe in der Klasse umher und helfen Sie, falls nötig.
- Vergleichen Sie die Arbeitsergebnisse abschließend, indem Sie sechs Rechtecke an die Tafel zeichnen, die die Übung im Buch repräsentieren. Die Kinder nennen Ihnen für jedes Rechteck die Nummer des jeweiligen Satzes und überprüfen so ihre Ergebnisse.

UNTERRICHTSSEQUENZ 7

Wortschatz, Phrasen und Strukturen:

Wortschatzwiederholung: *I like ...; I don't like ...; There are ...*
Vorwiegend rezeptiv: *In my crazy zoo; This is my super zoo; Come and see it – it's for you; There are (five) (elephants); but there are no dogs/cats.*

Sprachliche Fertigkeiten:

An Gesprächen teilnehmen und über Vorlieben und Abneigungen sprechen.
Einem Text die entsprechende Abbildung zuordnen.
Einen Reim sprechen.

Kognitive, motorische und soziale Fertigkeiten:

Einen Reim auswendig lernen und szenisch umsetzen.
Einen Reim mithilfe der Vorlage im Buch selbstständig verfassen.

Integration in den Gesamtunterricht:

Musik
Kunst

Materialien:

Picture Cards 32–42; CD 1 Nr. 37
Picture Cards 32–44; *Word Cards* 32–44
Pupil's Book, Seite 21, Übungen 12–14; CD 1 Nr. 38; evtl. Kopiervorlage 9

Wiederholung

37

- Die Kinder sprechen den Reim *Crocky, the crocodile* mithilfe der CD laut vor (CD 1 Nr. 37).
- Hängen Sie zur Wiederholung auch die *Picture Cards* der Tiere an der Tafel auf.
- Die Kinder sagen, welche Tiere sie mögen und welche sie nicht mögen und zeigen auf die entsprechenden *Picture Cards.*

Wortschatzerweiterung

- Erarbeiten Sie die Wörter *dog* und *cat* mithilfe der *Picture Cards* und hängen Sie diese zu den Karten an die Tafel.

Wortschatzübungen mit Schriftbildunterstützung

ball

- Führen Sie Wortschatzübungen mit Schriftbildunterstützung in gewohnter Weise mithilfe der *Picture Cards* und *Word Cards* zum Themenbereich *Animals* durch.

12 Read the text. Find the correct picture.
Leseübung

PB

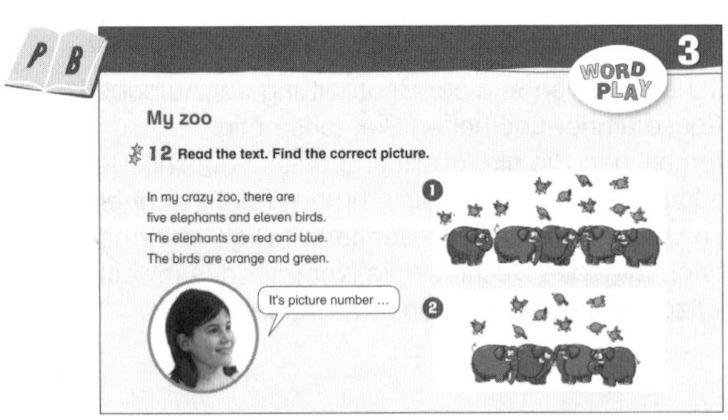

- Die Kinder schlagen das *Pupil's Book* auf Seite 21 auf und betrachten Übung 12. Sagen Sie ihnen, dass sie sich die Übung für ca. 15 Sekunden anschauen sollen. Sagen Sie dann: *Close your books. Give me words.* Halten Sie die Äußerungen der Kinder an der Tafel fest
- Erklären Sie den Kindern, dass Sie ihnen nun die Beschreibung eines der Bilder vorlesen werden. Die Kinder zählen mit, wie viele Tiere vorkommen und welche Farben genannt werden. Fragen Sie die Kinder dann z. B.: *How many elephants are there?* etc.
- Die Kinder öffnen ihre Bücher wieder. Sie lesen nun den Text in Übung 12 und ordnen ihn dem entsprechenden Bild auf der rechten Seite zu.
- Anschließend sagen die Kinder, welches Bild zum Text gehört. Sie verwenden dabei das Redemittel in der Sprechblase: *It's picture number ...* Üben Sie das Redemittel gut ein und helfen Sie nötigenfalls durch Einflüstern.

Hinweis: Falls es den Kindern bei dieser Übung noch schwer fällt, mit der Phrase *It's picture number ...* zu antworten, dann dürfen sie auch nur die jeweilige Nummer des Bildes nennen. Im Rahmen eines stark individualisierenden Unterrichts ist es sehr wichtig, die Kinder zum Sprechen auf ihrem Kompetenzniveau zu ermutigen. Das Verwenden von Einwortsätzen ist in dieser Phase des Spracherwerbs legitim.

13 Listen to the rhyme. Then practise it.
Hör- und Sprechübung

PB 38

- Die Kinder schlagen das *Pupil's Book* auf Seite 21 auf.
- Erklären Sie den Kindern, dass sie nun einen *Rhyme* von der CD hören werden. Sie sollen während des Anhörens auf das jeweils erwähnte Tier im Bild in Übung 13 zeigen.
- Spielen Sie den *Rhyme* von der CD vor (CD 1 Nr. 38). Die Kinder hören zu und zeigen im Buch mit.

Tapescript:

This is my super zoo.
Come and see it – it's for you.

There are fifteen elephants,
there are nineteen frogs,
there are thirteen snakes,
but there are no dogs.

There are eleven crocodiles,
there are fourteen rats,
there are twenty hippos,
but there are no cats.

- Fordern Sie die Kinder auf, ihre Bücher zu schließen und Ihnen Tiere zu nennen, an die sie sich erinnern können.
- Die Kinder öffnen ihre Bücher wieder. Spielen Sie den Reim noch einmal vor (CD 1 Nr. 38). Die Kinder hören zu und lesen mit.
- Üben Sie den Text gemeinsam mit den Kindern, indem Sie jede Zeile mehrmals vorlesen. Die Kinder lesen im Buch mit und sprechen Ihnen nach.
- Wiederholen Sie den *Rhyme* einige Male auf diese Weise.
- Fordern Sie die Kinder abschließend auf, den *Rhyme* in Kleingruppen zu üben und szenisch umzusetzen.

14 Write your own rhyme. Einen eigenen Reim verfassen

PB ball

- Die Aufgabe entspricht einem sehr hohen Anforderungsniveau. Sie kann zur zeitlichen Differenzierung und zur Förderung besonders leistungsstarker Kinder eingesetzt werden. Die Bearbeitung ist somit optional.
- Fordern Sie die Kinder dazu auf, das *Pupil's Book* auf Seite 21 aufzuschlagen.
- Erklären Sie den Kindern, dass sie nun ihren eigenen *Rhyme* mithilfe des Textes in Übung 13 im Buch verfassen werden. Sie sollen die gelb hinterlegten Zahlwörter und die grün hinterlegten Tierwörter mit Zahl- und Tierwörtern ihrer Wahl austauschen.
- Geben Sie den Kindern für diese Arbeit genügend Zeit. Gehen Sie in der Klasse herum und helfen Sie nötigenfalls. Zahl- und Tierwörter können mithilfe der *Word Cards* an der Tafel zur Verfügung gestellt werden.
- Korrigieren Sie die Erstentwürfe der Kinder. Die Kinder fertigen anschließend eine Reinschrift an und illustrieren ihren Text.
- Stellen Sie die Texte der Kinder an der Wandtafel aus.

Kopiervorlage 9: My zoo

Read and draw the animals. Leseübung

- Zur Differenzierung von Kindern mit Förderbedarf kopieren Sie die Kopiervorlage 9 (siehe Anhang, Seite 194).
- Die Kinder lesen den Text leise durch. Anschließend zeichnen sie die Anzahl der im Reim genannten Tiere in den Rahmen.
- Bei Bedarf nutzen die Kinder die Wörter unter der gestrichelten Linie auf dem unteren Teil der Seite als Hilfe. Falls diese Hilfestellung nicht benötigt wird, kann der untere Teil an der gestrichelten Linie gefaltet und weggeklappt und abschließend zur Selbstkontrolle genutzt werden.

4 Clothes

UNTERRICHTSSEQUENZ 1

Wortschatz, Phrasen und Strukturen:

Wortschatzwiederholung: *I like …; I don't like …; Do you like (the) …?; Yes, I do; No, I don't; woolly hat; pullover; jeans; trainers; T-shirt; mittens; boots; cap; jacket; skirt; tights; socks; shoes*

Sprachliche Fertigkeiten:

Bedeutung und Aussprache der neuen Wörter lernen.
Wörter von der CD verstehen und dabei auf die entsprechenden Bilder bzw. Wörter im Buch zeigen.
Fragen nach Vorlieben und Abneigungen für bestimmte Kleidungsstücke stellen und beantworten.

Kognitive, motorische und soziale Fertigkeiten:

Nach Anweisung auf entsprechende *Picture Cards* und *Word Cards* zeigen.
Das Schriftbild entsprechenden Bildern zuordnen.
In Partnerarbeit den neuen Wortschatz überprüfen.
Vorgegebene Redemittel in Partnerarbeit üben.

Integration in den Gesamtunterricht:

Sachunterricht

Materialien:

Picture Cards 32–44; evtl. *Word Cards* 32–44
Picture Cards 45–57; *Word Cards* 45–57; *Pupil's Book,* Seite 22, Übungen 1–2; CD 1 Nr. 39; Handpuppe Max; evtl. Realia (Kleidungsstücke, Wäscheleine); evtl. Lesezeichen (siehe Anhang, Seite 213); Poster 4

Wiederholung

- Wiederholen Sie die Phrasen *I like …* und *I don't like …* mit Unterstützung der *Picture Cards* zum Themenbereich *Animals.*
- Unterteilen Sie die Tafel in zwei Spalten und zeichnen Sie links einen *smiley* ☺ und rechts einen *frownie* ☹ ein.
- Verteilen Sie die *Picture Cards* an einzelne Kinder. Fordern Sie dann ein Kind auf, an die Tafel zu kommen und seine Vorliebe bzw. Abneigung zum jeweiligen Tier zu äußern. Das Kind hält z. B. die *Picture Card* für *elephant* in Händen und sagt: *I like elephants.* Anschließend wird die *Picture Card* in der entsprechenden Spalte an der Tafel befestigt.
- Fahren Sie auf diese Weise fort, bis alle Kinder einmal an der Reihe waren.

Alternative: Setzen Sie für diese Übung die *Word Cards* ein, falls Sie gezielt das Schriftbild wiederholen möchten.

Wortschatzeinführung

woolly hat; pullover; jeans; trainers; T-shirt; mittens; boots; cap; jacket; skirt; tights; socks; shoes

- Führen Sie die neuen Wörter mithilfe der *Picture Cards* in gewohnter Weise ein. Üben Sie die Wörter durch mehrmaliges Vor- und Nachsprechen.

Hinweis: Im Englischen unterscheidet man zwischen *hat* und *cap* folgendermaßen: *cap* hat immer einen Schirm, *hat* bezeichnet nicht nur einen Hut, sondern auch eine Mütze.

Übungen zur Verankerung des Wortschatzes im Produktionsgedächtnis

- Befestigen Sie die *Picture Cards* an der Tafel. Sprechen Sie gemeinsam mit den Kindern die neuen Wörter in der Reihenfolge der Bilder an der Tafel.
- Kündigen Sie an, dass sie ein Konzentrationsspiel spielen werden. Drehen Sie die *Picture Cards* mit der Bildseite zur Tafel.
- Zeigen Sie dann auf eine der umgedrehten *Picture Cards* und fragen Sie einzelne Kinder: *What is it? Can you remember?* Die Kinder raten und antworten.
- Drehen Sie die *Picture Card* zur Kontrolle wieder um.

Wortschatzeinführung mit Schriftbildunterstützung

woolly hat; pullover; jeans; trainers; T-shirt; mittens; boots; cap; jacket; skirt; tights; socks; shoes

- Erarbeiten und üben Sie das Schriftbild der neuen Wörter mit Unterstützung der *Word Cards* in Verbindung mit den *Picture Cards.*
- Zeigen Sie die *Word Cards* nacheinander und sagen Sie jeweils das entsprechende Wort.
- Verteilen Sie die *Word Cards* an einzelne Kinder. Fordern Sie sie auf, die *Word Cards* zu den entsprechenden *Picture Cards* an die Tafel zu hängen.
- Nehmen Sie die Karten dann wieder von der Tafel ab und mischen Sie sie. Teilen Sie alle *Word Cards* und *Picture Cards* an einzelne Kinder aus. Sagen Sie: *Let's find the matching pairs.* Sagen Sie z. B.: *Boots.* und fordern Sie die Kinder mit der entsprechenden *Picture Card* bzw. *Word Card* auf, herauszukommen und sich nebeneinander aufzustellen. Fahren Sie auf diese Weise mit den anderen Wörtern fort.
- Sprechen Sie die Wörter mehrmals gemeinsam mit den Kindern laut vor.

Wortschatzspiele

- Falls Sie Realia einsetzen, hängen Sie die (Puppen-)Kleidungsstücke auf eine Wäscheleine. Sonst verwenden Sie die *Picture Cards.*

- Fordern Sie die Kinder auf, die Augen zu schließen. Sagen Sie: *Close your eyes.* Nehmen Sie ein oder zwei Kleidungsstücke von der Wäscheleine. Sagen Sie: *Open your eyes.* Fragen Sie: *What's missing?* Die Kinder raten, welches Kleidungsstück bzw. welche Kleidungsstücke fehlen, z. B.: *The cap.*
- Fahren Sie auf diese Weise fort, bis die Wäscheleine leer ist. Sie können auch mehrere Kleidungsstücke gleichzeitig abnehmen.
- Fordern Sie nun einzelne Kinder auf, die Kleidungsstücke wieder aufzuhängen.
- Sagen Sie z. B.: *(Kerstin), put the skirt on the clothes line, please.*

Aussprachetipp: Das [æ] in *hat* und *cap* wird so offen wie möglich ausgesprochen.

☆ 1 Listen and point. Hörübung

PB CD 1 39

- Fordern Sie die Kinder auf, das *Pupil's Book* auf Seite 22 zu öffnen und das Bild in Übung 1 zu betrachten. Die Spalte mit dem Schriftbild wird zunächst wie gewohnt abgedeckt.
- Erklären Sie die Höraufgabe. Die Kinder hören die englischen Bezeichnungen der Kleidungsstücke von der CD. Nach jedem Wort, das sie hören, zeigen sie auf das entsprechende Bild.
- Spielen Sie die Hörübung von der CD vor (CD 1 Nr. 39). Die Kinder zeigen im Buch mit, während sie zuhören.

Tapescript:

One:	*Woolly hat.*
Two:	*Pullover.*
Three:	*Jeans.*
Four:	*Trainers.*
Five:	*T-shirt.*
Six:	*Mittens.*
Seven:	*Boots.*
Eight:	*Cap.*
Nine:	*Jacket.*
Ten:	*Skirt.*
Eleven:	*Tights.*
Twelve:	*Socks.*
Thirteen:	*Shoes.*

- Wiederholen Sie die Übung. Dazu entfernen die Kinder die Abdeckung von der Spalte mit den Wörtern. Spielen Sie die Hörübung erneut von der CD ab. Die Kinder zeigen auf die entsprechenden abgedruckten Wörter.

Then test your partner. Partnerarbeit

PB

- Sagen Sie den Kindern, dass sie sich nun gegenseitig überprüfen werden. Dazu nennt Kind A ein Kleidungsstück auf Englisch und Kind B zeigt, je nach persönlichem Leistungsvermögen, auf die entsprechende Abbildung oder auf das geschriebene Wort in der Spalte.
- Demonstrieren Sie dies bei Bedarf mit einem Kind. Sagen Sie den Kindern, dass sie sich abwechseln sollen und auch mehrere Wörter hintereinander sagen dürfen.

☆ 2 Look at the picture and speak. Sprechübung

PB

- Die Kinder schlagen das *Pupil's Book* auf Seite 22, Übung 2 auf. Sagen Sie ihnen, dass sie die Abbildung der Kleidungsstücke gut anschauen sollen.
- Demonstrieren Sie die Übung mithilfe der Handpuppe Max. Fragen Sie Max: *Do you like the cap?* und lassen Sie ihn, nachdem er die Schirmmütze in Übung 2 betrachtet hat, mit *No, I don't.* antworten. Dann werden die Rollen getauscht. Die Handpuppe Max fragt Sie: *Do you like the cap?* Sie antworten mit *Yes, I do.*
- Fordern Sie anschließend die Kinder auf, die Handpuppe Max zu befragen. Helfen Sie gegebenenfalls durch Einflüstern, wenn die Kinder mit der Phrase *Do you like the ...?* noch Schwierigkeiten haben sollten.
- Die Kinder finden sich nun in Gruppen zusammen und betrachten die abgebildeten Kleidungsstücke. Sie stellen sich gegenseitig Fragen mit *Do you like the ...?* und antworten mit *No, I don't.* oder *Yes, I do.*
- Gehen Sie währenddessen in der Klasse umher und helfen Sie, falls notwendig.

Poster 4: Clothes

- Eine detaillierte Beschreibung zur Arbeit mit dem Poster finden Sie im entsprechenden Abschnitt in der Einleitung auf Seite 18.

UNTERRICHTSSEQUENZ 2

Wortschatz, Phrasen und Strukturen:
Vorwiegend rezeptiv: *Max, hurry up, we're going shopping; I don't know what to wear; Put on your (black) (T-shirt); Take the jacket off; Yeah, you look great.*

Sprachliche Fertigkeiten:
Ein Kreuzworträtsel lösen.
Einen Dialog von der CD verstehen und Kleidungsstücke entsprechend markieren.

Kognitive, motorische und soziale Fertigkeiten:
Abbildungen mit dem jeweiligen Schriftbild assoziieren.
Max in der entsprechenden Kleidung abzeichnen und die Zeichnungen mit einem/einer Partner/in vergleichen.

Integration in den Gesamtunterricht:
Sachunterricht: Redeanlass „Kleidung".
Kunst

Materialien:
Picture Cards 45–57; *Word Cards* 45–57
Activity Book, Seite 18, Übungen 1–2; CD 1 Nr. 40; Handpuppe Max; evtl. Blätter Papier; Buntstifte

Wiederholung

- Wiederholen Sie den neuen Wortschatz zum Themenbereich *Clothes* mithilfe der *Picture Cards* und *Word Cards*.
- Setzen Sie sich mit den Kindern in einen Kreis. Legen Sie die *Picture Cards* mit dem Bild nach oben auf den Boden und teilen Sie die *Word Cards* an einzelne Kinder aus.
- Zeigen Sie auf eine *Picture Card* am Boden. Die Kinder nennen das Wort und das Kind mit der entsprechenden *Word Card* zeigt diese und legt sie zur dazugehörigen *Picture Card*. Drehen Sie die *Picture Card* ebenso mit der Abbildung nach unten.
- Fahren Sie auf diese Weise fort, bis alle Karten umgedreht am Boden liegen. Wiederholen Sie das Spiel, bis alle Kinder eine *Word Card* in die Mitte legen durften.

1 Do the crossword.
Kreuzworträtsel

- Fordern Sie die Kinder auf, die Seite 18 im *Activity Book* aufzuschlagen und die Übung 1 zu betrachten.
- Lassen Sie die Kinder die Kleidungsstücke der Reihe nach benennen und im Buch mitzeigen.
- Erklären Sie den Kindern, dass sie die Bezeichnungen der Kleidungsstücke in die entsprechende Zeile eintragen sollen. Das Lösungswort wird am Schluss in der rot umrandeten Spalte stehen.
- Machen Sie die erste Zeile mit den Kindern gemeinsam. Fragen Sie: *What's number one?* und evozieren Sie die Antwort *Socks.* von den Kindern.
- Sie können auch den Raster für das Kreuzworträtsel an die Tafel zeichnen und dort in die erste Zeile das Wort *SOCKS* eintragen.
- Die Kinder versuchen dann, das Kreuzworträtsel selbstständig zu lösen.
- Legen Sie die *Word Cards* auf Ihrem Tisch aus, sodass diejenigen Kinder, die sich an die korrekte Schreibweise nicht erinnern können, eine Orientierungshilfe haben.
- Wenn alle Kinder fertig sind, fragen Sie die Kinder nach dem Lösungswort. Zeigen Sie im Buch bzw. an der Tafel auf die vertikale Spalte und sagen Sie: *Give me the word.* Schreiben Sie das Lösungswort in Großbuchstaben an die Tafel *(WOOLLY HATS).*
- Kontrollieren Sie abschließend die Ergebnisse, indem Sie fragen: *What's number two?* etc. Sie können die Wörter in den Raster an der Tafel eintragen.

Phrasenvorentlastung

Hurry up; I don't know what to wear; Put on ...; Take off ...

- Führen Sie die Phrasen ein, indem Sie mit der Handpuppe Max folgenden Dialog sprechen:
  Sagen Sie als Max: *Hurry up!* und lassen Sie Max eine auffordernde Geste machen.
  Antworten Sie: *I don't know what to wear.* Klären Sie die Bedeutung durch eine entsprechende Bewegung, indem Sie z. B. Ihren Kopf schütteln und auf Ihre Kleidung deuten.
  Sagen Sie als Max: *Put on your blue T-shirt/red shoes/ ...* Tun Sie so, als ob Sie sich ein T-Shirt, Schuhe etc. anziehen würden.
  Sagen Sie als Max: *Take off your shoes, put on your green trainers.* etc. Tun Sie so, als ob Sie sich ihre Schuhe aus- und andere Schuhe anziehen würden etc.

☆ 2 Listen and circle. Then draw the picture of Max. Hörübung

CD 1 40

- Die Kinder öffnen das *Activity Book* auf Seite 18, Übung 2.
- Erklären Sie den Kindern, dass sie nun einen kurzen Dialog von der CD hören werden. Sie sollen jene Kleidungsstücke einkreisen, die Max zum Schluss anhat. Weisen Sie die Kinder darauf hin, dass sie beim ersten Anhören des Dialoges nur mit dem Finger mitzeigen sollen.
- Spielen Sie die CD (CD 1 Nr. 40) zweimal vor. Die Kinder kreisen die entsprechenden Kleidungstücke zunächst mit dem Finger ein und verwenden erst beim zweiten Durchgang einen Stift.

Tapescript:

Linda:	*Max, hurry up, we're going shopping.*
Max:	*I don't know what to wear.*
Linda:	*Put on your black T-shirt, your green jeans, your red socks, your white trainers and your blue jacket.*
Max:	*OK, my black T-shirt, my green jeans, my red socks, my white trainers and my blue jacket.*
Linda:	*Take the jacket off. Put on your orange jacket. Yeah, you look great. A black T-shirt, green jeans, red socks, white trainers and an orange jacket.*

- Anschließend zeichnen die Kinder Max in der entsprechenden Kleidung auf ein Blatt Papier.
- Die Kinder vergleichen ihre Zeichnungen mit einem/einer Partner/in. Bei Unklarheiten spielen Sie die CD noch einmal vor.

UNTERRICHTSSEQUENZ 3

Wortschatz, Phrasen und Strukturen:

Vorwiegend rezeptiv: *You're in the swimming pool; Get out of the water; Dry yourself; Put on your (jeans); Walk out; Oh, no! You're wearing your swimming goggles!*

Sprachliche Fertigkeiten:

Eine Kette von Anweisungen aus einer *Action Story (Oh, no!)* verstehen.
Anweisungen von der CD verstehen und Bilder entsprechend nummerieren.

Kognitive, motorische und soziale Fertigkeiten:

Anweisungen mit Bewegungen verbinden.
Anweisungen in vertauschter Reihenfolge verstehen und ausführen.
Bilder durch Nummerieren ordnen.

Integration in den Gesamtunterricht:

Sachunterricht: Redeanlass „Im Schwimmbad".

Materialien:

Picture Cards 45–57
Activity Book, Seite 19, Übungen 3–4; CD 1 Nr. 41–42; evtl. Kopiervorlage 10 (mit Lösungsblatt)

Wiederholung

- Wiederholen Sie die Wörter zum Themenbereich *Clothes* mithilfe der *Picture Cards.*
- Setzen Sie sich mit den Kindern in einen Kreis. Legen Sie die *Picture Cards* auf den Boden. Fordern Sie die Kinder auf, ihre Augen zu schließen. Sagen Sie: *Close your eyes.*
- Nehmen Sie eine *Picture Card* weg und legen Sie sie zur Seite. Sagen Sie: *Open your eyes. What's missing?*
- Die Kinder nennen das Wort. Legen Sie die Karte zurück und wiederholen Sie das Spiel einige Male.

Wortschatzerweiterung

swimming goggles

- Klären Sie die Bedeutung des Wortes *swimming goggles* (Schwimmbrille) durch entsprechende Gestik, eine einfache Tafelzeichnung oder mithilfe der Abbildung auf Seite 19 im *Activity Book.*

☆ 3 Listen and mime.
Action Story: Oh, no!
Zuhören und imitieren

- Die Kinder stehen auf. Geben Sie die erste Anweisung aus der *Action Story* (siehe Tapescript unten) und führen Sie sie gleichzeitig mimisch und gestisch aus. Sagen Sie: *You're in the swimming pool.* und machen Sie eine Schwimmbewegung. Die Kinder imitieren Ihre Handlung.
- Erarbeiten Sie auf diese Weise nacheinander alle Sätze der *Action Story* (siehe Tapescript).
- Wiederholen Sie die Anweisungen so oft, bis Sie merken, dass die Kinder diese mühelos umsetzen können. Steigern Sie allmählich das Tempo.
- Gehen Sie bei der weiteren Erarbeitung der *Action Story* so vor, wie in der Einleitung beschrieben (Seite 19):
  – Anweisungen ausführen
  – Anweisungen durcheinander ausführen

Then listen and point.
Hörübung

AB CD 1 41

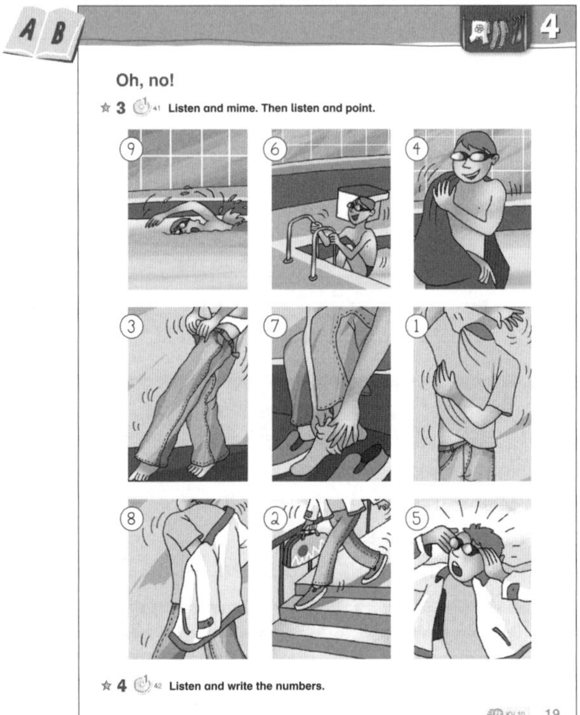

- Fordern Sie die Kinder dann auf, das *Activity Book* auf Seite 19 aufzuschlagen und die Bilder anzuschauen.
- Spielen Sie dann die *Action Story* von der CD vor (CD 1 Nr. 41). Die Kinder zeigen im Buch mit.

Tapescript:
You're in the swimming pool.
Get out of the water.
Dry yourself.
Put on your jeans.
Put on your shoes and socks.
Put on your T-shirt.
Put on your jacket.
Walk out.
Oh, no! You're wearing your swimming goggles!

- Geben Sie nun einige Anweisungen in beliebiger Reihenfolge. Die Kinder zeigen auf das entsprechende Bild.

☆ 4 Listen and write the numbers.
Hörübung

AB CD 1 42

- Die Kinder haben das *Activity Book* auf Seite 19 geöffnet. Spielen Sie die Hörübung vor (CD 1 Nr. 42) und fordern Sie die Kinder dazu auf, die richtigen Zahlen in die Bilder einzutragen.

Tapescript:

One:	*Put on your T-shirt.*
Two:	*Walk out.*
Three:	*Put on your jeans.*
Four:	*Dry yourself.*
Five:	*Oh, no! You're wearing your swimming goggles!*
Six:	*Get out of the water.*
Seven:	*Put on your shoes and socks.*
Eight:	*Put on your jacket.*
Nine:	*You're in the swimming pool.*

- Anschließend werden die Ergebnisse verglichen. Halten Sie Ihr Buch hoch, zeigen Sie auf ein Bild und fragen Sie: *What number is it?* Oder: *What number is 'Put on your jeans'?*

Alternative: Zeichnen Sie einen Raster mit 9 Feldern an die Tafel. Dieser Raster stellt eine grafische Repräsentation der Seite 19 dar. Deuten Sie auf das erste Rasterfeld, lassen Sie die Kinder die entsprechende Zahl nennen und tragen Sie diese ein. Fahren Sie mit den übrigen Rasterfeldern auf diese Weise fort. Wenn alle Zahlen in den Feldern stehen, ist es für die Kinder ein Leichtes zu erkennen, ob sie die Bilder richtig nummeriert haben.

Kopiervorlage 10: Oh, no! (Action Story)

Cut out and put into the correct order.
Sätze chronologisch ordnen

- Zur Differenzierung besonders leistungsstarker Kinder kopieren Sie die Kopiervorlage 10 (siehe Anhang, Seite 195).
- Die Kinder lesen die Sätze der *Action Story* leise durch, schneiden diese aus und bringen sie anschließend in die richtige Reihenfolge.
- Zur Überprüfung spielen Sie die *Action Story* von der CD ab (CD 1 Nr. 41). Die Kinder kontrollieren ihre Arbeitsergebnisse. Eine weitere Möglichkeit der Überprüfung bietet ein vorbereitetes Lösungsblatt mit den Sätzen in der richtigen Reihenfolge, welches die Kinder zur Selbstkontrolle nutzen.

Lösung: vgl. Tapescript CD 1 Nr. 41

UNTERRICHTSSEQUENZ 4

Wortschatz, Phrasen und Strukturen:

Vorwiegend rezeptiv: *Good morning; Can I help you?; A T-shirt, please; For you, Sir?; What colour?; I love all colours; (Red)?; I like it; I don't like it; Aaaaaah! That's nice!; No, Dad! Pleeeeeeease!; Can I try it on?; Yes, here you are; Is it OK?; Take it off!; Help me!; I'll take it!; Put it on.*

Sprachliche Fertigkeiten:

Einen *Mr Matt Sketch (The T-shirt)* von der DVD verstehen.
Klanglich abgesicherte Phrasen und Wörter mit ihrem Schriftbild verbinden.
Sätze lesen und vervollständigen.

Kognitive, motorische und soziale Fertigkeiten:

Dialoge vervollständigen.
Den Text im Buch als Merkhilfe verwenden.
Sich in verschiedene Rollen hineindenken und diese spielen.
Die Geschichte kreativ verändern und vorspielen.

Integration in den Gesamtunterricht:

Sachunterricht: Redeanlass „Einkaufen".

Materialien:

Handpuppe Max; *Picture Cards* 45–57; *Word Cards* 45–57
DVD *(Mr Matt Sketch: The T-shirt,* 03:23*); Pupil's Book,* Seite 23, Übungen 3–5; CD 1 Nr. 43

Wiederholung

- Spielen Sie zur Wiederholung das Spiel *Simon says ...* mit den Anweisungen der *Action Story (Oh, no!)* aus der vorhergehenden Unterrichtssequenz. Sie können für diese Übung die Handpuppe Max einsetzen.
- Wiederholen Sie die Wörter zum Themenbereich *Clothes* mithilfe der *Picture Cards* und *Word Cards.*

☆ 3 Watch the story and say words you remember.
Mr Matt Sketch: The T-shirt

- Zeigen Sie den Kindern die Geschichte *The T-shirt* zweimal von der DVD.

Videoscript: The T-shirt

Shop assistant:	*Good morning.*
Mr Matt and Daisy:	*Good morning.*
Shop assistant:	*Can I help you?*
Mr Matt:	*A T-shirt, please.*
Shop assistant:	*For you, Sir?*
Mr Matt:	*Yes.*
Shop assistant:	*What colour?*
Mr Matt:	*I love all colours.*
Shop assistant:	*Come with me.*
Shop assistant:	*Red?*
Daisy:	*I like it.*
Mr Matt:	*I don't like it.*
Shop assistant:	*Green?*
Daisy:	*I like it.*
Mr Matt:	*I don't like it.*
Shop assistant:	*Blue?*
Daisy:	*I like it.*
Mr Matt:	*I don't like it.*
Shop assistant:	*Yellow?*
Daisy:	*I like it.*
Mr Matt:	*I don't like it.*
Mr Matt:	*Aaaaaaah! That's nice!*
Daisy:	*No, Dad! Pleeeeeeease!*
Mr Matt:	*I like it!*
Daisy:	*I don't like it!*
Mr Matt:	*Can I try it on?*
Shop assistant:	*Yes, here you are.*
Daisy:	*Dad. Is it OK?*
Mr Matt:	*No.*
Daisy:	*Take it off!*
Mr Matt:	*Help me!*
Mr Matt:	*I'll take it!*

- Nach dem Vorspielen der Geschichte von der DVD fordern Sie die Kinder auf, Wörter und Phrasen zu nennen, an die sie sich erinnern können. Sagen Sie: *Tell me words and phrases.*
- Sammeln Sie die Äußerungen der Kinder an der Tafel.

Finish the sentences.
Sätze vervollständigen

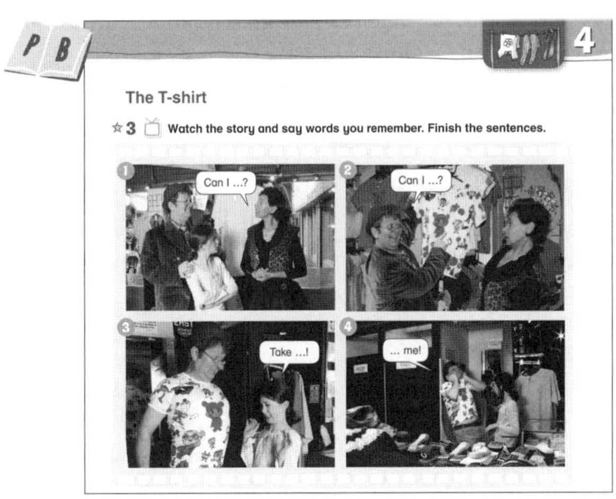

- Anschließend öffnen die Kinder das *Pupil's Book* auf Seite 23.
- Fordern Sie die Kinder auf, die Bilder in Übung 3 zu betrachten und lesen Sie die Satzanfänge bzw. das Satzende langsam und deutlich vor. Die Kinder sollen mitzeigen.
- Anschließend fordern Sie die Kinder auf, die Sätze mündlich zu ergänzen.
- Schreiben Sie zur Kontrolle die kompletten Sprechblasen an die Tafel:

Can I help you?

Can I try it on?

Take it off!

Help me!

4 Listen and read.
Hör- und Leseübung

PB 1 43

4 43 Listen and read.

Shop assistant:	Good morning.
Noah + Vicky:	Good morning.
Noah:	A blue cap, please.
Shop assistant:	Here you are.
Noah:	I like it.
Vicky:	I don't like it. Take it off.
Noah:	OK.
Vicky:	This cap is nice. Put it on.
Noah:	Yeah. It's cool. I'll take it.

5 Do a role play.

23

- Bei Übung 4 handelt es sich um eine Übung auf erhöhtem Anforderungsniveau. Sie kann zur zeitlichen Differenzierung oder zur Förderung leistungsstarker Kinder eingesetzt werden.
- Spielen Sie den Dialog von der CD einmal vor (CD 1 Nr. 43) und fragen Sie die Kinder, welche Wörter Sie verstanden haben. Halten Sie diese an der Tafel fest.

Tapescript:

Shop assistant:	*Good morning.*
Noah + Vicky:	*Good morning.*
Noah:	*A blue cap, please.*
Shop assistant:	*Here you are.*
Noah:	*I like it.*
Vicky:	*I don't like it. Take it off.*
Noah:	*OK.*
Vicky:	*This cap is nice. Put it on.*
Noah:	*Yeah. It's cool. I'll take it.*

- Die Kinder öffnen dann das *Pupil's Book* auf Seite 23 und betrachten Übung 4.
- Spielen Sie den Dialog nochmals von der CD ab. Die Kinder lesen im Buch mit. Wiederholen Sie dies gegebenenfalls ein weiteres Mal.
- Lesen Sie nun den Dialog Satz für Satz gemeinsam mit den Kindern. Lesen Sie einen Satz vor und die Kinder sprechen Ihnen nach usw.
- Die Kinder lesen den Dialog abschließend mit verteilten Rollen.

Kommentar: Die Übung kann nach dem zweimaligen Mitlesen beendet werden. Zur Förderung leistungsstarker Kinder bietet es sich jedoch an, die Übung weiterzuführen und den Dialog gut einzuüben.

5 Do a role play.
Rollenspiel

PB

- Bei Übung 5 handelt es sich um eine Übung auf hohem Anforderungsniveau. Sie kann zur zeitlichen Differenzierung und zur Förderung besonders leistungsstarker Kinder eingesetzt werden. Sie ist optional.
- Spielen Sie den Dialog aus Übung 4 (CD 1 Nr. 43) (mehrmals) vor. Die Kinder hören zu und lesen im Buch mit. Alternativ können Sie den Kindern den Dialog an einer Hörstation mit Kopfhörern oder an einem ruhigen Ort zum selbstständigen Hören zur Verfügung stellen.
- Geben Sie den Kindern nun genügend Zeit, ähnliche Dialoge vorzubereiten und einzuüben. Gehen Sie in der Klasse herum und helfen Sie nötigenfalls. Wenn es zeitlich möglich ist, lassen Sie die Einkaufsszenen von mehreren Gruppen, die sich dafür freiwillig melden, aufführen.
- Fordern Sie die übrigen Kinder nach jedem Rollenspiel auf, zu applaudieren: *Let's give them a big hand!*

U N T E R R I C H T S S E Q U E N Z 5

Wortschatz, Phrasen und Strukturen:

Put on your ...; Take off your ...; Her/his (jacket/ trainers) is/are (green); It's cold outside; OK, let's go; Let's go inside; It's hot in here; Ah, that's better.

Sprachliche Fertigkeiten:

Personen beschreiben.
Aufgrund von Beschreibungen Personen identifizieren.
His und *her* unterscheiden.

Kognitive, motorische und soziale Fertigkeiten:

Eine Partnerarbeit durchführen.
Aufmerksam zuhören und einer Beschreibung ein Bild im Buch zuordnen.

Integration in den Gesamtunterricht:

Sachunterricht: Redeanlass „Kleidung".

Materialien:

Picture Cards 45–57; evtl. *Word Cards* 45–57 Handpuppe Max; *Pupil's Book,* Seite 24, Übungen 6–7; CD 1 Nr. 44–46; evtl. Kopiervorlage 11 (mit Lösungsblatt)

Wiederholung

- Wiederholen Sie den Wortschatz zum Themenbereich *Clothes* mithilfe der *Picture Cards.* Befestigen Sie jeweils zwei bis drei Karten an der Tafel und an verschiedenen Stellen in der Klasse. Alternativ können Sie auch die *Word Cards* verwenden.
- Die Kinder finden sich jeweils zu zweit bei einer dieser „Stationen" ein.
- Demonstrieren Sie das Spiel mit einem Kind, das Sie zu sich an die Tafel rufen.
- Bitten Sie das Kind um eines der Kleidungsstücke, die an der Tafel befestigt sind. Das Kind nimmt die entsprechende *Picture Card/Word Card* von der Tafel und reicht sie Ihnen. Dabei soll ein Mini-Dialog entstehen:
  Sagen Sie z. B.: *Can I have the jacket, please?*
  Kind: *Here you are.*
  Sie: *Thank you.*
  Wenn Sie nach allen Kleidungsstücken gefragt haben und die *Picture Cards/Word Cards* dazu in der Hand halten, befestigen Sie diese wieder an der Tafel. Nun übernehmen Sie die Rolle der/des „Verkäuferin/Verkäufers".
- Geben Sie den Kindern für die Durchführung der Dialoge genügend Zeit.

Hinweis: Fordern Sie die Kinder in regelmäßigen Abständen dazu auf, sich im Klassenzimmer zu bewegen. Sie bekommen dadurch Gelegenheit, die Rollen zu tauschen und nach neuen Kleidungsstücken zu fragen.

Vorentlastung wichtiger Phrasen

It's cold outside; Put on your (jacket); It's hot in here; Take off your (jacket)

- Nehmen Sie die Handpuppe Max. Sagen Sie: *Brrr, it's cold outside!* Schauen Sie aus dem Fenster und deuten Sie mit entsprechender Mimik an, dass es draußen kalt ist. Sagen Sie mit verstellter Stimme als Max: *Put on your jacket.* Ziehen Sie sich eine imaginäre Jacke an. Sagen Sie noch einmal: *It's cold outside.*
- Fahren Sie sich dann mit dem Handrücken über die Stirn und tun Sie so, als ob Ihnen nun sehr warm wäre. Sagen Sie: *Phew, it's hot in here.*
- Sagen Sie als Max: *Take off your jacket.* Ziehen Sie die imaginäre Jacke wieder aus, während Sie noch einmal sagen: *It's hot in here!*

☆ 6 Listen. Do the chant.
Chant: Cold and hot

PB CD 1 44–46

- Fordern Sie die Kinder dazu auf, die Seite 24 im *Pupil's Book* aufzuschlagen und Übung 6 zu betrachten.
- Zur Erarbeitung des *Chant* siehe Schritte 1 bis 5 auf Seite 20 in der Einleitung.
- Spielen Sie dazu die verschiedenen Versionen des *Chant* von der CD (CD 1 Nr. 44–46).

Tapescript:

It's cold outside.
Put on your jacket.
It's cold outside.
Put on your hat.
It's cold outside.
Put on your mittens.
OK, let's go.

Let's go inside.
OK, let's go.
It's hot in here.
Take off your mittens.
It's hot in here.
Take off your hat.
It's hot in here.
Take off your jacket.
Ah, that's better.

- Setzen Sie verschiedene Klang- und Schlaginstrumente zur Rhythmusunterstützung ein.

Hinweis: Da der Einsatz der Instrumente gleichzeitig mit dem Sprechen stattfindet, sollen diese nicht dominieren. Üben Sie daher vorher mit den Kindern ein sanftes Anschlagen der Instrumente.

Wortschatzeinführung

her; his

- Zeichnen Sie je ein Mädchen und einen Jungen an die Tafel. Lassen Sie die Kinder Namen für die Figuren finden, z. B. Sandra und Peter.
- Stellen Sie Farbkreiden zur Verfügung und rufen Sie einzelne Kinder auf. Sagen Sie z. B.: *This is Sandra. Her T-shirt is yellow.* bzw. *This is Peter. His T-shirt is green. His cap is blue.* etc.
- Die Kinder an der Tafel malen die Kleidungsstücke entsprechend Ihrer Ansage an.

7 Play the guessing game. Ratespiel

- Fordern Sie die Kinder dazu auf, die Seite 24 im *Pupil's Book* zu öffnen. Lesen Sie dann in Übung 7 die Namen der Kinder der Reihe nach vor. Lassen Sie die Kinder nachsprechen.
- Sagen Sie die Namen durcheinander und die Kinder zeigen auf die entsprechenden Kinder im Buch.
- Üben Sie gemeinsam mit den Kindern die Redemittel für das Partnerspiel auf der unteren Hälfte der Seite 24 durch mehrmaliges Vor- und Nachsprechen.
- Demonstrieren Sie die Partnerarbeit mit einem Kind vor der ganzen Klasse.
  Sagen Sie: *His cap is white and his jacket is green.* Das Kind antwortet z. B.: *It's Toby.*
  Sagen Sie dann: *No, his shoes are white.* Das Kind antwortet: *It's Charlie.* Bestätigen Sie: *Right.*
- Die Kinder spielen das Spiel zu zweit. Sobald ein Kind in der Abbildung richtig identifiziert wurde, werden die Rollen getauscht.
- Gehen Sie in der Klasse herum und helfen Sie, falls nötig.

Hinweis: Machen Sie die Kinder darauf aufmerksam, dass sie den Hinweis in der *Look-Box* nutzen können, wenn sie noch Schwierigkeiten mit der Unterscheidung zwischen *his/her* haben sollten.

Kopiervorlage 11: Words Units 1–4

Find the odd one out. Wortfelder erkennen

- Zur Differenzierung besonders leistungsstarker Kinder kopieren Sie die Kopiervorlage 11 (siehe Anhang, Seite 195).
- Die Kinder betrachten die Wortreihen und markieren das Wort, das nicht in das entsprechende Wortfeld passt. In der ersten Reihe fällt beispielsweise die Farbe *blue* aus der Reihe mit den Zahlen.
- Abschließend überprüfen die Kinder die Arbeitsergebnisse mithilfe eines Lösungsblatts.

Lösung: 1 – *blue*
2 – *rat*
3 – *desk*
4 – *bird*
5 – *bat* (einziges Tier, das fliegt)
6 – *lion* (einziges Wort mit vier Buchstaben)

UNTERRICHTSSEQUENZ 6

Wortschatz, Phrasen und Strukturen:

Vorwiegend rezeptiv: *Father Bear has a hobby; He makes woolly hats; Joe, this hat is for you; Joe is not happy; I hate it; It's time for school; Bye, Dad; Bye-bye, Joe; It's Fred, the fox; Oh, what a lovely hat; Fred puts the hat on; Joe is in the classroom; Stupid me!*

Sprachliche Fertigkeiten:

Eine *Cartoon Story (The woolly hat)* von der DVD, von der CD und beim Erzählen durch die Lehrperson verstehen.
Einzelne Wörter beim Erzählen ergänzen.
Inhaltliche Fehler in einer Geschichte entdecken und richtigstellen.
Klanglich abgesicherte Sätze mit ihrem Schriftbild verbinden.
Eine Geschichte als Rollenspiel rekonstruieren.

Kognitive, motorische und soziale Fertigkeiten:

Die zeitliche Abfolge einer Geschichte verstehen und diese mit den entsprechenden Bildern verbinden.
Sätze lesen und deren Wahrheitsgehalt beurteilen.
Einen Lückentext ergänzen.
Sätze der Geschichte in die chronologisch richtige Reihenfolge bringen.

Integration in den Gesamtunterricht:

Sachunterricht: Redeanlass „Hobbys".
Kunst

Materialien:

CD 1 Nr. 46
Story Cards 13–21; DVD *(Cartoon Story: The woolly hat,* 02:54); *Pupil's Book,* Seite 25, Übung 8; CD 1 Nr. 47; *Activity Book,* Seite 20, Übungen 5–7

Wiederholung

CD 1 46

- Sprechen Sie zur Wiederholung den *Chant Cold and hot* aus der letzten Unterrichtssequenz zur Playback-version (CD 1 Nr. 46).
- Spielen Sie dann das Kreisspiel: Die Kinder bilden einen Kreis. Achten Sie darauf, dass ausreichend Abstand zwischen den einzelnen Kindern gelassen wird. Ein Kind steht in der Mitte.
- Sie beschreiben nun eines der Kinder aus dem Kreis, z. B.: *His/Her jeans are blue, his/her pullover is red.* etc.
- Sobald das betreffende Kind bemerkt hat, dass es mit der Beschreibung gemeint ist, beginnt es, außen um den Kreis zu laufen.
- Das Kind in der Mitte läuft dem Kind nach und versucht es zu fangen, bevor dieses einmal um den Kreis gelaufen ist und wieder an seinem Platz ankommt.
- Falls das Kind gefangen wird, muss es nun in der Mitte stehen etc.
- Wenn die Kinder die Phrasen sicher beherrschen, kann ein Kind auch Ihre Rolle übernehmen und ein anderes Kind beschreiben.

Vorentlastung wichtiger Phrasen

Father Bear has a hobby; He makes woolly hats; I hate it.

- Befestigen Sie die *Story Cards* Nr. 13 und 15 an der Tafel. Diese illustrieren die Sätze *Father Bear has a hobby. He makes woolly hats.* und *I hate it.*
- Erklären Sie mithilfe der beiden *Story Cards* die Bedeutung dieser Sätze, indem Sie die Sätze zuerst nur auf Englisch sagen und ihren Inhalt durch Mimik und Gestik veranschaulichen.
- Zeigen Sie dann auf das entsprechende Bild. Verwenden Sie, nur wenn dies nötig ist, auch die deutsche Sprache zur Bedeutungserklärung.

Pre-viewing activity

- Befestigen Sie alle *Story Cards* an der Tafel.
- Fordern Sie die Kinder auf, sie genau zu betrachten. Stellen Sie nun die beiden Fragen:
  What colour is the woolly hat?
  Who makes the woolly hat?
- Lassen Sie die Kinder nun für sich oder in Partnerarbeit die beiden Fragen beantworten.
- Entfernen Sie die Karten dann wieder von der Tafel.

☆ 8 Watch the story. Cartoon Story: The woolly hat

- Zeigen Sie den Kindern die Videosequenz *The woolly hat* einmal von der DVD.

Videoscript: The woolly hat

Storyteller:	*Father Bear has a hobby. He makes woolly hats.*
Father Bear:	*Joe, this hat is for you.*
Joe:	*Oh! Thank you.*
Storyteller:	*Joe is not happy.*
Joe:	*I hate it. Aaargh!*
Storyteller:	*It's time for school.*
Joe:	*Bye, Dad.*
Father Bear:	*Bye-bye, Joe.*
Joe:	*Bye-bye, woolly hat!*
Storyteller:	*Ah! It's Fred, the fox.*
Fox:	*Oh, what a lovely hat.*
Storyteller:	*Fred puts the hat on. Joe is in the classroom.*
Other animals:	*Ah! What a lovely hat! Wonderful!*
Joe:	*Stupid me!*

- Lassen Sie die Kinder einzelne Wörter und Sätze aus der Geschichte nennen, an die sie sich erinnern können. Fragen Sie: *What can you remember? Tell me some words and sentences.*
- Hängen Sie anschließend die *Story Cards* in ungeordneter Reihenfolge an die Tafel. Fordern Sie zwei Kinder auf, die *Story Cards* in die richtige Reihenfolge zu bringen.
- Zeigen Sie nun die Videosequenz noch einmal von der DVD und vergleichen Sie gemeinsam mit den Kindern, ob die Reihenfolge der *Story Cards* an der Tafel stimmt.
- Entfernen Sie die Karten dann wieder von der Tafel.

Listen and read.
Hör- und Leseübung

PB CD 1 47

- Die Kinder schlagen das *Pupil's Book* auf Seite 25 auf und betrachten den Comic in Übung 8.
- Sagen Sie den Kindern, dass Sie nun die Hörspielfassung der Geschichte (CD 1 Nr. 47) abspielen werden. Die Kinder sollen währenddessen gut zuhören und mitlesen.
- Spielen Sie die Hörspielfassung ein zweites Mal vor. Vergleichen Sie an dieser Stelle auch die Antworten, die die Kinder auf die zwei eingangs gestellten Fragen gefunden haben *(What colour is the woolly hat? – Red. Who makes the woolly hat? – Father Bear.).*

Hinweis: Falls genügend Zeit bleibt, können Sie den Kindern verschiedene Handlungsalternativen vorschlagen (siehe Seite 34, links oben).

Erzählen der Geschichte

- Erzählen Sie nun die Geschichte mithilfe der *Story Cards.* Während des Erzählens befestigen Sie die jeweils entsprechende Karte an der Tafel. Erzählen Sie die ganze Geschichte auf diese Art.
- Sagen Sie die Sätze in ungeordneter Reihenfolge. Lassen Sie jeweils ein Kind auf das entsprechende Bild an der Tafel zeigen.
- Erzählen Sie die Geschichte noch einmal. Brechen Sie immer wieder ab und sehen Sie die Kinder fragend an. Fordern Sie sie auf, einzelne Wörter zu ergänzen. Sagen Sie z. B.: *Father Bear has a ...* Die Kinder ergänzen: *... hobby.* etc.

Spiel zur Rekonstruktion der Geschichte

CD 1 47

- Sagen Sie den Kindern, dass Sie schon müde sind und dass es passieren kann, dass Sie während des Erzählens inhaltliche Fehler machen. Die Kinder sollen besonders gut aufpassen und diese Fehler verbessern.
- Sagen Sie z. B.: *Father Bear has a hobby. He makes jeans.* Die Kinder verbessern: *No. Woolly hats.*
- Wiederholen Sie den Satz im richtigen Wortlaut: *Ah, yes. He makes woolly hats.* Fahren Sie auf diese Weise fort.
- Bevor die Kinder versuchen, die Geschichte mit verteilten Rollen darzustellen, empfiehlt es sich, die Hörspielfassung von *The woolly hat* noch einmal von der CD (CD 1 Nr. 47) zu spielen. Die Kinder hören zu und schauen gleichzeitig im Buch mit.

Post-viewing activities

☆ 5 Look, read and circle *True* or *False*. Leseübung

AB

- Die Kinder schlagen das *Activity Book* auf Seite 20 auf und betrachten Übung 5.
- Lesen Sie die Sätze unter den Bildern vor. Die Kinder entscheiden, ob die Aussagen mit dem jeweiligen Bild übereinstimmen und kreisen das entsprechende Feld ein (*True* oder *False*).
- Überprüfen Sie abschließend die Arbeitsergebnisse, indem Sie die Sätze noch einmal vorlesen. Die Kinder nennen ihr Ergebnis (*True* oder *False*).
- Stellen Sie die falschen Sätze richtig, indem Sie die Kinder nach der entsprechend richtigen Antwort fragen oder sie gegebenenfalls selbst richtigstellen.

Lösung: 1 – *True*
2 – *False: 'Bye-bye, woolly hat.'*
3 – *False: 'Oh, what a lovely hat.'*
4 – *True*

6 Complete the sentences with the correct words. Lückentext

6 Complete the sentences with the correct words.

~~woolly hat~~ ~~puts~~ hobby ~~like~~

1. A: What's the problem? – B: Joe hates the woolly hat.
2. Fred the fox likes the woolly hat. He puts the hat on.
3. The animals like the woolly hat. They say, 'What a lovely hat!'

- Diese Aufgabe hat ein erhöhtes Anforderungsniveau und muss nicht von allen Kindern gleichermaßen bearbeitet werden. Sie dient zur zeitlichen Differenzierung und zur Förderung leistungsstarker Kinder.
- Die Kinder schlagen die Aufgabe 6 auf Seite 20 im *Activity Book* auf, lesen die Sätze und setzen die entsprechend richtigen Wörter aus dem Kasten ein. Machen Sie die Kinder darauf aufmerksam, dass sich ein Wort zuviel im Kästchen befindet und sie daher nur drei der vier Wörter verwenden dürfen.
- Erlauben Sie den Kindern, im *Pupil's Book* auf Seite 25 nachzusehen, falls sie Hilfe beim Vervollständigen der Sätze benötigen. Jene Kinder, denen die Aufgabe im *Activity Book* leicht fällt, können die Seite 25 im *Pupil's Book* verwenden, um ihre Ergebnisse zu überprüfen.
- Zum gemeinsamen Vergleichen der Arbeitsergebnisse lesen Sie jeweils die Sätze vor und pausieren Sie an der Stelle, wo ein Wort einzufüllen ist. Die Kindern nennen das entsprechende Wort.

7 Put the sentences in the correct order. Write 1–6. Sätze chronologisch ordnen

7 Put the sentences in the correct order. Write 1–6.

(6) The animals in the classroom like Fred's hat.
(1) Father Bear makes woolly hats.
(2) Father Bear gives the hat to Joe.
(5) Fred the fox puts the hat on.
(4) Joe says, 'Bye-bye, woolly hat.'
(3) Joe hates the hat.

20

- Diese Aufgabe hat ein sehr hohes Anforderungsniveau und muss nicht von allen Kindern gleichermaßen bearbeitet werden. Die Bearbeitung ist somit optional.
- Fordern Sie die Kinder auf, das *Activity Book* auf Seite 20 aufzuschlagen. Die Kinder betrachten die Übung 7, lesen die Sätze durch und bringen sie in die richtige Reihenfolge.
- Zum Vergleichen der Arbeitsergebnisse zeichnen Sie sechs Kreise an die Tafel und die Kinder diktieren Ihnen die jeweilige Zahl.
- Lesen Sie zum Schluss noch einmal alle Sätze in der richtigen Reihenfolge vor oder lassen Sie einzelne Kinder vorlesen.

Hinweis: Zur Hilfestellung bzw. für die Überprüfung der Ergebnisse dürfen die Kinder im *Pupil's Book* auf Seite 25 nachschlagen.

Mini project: Change the story

- Diese Übung dient zur Differenzierung.
- Die Kinder finden sich in Gruppen zusammen und versuchen, die Geschichte *The woolly hat* kreativ zu verändern.
- Sagen Sie: *Work in groups. Think of a new story. You need a storyteller and three or four other characters/ animals.*
- Helfen Sie den Kindern dabei, die Geschichte umzugestalten.
- Demonstrieren Sie die Aufgabe, indem Sie z. B. als *Storyteller* sagen: *Father Lion has a hobby. He makes jackets.* Sagen Sie dann z. B. als *Father Lion: Harry, this jacket is for you.*
- Anschließend führen die Gruppen ihre Geschichten vor der Klasse auf.
- Können die Kinder das *Mini project* noch nicht selbstständig bewältigen, dann üben Sie schwierige Textstellen durch Vor- und Nachsprechen mit den Kindern ein.
- Übernehmen Sie beim Rollenspiel je nach Leistungsvermögen die Rolle des *Storyteller*. In leistungsstarken Klassen kann nach mehreren Darbietungen ein Kind diese Rolle übernehmen.
- Helfen Sie ihnen bei Bedarf durch Einflüstern. Wenn es zeitlich möglich ist, lassen Sie das Rollenspiel mehrere Male von Kindern, die sich dafür freiwillig melden, aufführen. Fordern Sie die übrigen Kinder nach jedem Rollenspiel auf, zu applaudieren: *Let's give them a big hand.*

Anmerkung: Die Kinder können den Text der *Cartoon Story* auf Seite 25 im *Pupil's Book* als Vorlage verwenden. Es bietet sich auch an, die Geschichte mit Minivideo- oder Handykameras zu filmen und die Aufnahme zu speichern, um Sie im Portfolio zu dokumentieren oder den Eltern auf dem Elternsprechtag oder Elternabend vorzuführen.

UNTERRICHTSSEQUENZ 7

Wortschatz, Phrasen und Strukturen:

His/her (woolly hat/trainers) is/are (green); I like my ...; I don't like my ...; There is a (bat) on it.

Sprachliche Fertigkeiten:

Personenbeschreibungen lesen und Vermutungen darüber anstellen.
Einen Modelltext kreativ und individuell abwandeln.
Über Vorlieben und Abneigungen schreiben.

Kognitive, motorische und soziale Fertigkeiten:

Personenbeschreibungen verstehen und den entsprechenden Bildern bzw. Personen zuordnen.
In Partnerarbeit ein Ratespiel spielen, dabei aufmerksam zuhören und der Beschreibung ein Bild im Buch zuordnen.
Eine Personenbeschreibung selbst verfassen.

Integration in den Gesamtunterricht:

Sachunterricht: Redeanlass „Kleidung".

Materialien:

Pupil's Book, Seite 26, Übungen 9–12; evtl. Blätter Papier

Wiederholung

- Lassen Sie Kinder, die sich freiwillig dafür melden, ihr Rollenspiel aus der vorhergehenden Unterrichtssequenz darstellen.
- Weisen Sie die Kinder an, einen Kreis zu bilden. Beschreiben Sie erst ein Mädchen und dann einen Jungen aus der Klasse, um *her/his* zu wiederholen: *Her/His pullover is (pink), her/his shoes are (blue), her/his skirt is ...* etc. und lassen Sie die Kinder jeweils raten, um wen es sich handelt: *It's Carmen.* etc.

☆ 9 Read the text. Find the correct picture.
Lese- und Zuordnungsübung

- Die Kinder öffnen das *Pupil's Book* auf Seite 26. Fordern Sie die Kinder auf, die Bilder in Übung 9 zu betrachten, den Text zu lesen und die dort beschriebene Person zu identifizieren. Bei Bedarf können Sie die Beschreibung zunächst laut vorlesen.
- Halten Sie Ihr Buch für alle gut sichtbar hoch und zeigen Sie auf das Redemittel in der Sprechblase. Lesen Sie vor: *It's picture number ...*
- Achten Sie darauf, dass die Kinder die Phrase verwenden. Geben Sie so vielen Kindern wie möglich die Gelegenheit, sich zu äußern.
- Wiederholen Sie die richtige Antwort: *Yes, right. It's picture number three.*

☆ 10 Play a guessing game.
Ratespiel

- Die Kinder finden sich paarweise zusammen und spielen das Ratespiel. Kind A beschreibt eines der vier abgebildeten Mädchen, Kind B errät mit *It's picture number ...* das entsprechende Bild.
- Alternativ können die Kinder auch ihre Mitschüler/innen beschreiben und die gesamte Klasse raten lassen. Helfen Sie durch Einflüstern, falls notwendig.

Lösung: 1 – *Her woolly hat is yellow, her pullover is blue, her skirt is red, her tights are green and her trainers are white.*
2 – *Her woolly hat is green, her pullover is green, her skirt is red, her tights are blue and her trainers are black.*
3 – *Her woolly hat is yellow, her pullover is green, her skirt is red, her tights are blue and her trainers are white.*
4 – *Her woolly hat is yellow, her pullover is green, her skirt is red, her tights are blue and her trainers are black.*

☆ 11 Read. Write your own text.
Kreative Schreibübung: My text

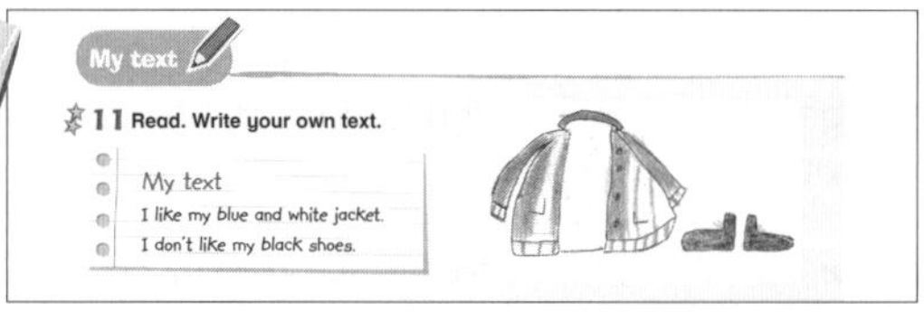

- Fordern Sie die Kinder auf, sich den Text in Übung 11 auf Seite 26 im *Pupil's Book* anzuschauen.
- Lesen Sie den Text mehrmals vor. Die Kinder lesen im Buch mit.

- Dann schließen die Kinder ihre Bücher und diktieren Ihnen den Text. Schreiben Sie an der Tafel mit und lesen Sie den Text nochmals vor. Löschen Sie dann den Text bis auf die Anfangsbuchstaben, sodass der Text folgendermaßen an der Tafel steht *(skeleton text):*

  I l m b a w j.
  I d't l m b sh.
- Zeigen Sie der Reihe nach auf die Buchstaben und fordern Sie die Kinder auf, den Text mit Ihnen gemeinsam zu „lesen".
- Wiederholen Sie diesen Vorgang mehrmals. Zeigen Sie auf die Buchstaben und die Kinder sagen die Wörter.
- Die Kinder öffnen ihre Bücher wieder. Fordern Sie sie anschließend auf, den Text kreativ zu verändern, indem Sie beim Abschreiben einzelne Wörter austauschen. Die Kinder arbeiten selbstständig und schreiben ihren Erstentwurf auf ein Blatt Papier.
- Gehen Sie währenddessen in der Klasse herum und verbessern Sie etwaige Fehler. Die Kinder fertigen abschließend eine Reinschrift an und illustrieren ihren persönlichen Text, wenn sie das möchten.

12 Read. Write your own text.
Kreative Schreibübung: My text

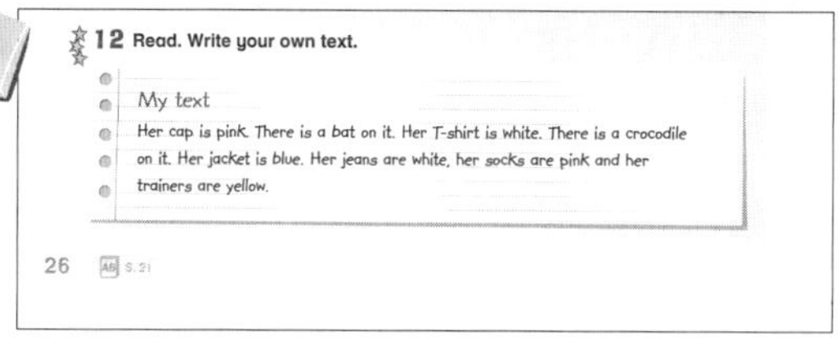
12 Read. Write your own text.

My text

Her cap is pink. There is a bat on it. Her T-shirt is white. There is a crocodile on it. Her jacket is blue. Her jeans are white, her socks are pink and her trainers are yellow.

26 AB S. 21

- Der zweite Modelltext entspricht einem hohen Anforderungsniveau und ist optional. Er kann zur zeitlichen Differenzierung und zur Förderung besonders leistungsstarker Kinder eingesetzt werden.
- Die Kinder haben das *Pupil's Book* auf Seite 26 geöffnet. Lesen Sie den Text aus Übung 12 mehrmals vor. Die Kinder lesen im Buch mit.
- Zur Vertiefung können Sie den Text an die Tafel schreiben. Lesen Sie ihn nochmals gemeinsam mit den Kindern laut vor. Löschen Sie dann aus jedem Satz ein Wort und fordern Sie die Kinder auf, den Text ohne Ihre Unterstützung nochmals abzulesen. Löschen Sie in einem nächsten Durchgang weitere Wörter aus den Sätzen. Die Kinder ergänzen jeweils selbstständig die fehlenden Wörter.
- Fordern Sie die Kinder nun auf, ihren eigenen Text zu schreiben und gegebenenfalls auch eine Zeichnung anzufertigen.
- Geben Sie den Kindern für die Erstellung der Texte genügend Zeit.
- Gehen Sie in der Klasse herum und helfen Sie, wenn dies nötig ist. Gehen Sie dann wie in Übung 11 beschrieben weiter vor (Korrektur, Reinschrift).
- Fordern Sie einzelne Kinder auf, ihre Personenbeschreibung vorzulesen.
- Stellen Sie die Texte abschließend in der Klasse aus und loben Sie die Kinder für die gute Arbeit.

UNTERRICHTSSEQUENZ 8

Wortschatz, Phrasen und Strukturen:

She's/He's wearing a (white) (T-shirt) and (green) (socks); Her/His (T-shirt/trainers) is/are (blue).

Sprachliche Fertigkeiten:

Personenbeschreibungen von der CD verstehen.
Eine Personenbeschreibung geben.

Kognitive, motorische und soziale Fertigkeiten:

Personenbeschreibungen von der CD verstehen und Namen den entsprechenden Bildern zuordnen.
Eine Partnerarbeit durchführen.
Kleidungsstücke entsprechend einer Ansage ausmalen.

Integration in den Gesamtunterricht:

Sachunterricht: Redeanlass „Kleidung und Einkaufen".

Materialien:

Story Cards 13–21
Picture Cards 45–57; *Word Cards* 45–57; *Activity Book*, Seite 21, Übungen 8–9; CD 1 Nr. 48; Buntstifte; evtl. Farbkreiden

Wiederholung

- Rekonstruieren Sie die Geschichte *The woolly hat* mithilfe der *Story Cards*.
- Lassen Sie die Geschichte als Rollenspiel aufführen.

Wortschatzwiederholung

- Wiederholen Sie das Wortfeld *Clothes* mithilfe der *Picture Cards* und *Word Cards* (siehe dazu Seiten 15 f. in der Einleitung).

Einüben von Redemitteln

She's/He's wearing blue jeans/a green T-shirt/...

- Üben Sie die Phrasen *She's wearing ...* und *He's wearing ...*, indem Sie jeweils ein Mädchen und einen Jungen auffordern, an die Tafel zu kommen. Die anderen Kinder haben kurz Zeit, die beiden Kinder zu betrachten.
- Gehen Sie an die Rückwand des Klassenzimmers. Die Kinder drehen sich zu Ihnen um, sodass sie die zwei Kinder, die vorne stehen bleiben, nicht sehen können.
- Fragen Sie z. B.: *What's Matti wearing?* Die Kinder sagen z. B.: *Blue jeans.*
- Wiederholen Sie die Antwort, indem Sie sagen: *Yes, he's wearing blue jeans.* Fordern Sie die Kinder auf, Ihnen nachzusprechen: *He's wearing blue jeans.* Helfen Sie, wenn nötig, durch Einflüstern.
- Fragen Sie dann z. B.: *What's Lilly wearing?* Die Kinder sagen z. B.: *A T-shirt.* Fragen Sie: *What colour is it?* Die Kinder antworten: *Green.* Sagen Sie: *She's wearing a green T-shirt.* Nicken Sie dabei zustimmend und fordern Sie die Kinder auf, nachzusprechen.
- Stellen Sie auf diese Art weitere Fragen über die Kleidung der beiden Kinder, die an der Tafel stehen. Wiederholen Sie die Antworten der Kinder in ganzen Sätzen.
- Zeichnen Sie je ein Mädchen und einen Jungen an die Tafel. Lassen Sie die Kinder Namen für die Figuren finden, z. B. *Tammy* und *John*.
- Stellen Sie Farbkreiden zur Verfügung und rufen Sie einzelne Kinder auf. Sagen Sie z. B.: *She's wearing a green cap, orange trainers* etc. *He's wearing a red cap and blue trainers.* etc. ... etc. Die Kinder an der Tafel zeichnen entsprechend Ihrer Ansage.

☆ 8 Listen and write the names. Hörübung

AB CD 1 48

- Fordern Sie die Kinder auf, das *Activity Book* auf Seite 21 zu öffnen und sich die dort dargestellten Personen in Übung 8 genau anzusehen.
- Schreiben Sie folgende Namen an die Tafel: *Frank, Colin, Debra, Susan.*
- Lesen Sie die Namen mehrmals vor und zeigen Sie auf das entsprechende Schriftbild an der Tafel. Lassen Sie die Kinder die Namen wiederholen.
- Erklären Sie die Höraufgabe. Sagen Sie den Kindern, dass sie von der CD Beschreibungen von *Frank, Colin, Debra* und *Susan* hören werden. Die Kinder sollen diese vier unter den sechs Personen im Buch identifizieren und die Namen auf die entsprechende Zeile schreiben.
- Spielen Sie die Hörübung von der CD zwei- oder dreimal vor (CD 1 Nr. 48). Stoppen Sie die CD eventuell nach jeder Ansage, damit die Kinder genügend Zeit haben, die jeweiligen Personen zu finden.

Tapescript:

Susan is wearing a white T-shirt and a red pullover. Her skirt is blue, her socks are blue and her trainers are yellow.

Colin is wearing an orange cap, a green T-shirt, blue jeans, and green socks. His trainers are blue.

Frank is wearing a green cap. His T-shirt is green, his jeans are blue and his socks are black. He is wearing white trainers.

Debra is wearing a white T-shirt and a yellow pullover. Her skirt is green, her socks are yellow and her trainers are white.

- Kontrollieren Sie die Ergebnisse, indem Sie Ihr Buch für alle gut sichtbar hochhalten. Zeigen Sie auf die einzelnen Personen im Buch und lassen Sie die Kinder den entsprechenden Namen nennen.
- Alternativ können Sie auch sechs Strichmännchen an die Tafel zeichnen und das Tafelbild jeweils mit Linien versehen, um die Übung im *Activity Book* zu repräsentieren. Schreiben Sie die vier Namen auf die entsprechenden Zeilen.

9 Work in pairs. Colour and speak. Partnerarbeit

- Fordern Sie die Kinder auf, das *Activity Book* auf Seite 21 aufzuschlagen und die Bilder in Übung 9 anzusehen.
- Teilen Sie die Klasse in zwei Gruppen: A und B. Es sollte jeweils ein Kind A neben einem Kind B sitzen. Kind A malt Bild A im Buch an, Kind B malt Bild B an. Sagen Sie den Kindern, dass sie pro Kleidungsstück nur eine Farbe verwenden sollen und dass sie sich die Bilder gegenseitig nicht zeigen dürfen.
- Wenn die Bilder fertig ausgemalt sind, fängt Kind A an, dem Partner/der Partnerin das Bild zu beschreiben. Dabei werden die bekannten Redemittel eingesetzt: *He's wearing a … His woolly hat is …* etc. Kind B koloriert Bild A laut Beschreibung.
- Anschließend werden die Rollen getauscht und Kind B beschreibt Bild B. Kind A folgt den Anweisungen.
- Zum Schluss vergleichen die Kinder ihre Bilder.
- Gehen Sie während der Partnerarbeit im Klassenzimmer herum und helfen Sie, falls nötig.

Anmerkung: Führen Sie immer wieder Phrasen ein, die es den Kindern ermöglichen, den Unterrichtsverlauf bzw. ihre Partnerarbeit auf Englisch durchzuführen. Beispiele: *Can you say it again, please? Can you help me, please?*

UNTERRICHTSSEQUENZ 9

Wortschatz, Phrasen und Strukturen:

What about T-shirt number ...? Do you like it?; Yes, I do; No, I don't.
Vorwiegend rezeptiv: *In our group, (three) kids like T-shirt number 1; (Two) kids like T-shirt number 2; Only one kid likes ...*

Sprachliche Fertigkeiten:

Sich zu Vorlieben und Abneigungen befragen und äußern.
Mithilfe von Vorlagen einen kurzen Bericht schreiben.

Kognitive, motorische und soziale Fertigkeiten:

Sich gegenseitig befragen und dabei zuhören.
Notizen machen.
Befragungsergebnisse mithilfe eines Modelltextes zusammenfassen.

Integration in den Gesamtunterricht:

Sachunterricht: Redeanlass „Kleidung".

Materialien:

Pupil's Book, Seite 27, Übungen 13–14;
Handpuppe Max; evtl. mehrere Blätter Papier;
evtl. Kopiervorlage 12

Wiederholung

- Lassen Sie die Kinder die vorgegebenen oder einige selbst verfasste *My texts* zu Vorlieben und Abneigungen gegenüber bestimmten Kleidungsstücken aus der Unterrichtssequenz 7 vorlesen (siehe *Pupil's Book*, Seite 26, Übungen 11 bzw. 12).

13 Make a grid. In groups, ask and answer questions. Make notes. Class survey: Favourite clothes

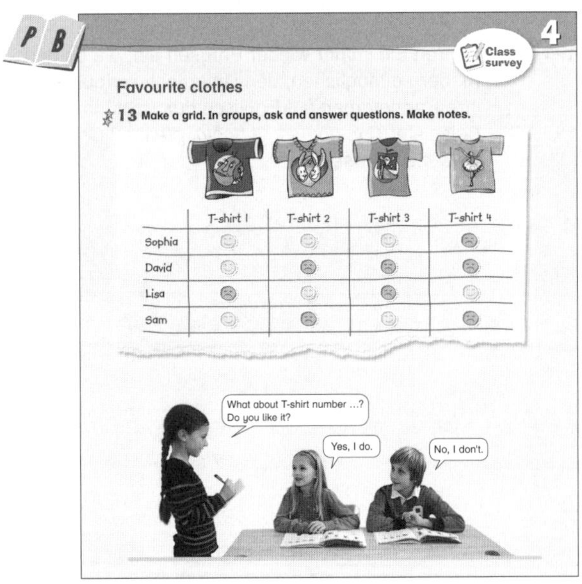

4 Class survey

Favourite clothes

13 Make a grid. In groups, ask and answer questions. Make notes.

	T-shirt 1	T-shirt 2	T-shirt 3	T-shirt 4
Sophia	☺	☺	☺	☹
David	☺	☹	☹	☹
Lisa	☹	☺	☹	☺
Sam	☺	☹	☺	☹

- Zeichnen Sie eine Tabelle mit vier Spalten und zwei Zeilen an die Tafel. Malen Sie in jede Spalte ein T-Shirt und schreiben Sie den Namen von Max und Ihren Namen in die Zeilen. Diese Tabelle repräsentiert eine verkürzte Version der Übung 13 im *Pupil's Book* auf Seite 27.
- Die Kinder öffnen nun die Bücher auf Seite 27 und betrachten die Designs der vier T-Shirts in Übung 13.
- Nehmen Sie die Handpuppe Max und lassen Sie ihn ebenfalls die T-Shirts anschauen. Anschließend fragen Sie Max: *Hi, Max. What about T-shirt number 1? Do you like it?* Antworten Sie für Max: *Yes, I do.* Zeichnen Sie einen *smiley* ☺ in die entsprechende Spalte in die Tabelle an der Tafel. Befragen Sie Max auf diese Weise zu den weiteren T-Shirts. Zeichnen Sie einen *frownie* ☹ ein, wenn Max ein T-Shirt nicht mag.
- Tauschen Sie dann die Rollen: Lassen Sie sich von Max befragen und vervollständigen Sie wiederum die Tabelle.
- Befragen Sie anschließend als Max einzelne Kinder, bis Sie das Gefühl haben, dass die Kinder die Redemittel sicher beherrschen.
- Anschließend lesen Sie die Redemittel in Übung 13 noch einmal vor und die Kinder lesen mit.
- Fordern Sie die Kinder nun dazu auf, sich in Gruppen von fünf bis sechs Kindern zusammenzufinden und sich gegenseitig zu ihren Vorlieben und Abneigungen bezüglich der abgebildeten T-Shirts zu befragen. Die Kinder erstellen eine Tabelle und tragen ihre Ergebnisse entsprechend ein.
- Gehen Sie in der Klasse herum und achten Sie darauf, dass die Kinder die besprochenen Redemittel verwenden.

14 Write a group report. Then talk about your group.
Zusammenfassung

14 Write a group report. Then talk about your group.

In our group, three kids like T-shirt number 1.
Two kids like T-shirt number 2.
Two kids like T-shirt number 3.
Only one kid likes T-shirt number 4.

KV 12 27

- Diese Übung hat ein hohes Anforderungsniveau und ist somit als optional anzusehen.
- Fordern Sie die Kinder dazu auf, die Sätze in Übung 14 zu betrachten. Lesen Sie den Text einige Male vor. Die Kinder zeigen mit dem Finger mit.
- Anschließend sollen die Kinder die Ergebnisse ihres Gruppeninterviews verschriftlichen, indem sie den Text im Buch als Modelltext verwenden. Weisen Sie die Kinder darauf hin, dass sie sich gegenseitig bei der Arbeit unterstützen sollen und dass nicht jedes Kind schreiben muss.
- Abschließend werden die Ergebnisse von einem/einer Gruppensprecher/in präsentiert.

Kopiervorlage 12: I like … / I don't like …

Look and draw ☺ or ☹.
Vorlieben angeben

- Zur Differenzierung von Kindern mit Förderbedarf kopieren Sie die Kopiervorlage 12 (siehe Anhang, Seite 196).
- Die Kinder betrachten die sechs unterschiedlichen *caps*. Anschließend zeichnen sie in Einzelarbeit neben jene Kappen, die ihnen gefallen, einen *smiley* ☺ *(I like …)*, und neben jene Kappen, die ihnen nicht gefallen, einen *frownie* ☹ *(I don't like…)*.
- Abschließend können die Kinder die Kappen anmalen.

Show what you can do

UNTERRICHTSSEQUENZ 1

Wortschatz, Phrasen und Strukturen:
Überprüfung der Wortschatzkenntnisse und des Handlungswissens.

Sprachliche Fertigkeiten:
Wörter und kurze Sätze lesen und verstehen.
Wörter aus den Units 3–4 schreiben.

Kognitive, motorische und soziale Fertigkeiten:
Wörter bzw. Sätze durch Nummerieren den entsprechenden Bildern zuordnen.
Sätze (kommunikative Sprachfunktionen) den entsprechenden Situationen zuordnen.
Selbstevaluation.

Materialien:
Activity Book, Seiten 22–23, Übungen 1–4; evtl. Lösungsblätter

1 Read and write the numbers.
Zuordnungsübung

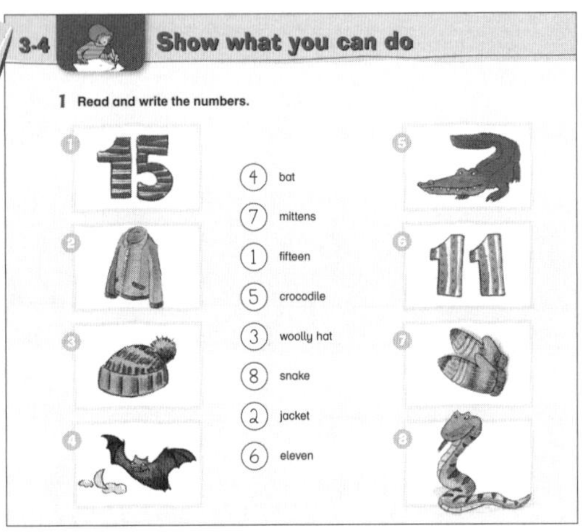

- Erklären Sie den Kindern, dass sie nun selbst herausfinden sollen, welche Wörter zu den Zeichnungen im *Activity Book* auf Seite 22 in Übung 1 sie bereits gut lesen und verstehen können und bei welchen Wörtern sie noch Übung benötigen.
- Die Kinder überprüfen nun selbstständig, ob sie zu den Zeichnungen das jeweilige Schriftbild kennen. Sie ordnen die jeweiligen Wörter den Bildern durch Nummerieren zu. Zeigen Sie das erste Beispiel vor.
- Geben Sie den Kindern für diese Arbeit genügend Zeit. Gehen Sie in der Klasse herum und helfen Sie den Kindern in der ersten Phase ihrer Selbstevaluation.

2 Look and write.
Schreibübung

- Erklären Sie den Kindern, dass sie nun selbst herausfinden werden, welche Wörter zu den Bildern in Übung 2 auf Seite 22 im *Activity Book* sie bereits gut kennen und schreiben können und welche Wörter noch Übung erfordern.
- Die Kinder überprüfen nun selbstständig, ob sie zu den Zeichnungen das jeweilige Schriftbild kennen. Sie schreiben die jeweils fehlenden Buchstaben ohne Vorlage auf die Linien unter den Bildern. Zeigen Sie das erste Beispiel vor.
- Geben Sie den Kindern für diese Arbeit genügend Zeit. Gehen Sie in der Klasse herum und unterstützen Sie die Kinder.
- Legen Sie zur Selbstkontrolle Lösungsblätter in der Klasse aus oder schreiben Sie die Wörter abschließend in der richtigen Reihenfolge an die Tafel, damit die Kinder ihre Rechtschreibung kontrollieren können.

3 Read and write the numbers.
Zuordnungsübung

- Fordern Sie die Kinder auf, die Seite 23 im *Activity Book* aufzuschlagen und sich die vier Situationen in Übung 3 genau anzusehen. Die Kinder überprüfen nun selbstständig, ob sie die kommunikativen Sprachfunktionen (die Sätze in den Sprechblasen) den entsprechenden Bildern durch Nummerieren zuordnen können.

4 Read and match.
Lese- und Zuordnungsübung

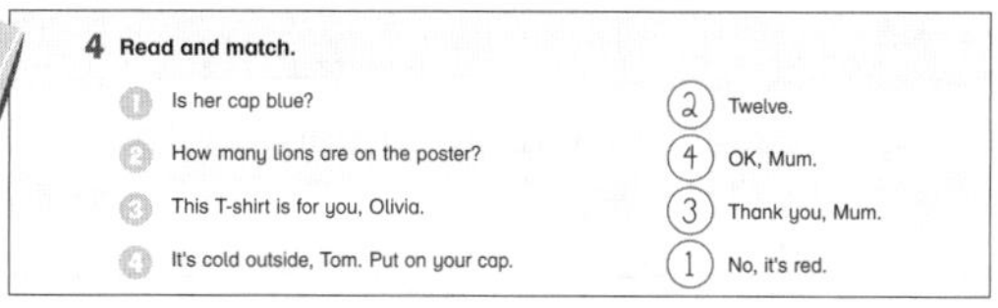

- Fordern Sie die Kinder auf, sich die Sätze in Übung 4 auf Seite 23 im *Activity Book* durchzulesen. Sie sollen nun selbstständig überprüfen, ob sie die kommunikativen Sprachfunktionen einander durch Nummerieren zuordnen können.
- Stellen Sie zur Kontrolle ein Lösungsblatt zur Verfügung oder besprechen Sie die Ergebnisse mithilfe eines Tafelbildes.

Selbstevaluation

- Fordern Sie die Kinder dazu auf, ihre Gesamtleistung zu beurteilen, sobald sie alle Aufgaben bearbeitet haben.
- Sagen Sie ihnen, dass sie sich noch einmal alle Übungen anschauen und genau überlegen sollen, wie leicht sie ihnen gefallen sind, was sie vielleicht noch nicht so gut können und wo noch Übungsbedarf besteht. Erst dann geben sie ein ehrliches Gesamturteil ab.

Hinweis: Zur Arbeit mit *Show what you can do* siehe auch die entsprechenden Hinweise auf Seite 69.

UNTERRICHTSSEQUENZ 1

Wortschatz, Phrasen und Strukturen:

Wortschatzwiederholung zu den Themenbereichen *Colours, Numbers, School* und *Clothes*
brother; sister; dad; mum; aunt; uncle; grandpa; grandma; This is me; This is Mario's/my (mum).

Sprachliche Fertigkeiten:

Bedeutung und Aussprache der neuen Wörter und Phrasen lernen.
Klanglich abgesicherte Wörter und Phrasen mit ihrem Schriftbild verbinden.
Wörter von der CD verstehen.

Kognitive, motorische und soziale Fertigkeiten:

Wörter von der CD verstehen und auf die entsprechenden Bilder im Buch zeigen.
Klanglich abgesicherte Wörter und Phrasen mit ihrem Schriftbild verbinden und schreiben.

Integration in den Gesamtunterricht:

Sachunterricht: Redeanlass „Familie“.

Materialien:

weicher Ball
Picture Cards 58–62; *Word Cards* 58–65; *Pupil's Book*, Seite 28, Übung 1; CD 1 Nr. 49–50; *Activity Book*, Seite 24, Übungen 1–2; evtl. Lesezeichen (siehe Anhang, Seite 213); evtl. Taschenspiegel; Poster 5

Wiederholung

- Stellen Sie sich mit den Kindern in einen Kreis. Werfen Sie einem Kind einen weichen Ball zu und nennen Sie eine Farbe. Das Kind, das den Ball fängt, nennt eine weitere Farbe und wirft einem anderen Kind den Ball zu etc.
- Wiederholen Sie auf diese Weise die Zahlen 1–20, Schulsachen und Kleidungsstücke.

Wortschatzeinführung

brother; sister; dad; mum; aunt; uncle; grandpa; grandma; family

- Erarbeiten Sie die neuen Wörter folgendermaßen: Skizzieren Sie das Portrait eines fiktiven Mädchens oder Jungen an der Tafel. Stoppen Sie den Zeichenvorgang und lassen Sie die Kinder einen Namen für das Kind finden. Sagen Sie: *Who is it?* Fahren Sie mit dem Zeichenvorgang fort, bis die Kinder einen Namen nennen, z. B. *Leo*. Sagen Sie dann: *OK. This is Leo!*
- Skizzieren Sie dann Leos Stammbaum an der Tafel, ähnlich dem Stammbaum auf Seite 28 im *Pupil's Book*.
- Führen Sie die Wörter für Familienmitglieder ein, indem Sie nacheinander die jeweilige *Picture Card* hochhalten, die jeweiligen Wörter mehrmals vorsagen und an den entsprechenden Platz im Stammbaum an der Tafel hängen.
- Ziehen Sie einen Kreis um den Stammbaum und sagen Sie: *This is Leo's family.*
- Fordern Sie abschließend einzelne Kinder auf, zur Tafel zu kommen. Sagen Sie: *Point at Leo's (sister).* etc.

Übung zur Verankerung des Wortschatzes im Produktionsgedächtnis

- Sprechen Sie gemeinsam mit den Kindern die Wörter in der Reihenfolge der Bilder an der Tafel.
- Fordern Sie die Kinder auf, ihre Augen zu schließen. Drehen Sie die *Picture Cards* so um, dass die bedruckte Seite nicht sichtbar ist. Die Kinder öffnen nun wieder ihre Augen.
- Zeigen Sie in ungeordneter Reihenfolge auf die umgedrehten Karten an der Tafel und sagen Sie jeweils: *Who is it? What do you think?* Lassen Sie die Kinder raten, drehen Sie die Karte um und loben Sie sie für richtige Antworten.

Wortschatzeinführung mit Schriftbildunterstützung

- Die *Picture Cards* befinden sich noch an der Tafel.
- Zeigen Sie die *Word Cards* nacheinander und sagen Sie jeweils das entsprechende Wort.
- Verteilen Sie die *Word Cards*. Fordern Sie einzelne Kinder auf, die Wortkarten zu den entsprechenden Bildkarten an der Tafel zu hängen. Sagen Sie: *Put it on the board, please.*
- Teilen Sie die Wort- und die Bildkarten an einzelne Kinder aus. Sagen Sie: *Let's find the matching pairs.* Sagen Sie z. B. *Dad and mum.* und fordern Sie die Kinder mit der entsprechenden *Picture Card* bzw. den beiden *Word Cards* auf, herauszukommen und sich nebeneinander aufzustellen.
- Fahren Sie so mit den anderen Wörtern fort. Zeigen Sie auf die jeweiligen Paare und benennen Sie die Familienmitglieder gemeinsam mit den Kindern.

☆ 1 Listen and point.
Hörübung

PB CD 1 49

- Fordern Sie die Kinder auf, die Seite 28 im *Pupil's Book* aufzuschlagen. Die Kinder decken die linke Spalte mit den Wörtern ab, z. B. mit einem Blatt Papier oder einem Lesezeichen (siehe Anhang, Seite 213), und betrachten die Bilder in Übung 1.
- Nennen Sie die Familienmitglieder zunächst der Reihe nach, dann durcheinander. Die Kinder zeigen auf die entsprechenden Abbildungen.
- Spielen Sie dann die Hörübung von der CD vor (CD 1 Nr. 49). Die Kinder hören zu und zeigen im Buch auf die entsprechenden Familienmitglieder.

Tapescript:

One:	*Brother.*
Two:	*Sister.*
Three:	*Mum.*
Four:	*Dad.*
Five:	*Aunt.*
Six:	*Uncle.*
Seven:	*Grandma.*
Eight:	*Grandpa.*

- Anschließend wird das Blatt Papier entfernt. Lesen Sie die Wörter in der Spalte der Reihe nach laut vor. Die Kinder lesen mit und sprechen Ihnen nach.
- Spielen Sie dann die Hörübung nochmals von der CD (CD 1 Nr. 49) vor. Die Kinder zeigen nun auf die Wörter in der Spalte.

Then test your partner.
Partnerarbeit

PB

- Fordern Sie die Kinder nun auf, ihr Wissen gegenseitig zu überprüfen. Die Kinder arbeiten zu zweit. Nach zwei oder drei richtig benannten Familienmitgliedern tauschen die Kinder jeweils die Rollen.
- Zunächst wird die Spalte mit den geschriebenen Wörtern abgedeckt. Kind A zeigt auf ein Familienmitglied und Kind B benennt dieses.
- In einem nächsten Schritt wird die Spalte mit den Wörtern aufgedeckt. Kind A nennt die Wörter und Kind B zeigt auf das entsprechende Schriftbild in der Spalte.

☆ 1 Listen and write the numbers.
Hör- und Zuordnungsübung

AB CD 1 50

- Fordern Sie die Kinder auf, die Seite 24 im *Activity Book* aufzuschlagen und die Übung 1 zu betrachten. Zeigen Sie auf den Jungen und sagen Sie: *Look! This is Mario.* Zeigen Sie dann auf die Familienmitglieder und sagen Sie: *This is Mario's family.*
- Lesen Sie die Wörter für die Familienmitglieder zunächst der Reihe nach, dann durcheinander vor. Die Kinder lesen und zeigen im Buch mit.
- Lassen Sie die Kinder ihr Buch schließen. Schreiben Sie in die Mitte der Tafel: *Mario's family.*
- Fordern Sie die Kinder dann auf, Ihnen Marios Familienmitglieder zu nennen.
- Die Kinder öffnen nun wieder ihr *Activity Book* auf Seite 24. Sagen Sie den Kindern, dass Mario nun seine Familie auf CD vorstellen wird.
- Spielen Sie die Hörübung von der CD vor (CD 1 Nr. 50). Die Kinder sollen zunächst nur zuhören und im Buch mitschauen.

Tapescript:

Hi, I'm Mario.
Look at picture one. This is me.
Look at picture two. This is my mum.
Look at picture three. This is my brother.
Look at picture four. This is my sister.
Look at picture five. This is my dad.
Look at picture six. This is my aunt.
Look at picture seven. This is my uncle.
Look at picture eight. This is my grandma.
Look at picture nine. This is my grandpa.

- Spielen Sie dann die Hörübung nochmals von der CD vor. Die Kinder schreiben die Zahlen laut der Ansage von der CD in die entsprechenden Kreise für die Familienmitglieder.

- Überprüfen Sie die Ergebnisse der Hörübung. Fragen Sie z. B.: *Who's number two?* oder *What number is 'sister'?* etc.

Then write the words.
Schreibübung

- Halten Sie die Seite 24 Ihres *Activity Book* für alle gut sichtbar hoch. Zeigen Sie auf das erste Bild in Übung 1 und sagen Sie: *This is Mario.* Zeigen Sie anschließend auf das zweite Bild und sagen Sie: *This is Mario's …* Schauen Sie die Kinder fragend an und evozieren Sie die Antwort: *… mum.*
- Die Kinder ergänzen dann in Einzelarbeit die Sätze unter den Bildern mithilfe der nummerierten Wörter.
- Überprüfen Sie die Arbeit der Kinder und fragen Sie einzelne Kinder: *What number is 'This is Mario's dad'?* Kinder: *Five.* etc. Sie können auch fragen: *Who's number five?* Kinder: *(It's) Mario's dad.* etc.

2 Look and write.
Schreibübung

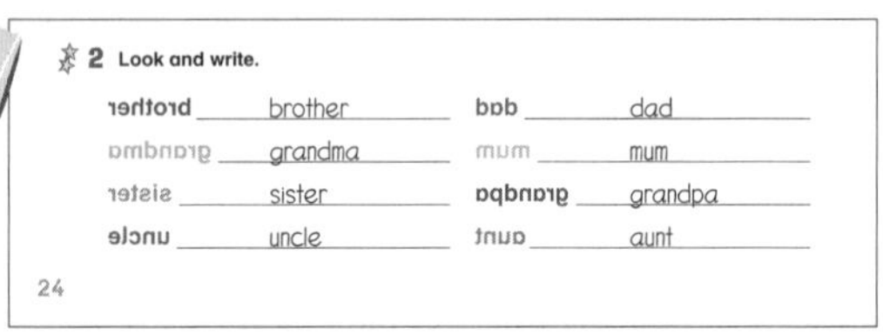
2 Look and write.

brother	dad
grandma	mum
sister	grandpa
uncle	aunt

24

- Fordern Sie die Kinder auf, die Seite 24 im *Activity Book* aufzuschlagen und die Wörter in Spiegelschrift in Übung 2 genau zu betrachten.
- Zeigen Sie auf das erste Wort, schauen Sie die Kinder fragend an und sagen Sie: *Can you read the word?* Die Kinder lesen das Wort *brother.* Lassen Sie zwei weitere Beispiele vorlesen und helfen Sie, wenn notwendig.
- Die Kinder arbeiten dann selbstständig und übertragen die Wörter auf die jeweilige Zeile.
- Weisen Sie die Kinder, die noch Schwierigkeiten mit dem Lesen der Spiegelschrift haben, darauf hin, dass sie einen Spiegel zur Hilfe nehmen dürfen.
- Die Selbstkontrolle erfolgt ebenfalls mit einem Spiegel.
- Lassen Sie die Wörter abschließend von einzelnen Kindern vorlesen.

Poster 5: Family

- Eine detaillierte Beschreibung zur Arbeit mit dem Poster finden Sie im entsprechenden Abschnitt in der Einleitung auf Seite 18.

UNTERRICHTSSEQUENZ 2

Wortschatz, Phrasen und Strukturen:

I've got a (brother); His/Her name is …; I think Alisha's family is number …; I think so too; I don't think so; There are (five) people in my family.

Sprachliche Fertigkeiten:

Sätze von der CD verstehen.
Seine Meinung ausdrücken.
Kurze Sätze lesen.

Kognitive, motorische und soziale Fertigkeiten:

Aufgrund von Beschreibungen von der CD und im Buch Fotos von Familien den entsprechenden Kindern zuordnen.
In Partnerarbeit seine Lösungsvorschläge ausdrücken und der Meinung von anderen zustimmen bzw. dieser widersprechen.

Integration in den Gesamtunterricht:

Sachunterricht: Redeanlass „Familie".

Materialien:

Picture Cards 58–62; *Word Cards* 58–65
Pupil's Book, Seite 29, Übung 2; CD 1 Nr. 51;
Activity Book, Seite 25, Übung 3

Wortschatzwiederholung

- Wiederholen Sie die Wörter zum Themenbereich *Family* mit Unterstützung der *Picture Cards* und *Word Cards.*

Phrasenvorentlastung

I've got …

- Zeichnen Sie mit Strichmännchen einen Stammbaum von sich an die Tafel.
- Beschreiben Sie diesen auf Englisch: *I'm Ms (Müller). I've got a brother. His name is …* etc.

2 Listen. Find Alisha's, Brandon's, Isabel's and Ryan's families. Hörübung

PB CD 1 51

- Schreiben Sie die folgenden Namen an die Tafel: *Alisha, Brandon, Isabel, Ryan.* Zeigen Sie auf die Namen und sprechen Sie sie mehrmals vor. Die Kinder sprechen Ihnen nach.
- Die Kinder schlagen das *Pupil's Book* auf Seite 29 auf und sehen sich die Fotos in Übung 2 an.
- Erklären Sie den Kindern die Hörübung. Sie sollen gut zuhören und die Familienfotos von *Alisha, Brandon, Isabel* und *Ryan* finden.
- Spielen Sie die Hörübung von der CD vor (CD 1 Nr. 51).

Tapescript:

Speaker: *Ryan.*
Ryan: *There are five people in my family. I've got a sister. Then there is my grandma, my mum, my dad and me.*

Speaker: *Alisha.*
Alisha: *There are four people in my family – my grandma, my grandpa, my dad and me.*

Speaker: *Isabel.*
Isabel: *There are six people in my family. I've got two brothers. Then there's my grandma, my grandpa, my mum and me.*

Speaker: *Brandon.*
Brandon: *There are also six people in my family. I've got a sister, then there's my dad, two grandmas and my grandpa and me.*

- Sagen Sie: *I think Alisha's family is photo number ...* Schauen Sie die Kinder fragend an und evozieren Sie die Antwort: *... four.* Sagen Sie dann: *Yes, that's right.*
- Üben Sie die Redemittel der Sprechblasentexte auf Seite 29 mit den Kindern durch mehrmaliges Vor- und Nachsprechen gut ein.
- Spielen Sie nun nochmals die Hörübung vor. Stoppen Sie die CD nach jeder Ansage, damit die Kinder genügend Zeit haben, das richtige Bild zu finden.
- Die Kinder arbeiten zu zweit und tauschen mithilfe der Redemittel auf Seite 29 im *Pupil's Book* ihre Lösungsvorschläge aus.
- Zeichnen Sie vier Bilderrahmen an die Tafel und nummerieren Sie diese von 1 bis 4. Sagen Sie: *Ryan's family is photo (number) ...* Evozieren Sie die Antwort *Two.* von den Kindern.
- Schreiben Sie *Ryan* in den zweiten Bilderrahmen an der Tafel. Fragen Sie dann: *What about Brandon's family?* Kind: *I think Brandon's family is number three.* Sagen Sie: *Right.* Schreiben Sie in den dritten Bilderrahmen *Brandon* hinein etc.
- Falls es Unklarheiten gibt, spielen Sie die CD noch einmal vor und sagen Sie: *Listen again. Listen (very) carefully.*

Lösung: 1 – *Isabel*
2 – *Ryan*
3 – *Brandon*
4 – *Alisha*

3 Look, read and write the names. Lese- und Zuordnungsübung

AB

- Schreiben Sie die Namen *Laura, Jason, Natalie* und *Oliver* an die Tafel. Sprechen Sie die Namen vor und lassen Sie die Kinder nachsprechen.
- Erklären Sie den Kindern, dass sie nun die Texte auf der Seite 25 in Übung 3 im *Activity Book* lesen und den Bildern in der oberen Hälfte der Buchseite zuordnen sollen.
- Geben Sie den Kindern genügend Zeit, sich die Texte durchzulesen und mit einem/einer Partner/in die Lösungen zu besprechen.
- Bei Bedarf können Sie die Beschreibungen der Familien zunächst vorlesen.

- Zeichnen Sie vier Bilderrahmen an die Tafel und nummerieren Sie diese von 1 bis 4. Fragen Sie abschließend die Kinder: *What about Laura's/... family? What number is it?* Tragen Sie die Namen der Kinder in die entsprechenden Bilderrahmen an der Tafel ein.
- Bei Unklarheiten fordern Sie die Kinder auf, die Texte noch einmal zu lesen.

Lösung: 1 – *Oliver*
2 – *Natalie*
3 – *Jason*
4 – *Laura*

UNTERRICHTSSEQUENZ 3

Wortschatz, Phrasen und Strukturen:
Wortschatzwiederholung zu den Themenbereichen *Numbers, School, Animals* und *Clothes*
I think (Ann)'s family is number ...; I think so too; I don't think so.

Sprachliche Fertigkeiten:
Bilder einem Text zuordnen.
Seine Meinung ausdrücken.
Kurze Sätze lesen.

Kognitive, motorische und soziale Fertigkeiten:
Aufgrund von Beschreibungen Fotos von Familien den entsprechenden Kindern zuordnen.
In Partnerarbeit seine Lösungsvorschläge ausdrücken und der Meinung von anderen zustimmen bzw. dieser widersprechen.
Wörter einem Wortfeld zuordnen.
Wortfelder zusammenstellen.
Ein Rätsel lösen, verschiedene Lösungsstrategien entwickeln und verbalisieren.

Integration in den Gesamtunterricht:
Mathematik
Sachunterricht: Redeanlass „Familie".

Materialien:
weicher Ball
Pupil's Book, Seite 30, Übung 3; *Activity Book*, Seite 26, Übungen 4–6; *Word Cards* zu den Themenbereichen *Numbers, School, Animals, Clothes* und *Family*; evtl. Kopiervorlagen 13–14 (mit Lösungsblatt)

Wiederholung

- Stellen Sie sich mit den Kindern in einem Kreis auf. Werfen Sie einem Kind einen weichen Ball zu und nennen Sie ein Wort zum Themenbereich *Family*.
- Das Kind, das den Ball fängt, nennt ein weiteres Familienmitglied und wirft einem anderen Kind den Ball zu etc.
- Wiederholen Sie auf diese Weise die bisher gelernten Wörter zu den Themenbereichen *Numbers, School, Animals* und *Clothes*.

3 Read and match.
Leseübung

PB

- Lassen Sie die Kinder die Seite 30 im *Pupil's Book* für ca. 15 Sekunden anschauen. Sagen Sie dann: *Close your books. Give me words.* Halten Sie die Äußerungen der Kinder an der Tafel fest.
- Schreiben Sie die Namen *Henry, Ann, Daniel* und *Ella* an die Tafel. Sprechen Sie die Namen vor und lassen Sie die Kinder nachsprechen.
- Erklären Sie den Kindern, dass Sie ihnen nun Beschreibungen von Familien vorlesen werden. Die Kinder sollen mitzählen, wie viele Mitglieder die einzelnen Familien umfassen.
- Lesen Sie die Beschreibungen in Übung 3 auf Seite 30 im *Pupil's Book* vor. Fragen Sie die Kinder nach jeder Beschreibung: *How many people are there in the family?*

- Die Kinder öffnen ihre Bücher wieder. Erklären Sie ihnen, dass sie nun die Texte auf der Seite 30 oben lesen und den Fotos auf der unteren Hälfte der Buchseite zuordnen sollen.
- Üben Sie das Redemittel *I think (Ann)'s family is number (one)* durch mehrmaliges Vor- und Nachsprechen gut ein.

- Geben Sie den Kindern dann genügend Zeit, sich die Texte durchzulesen und mit einem/einer Partner/in die Lösungen zu besprechen. Gehen Sie währenddessen in der Klasse herum und helfen Sie bei Unklarheiten.
- Zeichnen Sie vier Bilderrahmen an die Tafel und nummerieren Sie diese von 1 bis 4. Fragen Sie abschließend die Kinder: *What about Ann's/... family? What number is it?* Die Kinder antworten mit Ihrer Hilfe: *I think Ann's/... family is number one/...* Tragen Sie die Namen der Kinder in die entsprechenden Bilderrahmen an der Tafel ein.
- Bei Unklarheiten fordern Sie die Kinder auf, die Texte noch einmal zu lesen.

Lösung: 1 – *Ann*
2 – *Daniel*
3 – *Henry*
4 – *Ella*

Kopiervorlage 13: Words Units 1–5

Look and write.
Schreibübung

- Zur zeitlichen Differenzierung besonders leistungsstarker Kinder kopieren Sie die Kopiervorlage 13 (siehe Anhang, Seite 197).
- Die Kinder betrachten die Abbildungen sowie die entsprechenden Wörter im Kasten oben. Anschließend ordnen sie das entsprechende Wort dem jeweiligen Bild zu und schreiben es auf die Linie darunter.
- Bereiten Sie ein ausgefülltes Arbeitsblatt zur Selbstkontrolle vor.

Lösung:

1 swim	2 read	3 put on	4 draw
5 write	6 dance	7 stand up	8 run
9 listen	10 take off	11 sit down	12 help

Kopiervorlage 14: Holly's family

Read and draw Holly and her family.
Leseübung

- Zur Differenzierung von Kindern mit Förderbedarf kopieren Sie die Kopiervorlage 14 (siehe Anhang, Seite 198).
- Die Kinder lesen den kurzen Text in der Sprechblase. Anschließend zeichnen sie ein Bild von Hollys Familie.
- Je nach Leistungsvermögen der Kinder sollten Sie eventuell im Vorfeld abklären, dass Holly ein Mädchenname ist. Fragen Sie die Kinder, ob Holly ein Mädchen oder ein Junge ist *(Is Holly a girl or a boy?)* und lassen sie so viele Kinder wie möglich ein Votum abgeben. Abschließend klären Sie alle Kinder auf.

☆ 4 Find the odd one out.
Wortfelder erkennen

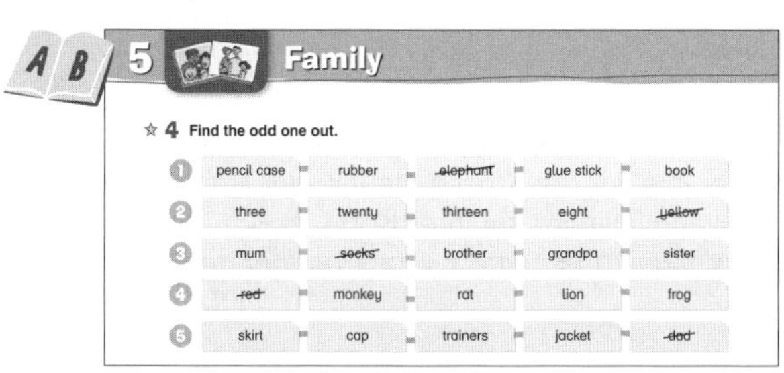
5 Family

☆ 4 Find the odd one out.

1	pencil case	rubber	~~elephant~~	glue stick	book
2	three	twenty	thirteen	eight	~~yellow~~
3	mum	~~socks~~	brother	grandpa	sister
4	~~red~~	monkey	rat	lion	frog
5	skirt	cap	trainers	jacket	~~dad~~

- Schreiben Sie die folgende Wortreihe an die Tafel: *dad – jeans – grandpa – mum – sister.*
- Lesen Sie die Wörter der Reihe nach vor. Fragen Sie nun die Kinder, bei welchem der Wörter es sich nicht um ein Familienmitglied handelt. Sagen Sie: *Which word doesn't belong? Find the odd one out.* Wenn die Kinder das richtige Wort *(jeans)* nennen, streichen Sie das Wort an der Tafel durch.
- Fordern Sie die Kinder nun auf, die Übung 4 auf Seite 26 im *Activity Book* zu betrachten. Sie sollen das jeweils nicht dazugehörige Wort identifizieren und durchstreichen.
- Lesen Sie die Wörter der fünf Zeilen der Reihe nach vor. Die Kinder lesen im Buch mit. Dann arbeiten die Kinder selbstständig und streichen in jeder Zeile das Wort, das nicht zur Wortfamilie passt, durch.
- Überprüfen Sie die Ergebnisse der Kinder, indem Sie sagen: *One. Which word is the odd one out?* Die Kinder benennen das Wort. Verfahren Sie mit den restlichen vier Zeilen ebenso.

☆☆ 5 Write six more words.
Schreibübung

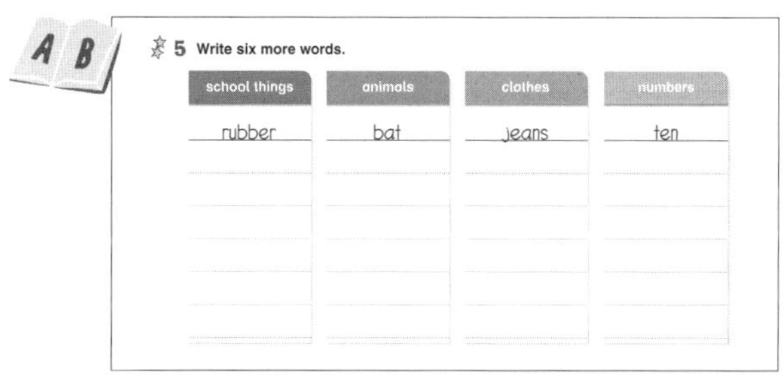
☆☆ 5 Write six more words.

school things	animals	clothes	numbers
rubber	bat	jeans	ten

- Zeichnen Sie an die Mitte der Tafel eine Tabelle mit vier Spalten und folgenden Überschriften: *school things, animals, clothes, numbers.*
- Auf die rechte Seite der Tafel heften Sie jeweils die *Word Cards* für *rubber, bat, jeans* und *ten.* Die Kinder benennen die Wörter und ordnen sie den entsprechenden Wortfeldern zu. Dazu bringen sie die jeweilige Wortkarte unter der entsprechenden Überschrift an der Tafel an.
- Die Kinder rufen Ihnen nun einige weitere Wörter für die entsprechenden Wortfelder zu und Sie schreiben diese an die Tafel unter die Überschriften.
- Fordern Sie die Kinder nun auf, die Übung 5 auf Seite 26 im *Activity Book* zu betrachten. Je nach Leistungsstand sollen die Kinder nun selbstständig ohne Vorlage weitere Wörter für die entsprechenden Wortfelder finden und diese in die Tabelle eintragen. In leistungsschwächeren Gruppen können Sie die *Word Cards* zu den vier Themenbereichen als Vorlage vermischt an der Tafel befestigen.
- Abschließend benennen die Kinder die Wörter, die sie den Wortfeldern zugeordnet haben. Schreiben Sie diese in die Tabelle an der Tafel, sodass die Kinder die Rechtschreibung überprüfen können.

6 Answer the questions.
Rätsel

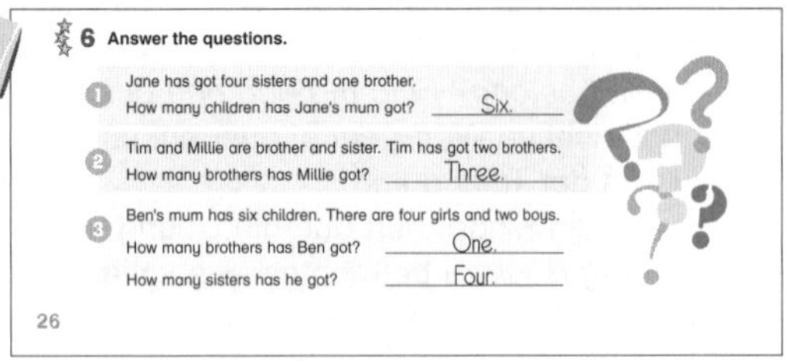
6 Answer the questions.

1. Jane has got four sisters and one brother.
   How many children has Jane's mum got? Six.
2. Tim and Millie are brother and sister. Tim has got two brothers.
   How many brothers has Millie got? Three.
3. Ben's mum has six children. There are four girls and two boys.
   How many brothers has Ben got? One.
   How many sisters has he got? Four.

26

- Die Übung 6 auf Seite 26 im *Activity Book* ist optional und entspricht einem hohen Anforderungsniveau.
- Fordern Sie die Kinder dazu auf, das *Activity Book* auf Seite 26 zu öffnen und die Übung 6 zu betrachten.
- Lesen Sie die ersten Sätze vor und fordern Sie die Kinder auf, das Rätsel zu lösen. Das können sie eventuell ganz selbstständig und ohne Hilfe tun, oder je nach Lerntyp und Präferenz in Partnerarbeit.
- Fahren Sie mit den beiden anderen Rätseln auf dieselbe Weise fort.
- Zum Abschluss nennen die Kinder die jeweilige Lösung der Rätsel und tragen diese im *Activity Book* ein.

Lösung: 1 – *six*
2 – *three*
3 – *one brother; four sisters*

Hinweis: Besprechen Sie die unterschiedlichen Lösungsstrategien mit den Kindern und fragen Sie auf Deutsch, welche Strategien die Kinder angewandt haben. Lassen Sie einige Kinder vorführen, wie sie die einzelnen Rätselaufgaben gelöst haben, indem Sie z. B. an der Tafel eine Zeichnung anfertigen lassen.

U N T E R R I C H T S S E Q U E N Z 4

Wortschatz, Phrasen und Strukturen:

Vorwiegend rezeptiv: *The raccoons are going for a picnic; Dad, Mum, Rosie and her brother, Ronnie; Let's go to the river; What's that?; It's a beaver; Over there; Let's help him; Mum, Dad, Ronnie and his sister want to help; They swim across the river; Pull!; Cut off his tail; Go away; I've got an idea; Just a minute; It works; Now let's have our picnic; That's good.*

Sprachliche Fertigkeiten:

Eine *Cartoon Story (The raccoons and the beaver)* von der DVD, von der CD und beim Erzählen durch die Lehrperson verstehen.
Eine *Cartoon Story* lesen.
Allmählich beim Erzählen im Chor und einzeln mitsprechen.
Klanglich abgesicherte Sätze lesen und in die richtige Reihenfolge bringen.

Kognitive, motorische und soziale Fertigkeiten:

Die Abfolge einer Geschichte verstehen und diese mit den entsprechenden Bildern verbinden.
Sätze lesen und deren Wahrheitsgehalt überprüfen.
Einen Lückentext ergänzen.
Sätze der Geschichte in die chronologisch richtige Reihenfolge bringen.

Integration in den Gesamtunterricht:

Sachunterricht: Lebensgewohnheiten, Ansiedlung und Verbreitung von Wildtieren am Beispiel von Waschbären und Bibern.
Kunst

Materialien:

Picture Cards 58–61, 64–65
Story Cards 22–33; DVD *(Cartoon Story: The raccoons and the beaver,* 03:05); *Pupil's Book*, Seite 31, Übung 4; CD 1 Nr. 52; *Activity Book*, Seite 27, Übungen 7–9;
Zusatzangebot: Bastelvorlage A (Masken *raccoon* und *beaver);* Zeichenpapier; Wasserfarben; Deckweiß; Pinsel; Scheren; Klebstoff; Gummibänder

Wortschatzwiederholung

- Einzelne Kinder erhalten die folgenden *Picture Cards: brother and sister, dad and mum, grandpa and grandma* und stellen sich damit in einer Reihe vor der Klasse auf.
- Geben Sie einen bestimmten Klatschrhythmus vor, den die anderen Kinder nachklatschen.
- Zwischen den einzelnen Klatschsequenzen rufen die Kinder, die vor der Klasse stehen, der Reihe nach die Familienmitglieder auf ihrer Karte, z. B.:
  x x xx x *dad and mum* x x xx x *brother and sister* etc.

Wortschatzvorentlastung

raccoon; beaver; cut off his tail

- Befestigen Sie die *Story Card* Nr. 32, auf der die Familie der Waschbären mit dem eben frei gekommenen Biber zu sehen ist, an der Tafel.
  Erarbeiten Sie damit die Wörter *raccoon* und *beaver.*
- Zeigen Sie auf einen der Waschbären, sagen Sie *raccoon* und zeichnen Sie mit Ihren Händen die typische schwarze Fellmarkierung der Waschbären auf Ihrem Gesicht nach.
- Zeigen Sie auf den Biber, sagen Sie *beaver* und deuten Sie mit den Zeigefingern zwei lange Vorderzähne an.
- Fordern Sie die Kinder auf, die Bewegungen mitzumachen und die Wörter nachzusprechen.
- Klären Sie die Phrase *cut off his tail* folgendermaßen: Stellen Sie das Wort *tail* pantomimisch dar und erklären Sie die Phrase *cut off,* indem Sie sie übersetzen (abschneiden).

Kommentar: Fragen Sie die Kinder, ob sie etwas über die Lebensgewohnheiten dieser Tiere wissen.
Raccoons [rək'u:nz] (auch *racoons*, Waschbären) leben auf Bäumen, schlafen tagsüber und gehen nachts auf die Jagd. Sie haben lange, buschige, schwarz-weiß geringelte Schwänze und eine Zeichnung um die Augen, die einer Maske ähnelt. Sie breiten sich mittlerweile in vielen Städten aus und leben auf Dachböden, in Schornsteinen und in der Kanalisation. In Städten ernähren sie sich von Küchenabfällen, von Obst oder Regenwürmern, die sie in Gärten finden.
Beavers ['bi:vəz] (Biber) haben ein dichtes Fell, einen breiten Schwanz und fällen Bäume mit ihren scharfen Nagezähnen. Sie leben in der Nähe von und an Bachläufen, Flüssen und Seen. In den letzten Jahren haben sich Biber in Deutschland wieder stärker ausgebreitet. Besonders an der Elbe gibt es wieder vermehrt Biber.

Pre-viewing activity

- Befestigen Sie die *Story Card* Nr. 22 an der Tafel. Fordern Sie die Kinder auf, das Bild zu betrachten.
- Zeigen Sie auf die *Story Card* und fragen Sie: *How many raccoons are there?* Evozieren Sie die Antwort *Four.* von den Kindern. Zeigen Sie auf die Familienmitglieder und benennen Sie sie gemeinsam mit den Kindern.
- Fragen Sie dann: *Where are they going?* Bitten Sie so viele Kinder wie möglich um ihre Vorschläge. Lassen Sie die Frage jedoch vorerst noch unbeantwortet.

☆4 Watch the story.
Cartoon Story: The raccoons and the beaver

- Zeigen Sie den Kindern die Videosequenz *The raccoons and the beaver* zweimal von der DVD.

Videoscript: The raccoons and the beaver

Storyteller:	*The raccoons are going for a picnic. Dad, Mum, Rosie and her brother, Ronnie.*
Ronnie:	*Let's go to the river.*
Rosie:	*Yes, great!*
Mum and Dad:	*OK.*
Beaver:	*Help!*
Mum:	*What's that?*
Beaver:	*Help! Help!*
Ronnie:	*It's a beaver. Over there.*
Rosie:	*Let's help him.*
Storyteller:	*Mum, Dad, Ronnie and his sister want to help. They swim across the river.*
Beaver:	*Help!*
Mum, Dad, Rosie, Ronnie:	*Pull! Pull!*
Crow:	*Cut off his tail! Cut off his tail!*
Dad:	*Go away!*
Mum:	*I've got an idea.*
Beaver:	*Help! Help!*
Mum:	*Just a minute.*
Mum, Dad, Rosie, Ronnie:	*One, two, three … jump!*
Beaver:	*It works.*
Storyteller:	*The beaver is very happy. Mum, Dad, Rosie and her brother, Ronnie, are happy too.*
Rosie:	*Now let's have our picnic.*
All:	*Yes, great! Mmmh. That's good. Yummy.*

- Lassen Sie die Kinder Wörter und Phrasen aus der Geschichte nennen. Sagen Sie: *Tell me words and phrases you remember.* Sammeln Sie die Rückmeldungen der Kinder an der Tafel.
- Zeigen Sie den Kindern die Videosequenz bei Bedarf ein weiteres Mal.
- Kommen Sie dann auf die in der *Pre-viewing activity* gestellte Frage zurück und lösen Sie sie gemeinsam mit den Kindern auf. Wiederholen Sie: *Where are they going?* Die Kinder überprüfen ihre Vorannahmen und antworten: *The raccoons are going for a picnic.*

Listen and read.
Hör- und Leseübung

PB 1 52

- Lesen Sie nun mit den Kindern den Comic der *Cartoon Story* auf der Seite 31 des *Pupil's Book.*
- Verwenden Sie dazu auch die CD (CD 1 Nr. 52). Spielen Sie die CD ab. Die Kinder zeigen je nach Leistungsstand auf die Bilder oder den entsprechenden Text.

Erzählen der Geschichte

- Wiederholen Sie nun die Geschichte mithilfe der *Story Cards.* Während des Erzählens befestigen Sie die jeweils entsprechende Karte an der Tafel. Erzählen Sie die ganze Geschichte auf diese Art.
- Sagen Sie nun die Sätze in ungeordneter Reihenfolge. Lassen Sie jeweils ein Kind auf das entsprechende Bild an der Tafel zeigen.
- Erzählen Sie die Geschichte noch einmal. Brechen Sie immer wieder ab und sehen Sie die Kinder fragend an. Fordern Sie sie auf, einzelne Wörter zu ergänzen. Sagen Sie z. B.: *The raccoons are going for a ...* Die Kinder ergänzen: *... picnic.* etc.

Spiel zur Rekonstruktion der Geschichte

- Verteilen Sie die *Story Cards* an einzelne Kinder. Erzählen Sie die Geschichte noch einmal. Das Kind mit dem jeweiligen Bild kommt heraus.
- Zuletzt stehen alle Kinder, an die die *Story Cards* verteilt wurden, in der Reihenfolge des Ablaufs der Geschichte vor der Klasse. Die Bilder werden für die anderen gut sichtbar in die Höhe gehalten.
- Erzählen Sie die Geschichte langsam und zeigen Sie dabei jeweils auf das Kind mit dem entsprechenden Bild.
- Stoppen Sie und fordern Sie das jeweilige Kind auf, den Satz bzw. die Sätze zu vervollständigen. Lassen Sie, wenn nötig, die anderen Kinder helfen. Unterstützen Sie die Kinder mit Mimik und Gestik.
  Sagen Sie: *The raccoons are going for ...*
  Kind: *... a picnic.*
  Zeigen Sie auf die nächste Karte bzw. das nächste Kind und sagen Sie: *Let's go to ...* Kind: *... the river.* etc.

Bastelvorlage A

Zusatzangebot (Kunstunterricht): Raccoon and beaver masks

- Kopieren Sie die Masken *(raccoon, beaver)* von der Bastelvorlage A im Anhang auf Seite 207. Halten Sie eine Kopie hoch. Fordern Sie die Kinder auf, sich für je eine Maske zu entscheiden.
- Lassen Sie die Kinder die Kopien auf Zeichenpapier kleben.
- Die Bibermaske wird in unterschiedlichen Braunschattierungen bemalt. Die schwarz-weißen Zeichnungen des Waschbärengesichts werden mit Deckweiß und Wasserfarben verstärkt.
- Dann werden die Umrisse der Masken sowie die Augen ausgeschnitten. Die Löcher an beiden Seiten der Masken werden durchstoßen. Sodann wird ein etwas stärkeres Gummiband durchgezogen und verknüpft.
- Demonstrieren Sie die einzelnen Schritte und begleiten Sie jede Tätigkeit mit den entsprechenden englischen Anweisungen.

Redemittel:

Take the copy of the mask.
Put some glue on it and stick it on the drawing paper.
Colour the mask.
Cut out the mask. Cut out the eyes.
Push through the holes on each side of the mask.
Fix the elastic.
Put the mask on.

Post-viewing activities

☆ 7 Look, read and circle *True* ✓ or *False* ✗. Leseübung

AB

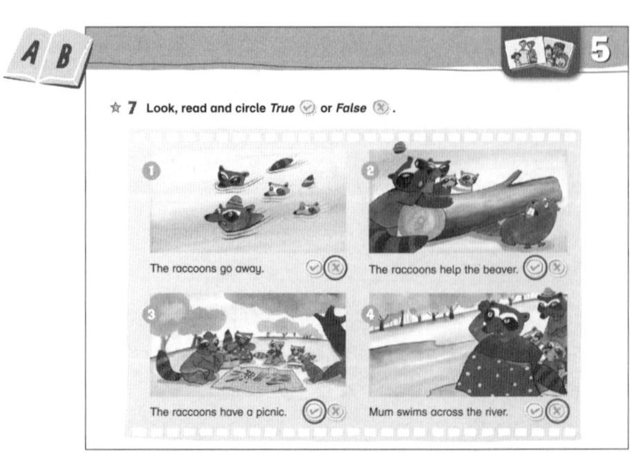

- Die Kinder schlagen das *Activity Book* auf Seite 27 auf und betrachten die Übung 7.
- Lesen Sie die Sätze unter der Bildern vor. Die Kinder entscheiden, ob die Aussagen mit dem jeweiligen Bild übereinstimmen und kreisen das entsprechende Feld ein (*True* oder *False).*
- Überprüfen Sie abschließend die Arbeitsergebnisse, indem Sie die Sätze noch einmal vorlesen. Die Kinder lesen dazu jeweils ihr Ergebnis (*True* oder *False*) vor.
- Stellen Sie die falschen Sätze richtig, indem Sie die Kinder nach der entsprechend richtigen Antwort fragen oder sie gegebenenfalls selbst richtigstellen.

Lösung: 1 – *False: The raccoons/They swim across the river.*
2 – *True*
3 – *True*
4 – *False: 'What's that?'*

8 Complete the sentences with the correct words. Lückentext

AB

8 Complete the sentences with the correct words.

want ~~swim~~ ~~help~~ ~~go~~ ~~have~~

1. The raccoons ___go___ to the river.
2. The raccoons ___swim___ across the river.
3. The raccoons want to ___help___ the beaver.
4. The raccoons and the beaver ___have___ a picnic.

- Diese Aufgabe hat ein erhöhtes Anforderungsniveau und muss nicht von allen Kindern gleichermaßen bearbeitet werden. Sie dient zur zeitlichen Differenzierung und zur Förderung leistungsstärkerer Kinder.
- Die Kinder betrachten die Aufgabe 8 auf Seite 27 im *Activity Book*, lesen die Sätze und vervollständigen diese mit den entsprechend richtigen Wörtern aus dem Kasten. Machen Sie die Kinder darauf aufmerksam, dass sich ein Wort zuviel im Kästchen befindet und sie daher nur vier der fünf Wörter verwenden sollen.
- Zum gemeinsamen Vergleichen der Arbeitsergebnisse lesen Sie jeweils die Sätze vor und ermutigen Sie die Kinder, das eingefüllte Wort zu nennen.

Anmerkung: Benötigen die Kinder noch Hilfe bei der Bewältigung der Aufgabe, erlauben Sie ihnen, die Seite 31 im *Pupil's Book* zu verwenden. Leistungsstärkere Kinder können auf diese Weise ihre Arbeitsergebnisse selbstständig kontrollieren.

9 Put the sentences in the correct order. Write 1–6. Sätze chronologisch ordnen

AB

9 Put the sentences in the correct order. Write 1–6.

(3) Ronnie sees a beaver.
(5) The raccoons help the beaver.
(1) The raccoons are going for a picnic.
(6) Then they have a picnic with the beaver.
(2) They go to the river.
(4) The raccoons swim across the river.

27

- Diese Aufgabe hat ein sehr hohes Anforderungsniveau und kann differenzierend eingesetzt werden. Die Bearbeitung ist somit optional.
- Fordern Sie die Kinder auf, das *Activity Book* auf Seite 27 aufzuschlagen. Die Kinder betrachten Übung 9, lesen die Sätze durch und bringen sie in die richtige Reihenfolge.
- Zum Vergleichen der Arbeitsergebnisse zeichnen Sie sechs Kreise an die Tafel, die die Übung im Buch repräsentieren. Die Kinder diktieren Ihnen die jeweilige Zahl.
- Lesen Sie zum Schluss noch einmal alle Sätze in der richtigen Reihenfolge vor oder lassen Sie einzelne Kinder vorlesen.

Anmerkung: Zur Unterstützung beim Bearbeiten der Aufgabe bzw. zur Selbstkontrolle der Ergebnisse erlauben Sie den Kindern, die Seite 31 im *Pupil's Book* zu verwenden.

Mini project: Change the story

- Diese Übung dient zur Differenzierung.
- Die Kinder finden sich in Gruppen zusammen und verändern die Geschichte *The raccoons and the beaver* kreativ.
- Sagen Sie: *Work in groups. Think of a new story. You need a storyteller and some new animals.*
- Helfen Sie den Kindern dabei, die Geschichte umzugestalten. Die Kinder können den Text der *Cartoon Story* auf Seite 31 im *Pupil's Book* als Vorlage verwenden.
- Demonstrieren Sie die Aufgabe, indem Sie z. B. als *Storyteller* sagen: *The elephants are going for a picnic. Mum, Dad, Peter and Connie. They see a monkey. The monkey is ill.* Sagen Sie dann z. B. als Elefantenmutter: *Look, the monkey is ill.* und als Connie: *I've got an idea.* etc.
- Anschließend führen die Gruppen ihre Geschichten vor der Klasse auf.

Anmerkung: Es bietet sich auch an, die Vorführungen der Geschichte mit Minivideo- oder Handykameras zu filmen und die Aufnahmen zu speichern, um sie im Portfolio zu dokumentieren oder den Eltern auf dem Elternsprechtag oder Elternabend vorzuführen.

UNTERRICHTSSEQUENZ 5

Wortschatz, Phrasen und Strukturen:

The clever raccoons are helpful/strong; Oh, here they come; A bushy tail and two small ears; a funny face and a black nose; That's Ronnie, he's Rosie's brother; My mum, my two sisters and me; This is my family; My name is Tom; I'm 8 years old; I've got a brother and a sister; His name is David and her name is Barbara.

Sprachliche Fertigkeiten:

Ein Lied *(The clever raccoons)* singen.
Klanglich abgesicherte Wörter und Sätze mit ihrem Schriftbild verbinden.
Allmählich beim Erzählen im Chor und einzeln mitsprechen.
Einen kurzen Text lesen.
Einen Modelltext kreativ und individuell abwandeln.

Kognitive, motorische und soziale Fertigkeiten:

Während des Zuhörens mitlesen.
Beim Chorsprechen und Singen auf Rhythmus und Melodie achten und entsprechende Bewegungen machen.
Einen eigenen Text verfassen und mit Zeichnungen verzieren.

Integration in den Gesamtunterricht:

Musik
Sport
Kunst

Materialien:

Story Cards 22–33
Pupil's Book, Seite 32, Übungen 5–7; CD 1 Nr. 53–54

Wiederholung

- Rekonstruieren Sie die Geschichte *The raccoons and the beaver* mithilfe der *Story Cards*.

☆ 5 Listen. Sing the song. Song: The clever raccoons

PB CD 1 53/54

The clever racoons

Text: Puchta, Gerngross
Musik: Lorenz Maierhofer
© Helbling, Rum/Innsbruck

PB 5 Family

☆ 5 53/54 Listen. Sing the song.

The clever raccoons

The clever raccoons are helpful.
The clever raccoons are strong.
Ronnie and Rosie, Dad and Mum.
The clever raccoons, oh, here they come!

A bushy tail and two small ears,
a funny face and a black nose.
That's Rosie, the clever raccoon.

A bushy tail and two small ears,
a funny face and a black nose.
That's Ronnie, he's Rosie's brother.

- Spielen Sie das Lied von der CD vor (CD 1 Nr. 53).
- Erarbeiten Sie den Liedtext mithilfe von Mimik und Gestik bzw. unter Zuhilfenahme der Illustration im *Pupil's Book* auf Seite 32. Erklären Sie *clever, helpful* und *strong* (schlau, hilfsbereit und stark) nötigenfalls auf Deutsch.
- Spielen Sie das Lied nochmals vor. Die Kinder lesen im *Pupil's Book* auf Seite 32 mit.
- Sprechen Sie den Liedtext gemeinsam mit den Kindern. Machen Sie gemeinsam mit den Kindern entsprechende Bewegungen und Gesten dazu.
- Spielen Sie das Lied mehrmals von der CD. Lassen Sie die Kinder die Bewegungen und Gesten mitmachen und allmählich mitsingen.
- Singen Sie abschließend das Lied mit den Kindern zur Playbackversion (CD 1 Nr. 54).

Zusatzangebot (Sport): Raccoon, catch me (Fangspiel)

- Ein Kind ist ein Waschbär auf einem Baum. Der Waschbär schläft und wird von den anderen Kindern aufgeweckt. (Waschbären schlafen tagsüber und jagen nachts.)

- Das Kind, das den *raccoon* spielt, liegt auf einem Kasten/einer Bank oder steht auf den unteren Sprossen der Sprossenwand und stellt sich schlafend.
- Die anderen Kinder sitzen auf dem Boden und sprechen rhythmisch: *Raccoon, raccoon, high up in the tree.* – Alle strecken die Hände in die Höhe. *Raccoon, raccoon, come down and catch me.* – Alle laufen weg und versuchen die Sicherheitszone am Ende des Raumes zu erreichen.
- Der *raccoon* springt herunter und versucht, jemanden zu fangen. Wer gefangen wird, ist in der nächsten Runde der *raccoon.*

6 Read. Write your own text.
Kreative Schreibübung: My text

- Fordern Sie die Kinder auf, das *Pupil's Book* auf Seite 32 aufzuschlagen und den Text in Übung 6 anzuschauen. Lesen Sie die zwei Sätze mehrere Male vor. Die Kinder lesen im Buch mit.
- Lassen Sie die Kinder die Bücher schließen. Fordern Sie sie dann auf, Ihnen den Text zu diktieren. Schreiben Sie an der Tafel mit und lesen Sie den Text nochmals vor.
- Löschen Sie dann die Wörter bis auf die Anfangsbuchstaben von der Tafel, sodass folgender Skeletttext entsteht:

M m, m t s a m.
T i m f.

- „Lesen" Sie den Skeletttext mit den Kindern gemeinsam mehrere Male, bis ihnen der Text geläufig ist.
- Erklären Sie den Kindern, dass Sie nun ihren eigenen Text über ihre Familie schreiben werden, indem sie einzelne Wörter austauschen. Die Kinder orientieren sich dabei am Modelltext in Übung 6.
- Gehen Sie in der Klasse herum und helfen Sie, wenn dies notwendig ist.
- Korrigieren Sie die Texte der Kinder und fordern Sie die Kinder dann auf, eine Reinschrift ihres Textes anzufertigen. Wenn die Kinder damit fertig sind, können sie ihre Texte illustrieren.

7 Read. Write your own text.
Kreative Schreibübung: My text

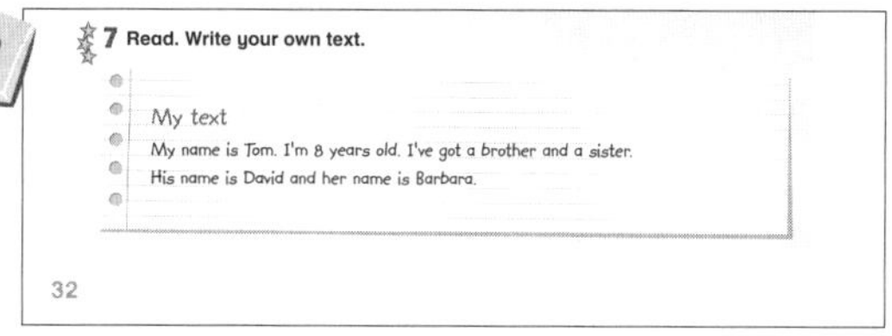

- Der zweite Modelltext entspricht einem hohen Anforderungsniveau und ist somit optional. Er kann zur zeitlichen Differenzierung und zur Förderung besonders leistungsstarker Kinder eingesetzt werden.
- Die Kinder haben das *Pupil's Book* auf Seite 32 geöffnet. Lesen Sie den Text in Übung 7 mehrmals vor. Die Kinder lesen im Buch mit.
- Zur Vertiefung können Sie den Text an die Tafel schreiben. Lesen Sie ihn nochmals gemeinsam mit den Kindern laut vor.
- Löschen Sie dann aus jedem Satz ein Wort und fordern Sie die Kinder auf, den Text ohne Ihre Unterstützung nochmals abzulesen. Löschen Sie in einem nächsten Durchgang weitere Wörter aus den Sätzen. Die Kinder ergänzen jeweils selbstständig die fehlenden Wörter.
- Die Kinder betrachten anschließend nochmals die Texte im Buch und wählen entsprechend der Neigung oder des Leistungsstandes den Text aus Übung 6 oder 7 als Modelltext aus. Die Kinder verfassen ihre eigenen Texte und fertigen, nach Ihrer Korrektur, eine Reinschrift und Illustration an.
- Am Ende dürfen die Kinder, die es gerne möchten, ihren Text vorlesen und die Illustration zeigen.

UNTERRICHTSSEQUENZ 6

Wortschatz, Phrasen und Strukturen:

This is my mum/dad. This is my sister/brother (Emma/James). She's/He's ... (years old). This is my ...

Vorwiegend rezeptiv: *Hello, and welcome to Mia and Mike; This is my room; Have a look; My (skateboard); And this is my teddy bear, Mr Ted; And now, meet my family; This is my (mum); (Mum), say hello; My mum's a school teacher; Where's (my sister)?; Upstairs; Sorry?; Say hello to the camera; Hello, my girl! Please say hello to my friends; Be careful; And now let's go to Mike's place; Let's ask him about his family; It's cold; Put on your jacket and a hat; Come in; Mia's here; Coming; Tell me about your family; Good to see you, kids; Hope you're both all right; And this is Olivia saying hello!*

Sprachliche Fertigkeiten:

Vermutungen zu Bildern anstellen.

Eine *Mia & Mike* Episode *(Families)* von der DVD global verstehen.
Klanglich abgesicherte Wörter und Sätze mit ihrem Schriftbild verbinden.
Seine Familie vorstellen.

Kognitive, motorische und soziale Fertigkeiten:

Phrasen im Buch als Grundlage für das Entwickeln eigener Sätze nutzen.
Merkhilfen verwenden.
Eine Präsentation vortragen.

Integration in den Gesamtunterricht:

Sachunterricht: Redeanlass „Familie".

Materialien:

CD 1 Nr. 54
Pupil's Book, Seite 33, Übung 8; DVD (*Mia & Mike: Families*, 04:20); Zeichenpapier; evtl. Familienfotos

Wiederholung

CD 1 54

- Singen Sie das Lied *The clever raccoons* aus der letzten Unterrichtssequenz zur Playbackversion (CD 1 Nr. 54).

Pre-viewing activity

8 Look at the photos. Guess the answers.
Zuordnungsübung

PB

- Fordern Sie die Kinder auf, das *Pupil's Book* auf Seite 33 aufzuschlagen und die Fotos in Übung 8 zu betrachten.
- Sagen Sie den Kindern, dass sie erraten sollen, wer auf den Fotos abgebildet ist. Sagen Sie: *Look at the photos. Guess. Who is Mia's family member? Who is Mike's family member?*
- Lesen Sie die Fragen vor, zeigen Sie auf die Fotos und lassen Sie anschließend so viele Kinder wie möglich ein Votum abgeben: *I think number (four) is (Mia's mum).*
- Sind Sie alle Fragen mit den Kindern durchgegangen und haben so viele Kinder wie möglich Vermutungen zu den in der Geschichte handelnden Personen abgegeben, sagen Sie den Kindern, dass sie nun ein Video schauen werden und dabei ihre Antworten überprüfen sollen: *Watch the video and check.*

Then watch the video and check.
Mia & Mike: Families

- Zeigen Sie den Kindern den Kurzfilm *Families* einmal von der DVD.

Videoscript: Families

Mia:	*Hello, and welcome to Mia and Mike. This is my room. Have a look! My skateboard, my computer, my T-shirt. And this is my teddy bear, Mr Ted. And now, meet my family. This is my mum. Mum, say hello.*
Mia's mum:	*Hello.*
Mia:	*My mum's a school teacher. Mmh – where's my sister?*
Mia's mum:	*Upstairs.*
Mia:	*OK.*

Mia:	*And this is my sister Emma. Emma, say hello.*
Emma:	*Sorry?*
Mia (louder):	*Say hello to the camera.*
Emma:	*Sorry?*
Mia:	*Oh, Emma, please. This is MY sister!*
Emma:	*Sorry, Mia.*
Mia:	*Say hello to the camera, please.*
Emma:	*Hello!*
Cat:	*Meow!*
Mia:	*And this is my cat, Adam.*
Cat:	*Meow!*
Mia:	*Thank you, Adam. Where's dad? Hi, Dad!*
Dad:	*Hello!*
Mia:	*Please say hello to my friends.*
Dad:	*Hello! Woah!*
Mia:	*Oh, Dad. Be careful! And now let's go to Mike's place. Let's ask him about his family.*
Mia's mum:	*Hey, Mia, it's cold. Put on your jacket and a hat.*
Mia:	*OK, Mum. Bye.*
Mia's mum:	*OK, bye.*
Mike's mum:	*Oh, hello, Mia. Come in.*
Mia:	*Thank you.*
Mum:	*Mike! Mia's here.*
Mike:	*Coming! Hi, Mia!*
Mia:	*Hi, Mike. So, tell me about your family.*
Mike:	*OK. This is my mum.*
Mum:	*Hi, Mia.*
Mike:	*This is my brother, James.*
James:	*Huh? Huh?*
Mike:	*He's 15. And this is my baby sister, Olivia.*
Grandpa:	*Mike!*
Mike:	*This is my granddad.*
Grandpa:	*Hi, Mike, hi, Mia. Good to see you, kids. Hope you're both all right.*
<Olivia crying>	
Grandpa:	*Oops! Come on.*
Mike:	*And this is Olivia saying hello!*

- Fragen Sie die Kinder nach dem erstmaligen Anschauen des Videos nochmals, wer auf welchem Foto abgebildet ist.
- Die Kinder antworten mit *Number (one) is …* etc. Halten Sie die Ergebnisse an der Tafel fest.
  1 – *Mia's dad*
  2 – *Mike's mum*
  3 – *Mia's sister*
  4 – *Mia's mum*
  5 – *Mike's sister*
  6 – *Mike's brother*
- Zeigen Sie den Kindern den Kurzfilm je nach Bedarf noch ein weiteres Mal von der DVD.

Post-viewing activities

Give me words and phrases.

- Fordern Sie die Kinder auf, Ihnen Wörter oder Phrasen aus der Geschichte zu nennen, an die sie sich erinnern können.
- Sagen Sie: *Give me words or phrases.* Halten Sie die Wörter/Phrasen an der Tafel fest und loben Sie die Kinder für ihre Mitarbeit.

A project: Present your family Kurzpräsentation

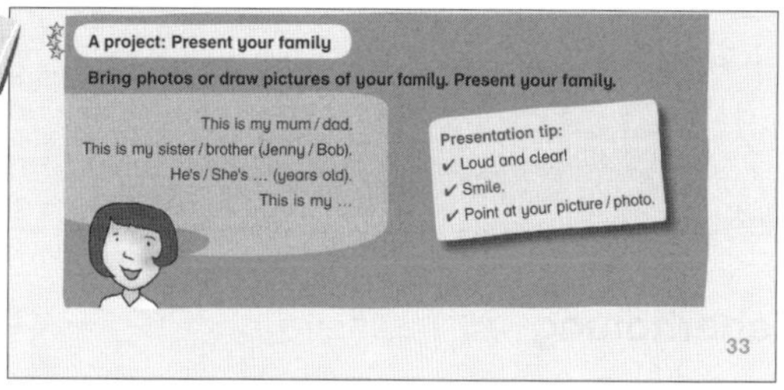

- Das Projekt entspricht einem hohen Anforderungsniveau. Es kann zur zeitlichen Differenzierung und zur Förderung besonders leistungsstarker Kinder eingesetzt werden.
- Haben Sie vor, das Gruppenprojekt durchzuführen, so bitten Sie die Kinder im Vorfeld, Familienfotos mitzubringen. Ansonsten können die Kinder auch eine Zeichnung ihrer Familie anfertigen.
- Lesen Sie die Phrasen im *Pupil's Book* auf Seite 33 unten mehrmals vor. Die Kinder hören zu und lesen im Buch mit.
- Geben Sie den Kindern genügend Zeit, die Phrasen nach ihren Bedürfnissen aufzubereiten und als Modelltext für eine Kurzpräsentation ihrer Familie zusammenzustellen und das Vortragen einzuüben.
- Geben Sie den Kindern die Option, mit einem/einer Partner/in zusammenzuarbeiten und sich bei der Vorbereitung der Kurzpräsentation und beim Üben gegenseitig zu unterstützen.
- Gehen Sie in der Klasse umher und helfen Sie nötigenfalls.
- Die Kinder können während der Präsentation die Bilder an der Tafel befestigen oder eventuell eine Collage gestalten.
- Weisen Sie die Kinder vor der Präsentation auf die Präsentationstipps im gelben Kästchen hin und schreiben Sie diese zur Erinnerung an die Tafel.
- Wenn es zeitlich möglich ist, lassen Sie die Präsentation von mehreren Kindern, die sich dafür freiwillig melden, vortragen.
- Fordern Sie die Kinder auf, nach jeder Präsentation zu applaudieren: *Let's give him/her a big hand.*
- Geben Sie abschließend Feedback und markieren Sie die Aspekte, die von den Kindern während der Präsentation gut umgesetzt wurden, mit einem Häkchen an der Tafel.

Body

UNTERRICHTSSEQUENZ 1

Wortschatz, Phrasen und Strukturen:

hand; arm; shoulder; head; ear; hair; eye; nose; mouth; tooth/teeth; finger; knee; toe; leg; foot/feet

Sprachliche Fertigkeiten:

Bedeutung und Aussprache der neuen Wörter lernen.
Wörter von der CD verstehen und dabei auf die entsprechenden Bilder bzw. Wörter im Buch zeigen.

Kognitive, motorische und soziale Fertigkeiten:

Während des Zuhörens auf die richtigen Bilder bzw. Wörter im Buch zeigen.
In einer Gruppe ein Spiel spielen.

Integration in den Gesamtunterricht:

Sachunterricht: Redeanlass „Unser Körper".

Materialien:

CD 1 Nr. 54
Word Cards 66–80; *Pupil's Book*, Seite 34, Übungen 1–2; CD 2 Nr. 1; evtl. Lesezeichen (siehe Anhang, Seite 213); mehrere weiche Bälle; Poster 6

Wiederholung

CD 1 54

- Singen Sie das Lied *The clever raccoons* aus der letzten Unterrichtssequenz zur Playbackversion (CD 1 Nr. 54).

Wortschatzeinführung

hand; arm; shoulder; head; ear; hair; eye; nose; mouth; tooth/teeth; finger; knee; toe; leg; foot/feet

- Erarbeiten Sie die Körperteile, indem Sie einen Körperteil berühren und das entsprechende Wort sagen, z. B. *Leg*. Sprechen Sie das Wort mehrmals vor.

Multisensorische Wortschatzarbeit zur Verankerung im Wiedererkennensgedächtnis

- Nennen Sie die Körperteile. Fordern Sie die Kinder auf, den jeweils genannten Körperteil am eigenen Körper zu berühren, z. B.: *Touch your nose*. Rufen Sie einzelne Kinder auf und sagen Sie z. B.: *Martha, touch your teeth. Robert, touch your arm. etc.*

Wortschatzübungen mit Schriftbildunterstützung

ball

- Halten Sie die *Word Cards* für die Körperteile kurz hoch. Sagen Sie das jeweilige Wort und befestigen Sie die *Word Cards* an der Tafel.
- Üben Sie die Wörter mit den Kindern durch mehrmaliges Vor- und Nachsprechen. Zeigen Sie dann auf einzelne Wörter an der Tafel und die Kinder berühren den entsprechenden Körperteil.
- Fordern Sie die Kinder auf, die Augen zu schließen. Entfernen Sie einige Wörter von der Tafel. Die Kinder öffnen die Augen und nennen die fehlenden Wörter.

Aussprachetipp: Achten Sie bei *teeth* [ti:θ] auf die richtige Aussprache des [θ]. Es soll kein [s] gesprochen werden. Lassen Sie die Kinder den richtigen Laut mehrmals sprechen.

Übung zur Verankerung des Wortschatzes im Produktionsgedächtnis

ball

- Nehmen Sie die *Word Cards* und legen Sie sie in einem Stoß auf Ihren Tisch. Nehmen Sie eine *Word Card* aus dem Stoß, schauen Sie sie an und fragen Sie: *What is it?* Jenes Kind, das das Wort errät, darf weiterfragen etc.

☆ 1 Listen and point. Hörübung

PB CD 2 1

- Fordern Sie die Kinder auf, das *Pupil's Book* auf Seite 34 aufzuschlagen. Die Kinder decken die Spalte mit den Wörtern ab, z. B. mit einem Blatt Papier, ihrer Hand, oder dem Lesezeichen aus dem Anhang (Seite 213), und betrachten das Bild in Übung 1.
- Benennen Sie einige Körperteile. Die Kinder zeigen auf die entsprechenden Abbildungen.
- Spielen Sie die Hörübung von der CD (CD 2 Nr. 1) vor. Die Kinder zeigen während des Anhörens der CD auf die entsprechenden Körperteile im Buch.

Tapescript:

One:	*Hand.*
Two:	*Arm.*
Three:	*Shoulder.*
Four:	*Head.*
Five:	*Ear.*
Six:	*Hair.*
Seven:	*Eye.*
Eight:	*Nose.*
Nine:	*Mouth.*
Ten:	*Tooth/(four) teeth.*
Eleven:	*Finger.*
Twelve:	*Knee.*
Thirteen:	*Toe.*
Fourteen:	*Leg.*
Fifteen:	*Foot/(two) feet.*

- Fordern Sie die Kinder nun auf, das Blatt Papier zu entfernen.
- Lesen Sie die Wörter in der Spalte der Reihe nach laut vor. Die Kinder lesen mit und sprechen Ihnen nach.
- Spielen Sie dann die Hörübung (CD 2 Nr. 1) nochmals vor. Die Kinder zeigen nun auf die Wörter in der Spalte.

Then test your partner. Partnerarbeit

- Fordern Sie die Kinder nun auf, sich gegenseitig zu überprüfen. Die Kinder arbeiten zu zweit. Nach zwei oder drei richtig benannten Körperteilen tauschen die Kinder jeweils die Rollen.
- Zunächst wird die Spalte mit den geschriebenen Wörtern abgedeckt. Kind A zeigt auf einen Körperteil und Kind B benennt diesen.
- In einem nächsten Schritt wird die Spalte mit den Wörtern aufgedeckt. Kind A nennt die Wörter und Kind B zeigt auf das entsprechende Schriftbild in der Spalte.

Anmerkung: Gehen Sie in der Klasse herum und beobachten Sie die Kinder. Wenn Ausspracheprobleme auftreten, üben Sie die schwierigen Laute anschließend mit der ganzen Klasse.

☆ 2 Play the game. Throw the ball and say body words. Sprechübung

- Fordern Sie die Kinder nun dazu auf, sich in Gruppen von vier Kindern zusammenzufinden. Sie sollen sich gegenseitig einen Ball zuwerfen.
- Jenes Kind, das den Ball jeweils fängt, nennt einen Körperteil und wirft den Ball dann zügig weiter.
- Demonstrieren Sie das Spiel mit einer Gruppe. Werfen Sie den Ball und sagen Sie z. B. *Head.* Das Kind, das den Ball fängt, sagt z. B. *Toe.*, während es den Ball weiterwirft etc.

Poster 6: Body

- Eine detaillierte Beschreibung zur Arbeit mit dem Poster finden Sie im entsprechenden Abschnitt in der Einleitung auf Seite 18.

UNTERRICHTSSEQUENZ 2

Wortschatz, Phrasen und Strukturen:

Bend your knees; Touch your toes/hair/chair/the sky; Clap your hands; Shake your fingers/head; Stamp your feet; Jump up high; Grow and grow.

Sprachliche Fertigkeiten:

Einen *Chant (Bend your knees)* rhythmisch sprechen.
Wörter für Körperteile wiedererkennen und nach Vorlage schreiben.

Kognitive, motorische und soziale Fertigkeiten:

Beim Zuhören und während des rhythmischen Sprechens auf die richtigen Bilder im Buch zeigen.
Beim Sprechen in der Gruppe auf den richtigen Rhythmus achten.
Während des rhythmischen Sprechens die entsprechenden Handlungen ausführen.
Wörter in einer Wörterschlange identifizieren.
Ein Kreuzworträtsel lösen.

Integration in den Gesamtunterricht:

Sachunterricht: Redeanlass „Unser Körper".
Musik
Sport

Materialien:

Word Cards 66–80
Pupil's Book, Seite 35, Übungen 3–4; CD 2 Nr. 2–4; *Activity Book*, Seite 28, Übungen 1–2

Wiederholung

ball

- Spielen Sie *What's missing*? mit Unterstützung der *Word Cards* zum Themenbereich *Body*. Fordern Sie die Kinder auf, die Augen zu schließen, und nehmen Sie einige Karten weg. Sagen Sie dann: *Open your eyes. What's missing?* Die Kinder benennen die fehlenden Karten.

Wortschatzerweiterung

- Üben Sie folgende Aufforderungen gemeinsam mit den Kindern, indem Sie die Sätze laut vorsprechen und entsprechende Bewegungen dazu machen.
  Die Kinder imitieren Ihre Bewegungen.
  Touch your toes/nose/eyes/head/feet/...!
  Shake your arms/hands/fingers/...!
  Clap your hands!
  Close your eyes!
  Open your eyes/mouth!
  Sit down!

☆3 Listen. Do the chant. Chant: Bend your knees

PB CD 2 2–4

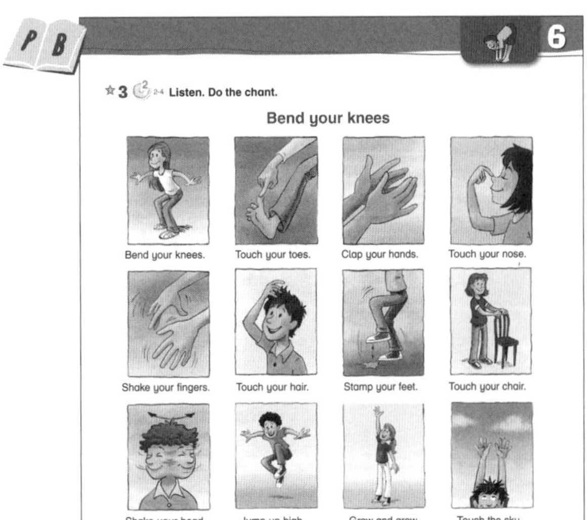

Tapescript:

Speaker 1:	*Bend your knees.* *Touch your toes.* *Clap your hands.* *Touch your nose.*
Speaker 2:	*Bend your knees.* *Touch your toes.* *Clap your hands.* *Touch your nose.*
Speaker 1:	*Shake your fingers.* *Touch your hair.* *Stamp your feet.* *Touch your chair.*
Speaker 2:	*Shake your fingers.* *Touch your hair.* *Stamp your feet.* *Touch your chair.*
Speaker 1:	*Shake your head.* *Jump up high.* *Grow and grow.* *Touch the sky.*
Speaker 2:	*Shake your head.* *Jump up high.* *Grow and grow.* *Touch the sky.*

- Spielen Sie den *Chant* von der CD (CD 2 Nr. 2) vor und führen Sie dazu die genannten Bewegungen aus.
- Anschließend schlagen die Kinder das *Pupil's Book* auf Seite 35 auf und betrachten die Bilder der Übung 3.
- Spielen Sie den *Chant* noch einmal von der CD und lassen Sie die Kinder im Buch mitschauen und mitzeigen.
- Üben Sie mit den Kindern den *Chant*, indem Sie die Anweisungen der Reihe nach langsam sagen und ausführen. Die Kinder imitieren Ihre Bewegungen und sprechen nach.
- Üben Sie nun auf diese Weise den *Chant* Strophe für Strophe ein. Lassen Sie die Strophen von den Kindern rhythmisch nachsprechen und ausführen.

- Spielen Sie die erste Playbackversion (Halbplayback) von der CD (CD 2 Nr. 3). Die Kinder zeigen im Buch mit und sprechen erst die fehlenden Textteile, dann den gesamten Text zur zweiten Playbackversion der CD (CD 2 Nr. 4).
- Teilen Sie dann die Kinder in zwei Gruppen. Eine Gruppe übernimmt mit Ihnen den Teil des ersten Sprechers und die andere Gruppe wiederholt jeweils den Text. Jene Gruppe, die gerade nicht spricht, führt die Anweisungen aus. Wiederholen Sie dies mehrmals.

Hinweis: Dieser *Chant* lässt sich gut in der Sporthalle durchführen.

☆ 4 Play the game. Bewegungsspiel

PB

- Fordern Sie die Kinder nun dazu auf, das *Pupil's Book* auf Seite 35 zu öffnen und die Übung 4 zu betrachten.
- Erklären Sie, dass sie nun das Spiel *Simon says* spielen werden. Bei diesem Spiel werden Anweisungen gegeben, die mit *Simon says* beginnen, wie z. B. *Simon says, 'Clap your hands'.* Alle Mitspieler müssen nun in die Hände klatschen.
- Wird die Anweisung ohne *Simon says* ... gegeben, scheiden diejenigen aus, die trotzdem in die Hände klatschen.
- Bei einer Variante des Spiels werden die Anweisungen von jeweils anderen Bewegungen begleitet als angesagt. Sie können z. B. bei *Simon says, 'Clap your hands'* den Kopf schütteln. Diejenigen, die die Bewegung nachmachen, anstatt mit den Händen zu klatschen, scheiden aus und setzen sich hin.
- Nachdem Sie einige Male die Anweisungen gegeben haben, übernehmen Kinder, die sich trauen, die Rolle des Simon.

Hinweis: Das Spiel kann sehr gut im Klassenverband gespielt werden oder in Gruppen von 6–10 Kindern.

1 Circle the words. Rätsel

AB

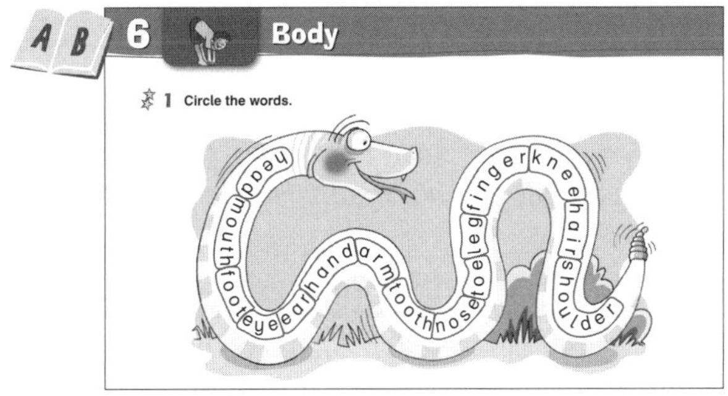

- Die Kinder öffnen das *Activity Book* auf Seite 28 und betrachten die Wortschlange in Übung 1.
- Sagen Sie ihnen, dass sie die Wörter für die Körperteile finden und einkreisen sollen. Demonstrieren Sie dies auf der Seite in Ihrem Buch.
- Bei Bedarf dürfen die Kinder die Spalte im *Pupil's Book* auf Seite 34 als Hilfe verwenden und sich gegenseitig bei der Bearbeitung der Aufgabe unterstützen.
- Lassen Sie abschließend die markierten Wörter in der richtigen Reihenfolge vorlesen.

2 Write the words. Rätsel

AB

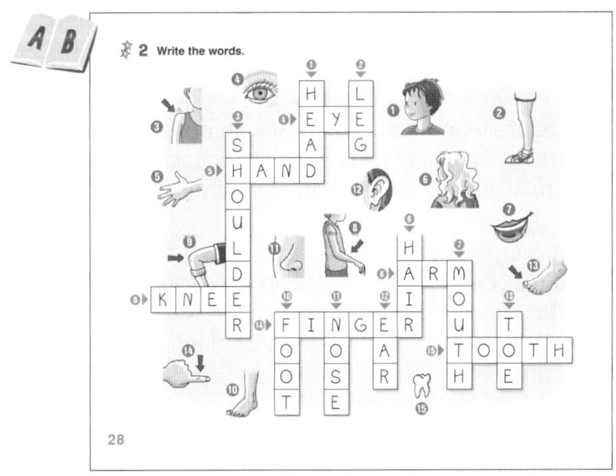

- Die Kinder sollen nun die Übung 2 im *Activity Book* auf Seite 28 betrachten und das Kreuzworträtsel lösen. Dazu dürfen sie die markierten Wörter aus Übung 1 als Hilfe nutzen, um die Rechtschreibung überprüfen zu können.
- Gehen Sie bei Bedarf bei der Bearbeitung des Rätsels in der Klasse umher und helfen Sie.
- Zur Überprüfung der Arbeitsergebnisse sagen Sie die Nummern, z. B. *One.* Die Kinder nennen das entsprechende Wort, z. B. *Head.*

UNTERRICHTSSEQUENZ 3

Wortschatz, Phrasen und Strukturen:
Vorwiegend rezeptiv: *Wilbur gets out of bed; He shakes his arms; He shakes his legs; He bends his knees; He says hello to his dog; Oh, no!; Wilbur runs into the bathroom; He cleans his teeth.*

Sprachliche Fertigkeiten:
Anweisungen einer *Action Story (Wilbur)* verstehen.
Anweisungen von der CD verstehen und Bilder dementsprechend ordnen.

Kognitive, motorische und soziale Fertigkeiten:
Anweisungen mit Bewegungen verbinden.
Anweisungen in vertauschter Reihenfolge verstehen und ausführen.
Bilder durch Nummerieren ordnen.

Integration in den Gesamtunterricht:
Sachunterricht: Redeanlass „Körperhygiene".

Materialien:
CD 2 Nr. 4
Activity Book, Seite 29, Übungen 3–4; CD 2 Nr. 5–6; evtl. Kopiervorlage 15 (mit Lösungsblatt)

Wiederholung

CD 2 4

- Singen Sie zur Wiederholung den *Chant Bend your knees* aus der vorhergehenden Unterrichtssequenz zur zweiten Playbackversion der CD (CD 2 Nr. 4) und machen Sie die entsprechenden Bewegungen gemeinsam mit den Kindern dazu.

☆ 3 Listen and mime. Action Story: Wilbur Zuhören und imitieren

- Die Kinder stehen auf. Geben Sie die erste Anweisung aus der *Action Story Wilbur* (siehe Tapescript unten) und führen Sie sie gleichzeitig mimisch und gestisch aus.
  Sagen Sie: *Wilbur gets out of bed.* und tun Sie so, als ob Sie gerade aus dem Bett steigen würden. Die Kinder imitieren Ihre Handlung.
- Erarbeiten Sie auf diese Weise nacheinander alle Sätze der *Action Story.*
- Wiederholen Sie die Anweisungen so oft, bis Sie merken, dass die Kinder diese mühelos umsetzen können. Steigern Sie allmählich das Tempo.
- Gehen Sie bei der weiteren Erarbeitung der *Action Story* so vor, wie in der Einleitung beschrieben (Seite 19):
  – Anweisungen ausführen
  – Anweisungen durcheinander ausführen
- Wiederholen Sie dies so lange, bis die Kinder die Anweisungen mühelos umsetzen können.

Then listen and point. Hörübung

AB CD 2 5

- Fordern Sie die Kinder dann auf, das *Activity Book* auf Seite 29 aufzuschlagen und die Bilder anzuschauen.
- Spielen Sie die *Action Story* von der CD vor (CD 2 Nr. 5). Die Kinder zeigen im Buch mit.

Tapescript:
Wilbur gets out of bed.
He shakes his arms.
He shakes his legs.
He bends his knees.
He says hello to his dog.
Oh, no!
Wilbur runs into the bathroom.
He cleans his teeth.

☆ 4 Listen and write the numbers. 2 6
Hörübung

- Die Kinder haben das *Activity Book* auf Seite 29 geöffnet. Spielen Sie die Hörübung vor (CD 2 Nr. 6) und fordern Sie die Kinder dazu auf, die einzelnen Bilder gemäß den Anweisungen zu nummerieren.

Tapescript:

One:	*He shakes his legs.*
Two:	*He shakes his arms.*
Three:	*He says hello to his dog.*
Four:	*He bends his knees.*
Five:	*Wilbur runs into the bathroom.*
Six:	*Wilbur gets out of bed.*
Seven:	*He cleans his teeth.*
Eight:	*Oh, no!*

- Anschließend werden die Ergebnisse verglichen. Halten Sie Ihr Buch hoch, zeigen Sie auf ein Bild und fragen Sie: *What number is it?* Oder: *What number is 'He says hello to his dog'?*

Alternative: Zeichnen Sie einen Raster mit 8 Feldern an die Tafel. Dieser Raster stellt eine grafische Repräsentation der Seite 29 im *Activity Book* dar. Deuten Sie auf das erste Rasterfeld und lassen Sie die Kinder die Zahl nennen. Die Kinder werden mit *Six.* antworten. Fahren Sie mit den übrigen Rasterfeldern auf diese Weise fort. Wenn alle Zahlen in den Feldern stehen, ist es für die Kinder ein Leichtes zu erkennen, ob sie die Bilder richtig nummeriert haben.

Kopiervorlage 15: Wilbur (Action Story)

Cut out and put into the correct order.
Sätze chronologisch ordnen

- Zur Differenzierung besonders leistungsstarker Kinder kopieren Sie die Kopiervorlage 15 (siehe Anhang, Seite 199).
- Die Kinder lesen die Sätze der *Action Story* leise durch, schneiden diese aus und bringen sie anschließend in die richtige Reihenfolge.
- Zur Überprüfung spielen Sie die *Action Story* von der CD vor (CD 2 Nr. 5). Die Kinder kontrollieren ihre Arbeitsergebnisse. Eine weitere Möglichkeit der Überprüfung bietet ein vorbereitetes Lösungsblatt mit den Sätzen in der richtigen Reihenfolge, welches die Kinder zur Selbstkontrolle nutzen.

Lösung: vgl. Tapescript CD 2 Nr. 5

U N T E R R I C H T S S E Q U E N Z 4

Wortschatz, Phrasen und Strukturen:

Vorwiegend rezeptiv: *Bend your knees; Shake your arms, one, two, three!; Now jump; What are you doing?; Shhh! Look!; I've got an idea!; What?; Come with me; Look at this; This is great! Give it to me!; Stamp your feet; Stretch; And now touch your toes; My back/shoulders/knees/arms/legs; My goodness; Danny! Daisy!; What is it, Dad?; Come with me; Where are we going?; To the doctor's!; No!; What's that?; Aaaaah!; Here you are, Dad; Very funny! Watch this; Next, please!*

Sprachliche Fertigkeiten:

Einen *Mr Matt Sketch (Mr Matt keeps fit)* von der DVD verstehen.
Klanglich abgesicherte Phrasen lesen und vervollständigen.

Kognitive, motorische und soziale Fertigkeiten:

Einer dialogischen Geschichte von der DVD folgen und Bilder im Buch zuordnen.
Textzeilen sprechen.
Anweisungen geben und ausführen.

Integration in den Gesamtunterricht:

Sachunterricht: Redeanlass „Fitness".
Evtl. Kunst

Materialien:

CD 2 Nr. 4
DVD *(Mr Matt Sketch: Mr Matt keeps fit*, 04:18);
Pupil's Book, Seite 36, Übungen 5–6

Wiederholung

- Sprechen Sie den *Chant Bend your knees* gemeinsam mit den Kindern und führen Sie die Bewegungen aus. Sie können dazu die Playbackversion (CD 2 Nr. 4) verwenden.
- Spielen Sie anschließend die Variante des Spiels *Simon says* ... mit den Sätzen aus der *Action Story* der vorhergehenden Unterrichtssequenz *(Wilbur)*.

☆ 5 Watch the story and say words you remember.
Mr Matt Sketch: Mr Matt keeps fit

- Zeigen Sie den Kindern den Sketch *Mr Matt keeps fit* zweimal von der DVD.

Videoscript: Mr Matt keeps fit

Fitness trainer:	*Good morning, everyone! Let's go. Bend your knees, and one, and two! And shake your arms, three, and four! Now jump. One, and two, and three! Shake your fingers! Stamp your feet! And stretch and stretch and stretch! Now touch your toes, and three, and four! Come on, lazy! Yes, you!*

Off the sofa and join in, too!
Here we go!
Bend your knees, and one, and two …

Danny: *What are you doing?*
Daisy: *Shhh! Look!*
Danny: *I've got an idea!*
Daisy: *What?*
Danny: *Come with me.*

Danny: *Look at this!*
Daisy: *This is great! Give it to me!*

Mr Matt: *My back!*
My shoulders!
My knees!
My arms!
My legs!
My goodness!
Danny! Daisy!
Daisy and Danny: *What is it, Dad?*
Mr Matt: *Look!*
My arms!
My legs!
My back!
Daisy and Danny: *My goodness!*
Mr Matt: *Come with me.*
Daisy: *Where are we going?*
Mr Matt: *To the doctor's.*

Daisy: *Dad?*
Mr Matt: *What?*
Daisy: *Look!*
Mr Matt: *No!*
Daisy: *Look, Dad!*
Mr Matt: *What's that?*
Danny: *Watch me, Dad!*
Mr Matt: *Aaaaah! Give it to me.*
Danny: *Here you are, Dad!*
Mr Matt: *Hahahaha!*
Very funny!
Watch this!
My arm!
My knees!
My back!
My legs!
My back!
My legs!
Doctor: *Next, please.*
Mr Matt: *My nose!*
Daisy and Danny: *My goodness!*

- Nach dem Vorspielen der Geschichte von der DVD fordern Sie die Kinder auf, Wörter und Phrasen zu nennen, an die sie sich erinnern können. Sagen Sie: *Tell me words and phrases.*
- Sammeln Sie die Äußerungen der Kinder an der Tafel.

Finish the sentences.
Sätze vervollständigen

PB

- Nach dem Vorspielen der Geschichte von der DVD öffnen die Kinder das *Pupil's Book* auf Seite 36.
- Fordern Sie die Kinder auf, die Bilder zu betrachten und lesen Sie die Satzanfänge bzw. das Satzende langsam und deutlich vor. Die Kinder sollen mitzeigen.

PB

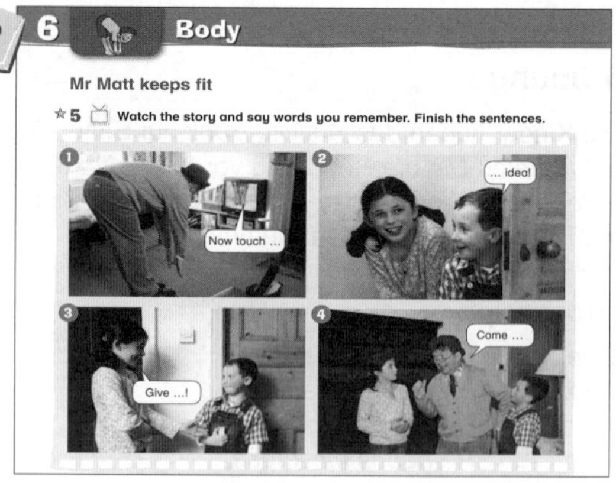

- Anschließend fordern Sie die Kinder auf, die Sätze mündlich zu ergänzen.
- Schreiben Sie zur Kontrolle die kompletten Sprechblasen an die Tafel:

Now touch your toes!

I've got an idea!

Give it to me!

Come with me!

6 Do a role play.
Rollenspiel

PB

PB

- Die Kinder öffnen das *Pupil's Book* auf Seite 36. Lesen Sie den Text in der Sprechblase in Übung 6 mehrmals vor. Die Kinder lesen im Buch mit. Wiederholen Sie dies ein weiteres Mal.
- Üben Sie nun den Text durch mehrmaliges Vor- und Nachsprechen Satz für Satz ein.
- Die Kinder finden sich in Kleingruppen zusammen und setzen die Szene spielhandelnd um.
- Zur Differenzierung können leistungsstärkere Kinder den Sprechblasentext als Modelltext nutzen und durch *creative copying* abwandeln. Dazu können Sie die Phrasen aus dem *Chant Bend your knees* auf Seite 35 im *Pupil's Book* nutzen und die ersten beiden Sätze austauschen.

Kommentar: Sofern es Ihre zeitliche Planung zulässt, würde sich hier ein fächerübergreifendes Arbeiten anbieten. Die im *Pupil's Book* auf Seite 36, Übung 6, dargestellte Szene zeigt eine Schülerin, die als *fitness trainer* hinter einem selbstgebastelten Fernsehgerät Anweisungen gibt. So ein Fernseher könnte im Kunstunterricht hergestellt und für anschließende Rollenspiele verwendet werden.

U N T E R R I C H T S S E Q U E N Z 5

Wortschatz, Phrasen und Strukturen:

The body rock; Listen everybody, get ready for the rock; the body rock, yeah!; Shake your body to the beat; arms and hands and legs and feet; head and hair and ears and nose; come on, shake, from head to toes; Boys and girls, join in, please; touch your toes and touch your knees; clap your hands and touch your hips.

Sprachliche Fertigkeiten:

Ein Lied *(The body rock)* verstehen und singen. Anweisungen verstehen.

Kognitive, motorische und soziale Fertigkeiten:

Einen Liedtext durch Mitlesen im Buch und durch Bewegungen erlernen.

Beim Chorsprechen und Singen auf den richtigen Rhythmus achten.
Anweisungen verstehen und mit dem entsprechenden Bild verbinden.

Integration in den Gesamtunterricht:

Sachunterricht: Redeanlass „Körper".
Sport
Musik

Materialien:

Activity Book, Seite 29, Übung 3
Pupil's Book, Seite 37, Übungen 7–8; CD 2 Nr. 7–8; evtl. Kopiervorlage 16 (mit Lösungsblatt)

Wiederholung

AB

- Wiederholen Sie die *Action Story Wilbur* (siehe Unterrichtssequenz 3). Sie können dazu auch das *Activity Book*, Seite 29, verwenden.
- Wiederholen Sie die Wörter zum Themenbereich *Body*, indem Sie Anweisungen wie z. B. *Touch your knee/head/...* geben. Steigern Sie dabei allmählich das Tempo, während die Kinder die Bewegungen ausführen.

☆ 7 Listen. Sing the song.
Song: The body rock

PB 2 7/8

The body rock

Text: Puchta, Gerngross
Musik: Lorenz Maierhofer
© Helbling, Rum/Innsbruck

PB

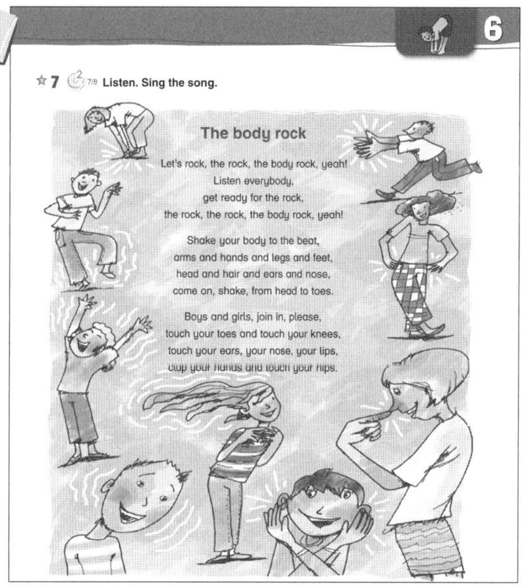

- Spielen Sie das Lied von der CD vor (CD 2 Nr. 7) und machen Sie entsprechende Bewegungen dazu, um das Textverständnis zu erleichtern. Die Kinder hören zunächst nur zu.
- Fordern Sie die Kinder auf, die Seite 37 im *Pupil's Book* aufzuschlagen und Übung 7 zu betrachten.
- Sprechen Sie den Liedtext dann Zeile für Zeile vor und zeigen Sie dabei auf die entsprechenden Abbildungen, um das Textverständnis zu erleichtern.
- Sprechen Sie dann mit den Kindern gemeinsam den Liedtext, wobei die Kinder den Text im Buch als Gedächtnisstütze benützen und mitzeigen.
- Spielen Sie das Lied vor. Fordern Sie die Kinder auf, entsprechende Bewegungen zu machen und mitzusingen.
- Sobald die Kinder den Text mühelos mitsingen können, verwenden Sie die Playbackversion (CD 2 Nr. 8).

☆ 8 Point and test your partner.
Partnerarbeit

- Fordern Sie die Kinder dazu auf, das *Pupil's Book* auf Seite 37 aufzuschlagen und Übung 8 zu betrachten.
- Die Kinder arbeiten paarweise. Ein Kind gibt eine Anweisung aus dem Lied, z. B. *Touch your ears.* und das andere Kind zeigt mit dem Finger auf die entsprechende Illustration rund um den Liedtext in Übung 7.
- Gehen Sie während der Übung in der Klasse herum und helfen Sie bei Bedarf.

Kommentar: Die Übung kann in leistungsstärkeren Gruppen in abgewandelter Form durchgeführt werden. Dazu zeigt ein Kind auf eine Illustration im Buch und das andere Kind sagt den entsprechenden Satz.

Kopiervorlage 16: Words Units 2–6

Look and circle the words. Then write.
Suchspiel

- Zur Differenzierung besonders leistungsstarker Kinder kopieren Sie die Kopiervorlage 16 (siehe Anhang, Seite 199).
- Die Kinder betrachten die Abbildungen neben dem Wortsuchbild *(word search)*. Anschließend finden die Kinder das entsprechende Wort im Kasten, kreisen es ein und schreiben es auf die Linie neben die richtige Abbildung.
- Stellen Sie den Kindern ein Lösungsblatt zur Selbstkontrolle zur Verfügung.

Lösung:

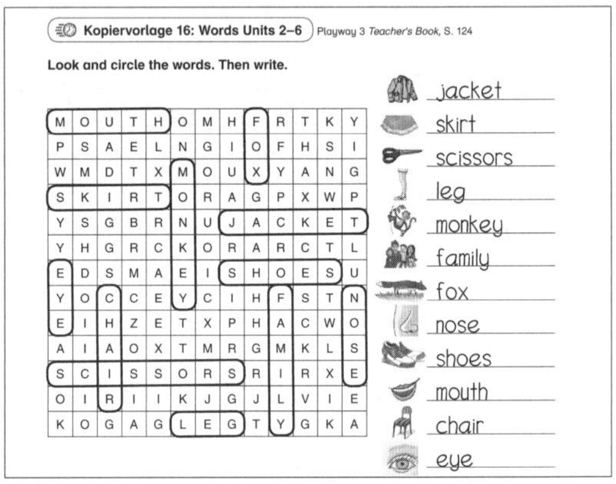
Kopiervorlage 16: Words Units 2–6 Playway 3 *Teacher's Book*, S. 124

Look and circle the words. Then write.

M	O	U	T	H	O	M	H	F	R	T	K	Y
P	S	A	E	L	N	G	I	O	F	H	S	I
W	M	D	T	X	M	O	U	X	Y	A	N	G
S	K	I	R	T	O	R	A	G	P	X	W	P
Y	S	G	B	R	N	U	J	A	C	K	E	T
Y	H	G	R	C	K	O	R	A	R	C	T	L
E	D	S	M	A	E	I	S	H	O	E	S	U
Y	O	C	C	E	Y	C	I	H	F	S	T	N
E	I	H	Z	E	T	X	P	H	A	C	W	O
A	I	A	O	X	T	M	R	G	M	K	L	S
S	C	I	S	S	O	R	S	R	I	R	X	E
O	I	R	I	I	K	J	G	J	L	V	I	E
K	O	G	A	G	L	E	G	T	Y	G	K	A

jacket
skirt
scissors
leg
monkey
family
fox
nose
shoes
mouth
chair
eye

U N T E R R I C H T S S E Q U E N Z 6

Wortschatz, Phrasen und Strukturen:

What's the problem/matter?; My … hurts; Have a cup of tea; Let's go to the doctor's; I feel sick; Let me see; Don't touch it; Go to the dentist's; Go to bed.

Sprachliche Fertigkeiten:

Dialoge von der CD verstehen.
In Partnerarbeit selbstständig Dialoge ausführen.

Kognitive, motorische und soziale Fertigkeiten:

Dialoge verstehen und mit dem entsprechenden Bild verbinden.

Mit vorgeschlagenen Redemitteln selbstständig Dialoge erarbeiten und vor der Klasse aufführen.

Integration in den Gesamtunterricht:

Sachunterricht: Redeanlass „Sich krank fühlen".

Materialien:

CD 2 Nr. 7–8
Handpuppe Max; *Pupil's Book*, Seite 38, Übungen 9–10; CD 2 Nr. 9; evtl. Kopiervorlage 17

Wiederholung

CD 2 7/8

- Singen Sie das Lied *The body rock* aus der vorhergehenden Unterrichtssequenz.

Wortschatzvorentlastung

What's the problem/matter?; My … hurts; Have a cup of tea; Let's go to the doctor's; I feel sick; Let me see; Don't touch it.

- Nehmen Sie die Handpuppe Max und tun Sie so, als ob Max Bauchschmerzen hätte.
- Fragen Sie: *What's the problem, Max?* Antworten Sie mit veränderter Stimmlage als Max: *My tummy hurts.* Sagen Sie: *Have a cup of tea.* Machen Sie eine entsprechende Bewegung, als ob Sie Max eine Tasse Tee reichen würden. Antworten Sie mit veränderter Stimmlage: *No! No tea!* Sagen Sie: *OK, Max, then let's go to the doctor's.*
  Max: *OK, give me a cup of tea, please.*
- Spielen Sie ähnliche Dialoge mit den Phrasen *What's the matter? / I feel sick. / My knee hurts. / Let me see. / Don't touch it!* vor.

☆ 9 Listen and read. Match the dialogues with the correct picture.
Hör- und Leseübung

PB 2 9

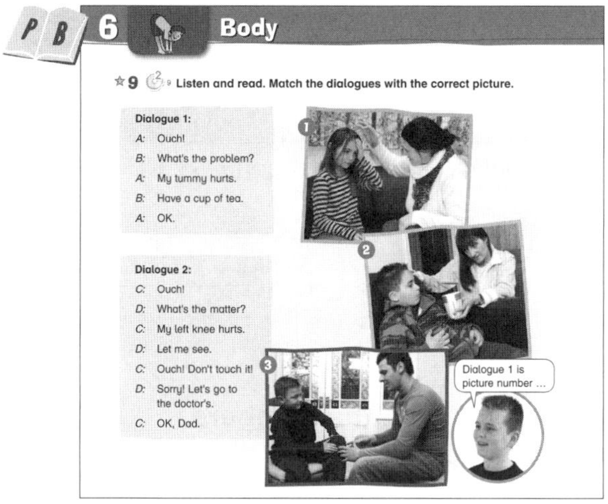

- Fordern Sie die Kinder auf, das *Pupil's Book* auf Seite 38 aufzuschlagen und die Übung 9 zu betrachten. Lesen Sie den ersten Dialog vor und die Kinder lesen im Buch mit.
- Spielen Sie dann den ersten Dialog von der CD vor (CD 2 Nr. 9) und die Kinder zeigen und lesen im Buch mit. Stoppen Sie die CD nach dem ersten Dialog.
- Verfahren Sie mit dem anderen Dialog auf die gleiche Weise.

Dialogue 1:
A: Ouch!
B: What's the problem?
A: My tummy hurts.
B: Have a cup of tea.
A: OK.

Dialogue 2:
C: Ouch!
D: What's the matter?
C: My left knee hurts.
D: Let me see.
C: Ouch! Don't touch it!
D: Sorry! Let's go to the doctor's.
C: OK, Dad.

- Fordern Sie die Kinder anschließend dazu auf, die Dialoge den richtigen Fotos zuzuordnen. Sagen Sie: *Match the dialogues with the correct picture.*
- Halten Sie Ihr Buch für alle gut sichtbar hoch und zeigen Sie auf die Sprechblase. Lesen Sie dann laut vor: *Dialogue 1 is picture number …*
- Die Kinder antworten unter Verwendung des Redemittels.

Lösung: *Dialogue 1 is picture number 2.*
Dialogue 2 is picture number 3.

Kommentar: Zur Differenzierung in leistungsstarken Lerngruppen bieten sich die folgenden weiteren Unterrichtsschritte an.

Dialoge erarbeiten

- Geben Sie den Kindern genügend Zeit, sich die Redemittel im Buch gut anzuschauen und einzuprägen. Demonstrieren Sie, wie man dies am besten macht. Halten Sie Ihr Buch hoch und zeigen Sie Zeile für Zeile im ersten Dialog mit, während Sie leise mitsprechen und jede Zeile ein paar Mal wiederholen.
- Die Kinder finden sich nun paarweise zusammen und üben die Dialoge ein. In leistungsstärkeren Gruppen können die Dialoge zur Differenzierung auch abgewandelt werden.
- Abschließend präsentieren Kinder, die sich freiwillig gemeldet haben, ihre Dialoge vor der Klasse. Ihre Leistung sollte mit *Let's give them a big hand* und Applaus gewürdigt werden.

10 Make dialogues.
Partnerarbeit

PB

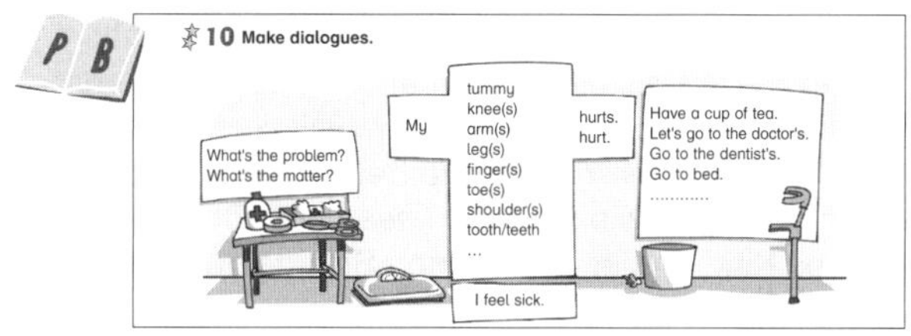

- Erklären Sie den Kindern, dass sie zu zweit arbeiten und mithilfe der Übung 10 auf Seite 38 Dialoge erstellen werden.
- Demonstrieren Sie die Partnerarbeit mit einem Kind vor der Klasse. Lesen Sie einen Satz aus dem ersten Kasten vor und fragen Sie z. B.: *What's the matter, Leonie?* Das Kind liest einen Satz aus dem zweiten Kasten und sagt z. B.: *My tooth hurts.* Suchen Sie einen Satz aus dem letzten Kasten und sagen Sie z. B.: *Let's go to the dentist's.*
- Die Kinder führen nun zu zweit die Dialoge aus. Gehen Sie in der Klasse herum und helfen Sie nötigenfalls.
- Zum Abschluss führen Paare, die sich freiwillig dafür melden, ihren Dialog vor der ganzen Klasse vor. Je nach Leistungsstand können die Kinder ihre Dialoge frei spielen oder ins Buch schauen.
- Leistungsstarke Kinder können die Dialoge auch verschriftlichen und illustrieren.

Kopiervorlage 17: My … hurts.

Look and write.
Schreibübung

- Zur Differenzierung von Kindern mit Förderbedarf kopieren Sie die Kopiervorlage 17 (siehe Anhang, Seite 200).
- Die Kinder betrachten die Abbildungen und lesen die unvollständigen Sätze in den Sprechblasen. Nun schreiben sie die entsprechend richtigen Wörter Buchstabe für Buchstabe in die Kästchen. Bei Bedarf nutzen die Kinder die Wörter unter der gestrichelten Linie auf dem unteren Teil der Seite als Hilfe. Falls diese Hilfestellung nicht benötigt wird, kann sie einfach gefaltet und weggeklappt werden.
- Zur Selbstkontrolle nutzen die Kinder ebenfalls den unteren Teil der Seite.

Lösung: *My tummy hurts.*
My knee hurts.
My finger hurts.
My toe hurts.
My ear hurts.

UNTERRICHTSSEQUENZ 7

Wortschatz, Phrasen und Strukturen:
Wortschatzwiederholung: *My foot/knee/teeth/... hurts/hurt.*

Sprachliche Fertigkeiten:
Klanglich abgesicherte Wörter und Phrasen von der CD verstehen.

Kognitive, motorische und soziale Fertigkeiten:
Wörter und Phrasen den entsprechenden Bildern und Schriftbildern durch Nummerieren zuordnen.
Körperteile entsprechend der Ansage von der CD einkreisen.

Integration in den Gesamtunterricht:
Sachunterricht: Redeanlass „Gesundheit".

Materialien:
Activity Book, Seite 30, Übungen 5–6; CD 2 Nr. 10

Wiederholung

- Stellen Sie sich mit den Kindern in einem Kreis auf. Lassen Sie jeweils ein Kind einen Satz aus der vorhergehenden Unterrichtssequenz pantomimisch darstellen. Die übrigen Kinder machen die Bewegung nach und sagen den Satz, wie z. B. *My knee hurts.* Dann ist ein anderes Kind an der Reihe einen Satz darzustellen etc.

☆ 5 Listen and circle.
Hörübung

AB 2 10

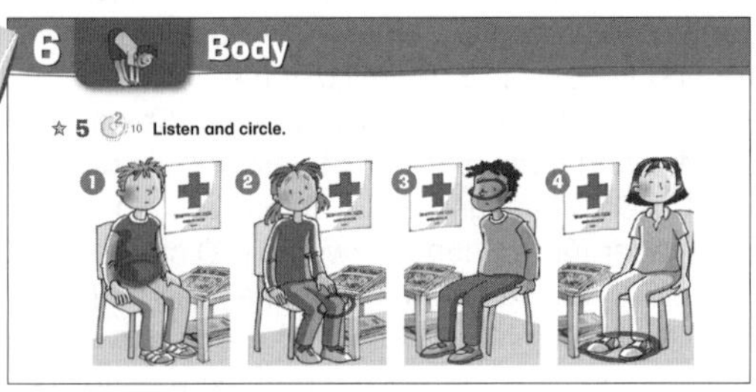

- Die Kinder öffnen das *Activity Book* auf Seite 30 und betrachten die Übung 5.
- Sagen Sie z. B.: *My shoulder hurts.* und die Kinder zeigen auf den entsprechenden Körperteil auf der ersten Illustration im Buch etc.
- Erklären Sie die Höraufgabe. Sagen Sie, dass in der Hörübung vier Kinder sagen werden, wo sie jeweils Schmerzen haben. Die Kinder sollen den entsprechenden Körperteil im Buch einkreisen.
- Spielen Sie die Hörübung zweimal von der CD (CD 2 Nr. 10) vor. Die Kinder kreisen die Körperteile mit Bleistift ein.

Tapescript:

Speaker:	*One.*
Boy:	*My tummy hurts.*
Speaker:	*Two.*
Girl:	*My knee hurts.*
Speaker:	*Three.*
Boy:	*My eyes hurt.*
Speaker:	*Four.*
Girl:	*My feet hurt.*

- Überprüfen Sie die Höraufgabe. Fragen Sie z. B.: *What's number one?* Kind: *My tummy hurts.* etc.

☆ 6 Read and write the numbers.
Zuordnungsübung

AB

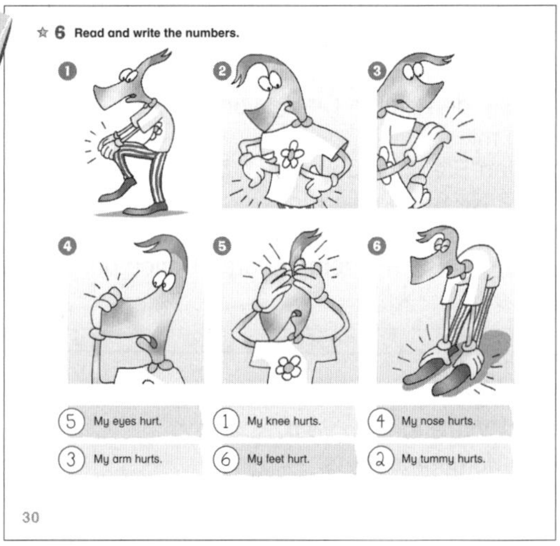

- Die Kinder schauen die Übung 6 auf Seite 30 im *Activity Book* an.
- Fordern Sie die Kinder auf, die Bilder anzuschauen und die Sätze zu lesen. Die Kinder sollen die Nummern der Bilder zu den entsprechend richtigen Sätzen schreiben.
- Überprüfen Sie die Übung, indem Sie z. B. sagen: *My eyes hurt. What number is it?* und die Kinder nennen Ihnen die entsprechende Zahl: *Five.* etc.
- Sie können auch sechs Kreise an die Tafel zeichnen, die die Übung im Buch repräsentieren. Die Kinder sagen Ihnen die entsprechenden Zahlen an und überprüfen so ihre Ergebnisse.

UNTERRICHTSSEQUENZ 8

Wortschatz, Phrasen und Strukturen:
My (foot) hurts; His hair/eyes/... is/are (black); He's got (five) (legs); Let's play a game; What's his name?

Sprachliche Fertigkeiten:
Klanglich abgesicherte Wörter und Phrasen lesen und einem Bild zuordnen.
Ein Gedicht verstehen und sprechen können.
Mithilfe einer Vorlage ein Gedicht verfassen.

Kognitive, motorische und soziale Fertigkeiten:
Sätze einem Bild zuordnen.
Einen Modelltext als Vorlage nutzen und den eigenen Text entsprechend illustrieren.

Integration in den Gesamtunterricht:
Kunst

Materialien:
weicher Ball
Pupil's Book, Seite 39, Übungen 11–13; CD 2 Nr. 11; evtl. Blätter Papier und Buntstifte

Wiederholung

- Stellen Sie sich mit den Kindern in einen Kreis. Werfen Sie einem Kind einen weichen Ball zu und nennen Sie eine Farbe. Das Kind, das den Ball fängt, nennt eine weitere Farbe und wirft einem anderen Kind den Ball zu etc. Sie können gleichzeitig auch die Zahlen 1–20 und Wörter aus dem Themenbereich *Body* wiederholen.

Phrasenvorentlastung

His (eyes) are (blue).

- Zeichnen Sie ein Monster an die Tafel. Verwenden Sie dazu Farbkreiden. Lassen Sie die Kinder beim Zeichnen zuschauen. Sagen Sie dann: *Nice, isn't it? This is Herman.*
- Verdecken Sie die Zeichnung bzw. klappen Sie die Tafel zu. Fragen Sie: *What colour are his eyes?*
- Lassen Sie die Kinder aus der Erinnerung rekonstruieren, z. B.: *His eyes are (blue).*
- Vergleichen Sie dann die Aussagen der Kinder mit dem Bild an der Tafel. Fahren Sie auf diese Weise fort, um andere Körperteile von den Kindern benennen zu lassen.

☆ 11 Read, look and say.
Leseübung

PB

- Die Kinder öffnen das *Pupil's Book* auf Seite 39 und betrachten Übung 11.
- Lesen Sie die Beschreibung des Monsters laut vor: *His hair is black, his nose is red and his teeth are yellow.* Die Kinder lesen im Buch mit.
- Fordern Sie die Kinder auf, die beiden Monster genau zu betrachten und den Satz nochmals zu lesen. Anschließend ordnen sie den Satz dem entsprechenden Monster zu.
- Fragen Sie die Kinder: *Which picture is it?* Die Kinder antworten mit: *It's picture number one.*

☆☆ 12 Listen to the poem and practise it.
Hörübung

PB 2 11

- Lassen Sie die Kinder die Abbildung in Übung 12 auf Seite 39 im *Pupil's Book* für ca. 10–15 Sekunden betrachten. Dann schließen die Kinder ihre Bücher. Sagen Sie: *Give me words. What do you remember?* und halten Sie die Äußerungen der Kinder an der Tafel fest.
- Die Kinder öffnen ihre Bücher wieder.
- Spielen Sie das *poem* von der CD vor (CD 2 Nr. 11). Die Kinder hören zu und lesen im Buch mit.

Tapescript:
His eyes are red.
His hair is pink.
His teeth are black.
He's got five legs
and four green arms.

Let's play a game.
What's his name?

- Spielen Sie das *poem* nochmals von der CD vor und zeigen Sie auf die jeweils im Text erwähnten Körperteile.
- Üben Sie mit den Kindern gemeinsam den Text, indem Sie jede Zeile mehrmals vorlesen. Die Kinder lesen im Buch mit und sprechen Ihnen nach. Wiederholen Sie dies einige Male.
- Fordern Sie die Kinder nun auf, das Gedicht zu sprechen.
- Fragen Sie die Kinder nach dem Namen des Monsters. Der Name ist im Spiegelbild zu lesen: *Freddie.*

13 Write your own poem and draw a picture.
Kreative Schreibübung

PB

- Die Aufgabe entspricht einem sehr hohen Anforderungsniveau. Sie kann zur zeitlichen Differenzierung und zur Förderung besonders leistungsstarker Kinder eingesetzt werden. Die Bearbeitung ist somit optional.
- Fordern Sie die Kinder dazu auf, die Übung 13 auf Seite 39 im *Pupil's Book* zu betrachten.
- Erklären Sie den Kindern, dass sie nun ihr eigenes Gedicht mithilfe des Textes im Buch verfassen sollen. Sie tauschen die Farbwörter mit entsprechenden Farbwörtern ihrer Wahl aus. Zur Differenzierung leistungsstarker Kinder können auch Zahlwörter und Wörter für Körperteile ausgetauscht werden.
- Geben Sie den Kindern für diese Arbeit genügend Zeit. Gehen Sie in der Klasse herum und helfen Sie nötigenfalls. Farbwörter können an der Tafel zur Verfügung gestellt werden.
- Korrigieren Sie die Erstentwürfe der Kinder. Die Kinder fertigen anschließend eine Reinschrift an und illustrieren ihren Text.
- Stellen Sie die Texte und Zeichnungen der Kinder an der Wandtafel aus.

UNTERRICHTSSEQUENZ 9

Wortschatz, Phrasen und Strukturen:
My monster has got blue hair/one red eye/...

Sprachliche Fertigkeiten:
Einfache Beschreibungen verstehen und geben.

Kognitive, motorische und soziale Fertigkeiten:
Nach Anweisung zeichnen.
Mit einem/einer Partner/in zusammenarbeiten.

Integration in den Gesamtunterricht:
Kunst

Materialien:
Pupil's Book, Seite 39, Übung 12
Activity Book, Seite 31, Übungen 7–9; CD 2 Nr. 12; Buntstifte; evtl. Blätter Papier

Wiederholung

PB

- Lesen Sie das Gedicht aus der vorhergehenden Unterrichtssequenz vor (*Pupil's Book*, Seite 39, Übung 12).
- Lassen Sie einige Kinder ihre selbst verfassten Gedichte vor der Klasse sprechen und die Illustrationen zeigen.

Phrasenvorentlastung

My monster has got ...

- Zeichnen Sie ein Monster an die Tafel. Verwenden Sie dazu Farbkreiden. Lassen Sie die Kinder beim Zeichnen zuschauen und die fertige Zeichnung für ca. 10 Sekunden betrachten.
- Verdecken Sie dann die Zeichnung bzw. klappen Sie die Tafel zu. Fragen Sie: *What has my monster got?*
- Lassen Sie die Kinder aus der Erinnerung rekonstruieren, z. B.: *(It has got) three legs, yellow hair ...*
- Vergleichen Sie dann die Aussagen der Kinder mit dem Bild an der Tafel.
- Üben Sie die Phrase *My monster has got ...* mit den Kindern durch mehrmaliges Vor- und Nachsprechen ein.

7 Listen and draw.
Hörübung

AB 2 12

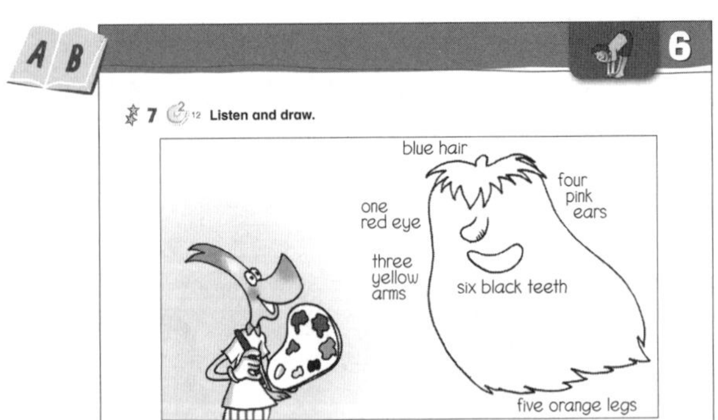

- Fordern Sie die Kinder auf, das *Activity Book* auf Seite 31 aufzuschlagen. Lassen Sie sie den Umriss des Monsters kurz anschauen.
- Erklären Sie den Kindern die Höraufgabe. Sagen Sie, dass sie ihre Augen schließen, den Text hören und sich das beschriebene Monster vorstellen sollen.

- Spielen Sie die Bildbeschreibung von der CD (CD 2 Nr. 12) vor.

> **Tapescript:**
> *My monster has got blue hair,*
> *one red eye,*
> *four pink ears,*
> *six black teeth,*
> *three yellow arms*
> *and five orange legs.*

- Fordern Sie die Kinder nun auf, einen blauen, einen roten, einen rosa, einen schwarzen, einen gelben und einen orangen Stift zurechtzulegen.
- Erklären Sie den Kindern, dass sie die Körperteile des Monsters nun nach Anweisung in den entsprechenden Farben und Mengen zeichnen sollen und spielen Sie die Bildbeschreibung von der CD (CD 2 Nr. 12) nochmals vor. Halten Sie die CD bei Bedarf nach jedem Satz mit der Pausetaste an, sodass die Kinder in Ruhe zeichnen können.
- Am Schluss beschreiben die Kinder das Monster nochmals zur Kontrolle und vergleichen ihre Arbeitsergebnisse.

8 Work in pairs. Draw and say.
Partnerarbeit

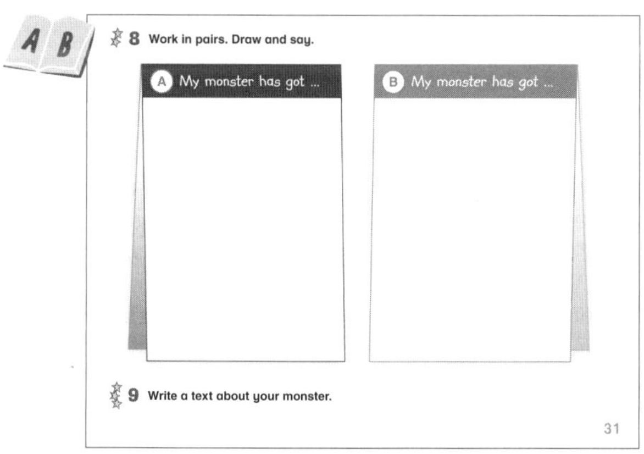

- Teilen Sie die Kinder in zwei Gruppen: A und B.
- Erklären Sie den Kindern, dass sie nun ein Monster nach ihren Vorstellungen in das Kästchen A bzw. B in Übung 8 auf Seite 31 im *Activity Book* zeichnen werden, ohne dass der/die Partner/in die Zeichnung sehen darf.
- Die Kinder verwenden dafür verschiedene Farben, die sie auf Englisch benennen können.
- Anschließend beschreibt Kind A seine Zeichnung, z. B.: *My monster has got three pink eyes, four green ears, six black teeth, one red arm and three yellow legs.* Kind B zeichnet das Monster nach Anweisung in den freien Kasten A.
- Anschließend werden die Rollen getauscht und Kind B beschreibt das Monster und Kind A zeichnet nach der Beschreibung in Kästchen B.
- Abschließend werden die Zeichnungen verglichen.

9 Write a text about your monster.
Einen Text verfassen

- Die Aufgabe 9 auf Seite 31 im *Activity Book* entspricht einem sehr hohen Anforderungsniveau und kann zur zeitlichen Differenzierung oder zur Förderung besonders leistungsstarker Kinder eingesetzt werden. Die Bearbeitung ist somit optional.
- Sagen Sie den Kindern, dass sie ihre eigene Zeichnung betrachten und dann beschreiben sollen. Weisen Sie sie darauf hin, dass sie die Wortschatzlisten im Anhang des *Pupil's Book* oder *Activity Book* als Vorlage zum Schreiben der Farben, Zahlen und Körperteile nutzen können.
- Die Kinder schreiben ihren Text auf ein Blatt Papier. Korrigieren Sie die Texte, bevor die Kinder abschließend eine Reinschrift anfertigen. Die Texte können an der Wandtafel ausgestellt oder in einem *Treasure Book* gesammelt werden.

UNTERRICHTSSEQUENZ 10

Wortschatz, Phrasen und Strukturen:
Überprüfung der Wortschatzkenntnisse und des Handlungswissens.

Sprachliche Fertigkeiten:
Wörter und kurze Sätze lesen und verstehen. Wörter aus den Units 5–6 schreiben.

Kognitive, motorische und soziale Fertigkeiten:
Wörter bzw. Sätze durch Nummerieren den entsprechenden Bildern zuordnen. Sätze (kommunikative Sprachfunktionen) den entsprechenden Situationen zuordnen. Selbstevaluation.

Materialien:
Activity Book, Seiten 32–33, Übungen 1–4; evtl. Lösungsblätter

1 Read and write the numbers. Zuordnungsübung

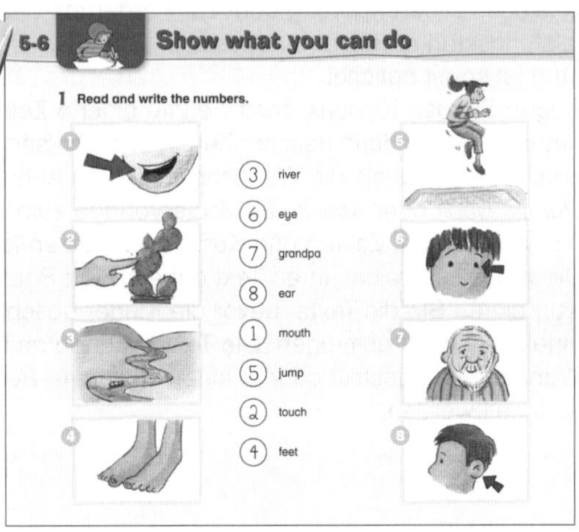

- Erklären Sie den Kindern, dass sie nun selbst herausfinden werden, welche Wörter zu den Zeichnungen im *Activity Book* auf Seite 32 in Übung 1 sie bereits gut lesen und verstehen können und bei welchen Wörtern sie noch Übung benötigen.
- Die Kinder überprüfen nun selbstständig, ob sie zu den Zeichnungen das jeweilige Schriftbild kennen. Sie ordnen die jeweiligen Wörter den Bildern durch Nummerieren zu. Zeigen Sie das erste Beispiel bei Bedarf vor.
- Geben Sie den Kindern für diese Arbeit genügend Zeit. Gehen Sie in der Klasse herum und unterstützen Sie die Kinder in der ersten Phase ihrer Selbstevaluation.

2 Look and write. Schreibübung

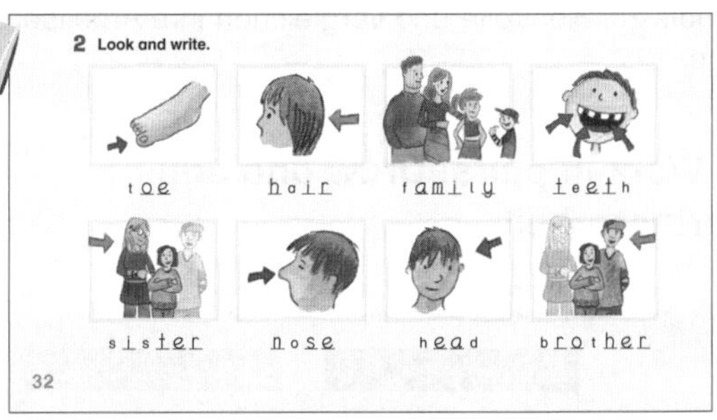

- Erklären Sie den Kindern, dass sie nun selbst herausfinden werden, welche Wörter zu den Bildern in Übung 2 auf Seite 32 im *Activity Book* sie bereits gut kennen und schreiben können und welche Wörter noch Übung erfordern.
- Die Kinder überprüfen nun selbstständig, ob sie zu den Zeichnungen das jeweilige Schriftbild kennen. Sie schreiben die jeweils fehlenden Buchstaben ohne Vorlage auf die Linien unter den Bildern. Zeigen Sie das erste Beispiel bei Bedarf vor.
- Geben Sie den Kindern für diese Arbeit genügend Zeit. Gehen Sie in der Klasse herum und unterstützen Sie die Kinder in der ersten Phase ihrer Selbstevaluation.
- Legen Sie zur Selbstkontrolle Lösungsblätter in der Klasse aus oder schreiben Sie die Wörter abschließend in der richtigen Reihenfolge an die Tafel, damit die Kinder ihre Rechtschreibung kontrollieren können.

3 Read and write the numbers. Zuordnungsübung

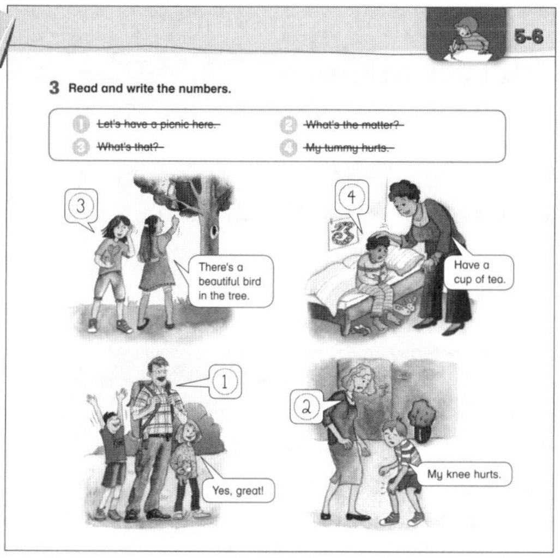

- Fordern Sie die Kinder auf, die Seite 33 im *Activity Book* aufzuschlagen und sich die Situationen in Übung 3 genau anzusehen. Sie sollen nun selbstständig überprüfen, ob sie die kommunikativen Sprachfunktionen (die Sätze im Kästchen) den entsprechenden Bildern zuordnen können.
- Die Kinder ordnen die jeweiligen Sätze den Bildern durch Nummerieren zu.

4 Read and match. Lese- und Zuordnungsübung

4 Read and match.

1 What's his name?	(2) Emma.
2 What's her name?	(3) What's the problem?
3 Ouch!	(4) OK, Dad.
4 Let's go to the doctor's.	(1) Ben.

- Fordern Sie die Kinder auf, die Seite 33 im *Activity Book* aufzuschlagen und sich die Sätze in Übung 4 durchzulesen. Sie sollen nun selbstständig überprüfen, ob sie die kommunikativen Sprachfunktionen durch Nummerieren verbinden können.
- Die Kinder ordnen die jeweiligen Sätze durch Nummerieren zu.
- Stellen Sie zur Kontrolle ein Lösungsblatt zur Verfügung oder besprechen Sie die Ergebnisse mithilfe eines Tafelbildes.

Selbstevaluation

- Fordern Sie die Kinder dazu auf, ihre Gesamtleistung zu beurteilen, sobald sie alle Aufgaben bearbeitet haben.
- Sagen Sie ihnen, dass sie sich noch einmal alle Übungen anschauen und genau überlegen sollen, wie leicht sie ihnen gefallen sind, was sie vielleicht noch nicht so gut können und wo noch Übungsbedarf besteht. Erst dann geben sie ein ehrliches Gesamturteil ab.

Hinweis: Zur Arbeit mit *Show what you can do* siehe auch die entsprechenden Hinweise auf Seite 69.

7 Weather

U N T E R R I C H T S S E Q U E N Z 1

Wortschatz, Phrasen und Strukturen:

Wortschatzwiederholung: *cat; dog; frog*
rain; snow; cloud; fog; wind; sun; It's raining/snowing; It's cloudy/foggy/windy/sunny; rabbit; A cap on a cat/...; Rain, snow or sun; Caps are always fun.

Sprachliche Fertigkeiten:

Bedeutung und Aussprache der neuen Wörter lernen.
Klanglich abgesicherte Wörter und Phrasen mit ihrem Schriftbild verbinden.
Einen *Chant (A cap on a cat)* von der CD verstehen.
Einen *Chant* rhythmisch im Chor, in Gruppen und eventuell einzeln sprechen.

Kognitive, motorische und soziale Fertigkeiten:

Wörter in Partnerarbeit üben und überprüfen.
Einen *Chant* von der CD hören, im Buch mitzeigen und den *Chant* in der Gruppe ausführen.
Auf den richtigen Rhythmus achten.

Integration in den Gesamtunterricht:

Sachunterricht: Redeanlass „Wetter".

Materialien:

CD 2 Nr. 7–8
Picture Cards 40, 43–44, 63–69; *Word Cards* 81–87; *Pupil's Book*, Seite 40, Übungen 1–2; CD 2 Nr. 13–16; evtl. Lesezeichen (siehe Anhang, Seite 213); Poster 7

Wiederholung

CD 2 7/8

- Singen Sie das Lied *The body rock* aus der vorhergehenden Unit (siehe Unterrichtssequenz 5; CD 2 Nr. 7). Es kann auch die Playbackversion (CD 2 Nr. 8) verwendet werden.

Wortschatzeinführung

rain; snow; cloud; fog; wind; sun

- Führen Sie die neuen Wörter in gewohnter Weise mit Unterstützung der *Picture Cards* ein.
- Üben Sie die Wörter durch mehrmaliges Vor- und Nachsprechen.
- Führen Sie mit den Kindern Übungen zur Verankerung des Wortschatzes im Wiedererkennensgedächtnis und im Produktionsgedächtnis durch (siehe dazu methodische Vorschläge, Seite 15 in der Einleitung).

Aussprachetipp: Achtung bei der Aussprache von *wind* [wɪnd]. Das w wird mit gerundeten Lippen gesprochen [w].

Wortschatzeinführung mit Schriftbildunterstützung

rain; snow; cloud; fog; wind; sun

- Zeigen Sie die *Word Cards* nacheinander und sagen Sie jeweils das entsprechende Wort.
- Fordern Sie einzelne Kinder auf, die *Word Cards* zu den entsprechenden *Picture Cards* an die Tafel zu hängen.
- Spielen Sie ein Memory Spiel mit den *Picture Cards* und *Word Cards*.

☆ 1 Listen and point. Hörübung

PB CD 2 13

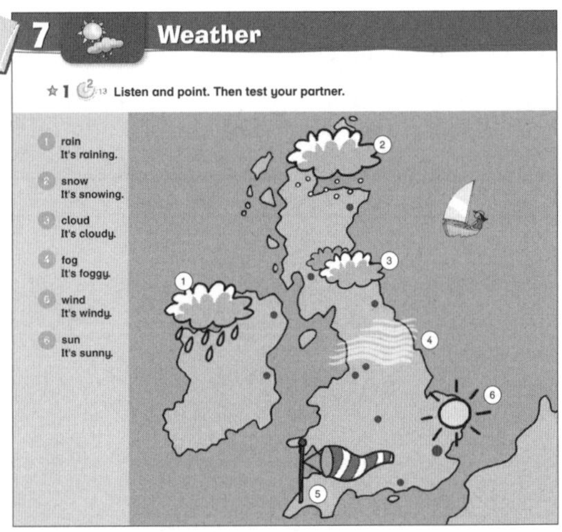

- Fordern Sie die Kinder auf, das *Pupil's Book* auf Seite 40 aufzuschlagen und Übung 1 zu betrachten. Die Kinder decken die Spalte mit den Wörtern ab, z. B. mit einem Blatt Papier, ihrer Hand oder dem Lesezeichen aus dem Anhang (Seite 213) und betrachten die Wetterkarte in Übung 1.
- Nennen Sie die Wettersituationen durcheinander und die Kinder zeigen auf die entsprechenden Abbildungen.
- Spielen Sie dann die Hörübung von der CD vor (CD 2 Nr. 13). Die Kinder hören die Wörter und zeigen im Buch auf die entsprechenden Abbildungen.

Tapescript:

One:	*Rain. It's raining.*
Two:	*Snow. It's snowing.*
Three:	*Cloud. It's cloudy.*
Four:	*Fog. It's foggy.*
Five:	*Wind. It's windy.*
Six:	*Sun. It's sunny.*

- Fordern Sie die Kinder nun dazu auf, die Abdeckung von der Spalte zu entfernen.
- Lesen Sie die Wörter in der Spalte der Reihe nach laut vor. Die Kinder lesen mit und sprechen Ihnen nach.
- Spielen Sie dann die Hörübung nochmals von der CD (CD 2 Nr. 13) vor. Die Kinder zeigen nun auf die Wörter in der Spalte.

Then test your partner. Partnerarbeit

- Fordern Sie die Kinder nun auf, sich gegenseitig zu überprüfen. Die Kinder arbeiten zu zweit. Nach zwei richtig benannten Wettersituationen tauschen die Kinder jeweils die Rollen.
- Zunächst wird die Spalte mit den geschriebenen Wörtern abgedeckt. Kind A zeigt auf eine Wettersituation und Kind B benennt diese, z. B. *Fog. It's foggy.*
- In einem nächsten Schritt wird die Spalte mit den Wörtern aufgedeckt. Kind A nennt die Wörter und Kind B zeigt auf das entsprechende Schriftbild in der Spalte.

Anmerkung: Gehen Sie in der Klasse herum und beobachten Sie die Kinder. Wenn Ausspracheprobleme auftreten, üben Sie die schwierigen Laute anschließend mit der ganzen Klasse.

Wortschatzwiederholung und -erweiterung

cat; dog; frog; rabbit

- Wiederholen Sie die Wörter *cat, dog* und *frog* mithilfe der *Picture Cards.*
- Führen Sie das neue Wort *rabbit* mithilfe der *Picture Card* ein.
- Zeigen Sie die *Picture Cards*, sagen Sie mehrere Male das jeweilige Wort und befestigen Sie die *Picture Cards* dann an der Tafel.
- Zeigen Sie nun auch die *Word Cards* und sagen Sie jeweils das entsprechende Wort. Fordern Sie einzelne Kinder auf, die *Word Cards* zu den entsprechenden *Picture Cards* an die Tafel zu hängen.
- Stellen Sie die Tiere auch pantomimisch dar. Die Kinder machen Ihre Bewegungen nach.

Aussprachetipp: Achtung bei der Aussprache von *cat* [kæt]. Das [æ] wird so offen wie möglich ausgesprochen.

☆ 2 Listen. Do the chant. Chant: A cap on a cat

14–16

- Fordern Sie die Kinder auf, die Übung 2 auf Seite 40 im *Pupil's Book* anzuschauen.
- Halten Sie Ihr *Pupil's Book* für alle gut sichtbar hoch und zeigen Sie nacheinander auf die einzelnen Abbildungen der Tiere. Sagen Sie *A ...* und formen Sie das Wort *cat* stumm mit den Lippen. Evozieren Sie die richtige Antwort von den Kindern, die das Wort dann laut sagen. Wiederholen Sie diesen Vorgang mit den restlichen Tieren *(dog, rabbit, frog).*
- Spielen Sie den *Chant* von der CD vor (CD 2 Nr. 14) und fordern Sie die Kinder auf, zuzuhören und zunächst nur im Buch mitzuzeigen.
- Erklären Sie die Textzeile *Caps are always fun.* auf Deutsch: Es macht immer Spaß, Kappen zu tragen.

Tapescript:
A cap on a cat,
A cap on a dog,
A cap on a rabbit,
A cap on a frog.
Rain, snow or sun,
caps are always fun.

- Spielen Sie den *Chant* ein zweites Mal vor und fordern Sie die Kinder auf, mitzusprechen.
- Spielen Sie die erste Playbackversion (Halbplayback) von der CD (CD 2 Nr. 15) vor. Die Kinder zeigen im Buch mit und sprechen die fehlenden Textpassagen.
- Spielen Sie die zweite Playbackversion von der CD vor (CD 2 Nr. 16). Die Kinder zeigen im Buch mit und sprechen den Text im Chor mit rhythmischer Unterstützung durch die CD.
- Spielen Sie noch einmal die zweite Playbackversion vor. Die Kinder sprechen dazu in zwei Gruppen:
  Gruppe A:
  A cap on a cat.
  A cap on a dog.
  A cap on a rabbit.
  A cap on a frog.
  Gruppe B:
  Rain, snow or sun,
  Caps are always fun.
- Erlauben Sie Kindern, die den *Chant* gerne alleine oder in Gruppen vor der Klasse aufsagen möchten, dies zu tun.

Hinweis: Achten Sie auf eine positive Reaktion der Klasse. Applaus für die Mutigen! Sagen Sie: *Let's give them a big hand!*

Poster 7: Weather

- Eine detaillierte Beschreibung zur Arbeit mit dem Poster finden Sie im entsprechenden Abschnitt in der Einleitung auf Seite 18.

U N T E R R I C H T S S E Q U E N Z 2

Wortschatz, Phrasen und Strukturen:

rain; snow; cloud; fog; wind; sun; It's (raining); Monday; Tuesday; Wednesday; Thursday; Friday; Saturday; Sunday

Sprachliche Fertigkeiten:

Bedeutung und Aussprache der neuen Wörter lernen.
Klanglich abgesicherte Phrasen schreiben.
Wettererscheinungen beschreiben.

Kognitive, motorische und soziale Fertigkeiten:

Bilder mit einfachen Sätzen beschreiben.
Sich zu zweit über Wettererscheinungen an bestimmten Wochentagen befragen.

Integration in den Gesamtunterricht:

Sachunterricht: Redeanlass „Wetter".

Materialien:

CD 2 Nr. 16
Picture Cards 63–68; *Word Cards* 81–86; *Activity Book*, Seite 34, Übungen 1–2; evtl. *Pupil's Book*, Seite 40, Übung 1

Wiederholung

2 16

- Sprechen Sie den *Chant A cap on a cat* aus der letzten Unterrichtssequenz. Verwenden Sie dazu die Playback-version (CD 2 Nr. 16).

Wortschatzwiederholung

rain; snow; cloud; fog; wind; sun

- Wählen Sie aus den *Picture Cards* eine der Wettererscheinungen aus und halten Sie die Karte hoch. Die Kinder sollen die jeweils passende Phrase dazu nennen, z. B.:

  Rain. – It's raining.
  Snow. – It's snowing.
  Cloud. – It's cloudy.
  Fog. – It's foggy.
  Wind. – It's windy.
  Sun. – It's sunny.

- Befestigen Sie die *Picture Cards* an der Tafel. Teilen Sie die *Word Cards* an einzelne Kinder aus und fordern Sie sie auf, diese zu den passenden *Picture Cards* zu hängen.

☆ 1 Look and write.
Schreibübung

AB

- Die Kinder öffnen das *Activity Book* auf Seite 34 und betrachten Übung 1.
- Halten Sie Ihr Buch für alle gut sichtbar hoch und zeigen Sie auf die erste Abbildung. Bearbeiten Sie das erste Bild gemeinsam mit den Kindern: Deuten Sie auf das Schneegestöber im Bild und sagen Sie: *It's snowing.* Zeigen Sie dann auf das Schriftbild unterhalb der Abbildung und wiederholen Sie: *It's snowing.*
- Fordern Sie die Kinder dann dazu auf, die entsprechend passende Phrase für jedes Bild zu nennen.
- Anschließend schreiben die Kinder die Phrasen unter das jeweilige Bild. Erlauben Sie den Kindern, die Spalte in Übung 1 auf Seite 40 im *Pupil's Book* als Vorlage zu nützen. Gehen Sie in der Klasse umher und unterstützen Sie die Kinder bei der Arbeit.
- Abschließend nennen die Kinder die jeweiligen Phrasen, die sie unter die Bilder geschrieben haben: *Two. It's sunny. Three. It's raining.* etc.
- Halten Sie die Ergebnisse an der Tafel fest.

Wortschatzeinführung

Monday; Tuesday; Wednesday; Thursday; Friday; Saturday; Sunday

- Zeichnen Sie eine Tabelle mit den Wochentagen an die Tafel. Schreiben Sie zunächst als Merkhilfe nur die Anfangsbuchstaben der Tage an die Tafel: *M, T, W, Th, F, S, S.*
- Sprechen Sie die Wochentage rhythmisch und klatschen Sie anschließend zwei Mal: *Monday* xx, *Tuesday* xx, etc. Die Kinder sprechen ebenfalls rhythmisch und klatschen jeweils wie ein Echo. Wiederholen Sie dies einige Male.
- Vervollständigen Sie nun die Wochentage: *Monday, Tuesday, Wednesday, Thursday, Friday, Saturday, Sunday.* Sprechen Sie die Wochentage rhythmisch vor. Die Kinder sprechen Ihnen nach.
- Zeichnen Sie dann ein Symbol für jede Wettererscheinung unter die Wochentage, z. B. unter *Monday* eine Sonne für *sunny*. Benennen Sie die Wettererscheinung und den Wochentag: *Monday. It's sunny.* Stellen Sie nun die gesamte Woche mit den entsprechenden Wettererscheinungen vor und benennen Sie diese.

2 Work in pairs. Draw the weather symbols and tell your partner. Partnerarbeit

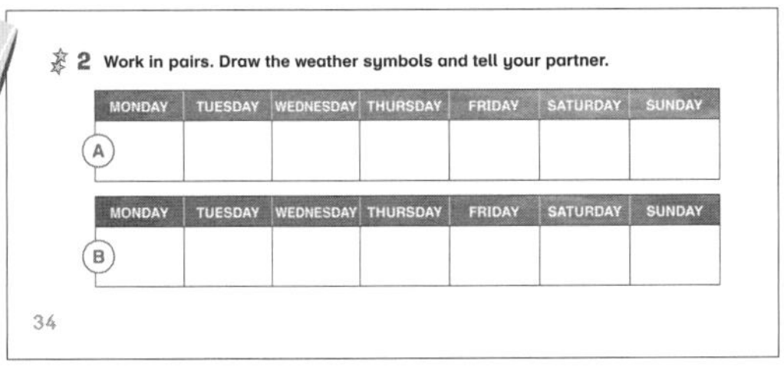
2 Work in pairs. Draw the weather symbols and tell your partner.

	MONDAY	TUESDAY	WEDNESDAY	THURSDAY	FRIDAY	SATURDAY	SUNDAY
A							

	MONDAY	TUESDAY	WEDNESDAY	THURSDAY	FRIDAY	SATURDAY	SUNDAY
B							

34

- Die Kinder schlagen das *Activity Book* auf Seite 34 auf und betrachten die Tabellen in Übung 2.
- Teilen Sie die Klasse in zwei Gruppen: A und B. Fordern Sie die Kinder dazu auf, unter den jeweiligen Wochentag ein Wettersymbol ihrer Wahl zu zeichnen, ohne dass der/die jeweilige Partner/in die Zeichnung sehen kann.
- Haben die Kinder ihre Zeichnungen fertiggestellt, arbeiten sie zu zweit weiter. Kind A nennt den jeweiligen Wochentag und die dazugehörige Wettererscheinung aus der vervollständigten Tabelle A, z. B.: *Monday: It's sunny. Tuesday: It's raining.* etc. Kind B zeichnet das entsprechend richtige Wettersymbol zum dazugehörigen Wochentag in die freie Tabelle A. Demonstrieren Sie die Übung bei Bedarf mit einem Kind.
- Danach werden die Rollen getauscht. Kind B nennt Wochentage und Wettersymbole, Kind A zeichnet in die freie Tabelle B.
- Haben beide Kinder fertig gezeichnet, vergleichen sie die jeweiligen Tabellen miteinander. Haben beide Kinder richtig gezeichnet, so stimmt jeweils Tabelle A mit Tabelle A und Tabelle B mit B überein.

UNTERRICHTSSEQUENZ 3

Wortschatz, Phrasen und Strukturen:

bee; butterfly; flower; a little seed; grow
Vorwiegend rezeptiv: *The little seed is asleep; Hello, Bee; Hi, Butterfly; Look at the clouds; I've got an umbrella; Come with me; Aah! This is good; The little seed grows and grows; The rain stops; Thanks for the umbrella; That's OK; Careful!; Oh, dear!; Look; Here comes the sun; Fantastic!; A week later; The seed grows and grows; Look at the wonderful flower; Mmmh, what a sweet smell; Bless you!*

Sprachliche Fertigkeiten:

Eine *Cartoon Story (The little seed)* von der DVD, der CD und beim Erzählen durch die Lehrperson verstehen.
Klanglich abgesicherte Phrasen lesen und verstehen.

Kognitive, motorische und soziale Fertigkeiten:

Den Wahrheitsgehalt von Aussagen beurteilen.
Sätze vervollständigen und in die richtige Reihenfolge bringen.
Eventuell eine Geschichte szenisch umsetzen und kreativ verändern.

Integration in den Gesamtunterricht:

Sachunterricht: Redeanlässe „Wachstum von Pflanzen“ und „Kreisläufe in der Natur“.

Materialien:

Picture Cards 70–71; *Story Cards* 34–45; *Pupil's Book*, Seite 41, Übung 3; DVD *(Cartoon Story: The little seed*, 03:24); CD 2 Nr. 17; *Activity Book*, Seite 35, Übungen 3–5; evtl. Realia (Pflanzensamen und Pflanzen)

Wortschatzwiederholung

- Schreiben Sie die Wochentage nebeneinander an die linke Tafelhälfte und zeichnen Sie jeweils ein Wettersymbol darunter.
- Die Kinder schauen sich die Tabelle für ca. 15 Sekunden an. Klappen Sie die Tafel dann zu bzw. schieben Sie eine zweite Tafel darüber.
- Zeichnen Sie eine identische Tabelle nur mit Wochentagen, ohne Symbole, an eine freie Stelle in der Mitte der Tafel.
- Die Kinder versuchen sich zu erinnern und diktieren Ihnen das Wetter für die unterschiedlichen Wochentage aus dem Gedächtnis, z. B. *Monday. It's sunny. Tuesday. It's foggy.* etc.
- Zeichnen Sie die Wettersymbole entsprechend ein.
- Vergleichen Sie die beiden Tabellen abschließend und wiederholen Sie die Phrasen bei Bedarf.

Wortschatzeinführung und Phrasenvorentlastung

bee; butterfly; a little seed; flower; grow; What a sweet smell!; Bless you!

- Führen Sie die Wörter *bee* und *butterfly* mithilfe der *Picture Cards* ein.
- Zeichnen Sie das Bild eines Samens unter der Erde an die Tafel. Zeigen Sie auf die Zeichnung und sagen Sie: *Look. A little seed.* Machen Sie dabei mit Daumen und Zeigefinger ein Zeichen für „klein“.
- Zeichnen Sie einen Blumensamen und einige Blumen in unterschiedlicher Größe. Sagen Sie: *Look at the seed/ flower. It grows and grows.*
- Zeigen Sie nacheinander auf die Zeichnungen und machen Sie zur Verdeutlichung eine Bewegung des Wachsens.
- Führen Sie die Phrase *What a sweet smell!* (Was für ein süßer Duft!) durch eine entsprechende Geste ein.

- Imitieren Sie ein Niesen und klären Sie in diesem Zuge die Bedeutung von *Bless you!* (Gesundheit!).
- Alternativ können Sie auch die *Story Cards* (Nr. 34, 40, 42–45) für die Vorentlastung verwenden.

Hinweis: Sie können auch echte Samen und Pflanzen in den Unterricht mitbringen, um die Wörter zu veranschaulichen. Im Sachunterricht könnte im Zuge dessen auch ein Wachstumsprojekt durchgeführt werden.

Pre-viewing activity

- Befestigen Sie alle *Story Cards* an der Tafel und fordern Sie die Kinder auf, sich die Bilder genau anzuschauen. Die Kinder dürfen dazu auch aufstehen und nach vorne kommen.
- Zeigen Sie auf die *Story Card* Nr. 38 und fragen Sie: *Do you like the weather in this picture?*
- Zeigen Sie anschließend auf die *Story Card* Nr. 41 und fragen Sie: *Do you like the weather in this picture?*
- Lassen sie die Kinder nun für sich oder in Partnerarbeit die beiden Fragen beantworten.

☆3 Watch the story.
Cartoon Story: The little seed

- Spielen Sie den Kindern die Videosequenz *The little seed* einmal von der DVD vor.

Videoscript: The little seed

Storyteller:	*The little seed is asleep.*
Butterfly:	*Hello, Bee.*
Bee:	*Hi, Butterfly.*
	Oh. Look at the clouds.
Butterfly:	*I've got an umbrella. Come with me.*
Bee:	*Aah! This is good!*
Storyteller:	*It's raining.*
	The little seed grows and grows.
	The rain stops.
Bee:	*Thanks for the umbrella.*
Butterfly:	*That's OK.*
	Careful!
Bee:	*Oh, dear!*
Butterfly:	*Look. Here comes the sun!*
Bee:	*Fantastic!*
Storyteller:	*A week later.*
	The seed grows and grows.
Bee:	*Hi, Butterfly.*
Butterfly:	*Hi, Bee. Look at the wonderful flower.*
Bee:	*Mmmh, what a sweet smell!*
	A… A… Atishoo!
Butterfly:	*Bless you!*

- Lassen Sie die Kinder Wörter und Phrasen aus der Geschichte nennen. Sagen Sie: *Tell me words and phrases you remember.* Sammeln Sie die Rückmeldungen der Kinder an der Tafel.
- Zeigen Sie den Kindern die Videosequenz bei Bedarf ein zweites Mal.

Listen and read.
Hör- und Leseübung

PB 2 17

- Lesen Sie anschließend mit den Kindern den Comic zur *Cartoon Story* auf Seite 41 im *Pupil's Book*.
- Verwenden Sie dazu auch die CD (CD 2 Nr. 17). Spielen Sie die CD ab. Die Kinder zeigen je nach Leistungsstand auf die Bilder oder auf den entsprechenden Text im Buch.

Hinweis: Falls genügend Zeit bleibt, können Sie den Kindern verschiedene Handlungsalternativen vorschlagen (siehe Seite 34, links oben).

Erzählen der Geschichte

- Wiederholen Sie nun die Geschichte mithilfe der *Story Cards*. Während des Erzählens befestigen Sie die jeweils entsprechende Karte an der Tafel. Erzählen Sie die ganze Geschichte auf diese Art.
- Sagen Sie die Sätze in ungeordneter Reihenfolge. Lassen Sie jeweils ein Kind auf das entsprechende Bild an der Tafel zeigen.
- Erzählen Sie die Geschichte noch einmal. Brechen Sie immer wieder ab und sehen Sie die Kinder fragend an. Fordern Sie sie auf, einzelne Wörter zu ergänzen. Sagen Sie z. B.: *Look at the …*
  Die Kinder ergänzen: … *clouds*. etc.

Spiele zur Rekonstruktion der Geschichte

- Verteilen Sie die *Story Cards* an einzelne Kinder. Erzählen Sie die Geschichte noch einmal. Das Kind mit dem jeweiligen Bild kommt heraus. Zuletzt stehen alle Kinder, an die die *Story Cards* verteilt wurden, in der Reihenfolge des Ablaufs der Geschichte vor der Klasse. Die Bilder werden für die anderen gut sichtbar in die Höhe gehalten.
- Erzählen Sie die Geschichte langsam und zeigen Sie dabei jeweils auf das Kind mit dem entsprechenden Bild. Stoppen Sie und fordern Sie das Kind auf, den Satz/die Sätze zu vervollständigen. Lassen Sie, wenn nötig, die anderen Kinder helfen. Unterstützen Sie die Kinder mit Mimik und Gestik.
  Sagen Sie z. B.: *The little seed grows* ... Kind: ... *and grows.*
  Oder sagen Sie: *Mmmh, what a sweet* ... Kind: ... *smell* etc.

Post-viewing activities

☆ 3 Look, read and circle *True* ✓ or *False* ✗. Leseübung

7

☆ 3 Look, read and circle *True* ✓ or *False* ✗.

- Die Kinder schlagen das *Activity Book* auf Seite 35 auf und betrachten Übung 3.
- Lesen Sie die Sätze unter den Bildern vor. Die Kinder entscheiden, ob die Aussagen mit dem jeweiligen Bild übereinstimmen und kreisen das entsprechende Feld ein (*True* oder *False*).
- Überprüfen Sie abschließend die Arbeitsergebnisse, indem Sie die Sätze noch einmal vorlesen. Die Kinder lesen ihr Ergebnis (*True* oder *False*) vor.
- Stellen Sie die falschen Sätze richtig, indem Sie die Kinder nach der entsprechend richtigen Antwort fragen oder sie gegebenenfalls selbst richtigstellen.

Lösung: 1 – *True*
2 – *False: It's raining.*
3 – *False: The seed grows and grows.*
4 – *True*

☆☆ 4 Complete the sentences with the correct words. Lückentext

☆☆ 4 Complete the sentences with the correct words.

~~comes~~ seed ~~umbrella~~ ~~flower~~

1 *Bee:* Look at the clouds. – *Butterfly:* I've got an umbrella.
2 *Butterfly:* Look. Here comes the sun. – *Bee:* Fantastic.
3 *Butterfly:* Look at the wonderful flower.
Bee: Mmh. What a sweet smell.

- Die Kinder betrachten die Übung 4 auf Seite 35 im *Activity Book*, lesen die Minidialoge und setzen die entsprechend richtigen Wörter aus dem Kästchen ein. Machen Sie die Kinder darauf aufmerksam, dass sich ein Wort zuviel im Kästchen befindet und sie daher nur drei der vier Wörter verwenden dürfen.
- Zum gemeinsamen Vergleichen der Arbeitsergebnisse lesen Sie jeweils die Sätze vor und pausieren an der Stelle, wo ein Wort einzufüllen ist. Die Kinder nennen das entsprechende Wort.

Hinweis: Benötigen die Kinder noch Hilfe bei der Bewältigung der Aufgabe, erlauben Sie ihnen, die Seite 41 im *Pupil's Book* zu verwenden. Leistungsstärkere Kinder können auf diese Weise ihre Arbeitsergebnisse selbstständig überprüfen.

☆☆☆ 5 Put the sentences in the correct order. Write 1–7. Sätze chronologisch ordnen

☆☆☆ 5 Put the sentences in the correct order. Write 1–7.

(3) It's raining.
(1) The little seed is asleep.
(5) The rain stops.
(4) The little seed grows and grows.
(6) The sun is shining.
(2) There are a lot of clouds.
(7) A week later there is a wonderful flower.

35

- Diese Aufgabe hat ein sehr hohes Anforderungsniveau und kann differenzierend eingesetzt werden. Die Bearbeitung ist somit optional.
- Fordern Sie die Kinder auf, das *Activity Book* auf Seite 35 aufzuschlagen. Die Kinder betrachten Übung 5, lesen sich die Sätze durch und bringen sie in die chronologisch richtige Reihenfolge.
- Zum Vergleichen der Arbeitsergebnisse zeichnen Sie sieben Kreise an die Tafel, die die Übung im Buch repräsentieren. Die Kinder diktieren Ihnen die jeweilige Zahl.
- Lesen Sie zum Schluss noch einmal alle Sätze in der richtigen Reihenfolge vor oder lassen Sie einzelne Kinder vorlesen.

Anmerkung: Zur Unterstützung beim Bearbeiten der Aufgabe bzw. zur Selbstkontrolle der Ergebnisse erlauben Sie den Kindern, die Seite 41 im *Pupil's Book* zu verwenden.

Mini project: Mime the story

- Diese Übung dient zur Differenzierung.
- Die Kinder finden sich in Gruppen zusammen und stellen die Geschichte *The little seed* kreativ mimisch dar.
- Sagen Sie: *Work in groups. One of you is the storyteller and says the sentences. The others mime the sentences.* Der *Storyteller* sagt z. B.:
  The little seed is asleep.
  Here comes the butterfly.
  The butterfly sees a bee.
  It starts raining.
  The butterfly has got an umbrella.
  The little seed grows and grows.
- Üben Sie die Sätze mit den Kindern ein und lassen Sie sie weitere Sätze finden und eventuell die Tiere austauschen.
- Helfen Sie den Kindern dabei, die Geschichte zu erzählen und mimisch zu gestalten. Die Kinder können den Text der *Cartoon Story* auf Seite 41 im *Pupil's Book* als Vorlage verwenden.
- Anschließend führen die Gruppen ihre Geschichten vor der Klasse auf.

Hinweis 1: Es bietet sich auch an, die Geschichte mit Minivideo- oder Handykameras zu filmen und die Aufnahme zu speichern, um Sie im Portfolio zu dokumentieren oder den Eltern auf dem Elternsprechtag oder Elternabend vorzuführen.

Hinweis 2: Als Hintergrundmusik zur Vorstellung eignet sich klassische Musik, z. B. die Frühlingssequenz aus Vivaldis „Vier Jahreszeiten". Dies hat den Vorteil, dass in Sprechpausen keine Stille entsteht, die die Darstellungsphasen hemmen könnte. Die Kinder verbleiben bis zum nächsten Satz in ihrer Pose.

UNTERRICHTSSEQUENZ 4

Wortschatz, Phrasen und Strukturen:

Wortschatzwiederholung zu den Themenbereichen der vorhergehenden Units; *lion; hippo; frog; dog penguin; Peter Frog likes the fog; Hippo Jane likes the rain; Penguin Joe likes the snow; Lion Scott likes it hot; And Stuart, our crazy dog, likes sun and rain and snow and fog; The (frog)'s name is (Peter); spring; summer; autumn; winter; What's your favourite season?*

Sprachliche Fertigkeiten:

Einen Reim von der CD verstehen.
Die Namen von Tieren in einem Reim von der CD heraushören.
Einen Reim rhythmisch im Chor und einzeln mit Bildunterstützung sprechen.
Die Jahreszeiten von der CD verstehen.
Jahreszeitenwörter schreiben.
Einfache Fragen/Aufforderungen lesen und verstehen.
Antworten zuordnen.

Kognitive, motorische und soziale Fertigkeiten:

Unter Verwendung von bekannten Redemitteln selbstständig Fragen beantworten.
Bilder mit einfachen Sätzen beschreiben.
Passende Bewegungen und Gesten zum Reim machen.
Fragen und Antworten zuordnen.
Wörter aus durcheinander gemischten Buchstaben erkennen und schreiben.

Integration in den Gesamtunterricht:

Sachunterricht: Redeanlass „Jahreszeiten".

Materialien:

CD 2 Nr. 16
Picture Cards 36, 38, 40, 44, 63–68; *Word Cards* 36, 38, 40, 44, 81–86; *Pupil's Book*, Seite 42, Übungen 4–5; CD 2 Nr. 18–19; *Activity Book*, Seite 36, Übungen 6–7; evtl. Kopiervorlage 18 (mit Lösungsblatt)

Wiederholung

CD 2 16

- Zeigen Sie einige Videos, die in den *Mini projects* der letzten Unterrichtssequenz erstellt wurden.
- Wiederholen Sie mit den Kindern den *Chant A cap on a cat* zur zweiten Playbackversion der CD (CD 2 Nr. 16; siehe Unterrichtssequenz 1).
- Nehmen Sie die *Picture Cards* mit den Wettererscheinungen und halten Sie sie mit der Rückseite zur Klasse in der Hand. Fordern Sie die Kinder dazu auf zu erraten, welche Karte Sie in der Hand halten: *What's the weather like (on the picture card)? Guess.* Die Kinder raten je nach Sprachentwicklungsstand: *(Is it) Sunny? Snowing? Cloudy?* etc.
- Hat ein Kind richtig geraten, zeigen Sie die Karte und sagen Sie den richtigen Satz, z. B.: *Yes, it's windy.* Möchte ein Kind Ihre Rolle übernehmen, kommt es nach vorne und das Ratespiel beginnt von Neuem. Helfen Sie, wenn notwendig.

Wortschatzwiederholung und -erweiterung

lion; hippo; frog; dog; penguin

- Wiederholen Sie die Wörter *lion, hippo, frog* und *dog* mithilfe der *Picture Cards* und *Word Cards.*
- Führen Sie das Wort *penguin* ein, indem Sie eine entsprechende Bewegung machen. Sagen Sie: *Penguin.* und üben Sie das neue Wort durch mehrmaliges Vor- und Nachsprechen.

4 Listen. What are the animals' names? Say the rhyme. Hörübung

PB CD 2 18

- Die Kinder schlagen das *Pupil's Book* auf Seite 42 auf und betrachten die Bilder in Übung 4. Schreiben Sie die Namen der Tiere im Kästchen an die Tafel: *Scott, Jane, Peter, Stuart* und *Joe.* Üben Sie die Namen durch mehrmaliges Vor- und Nachsprechen.
- Erklären Sie den Kindern die Höraufgabe. Sie sollen gut zuhören und die Namen der Tiere herausfinden, die im Buch abgebildet sind.
- Spielen Sie den Reim von der CD vor (CD 2 Nr. 18).

Tapescript:

Peter Frog likes the fog.
Hippo Jane likes the rain.
Penguin Joe likes the snow.
Lion Scott likes it hot.
And Stuart, our crazy dog,
likes sun and rain and snow and fog.

- Spielen Sie den Reim ein zweites Mal vor. Nun schauen die Kinder im Buch mit und versuchen, die Namen den Tieren zuzuordnen.
- Üben Sie die Redemittel der Übung 4 im Buch durch mehrmaliges Vor- und Nachsprechen ein.
- Überprüfen Sie die Ergebnisse der Kinder folgendermaßen: Halten Sie Ihr Buch hoch. Zeigen Sie z. B. auf das erste Bild und fragen Sie die Kinder: *What's the frog's name?* Kinder: *The frog's name is Peter.*
- Fragen Sie dann die Kinder nach den Namen der übrigen Tiere und achten Sie darauf, dass die Kinder die entsprechenden Redemittel verwenden.
- Stellen Sie sich mit den Kindern in einem Kreis auf. Sprechen Sie den Reim mehrere Male und machen Sie entsprechende Gesten dazu. Die Kinder machen ebenfalls die Gesten dazu und sprechen allmählich mit.

☆ 5 Listen and point.
Hörübung

PB 2 19

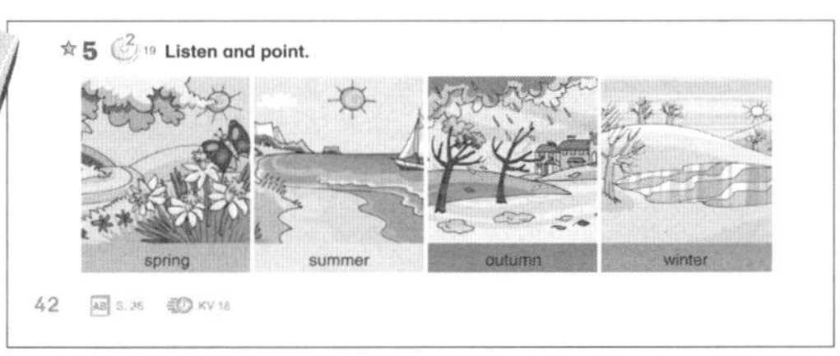

- Die Kinder haben das *Pupil's Book* auf Seite 42 geöffnet.
- Fordern Sie sie auf, das Schriftbild unter den Abbildungen in Übung 5 mit einem Blatt Papier abzudecken und die dargestellten Jahreszeiten zu betrachten.
- Üben Sie die Wörter durch mehrmaliges Vor- und Nachsprechen. Anschließend entfernen die Kinder das Blatt Papier wieder.
- Lesen Sie die Jahreszeiten der Reihe nach vor. Die Kinder schauen im Buch mit.
- Spielen Sie die Hörübung von der CD (CD 2 Nr. 19) mehrere Male vor. Die Kinder zeigen im Buch mit.

Tapescript:

Summer.
Winter.
Spring.
Autumn.

- Fragen Sie die Kinder abschließend nach ihrer Lieblingsjahreszeit. Berichten Sie von Ihrer Lieblingsjahreszeit. Sagen Sie: *I like summer. My favourite season is summer.* Klären Sie die Bedeutung des Wortes *favourite,* indem Sie sagen: *Your favourite season is the season you like best. What's your favourite season?* Die Kinder antworten ihrem Leistungsstand entsprechend z. B.: *(It's) Winter.*

Kopiervorlage 18: Peter Frog

Read and write.
Lese- und Schreibübung

- Zur Differenzierung besonders leistungsstarker Kinder kopieren Sie die Kopiervorlage 18 (siehe Anhang, Seite 201).
- Die Kinder lesen den unvollständigen *Rhyme.* Anschließend schreiben sie aus dem Gedächtnis die entsprechend richtigen Wörter in die Lücken.
- Die Kinder hören den *Rhyme* von der CD (CD 2 Nr. 18) und kontrollieren das Ergebnis. Stellen Sie den Kindern auch ein Lösungsblatt zur Selbstkontrolle zur Verfügung. Die Kinder kontrollieren die Rechtschreibung der Wörter.

Lösung:

Wortschatzübungen

- Festigen Sie die Wörter für die Jahreszeiten, indem Sie die Anfangsbuchstaben an die Tafel schreiben. Die Kinder nennen die Jahreszeit.
- Befestigen Sie die *Picture Cards* zum Themenbereich *Weather* an der Tafel. Fordern Sie einzelne Kinder auf, die Wettersituationen in ganzen Sätzen zu beschreiben, z. B.: *It's sunny.*

☆ 6 Write.
Schreibübung

AB

- Die Kinder schlagen das *Activity Book* auf Seite 36 auf und betrachten die Bilder in Übung 6. Zeigen Sie auf die Bilder. Die Kinder benennen die entsprechende Jahreszeit bzw. die Wettersituation *(spring, cloudy, autumn, snow, sunny, raining).*
- Anschließend vervollständigen die Kinder die Wörter neben den Abbildungen.
- Zur Überprüfung der Ergebnisse zeichnen Sie die Linien bzw. schreiben Sie die vorgegebenen Buchstaben an die Tafel. Fordern Sie ein Kind auf, an die Tafel zu kommen und die erste Lösung einzutragen. Die Kinder überprüfen ihre Lösung im Buch. Fahren Sie mit den restlichen Wörtern ebenso fort.

☆ 7 Read and match.
Lese- und Zuordnungsübung

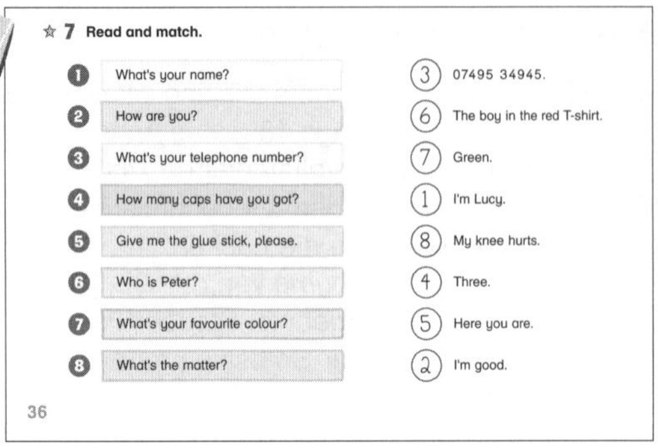

☆ 7 Read and match.

1 What's your name?	(3) 07495 34945.
2 How are you?	(6) The boy in the red T-shirt.
3 What's your telephone number?	(7) Green.
4 How many caps have you got?	(1) I'm Lucy.
5 Give me the glue stick, please.	(8) My knee hurts.
6 Who is Peter?	(4) Three.
7 What's your favourite colour?	(5) Here you are.
8 What's the matter?	(2) I'm good.

36

- Die Kinder schlagen das *Activity Book* auf Seite 36 auf und betrachten die Sätze in Übung 7.
- Lesen Sie die Fragesätze der Reihe nach mit den Nummern vor: *One. What's your name?* Die Kinder zeigen im Buch mit.
- Fordern Sie die Kinder nun auf, die Antworten auf der rechten Seite leise zu lesen und diesen die entsprechenden Nummern der Fragesätze zuzuordnen.
- Demonstrieren Sie das erste Beispiel. Sagen Sie: *What's your name?* und evozieren Sie von den Kindern die Antwort *I'm Lucy.* Tun Sie so, als ob Sie die Nummer 1 in den entsprechenden Kreis eintragen würden.
- Bei Bedarf arbeiten die Kinder zu zweit und helfen sich gegenseitig.
- Zur Überprüfung der Ergebnisse zeichnen Sie acht Kreise an die Tafel, die die rechte Spalte der Übung repräsentieren. Lesen Sie die Fragesätze nun noch einmal vor. Die Kinder nennen die entsprechenden Antworten, die Sie in die Kreise eintragen.

UNTERRICHTSSEQUENZ 5

Wortschatz, Phrasen und Strukturen:

Wortschatzwiederholung zum Themenbereich *Clothes*

It's sunny; Go for a walk; There are big black clouds in the sky; It starts raining; Run home; Your hair gets wet; Your T-shirt gets wet; Your jeans get wet; Your shoes get wet; Yuck!

Sprachliche Fertigkeiten:

Eine *Action Story (Go for a walk)* verstehen.
Die Anweisungen von der CD verstehen und mit Bildern verbinden.

Kognitive, motorische und soziale Fertigkeiten:

Anweisungen mit Bewegungen verbinden.
Anweisungen in vertauschter Reihenfolge verstehen und ausführen.
Anweisungen von der CD verstehen und die Bilder im Buch entsprechend nummerieren.

Integration in den Gesamtunterricht:

Sachunterricht: Redeanlass „Wetter und Klima".

Materialien:

Picture Cards 45–57; 63–68; *Word Cards* 45–57; 81–86
Schale mit Wasser; *Activity Book*, Seite 37, Übungen 8–9; CD 2 Nr. 20–21; evtl. Kopiervorlage 19 (mit Lösungsblatt)

Wortschatzwiederholung

- Spielen Sie mit den Kindern ein Memory Spiel mit den *Picture Cards* und *Word Cards* der Themenbereiche *Clothes* und *Weather.* Legen Sie dazu alle Karten mit der Rückseite nach oben in die Mitte eines Sitzkreises und sagen Sie: *Let's play memory. Find the matching pairs.* Demonstrieren Sie mit einem Paar (Wort und Bildkarte) die Bedeutung des Wortes *matching pair.*

Phrasenvorentlastung

Your … get wet.

- Nehmen Sie eine Schale mit Wasser und tauchen Sie Ihre Hände ein. Sagen Sie *My hands get wet.* Lassen Sie die Kinder ihre Hände eintauchen, wenn sie mögen, und sagen Sie dabei: *Your hands get wet.* etc.

☆ 8 Listen and mime.
Action Story: Go for a walk
Zuhören und imitieren

- Die Kinder stehen auf. Geben Sie die Anweisungen der *Action Story* (siehe *Tapescript* unten) und führen Sie sie gleichzeitig mimisch und gestisch aus. Die Kinder imitieren Ihre Handlungen.
- Gehen Sie bei der weiteren Erarbeitung der *Action Story* so vor, wie in der Einleitung beschrieben (Seite 19):
  – Anweisungen ausführen
  – Anweisungen durcheinander ausführen
- Wiederholen Sie dies so lange, bis die Kinder die Anweisungen mühelos umsetzen können.

Then listen and point.
Hörübung

2 20

- Fordern Sie die Kinder dann auf, das *Activity Book* auf Seite 37 aufzuschlagen und die Bilder in Übung 8 anzuschauen.
- Spielen Sie dann die *Action Story* von der CD vor (CD 2 Nr. 20). Die Kinder zeigen im Buch mit.

Tapescript:

It's sunny.
Go for a walk.
There are big black clouds in the sky.
It starts raining.
Run home.
Your hair gets wet.
Your T-shirt gets wet.
Your jeans get wet.
Your shoes get wet. Yuck!

- Geben Sie nun einige Anweisungen in beliebiger Reihenfolge. Die Kinder zeigen auf das entsprechende Bild.

☆ 9 Listen and write the numbers.
Hörübung

2 21

- Die Kinder haben das *Activity Book* auf Seite 37 geöffnet. Spielen Sie die Hörübung vor (CD 2 Nr. 21) und fordern Sie die Kinder dazu auf, die richtigen Zahlen in die Bilder einzutragen.

Tapescript:

One:	*Your hair gets wet.*
Two:	*There are big black clouds in the sky.*
Three:	*Your shoes get wet. Yuck!*
Four:	*It's sunny.*
Five:	*Your jeans get wet.*
Six:	*It starts raining.*
Seven:	*Go for a walk.*
Eight:	*Run home.*
Nine:	*Your T-shirt gets wet.*

- Als Auswertung empfiehlt es sich, die Höraufgabe folgendermaßen zu überprüfen. Fragen Sie z. B.: *What number is 'It's sunny'?* Oder: *Number four, Konrad, please do number four.* Die Kinder nennen Ihnen die entsprechende Zahl bzw. führen die entsprechende Bewegung aus.

Alternative: Zeichnen Sie einen Raster mit 9 Feldern an die Tafel. Dieser Raster stellt eine grafische Repräsentation der Seite 37 dar. Deuten Sie auf das erste Rasterfeld und lassen Sie die Kinder die entsprechende Zahl nennen. Fahren Sie mit den übrigen Rasterfeldern auf diese Weise fort. Wenn alle Zahlen in den Feldern stehen, ist es für die Kinder ein Leichtes zu erkennen, ob sie die Bilder richtig nummeriert haben.

Kopiervorlage 19: Go for a walk (Action Story)

Cut out and put into the correct order.
Sätze chronologisch ordnen

- Zur Differenzierung besonders leistungsstarker Kinder kopieren Sie die Kopiervorlage 19 (siehe Anhang, Seite 201).
- Die Kinder lesen die Sätze der *Action Story* leise, schneiden sie aus und bringen sie in die richtige Reihenfolge.
- Zur Überprüfung spielen Sie die *Action Story* von der CD vor (CD 2 Nr. 20) und die Kinder kontrollieren ihre Arbeitsergebnisse. Eine weitere Möglichkeit der Überprüfung bietet ein vorbereitetes Lösungsblatt mit den Sätzen in der richtigen Reihenfolge, welches die Kinder zur Selbstkontrolle nutzen.

Lösung: vgl. Tapescript CD 2 Nr. 20

U N T E R R I C H T S S E Q U E N Z 6

Wortschatz, Phrasen und Strukturen:

Vorwiegend rezeptiv: *Hi, I'm Amy and I live in Florida; The weather here is fantastic; There is one problem: sometimes we get hurricanes; Hurricanes are very strong winds; Can you find my photo?; Hi, I'm John; I live in Ireland; It rains a lot here; It rains in winter, in spring, in summer and in autumn; It's always green here; Hello, I'm Judy; I live on a farm in Australia; In summer it is very hot; Sometimes it rains in winter; Hello, I'm Mike and I live in Canada; There is a lot of snow in winter and it is very cold.*

Sprachliche Fertigkeiten:

Kurze Texte lesen und verstehen.
Landeskundliche Informationen mithilfe entsprechender Illustrationen verstehen.

Kognitive, motorische und soziale Fertigkeiten:

Texte lesen und Fotos zuordnen.
Entscheidungen über den Wahrheitsgehalt von Aussagen treffen.

Integration in den Gesamtunterricht:

Sachunterricht: Redeanlässe „Klima“ und „Englischsprachige Länder“.

Materialien:

Pupil's Book, Seite 43, Übungen 6–7;
evtl. Globus/Weltkarte

Wortschatzwiederholung

- Spielen Sie zur Wiederholung mit den Anweisungen der *Action Story (Go for a walk)* aus der vorhergehenden Unterrichtssequenz das Spiel *Call my bluff* mit den Kindern.
- Sagen Sie z. B. *Go for a walk.* und tun Sie dabei so, als würde Ihr T-Shirt nass werden. Da Ihre Pantomime nicht zum Satz passt, müssen die Kinder aufstehen.
- Wenn Sie aber z. B. *Go for a walk.* sagen und gleichzeitig so tun, als ob Sie spazieren gehen würden, bleiben die Kinder einfach sitzen.

Wortschatzvorentlastung

farm, rainbow, hurricane, Florida, Canada, Australia, Ireland

- Klären Sie die Bedeutung des Wortes *farm*, indem Sie einen kleinen Bauernhof mit Tieren an der Tafel skizzieren. Lassen Sie die Kinder raten, was Sie zeichnen und evozieren Sie das Wort *farm.* Wenn Sie Farbkreiden zur Verfügung haben, zeichnen Sie einen Regenbogen über die Farm. Zeigen Sie darauf und sagen Sie: *Look! A rainbow!*
- Erklären Sie das Wort *hurricane* mit entsprechenden Gesten. Deuten Sie einen Wind an, der immer stärker und stärker wird.
- Üben Sie die neuen Wörter durch mehrmaliges Vor- und Nachsprechen.
- Schreiben Sie *Florida, Canada, Australia* und *Ireland* an die Tafel. Wenn Sie einen Globus oder eine Weltkarte zur Verfügung haben, fragen Sie die Kinder: *Where is Florida?* Lassen Sie die Kinder suchen.
- Erklären Sie den Kindern, dass Florida ein Bundesstaat der USA ist. Suchen Sie gemeinsam mit den Kindern die restlichen Länder bzw. den Kontinent Australien.
- Fragen Sie die Kinder auf Deutsch, ob schon jemand aus ihrer Familie in diesen Ländern auf Urlaub gewesen ist bzw. ob sie etwas von diesen Ländern erzählen können.

6 Read. Answer the questions. Leseübung

PB

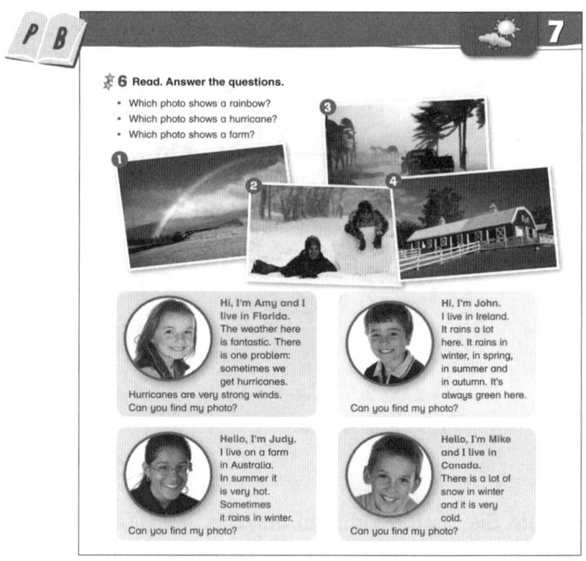
PB 7

6 Read. Answer the questions.

- Which photo shows a rainbow?
- Which photo shows a hurricane?
- Which photo shows a farm?

1 2 3 4

Hi, I'm Amy and I live in Florida. The weather here is fantastic. There is one problem: sometimes we get hurricanes. Hurricanes are very strong winds. Can you find my photo?

Hi, I'm John. I live in Ireland. It rains a lot here. It rains in winter, in spring, in summer and in autumn. It's always green here. Can you find my photo?

Hello, I'm Judy. I live on a farm in Australia. In summer it is very hot. Sometimes it rains in winter. Can you find my photo?

Hello, I'm Mike and I live in Canada. There is a lot of snow in winter and it is very cold. Can you find my photo?

- Fordern Sie die Kinder auf, sich die Fragen im *Pupil's Book* auf Seite 43 in Übung 6 anzuschauen. Sie sollen die Fotos betrachten und eventuell mit ihrer Sitznachbarin/ihrem Sitznachbarn darüber sprechen.
- Sagen Sie: *Which photo shows a (rainbow)?* und lassen Sie die Kinder antworten. Sammeln Sie die Antworten an der Tafel:
  rainbow: 1
  hurricane: 3
  farm: 4
- Die Kinder sollen nun die Texte auf Seite 43 im *Pupil's Book,* Übung 6, für ca. 15–20 Sekunden anschauen. Sie schließen dann ihre Bücher. Sagen Sie: *Give me words you remember.* Halten Sie die Äußerungen der Kinder an der Tafel fest.
- Die Kinder öffnen die Bücher wieder, lesen die Texte und ordnen sie in Einzelarbeit oder zu zweit den entsprechenden Bildern zu.

- Schreiben Sie die Namen *Amy, John, Judy* und *Mike* an die Tafel. Überprüfen Sie die Ergebnisse der Kinder, indem Sie fragen: *Which number is Mike's photo?* Die Kinder antworten: *Mike's photo is number two.* etc.

Lösung: *Amy* – 3
John – 1
Judy – 4
Mike – 2

7 Work in pairs and say *True* or *False*.
Partnerarbeit

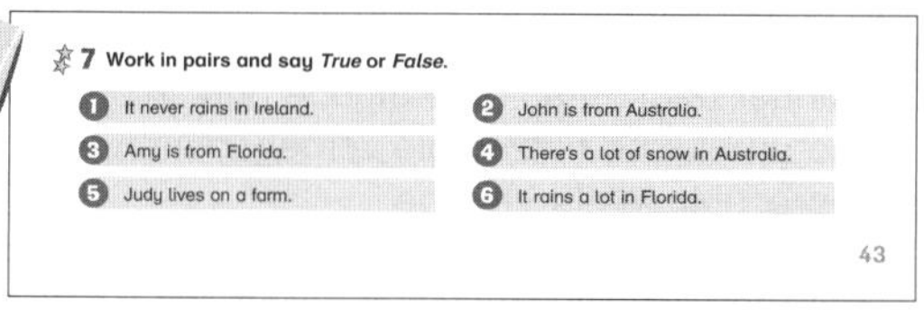

- Nun lesen sich die Kinder die Texte noch einmal in Ruhe durch.
- Anschließend arbeiten sie zu zweit. Sie sollen die Sätze in Übung 7 durchlesen und entscheiden, ob die Aussagen richtig oder falsch sind.
- Lesen Sie die Sätze abschließend vor und notieren Sie die Zahlen 1–6 an der Tafel. Lassen Sie die Kinder sagen, ob sie *true* oder *false* sind.

Hinweis: Es bietet sich an, im Anschluss an die Übung auf Deutsch ein Gespräch über Lesestrategien zu führen. Die Kinder sagen, was ihnen dabei geholfen hat, die Leseaufgabe zu lösen, wie z. B. das Suchen nach Schlüsselwörtern etc.

U N T E R R I C H T S S E Q U E N Z 7

Wortschatz, Phrasen und Strukturen:

On Monday, it's cloudy; on Tuesday, there's rain; On Wednesday, there's sun; and on Thursday, rain again; On Friday, it's foggy, it's cloudy and cold; but on Saturday and Sunday, there's sun – it looks like gold; Oh, yeah, the weather's crazy; it's crazy, yeah, that's true; Sun, rain, fog or snow?; You never, never know!

Sprachliche Fertigkeiten:

Ein Lied *(Crazy weather)* verstehen und singen.
Eine kurze Beschreibung geben.

Kognitive, motorische und soziale Fertigkeiten:

Einen Liedtext durch Mitlesen im Buch und durch Bewegungen erlernen.
Beim Chorsprechen und Singen auf den richtigen Rhythmus achten.
Ein Ratespiel spielen.

Integration in den Gesamtunterricht:

Sachunterricht: Redeanlass „Klima".

Materialien:

Picture Cards 63–68
Pupil's Book, Seite 44, Übungen 8–9; CD 2 Nr. 22–23; evtl. Kopiervorlage 20 (mit Lösungsblatt)

Wiederholung

- Spielen Sie *What's missing?* mit den *Picture Cards* für die Wettererscheinungen.

8 Listen. Sing the song.
Song: Crazy weather

2 22/23

- Fordern Sie die Kinder auf, die Seite 44 im *Pupil's Book* aufzuschlagen und Übung 8 zu betrachten.
- Spielen Sie das Lied von der CD (CD 2 Nr. 22) vor. Die Kinder hören zunächst nur zu.
- Sprechen Sie den Liedtext dann Zeile für Zeile vor und zeigen Sie dabei mit, um das Textverständnis zu erleichtern.
- Sprechen Sie dann mit den Kindern gemeinsam den Liedtext, wobei die Kinder den Text im Buch als Gedächtnisstütze benützen und mitzeigen.

Crazy weather

Text: Puchta, Gerngross
Musik: Lorenz Maierhofer
© Helbling, Rum/Innsbruck

- Spielen Sie das Lied erneut vor. Fordern Sie die Kinder auf, mitzusingen und Bewegungen für die Wettererscheinungen zu machen:
  cloudy – mit beiden Händen eine Wolkenform andeuten
  rain – Hände von oben nach unten bewegen und dabei mit den Fingern wackeln, um fallende Regentropfen anzudeuten
  sun – mit dem Zeigefinger einen Kreis für eine imaginäre Sonne neben dem Kopf beschreiben
  foggy – Handflächen nach unten haltend von außen nach innen vor dem Körper zusammenführen, dabei ganz leicht wellenförmige Bewegungen andeuten
  snow – Handflächen parallel vor dem Körper nach vorne strecken, von oben nach unten führen und mit den Fingern ganz leichte Bewegungen machen, um die Leichtigkeit der Schneeflocken anzudeuten.
- Verwenden Sie später die Playbackversion der CD (CD 2 Nr. 23).

9 Play the guessing game. Ratespiel

PB

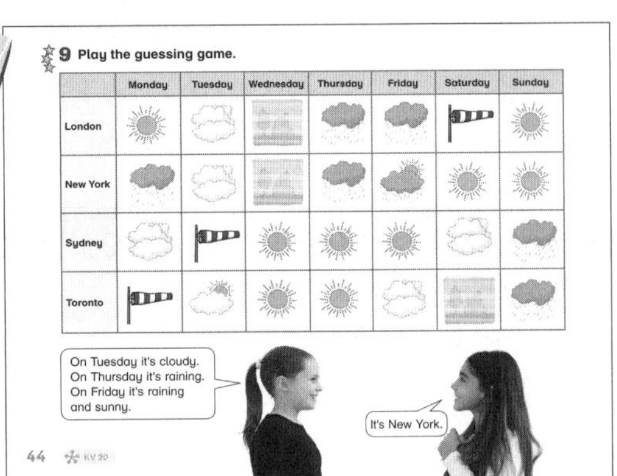

- Die Aufgabe entspricht einem sehr hohen Anforderungsniveau und ist zur zeitlichen Differenzierung sowie zur Förderung besonders leistungsstarker Kinder geeignet. Die Bearbeitung ist somit optional.
- Fordern Sie die Kinder auf, die Übung 9 auf Seite 44 im *Pupil's Book* anzuschauen.
- Zeigen Sie auf die Städtenamen in der linken Spalte und benennen Sie diese. Fordern Sie die Kinder auf, Ihnen nachzusprechen.
- Zeigen Sie auf die erste Zeile und sagen Sie: *London. On Monday, it's sunny. On Tuesday, it's cloudy.* etc. und zeigen Sie dabei in der Tabelle mit.
- Beschreiben Sie dann das Wetter an einem der Orte, ohne vorher den Ort zu nennen: *On Tuesday it's cloudy. On Thursday it's raining. On Friday it's raining and sunny.* Die Kinder erraten den Ort: *It's New York.*
- Die Kinder bearbeiten die Aufgabe nun selbstständig in Partnerarbeit und nutzen die vorgegebenen Phrasen in der Sprechblase als Vorlage.
- Auf Wunsch dürfen die Kinder die Rätsel auch verschriftlichen, vor der Klasse vorlesen und die anderen Kinder raten lassen.

Kopiervorlage 20: Weather

Look and write. Schreibübung

- Zur Differenzierung von Kindern mit Förderbedarf kopieren Sie die Kopiervorlage 20 (siehe Anhang, Seite 202).
- Die Kinder betrachten die Tabelle mit den Wettersymbolen. Anschließend lesen sie die Sätze durch und tragen entsprechend der Wochentage in der Tabelle die richtigen Wörter Buchstabe für Buchstabe in die Kästchen ein.
- Bei Bedarf nutzen die Kinder die Wörter unterhalb der gestrichelten Linie auf dem unteren Teil der Seite als Hilfe. Falls diese Hilfestellung nicht benötigt wird, kann der untere Teil an der gestrichelten Linie gefaltet und weggeklappt und anschließend zur Selbstkontrolle genutzt werden.

Lösung:

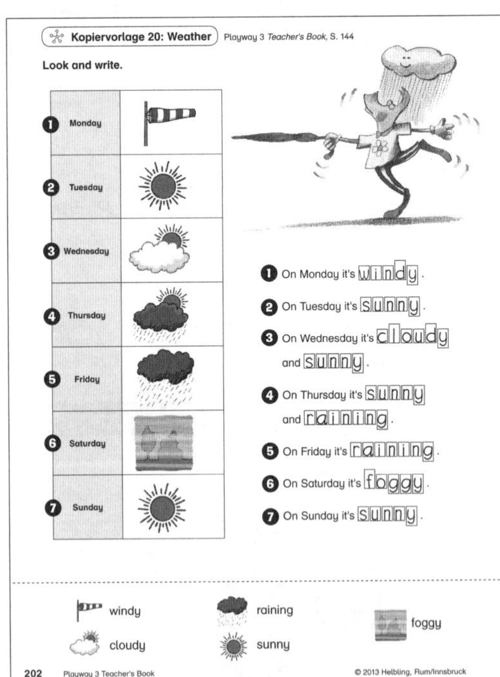

UNTERRICHTSSEQUENZ 8

Wortschatz, Phrasen und Strukturen:

morning; afternoon; What was your favourite day last week?; What was the weather like?; My favourite day was (Thursday); It was sunny; What's your favourite season?; In our group, (two) kids like (spring).

Sprachliche Fertigkeiten:

Jemanden zu Vorlieben zu Wetter/Jahreszeiten befragen und Auskunft über eigene Vorlieben und Abneigungen geben.
Einen Kurzbericht schreiben und mündlich präsentieren.

Kognitive, motorische und soziale Fertigkeiten:

Eine Tabelle anlegen.
Eine Befragung durchführen.
Befragungsergebnisse schriftlich festhalten.

Integration in den Gesamtunterricht:

Sachunterricht: Redeanlässe „Wetteraufzeichnungen" und „Jahreszeiten".

Materialien:

CD 2 Nr. 23
Pupil's Book, Seite 45, Übungen 10–12; Blätter Papier

Wiederholung

2 23

- Singen Sie das Lied *Crazy weather* aus der letzten Unterrichtssequenz zur Playbackversion (CD 2 Nr. 23).

10 Make a weather chart on a piece of paper. Make notes. Tabelle anlegen und ausfüllen

PB

- Die Aufgabe entspricht einem hohen Anforderungsniveau und ist zur zeitlichen Differenzierung sowie zur Förderung besonders leistungsstarker Kinder geeignet. Sie ist somit als optional anzusehen.
- Fordern Sie die Kinder auf, die Seite 45 im *Pupil's Book* aufzuschlagen und die Übung 10 zu betrachten.
- Schreiben Sie *morning* und *afternoon* an die Tafel und lassen Sie die Kinder Vermutungen über die Bedeutung der Wörter anstellen. Bestätigen Sie die Vermutungen der Kinder, wenn sie richtig sind und klären Sie die Bedeutung abschließend (Vormittag, Nachmittag).
- Die Kinder sollen sich eine Tabelle wie im Buch abgebildet anlegen und zu jedem Wochentag in der darauffolgenden Woche Notizen machen.

A week later: Ask your partner.

PB

- In der darauffolgenden Woche bringen die Kinder ihre *weather charts* wieder mit in den Unterricht. Erklären Sie die Bedeutung des Wortes *was* auf Deutsch (war).
- Wiederholen Sie nochmals die Bedeutung des Wortes *favourite = best day for you und* berichten Sie von Ihrem Lieblingstag: *My favourite day last week was Sunday. It was raining. What was your favourite day last week? What was the weather like?* Die Kinder antworten nun entsprechend ihrer Notizen.
- Üben Sie die Redemittel aus dem Buch gut ein. Anschließend befragen sich die Kinder gegenseitig.

11 Make a grid. In groups, ask and answer questions. Make notes. Gruppenarbeit

PB

- Die Kinder betrachten die Übung 11 auf Seite 45 im *Pupil's Book*. Klären Sie das Wort *season* vorab, indem Sie sagen: *Spring, summer, autumn and winter are the four seasons. My favourite season is summer.*
- Die Kinder sollen sich entsprechend der Vorlage im Buch eine Tabelle mit den vier Jahreszeiten anlegen und dann in Gruppen ihre Freunde befragen. Üben Sie das Redemittel *What's your favourite season?* gut ein.
- Fragen Sie abschließend: *How many kids in your group like spring?* etc. Die Kinder antworten entsprechend.

12 Write a group report. Then talk about your group.
Ergebnisse präsentieren

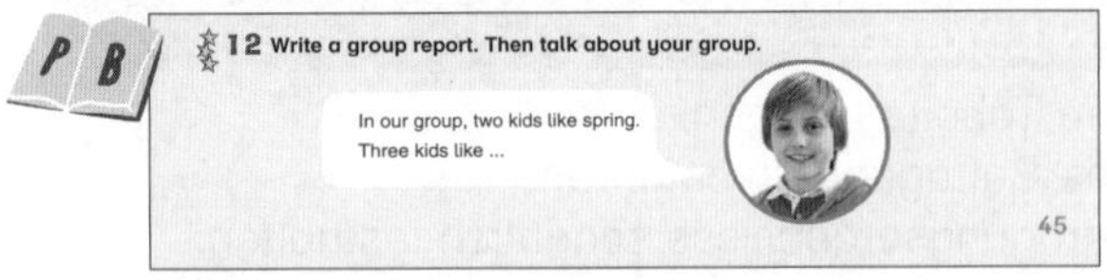
12 Write a group report. Then talk about your group.

In our group, two kids like spring. Three kids like ...

45

- Die Aufgabe entspricht einem hohen Anforderungsniveau und ist zur zeitlichen Differenzierung sowie zur Förderung besonders leistungsstarker Kinder geeignet. Sie ist somit als optional anzusehen.
- Die Kinder nutzen das Redemittel in der Sprechblase in Übung 12 als Vorlage und schreiben einen kurzen Bericht über bestimmte Vorlieben zu Jahreszeiten in ihrer Gruppe, die sie in Übung 11 erfragt haben.
- Helfen Sie den Kindern beim Erstellen der Texte.
- Anschließend präsentieren die Kinder die Ergebnisse ihrer Gruppe. Es kann ein/e Gruppensprecher/in gewählt werden oder die Kinder wechseln sich beim Sprechen ab.
- Loben Sie die Kinder für ihre Präsentationen.

UNTERRICHTSSEQUENZ 1

Wortschatz, Phrasen und Strukturen:

pear; yoghurt; rice; chicken; apple; chips; fish; tomato soup; muesli bar; cheese sandwich; orange; broccoli; carrots; egg; peas; potatoes

Sprachliche Fertigkeiten:

Bedeutung und Aussprache der neuen Wörter lernen.
Wörter von der CD verstehen.
Klanglich abgesicherte Wörter mit ihrem Schriftbild verbinden.
Mithilfe vorgegebener Redemittel in einem Spiel miteinander kommunizieren.

Kognitive, motorische und soziale Fertigkeiten:

Bildkarten den entsprechenden Wörtern zuordnen.
Wörter von der CD verstehen und auf die entsprechenden Bilder im Buch zeigen.
Klanglich abgesicherte Wörter und Phrasen mit ihrem Schriftbild verbinden.
In der Gruppe ein Quartettspiel durchführen.
Wörter in einem Suchbild identifizieren und segmentieren.

Integration in den Gesamtunterricht:

Sachunterricht: Redeanlass „Ernährung".

Materialien:

CD 2 Nr. 23
Picture Cards 72–87; *Word Cards* 90–105; *Pupil's Book*, Seite 46, Übungen 1–2; CD 2 Nr. 24; evtl. Lesezeichen (siehe Anhang, Seite 213); *Activity Book*, Seite 38, Übung 1; evtl. Lösungsblatt; evtl. Bastelvorlage B; Poster 8

Wiederholung

CD 2 23

- Singen Sie das Lied *Crazy weather* zur Playbackversion (CD 2 Nr. 23) aus der vorhergehenden Unit (siehe Unterrichtssequenz 7).

Wortschatzeinführung

pear; yoghurt; rice; chicken; apple; chips; fish; tomato soup; muesli bar; cheese sandwich; orange; broccoli; carrots; egg; peas; potatoes

- Führen Sie die Wörter mit Unterstützung der *Picture Cards* in gewohnter Weise ein.
- Üben Sie die Wörter durch mehrmaliges Vor- und Nachsprechen.
- Führen Sie mit den Kindern Übungen zur Verankerung des Wortschatzes im Wiedererkennensgedächtnis und im Produktionsgedächtnis durch (siehe dazu methodische Vorschläge, Seite 15 in der Einleitung).

Aussprachetipp: Achten Sie bei der Aussprache von *chicken* [ˈtʃɪkɪn] auf das stimmlose [tʃ]. Dieser Laut unterscheidet sich deutlich von [dʒ] in *jump*.

Wortschatzübungen mit Schriftbildunterstützung

pear; yoghurt; rice; chicken; apple; chips; fish; tomato soup; muesli bar; cheese sandwich; orange; broccoli; carrots; egg; peas; potatoes

- Zeigen Sie die *Word Cards* nacheinander und sagen Sie jeweils das entsprechende Wort. Fordern Sie einzelne Kinder auf, die *Word Cards* zu den entsprechenden *Picture Cards* an die Tafel zu hängen.
- Spielen Sie ein Memory Spiel mit den *Picture Cards* und *Word Cards*.

☆ 1 Listen and point. Hörübung

PB CD 2 24

- Fordern Sie die Kinder auf, das *Pupil's Book* auf Seite 46 aufzuschlagen und das Bild in Übung 1 zu betrachten.
- Erklären Sie die Höraufgabe. Die Kinder werden den neuen Wortschatz nun von der CD hören. Die linke Spalte mit dem Schriftbild der Wörter wird z. B. mit einem Blatt Papier oder dem Lesezeichen im Anhang (Seite 213) abgedeckt und nach jedem Wort, das die Kinder hören, zeigen sie auf die entsprechende Speise. Sie orientieren sich dabei an den Zahlen in der Abbildung.
- Spielen Sie die Hörübung von der CD vor (CD 2 Nr. 24). Die Kinder zeigen im Buch mit, während sie zuhören.
- Anschließend wird das Blatt Papier entfernt. Lesen Sie die Wörter in der Spalte der Reihe nach laut vor. Die Kinder lesen mit und sprechen Ihnen nach.
- Spielen Sie dann die Hörübung nochmals von der CD vor (CD 2 Nr. 24). Die Kinder zeigen nun auf die Wörter in der Spalte.

Tapescript:

One:	*Pear.*
Two:	*Yoghurt.*
Three:	*Rice.*
Four:	*Chicken.*
Five:	*Apple.*
Six:	*Chips.*
Seven:	*Fish.*
Eight:	*Tomato soup.*
Nine:	*Muesli bar.*
Ten:	*Cheese sandwich.*
Eleven:	*Orange.*
Twelve:	*Broccoli.*
Thirteen:	*Carrots.*
Fourteen:	*Egg.*
Fifteen:	*Peas.*
Sixteen:	*Potatoes.*

Then test your partner. Partnerarbeit

PB

- Abschließend überprüfen sich die Kinder gegenseitig. Nach zwei oder drei richtig benannten Speisen tauschen die Kinder jeweils die Rollen.
- Zunächst wird die Spalte mit den geschriebenen Wörtern abgedeckt. Kind A zeigt auf eine Speise in der Abbildung und Kind B benennt diese.
- In einem nächsten Schritt wird die Spalte mit den Wörtern aufgedeckt. Kind A nennt die Speisen und Kind B zeigt auf das entsprechende Schriftbild in der Spalte.

Bastelvorlage B

☆ 2 Play the card game. Kartenspiel

PB

- Fordern Sie die Kinder auf, die Übung 2 im *Pupil's Book* auf Seite 46 zu betrachten.
- Die Kinder sollen kleine Bildkärtchen mit Lebensmitteln herstellen (siehe Bastelvorlage B1 bzw. B2 im Anhang auf den Seiten 208 f.).
- Teilen Sie eine Kopie an jedes Kind aus und erklären Sie ihnen, dass sie die Lebensmittel anmalen und die einzelnen Kärtchen dann ausschneiden sollen. Geben Sie den Kindern dafür genügend Zeit. Alternativ können Sie auch Kopien der Bastelvorlage B2 mit dem Schriftbild an die Kinder verteilen.
- Demonstrieren Sie die Frage *Can I have the ...?* mit einem Kind und flüstern Sie *Here you are.* ein, wenn Ihnen das Kind eine Karte aushändigt.
- Die Kinder spielen nun zu viert eine Variation von Quartett. Jede Gruppe benötigt vier Sets Lebensmittel einer Serie. Pro Gruppe wird somit mit 60 Karten gespielt.
- Die Karten werden gemischt und jedes Kind erhält sechs Karten. Der Rest wird im Stapel mit dem Bild/Text nach unten in die Mitte des Tisches gelegt.
- Durch gegenseitiges Fragen versucht jede/r Mitspieler/in nun, vier gleiche Lebensmittel zu bekommen. Die Kommunikation kann wie folgt geführt werden:
  Kind A: *Can I have the carrots?* – Kind B: *Here you are.*
  Kind A nimmt die Karte und hält die *carrots* nun zweimal in Händen. Es darf seinen Spielzug weiterführen und ein weiteres Kind nach einer Karte fragen. Wenn ein Kind die geforderte Karte jedoch nicht hat, antwortet es mit *No, sorry! Pick up.* und zeigt auf den Stapel in der Mitte. Kind A nimmt eine Karte und das nächste Kind ist an der Reihe.
- Hat ein Kind beim Spiel ein Quartett zusammen, so ruft es *Happy families!* oder *Fours!* und legt das Quartett zur Seite. Sieger ist, wer am Ende die meisten Quartette abgelegt hat.

Hinweis: Wenn Sie das Spiel aus zeitlichen Gründen abkürzen möchten, lassen Sie die Kinder stattdessen mit nur zwei oder drei Sets spielen. Die Kinder sammeln dementsprechend 2er- oder 3er-Pärchen eines Lebensmittels. Sie können die Sets auch halbieren und die Kinder mit sieben oder acht Lebensmitteln spielen lassen.

☆ 1 Find the fifteen words. ↓→ Suchspiel

AB

H	K	W	G	N	Y	O	G	H	U	R	T	K	Y
I	P	E	A	S	L	N	G	I	N	F	I	S	H
Z	W	M	D	T	X	S	O	U	P	Y	A	N	G
C	H	E	E	S	E	P	R	A	G	P	X	W	P
F	Y	S	G	B	R	A	U	T	O	M	A	T	O
M	Y	H	G	R	A	G	C	A	R	R	O	T	L
C	P	D	S	O	C	H	I	C	K	E	N	E	U
O	O	O	B	C	E	E	C	H	I	P	S	T	P
L	T	I	O	C	E	T	X	P	H	A	C	W	E
G	A	I	T	O	X	T	M	R	G	P	K	L	A
Q	T	G	P	L	R	I	C	E	R	P	R	X	R
U	O	I	U	I	I	K	J	G	J	L	I	V	E
W	K	O	R	A	N	G	E	L	L	E	G	K	A

- Fordern Sie die Kinder nun dazu auf, die Übung 1 auf Seite 38 im *Activity Book* zu betrachten.
- Benennen Sie die abgebildeten Lebensmittel im Uhrzeigersinn. Die Kinder zeigen auf die entsprechenden Abbildungen: *A yoghurt, chicken, a tomato, peas, chips, cheese* etc.
- Die Kinder sollen dann die fünfzehn Wörter im Rätsel finden und einkreisen.
- Stellen Sie den Kindern mehrere Lösungsblätter in der Klasse zur Verfügung, damit sie ihre Ergebnisse selbstständig überprüfen können.

Poster 8: Lunch time

- Eine detaillierte Beschreibung zur Arbeit mit dem Poster finden Sie im entsprechenden Abschnitt in der Einleitung auf Seite 18.

UNTERRICHTSSEQUENZ 2

Wortschatz, Phrasen und Strukturen:

Lots of spaghetti/chicken on a big, big plate; with butter and cheese/ketchup and chips; spaghetti/ chicken is great; There's a/an (apple); There are (two carrots); (Lucy's) lunchbox is number (three).

Sprachliche Fertigkeiten:

Einen *Chant* (*Lots of spaghetti*) rhythmisch im Chor und einzeln mit Bildunterstützung sprechen.
Den *Chant* mit mimisch-gestischer Unterstützung sprechen.
Sätze lesen.
Persönliche Lösungsvorschläge ausdrücken.
Unbestimmte Artikel zuordnen.

Kognitive, motorische und soziale Fertigkeiten:

Einen *Chant* von der CD hören und dabei im Buch mitschauen und mitlesen.
Im Rhythmus einer Gruppe sprechen.
Beschreibungen im Buch Bildern zuordnen.
Eine grammatische Regel anwenden.

Integration in den Gesamtunterricht:

Sachunterricht: Redeanlass „Ernährung".

Materialien:

Picture Cards 72–89; *Word Cards* 90–107
CD 2 Nr. 25–27; *Pupil's Book*, Seite 47, Übungen 3–4; *Activity Book*, Seite 38, Übung 2; evtl. Kopiervorlage 21 (mit Lösungsblatt); evtl. Realien (Lebensmittel) und Tuch

Wiederholung

- Wiederholen Sie die Wörter zum Thema *Lunch time* mithilfe der *Picture Cards* und *Word Cards*.
- Befestigen Sie die *Picture Cards* an der Tafel. Teilen Sie dann die *Word Cards* an einzelne Kinder aus. Nennen Sie eines der Lebensmittel. Das Kind mit der entsprechenden *Word Card* kommt an die Tafel und befestigt die *Word Card* neben der dazugehörigen *Picture Card*. Verfahren Sie mit den restlichen *Word Cards* ebenso.
- Rufen Sie einzelne Kinder auf, an die Tafel zu kommen und sagen Sie z. B.: *Theo, touch 'rice'*. Das Kind berührt die entsprechende Karte.
- Entfernen Sie dann alle *Picture Cards* von der Tafel. Spielen Sie *What's missing?* mit den *Word Cards*.

Wortschatzeinführung

plate; butter

- Führen Sie die neuen Wörter unter Verwendung der *Picture Cards* und *Word Cards* in gewohnter Weise ein.

☆ 3 Listen. Do the chant. Chant: Lots of spaghetti

PB 2 25–27

PB 8
☆ 3 2 25-27 Listen. Do the chant.
Lots of spaghetti
Lots of spaghetti
on a big, big plate.
With butter and cheese,
spaghetti is great.
Lots of chicken
on a big, big plate.
With ketchup and chips,
chicken is great.

- Die Kinder schlagen das *Pupil's Book* auf Seite 47 auf und betrachten die Abbildung in Übung 3.
- Spielen Sie den *Chant* von der CD vor (CD 2 Nr. 25) und zeigen Sie dabei auf die einzelnen Lebensmittel. Die Kinder schauen und zeigen im Buch zunächst nur mit.

Tapescript:

Lots of spaghetti
on a big, big plate.
With butter and cheese,
spaghetti is great.

Lots of chicken
on a big, big plate.
With ketchup and chips,
chicken is great.

- Gehen Sie bei der weiteren Erarbeitung des *Chant* so vor, wie in der Einleitung beschrieben (Seite 20, Schritte 2 bis 5).
- Spielen Sie dazu die verschiedenen Versionen des *Chant* von der CD vor (CD 2 Nr. 25–27).

Hinweis: Pommes frites werden im britischen Englisch als *chips* bezeichnet, im amerikanischen Englisch als *French fries*. Die im Deutschen und Amerikanischen als „Chips" bezeichneten Kartoffelchips werden im britischen Englisch *crisps* genannt.

Wortschatzvorentlastung

a; an

- Zeichnen Sie großzügig den Umriss einer *lunch box* an die Tafel.

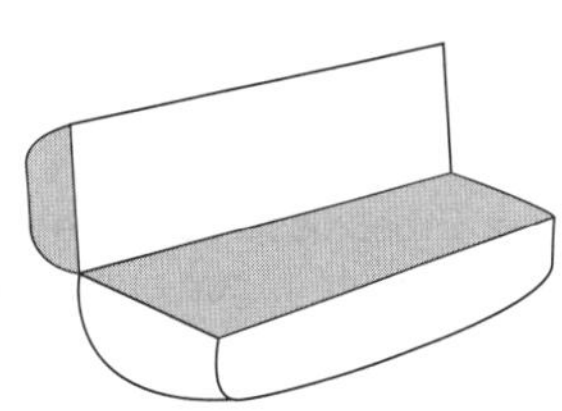

- Befestigen Sie in der *lunch box* verschiedene *Picture Cards*, z. B. *egg, muesli bar, apple, orange, cheese sandwich*. Schreiben Sie mit Kreide nun die Anfangsbuchstaben unter die *Picture Cards* und beschreiben

Sie den Inhalt der *lunch box*: *There's an egg, a muesli bar, an apple, an orange and a cheese sandwich.* Betonen Sie dabei *a* bzw. *an* etwas stärker, um die Kinder auf den Unterschied aufmerksam zu machen. Fragen Sie die Kinder, warum es *a cheese sandwich,* aber *an egg* heißt. Erklären Sie, wenn nötig, den Kindern die Regel, wobei zu beachten ist, dass es beim „u" von der jeweiligen Aussprache abhängt, wie die Beispiele *a uniform* ['ju] und *an umbrella* [ʌ] zeigen.

an = a, e, i, o, u

Hinweis: Falls Sie lieber mit Realien arbeiten, bietet es sich auch an, eine große Dose bzw. Box mit z. B. einer Orange, einem Ei, einem Apfel, einer Birne, einer Karotte und einem Müsliriegel mitzubringen. Decken Sie die Lebensmittel mit einem Tuch ab und lassen Sie die Kinder tasten. Anschließend fragen Sie: *What's in my lunch box?* Die Kinder antworten wahrscheinlich in Einwortsätzen: *Apple?* Erweitern Sie die Antworten: *Yes, there's an apple.* etc. Haben so viele Kinder wie möglich geraten, entfernen Sie das Tuch und beschreiben dabei den Inhalt: *There's an orange, an egg, ...* etc.

4 Look and read. Say.
Leseübung

PB

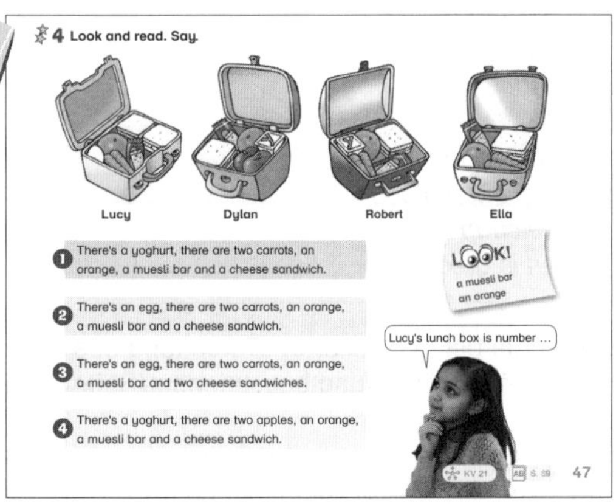

- Fordern Sie die Kinder nun dazu auf, die Übung 4 auf Seite 47 im *Pupil's Book* zu betrachten. Lesen Sie zunächst die Namen unter den *lunch boxes* vor und zeigen Sie dabei mit.
- Lesen Sie den ersten Text vor. Fragen Sie anschließend: *Is it Lucy's, Dylan's, Robert's or Ella's lunch box?* Lesen Sie den Text eventuell noch einmal vor. Die Kinder vergleichen Ihre Beschreibung mit den abgebildeten Boxen und nennen dann den Namen: *It's Robert's lunch box.* Üben Sie auch das Redemittel *Robert's lunch box is number (one).* gut ein.
- Die Kinder sollen die Texte nun leise lesen und auf einem Blatt Papier die Namen und die jeweilige Nummer notieren. Erlauben Sie den Kindern, sich gegenseitig bei der Bewältigung der Aufgabe zu helfen.
- Zur Sicherung der Ergebnisse schreiben Sie die Namen der Kinder nebeneinander in derselben Reihenfolge wie im Buch an die Tafel.
- Die Kinder sagen Ihnen die Ergebnisse an: *Lucy's lunch box is number three.* Schreiben Sie die entsprechende Nummer unter Lucys Namen.

Lösung: 1 – *Robert*
2 – *Ella*
3 – *Lucy*
4 – *Dylan*

Kopiervorlage 21: What's in my lunch box?

Look and write the numbers.
Zählübung

- Zur Differenzierung von Kindern mit erhöhtem Förderbedarf kann anstatt der Aufgabe 4 auf Seite 47 im *Pupil's Book* die Kopiervorlage 21 (siehe Anhang, Seite 203) als einfachere Aufgabe angeboten werden.
- Hier sollen die Kinder die Wörter in der Tabelle lesen und verstehen und dann die Lebensmittel in der *lunch box* zählen und die richtige Anzahl in die Tabelle schreiben.
- Ein Lösungsblatt kann in der Klasse hinterlegt werden, sodass die Kinder die Aufgabe selbstständig kontrollieren können.

Lösung:

Kopiervorlage 21: What's in my lunch box? Playway 3 *Teacher's Book*, S. 150

Look and write the numbers.

egg(s)	1
muesli bar(s)	4
carrot(s)	2
sandwich(es)	3
yoghurt(s)	1

2 Tick *a* or *an* (✓).
Auswahlübung

AB

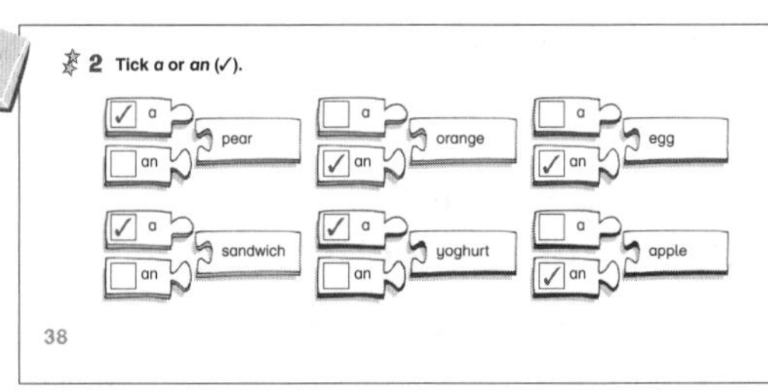

- Fordern Sie die Kinder dazu auf, die Übung 2 im *Activity Book* auf Seite 39 zu betrachten. Erklären Sie den Kindern, dass bei *a* oder *an* ein Häkchen gesetzt werden soll. Machen Sie das erste Beispiel gemeinsam mit den Kindern.
- Anschließend arbeiten die Kinder alleine oder paarweise und setzen das Häkchen an der entsprechend richtigen Stelle.
- Zur Überprüfung der Arbeitsergebnisse schreiben Sie die Wörter *pear, sandwich, orange, yoghurt, egg* und *apple* an die Tafel. Die Kinder diktieren Ihnen jeweils *a* oder *an.*

UNTERRICHTSSEQUENZ 3

Wortschatz, Phrasen und Strukturen:

I've got a (carrot), a (cheese sandwich) and an (orange) in my lunch box; Have you got a/an ...?; Yes, I have; No, I haven't.

Sprachliche Fertigkeiten:

Einen kurzen Text lesen, verstehen und einem entsprechenden Bild zuordnen.
Über Vorlieben sprechen und Informationen austauschen.

Kognitive, motorische und soziale Fertigkeiten:

Sinnentnehmend lesen.
Texte mit Illustrationen verbinden.
Eine Zeichnung zum Lieblingsessen anfertigen.
Sich mit anderen austauschen und Gemeinsamkeiten feststellen.

Integration in den Gesamtunterricht:

Sachunterricht: Redeanlass „Ernährung".

Materialien:

CD 2 Nr. 27; *Word Cards* 90–105
Activity Book, Seite 39, Übungen 3–4; Handpuppe Max

Wiederholung

2 27

- Sprechen Sie den *Chant Lots of spaghetti* aus der vorhergehenden Unterrichtssequenz mit den Kindern zur Playbackversion (CD 2 Nr. 27).
- Ziehen Sie drei *Word Cards* zum Themenbereich *Lunch time* aus einem Stapel. Die Kinder sollen raten, welche Lebensmittel Sie gezogen haben, indem sie z. B. fragen: *Have you got an apple?* Bestätigen Sie dies, wenn die Kinder richtig liegen, mit *Yes, I've got a/an...* oder verneinen Sie mit *No, I haven't got a/an...* Wenn die Kinder richtig geraten haben, zeigen Sie ihnen die *Word Card* usw.

☆ 3 Read and draw lines.
Zuordnungsübung

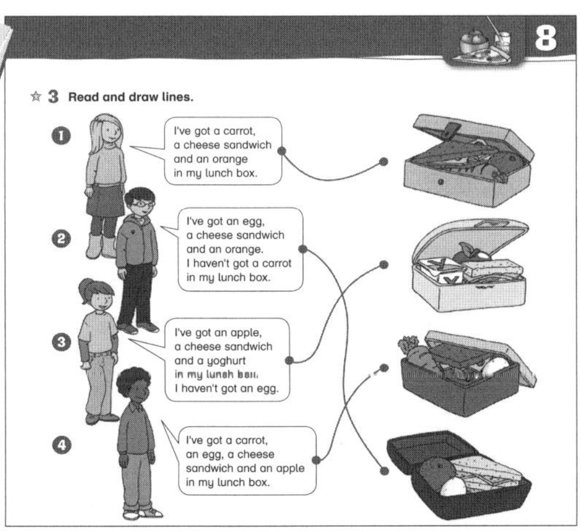

- Die Kinder schlagen das Buch auf Seite 39 im *Activity Book* auf und betrachten die Übung 3.
- Lesen Sie die erste Sprechblase vor. Die Kinder lesen und zeigen mit dem Finger mit.
- Anschließend sollen die Kinder mit dem Finger auf die entsprechend richtige *lunch box* zeigen und den Text mit der Abbildung verbinden.
- Nun lesen die Kinder die weiteren Texte in den Sprechblasen und verbinden diese mit den richtigen *lunch boxes*. Gehen Sie in der Klasse umher und helfen Sie bei Bedarf.
- Zur Überprüfung der Arbeitsergebnisse zeichnen Sie auf die eine Hälfte der Tafel untereinander die Zahlen von 1–4, auf die andere Hälfte gegenüber zeichnen Sie Kästchen, die die *lunch boxes* repräsentieren. Einzelne Kinder kommen nach vorne und verbinden die Zahlen mit den Kästchen.

☆☆☆ 4 Draw your favourite lunch. Can you find a friend with the same lunch?
Partnerarbeit

- Diese Übung ist zur Differenzierung besonders leistungsstarker Kinder geeignet und kann optional eingesetzt werden.
- Zeichnen Sie die Umrisse einer *lunch box* an die Tafel. „Füllen" Sie diese *lunch box* mit Zeichnungen unterschiedlicher Lebensmittel, die die Kinder auf Englisch kennen.
- Nehmen Sie die Handpuppe Max. Max befragt Sie anschließend mit *Have you got a/an (apple)?* zum Inhalt Ihrer *lunch box*. Antworten Sie mit *Yes, I have.* bzw. *No, I haven't.*
- Fordern Sie die Kinder nun dazu auf, die Übung 4 auf Seite 39 im *Activity Book* zu betrachten.
- Lesen Sie die Sprechblasen vor, die Kinder zeigen mit dem Finger mit. Üben Sie die Redemittel mit den Kindern gut ein.
- Anschließend malen die Kinder ihr liebstes Pausenbrot in die *lunch box*, gehen in der Klasse umher und befragen sich mit den vorgegebenen Phrasen gegenseitig nach ihrem liebsten Pausenbrot. Im Idealfall sollen die Kinder eine/n Partner/in mit den gleichen Vorlieben finden.
- Zum Schluss stellen die Kinder mit den gleichen Vorlieben ihre gemeinsamen *lunch boxes* vor der Klasse vor, indem Sie sagen: *In my lunchbox, there's a ...*

UNTERRICHTSSEQUENZ 4

Wortschatz, Phrasen und Strukturen:

Wortschatzwiederholung zum Themenbereich *Lunch time*
Vorwiegend rezeptiv: *We're hungry; What's for breakfast, Dad?; Tea and toast?; Dad, where's our toast?; Just a minute; Sorry. No (toast); A smoothie?; Hey, watch this!; Don't worry; No problem, there are two more eggs.*

Sprachliche Fertigkeiten:

Einen *Mr Matt Sketch (What's for breakfast?)* von der DVD verstehen.
Klanglich abgesicherte Phrasen und Wörter mit ihrem Schriftbild verbinden.

Kognitive, motorische und soziale Fertigkeiten:

Textzeilen alleine sprechen.
Dialoge vervollständigen.
Einen Dialog mit verteilten Rollen vorlesen.
Einen Dialog selbstständig kreativ abwandeln und vorführen.

Integration in den Gesamtunterricht:

Sachunterricht: Redeanlass „Frühstück".

Materialien:

Picture Cards 72–87
DVD *(Mr Matt Sketch: What's for breakfast?,* 06:13);
Pupil's Book, Seite 48, Übungen 5–7; CD 2 Nr. 28

Wiederholung

- Zeichnen Sie den Umriss einer *lunch box* an die Tafel:

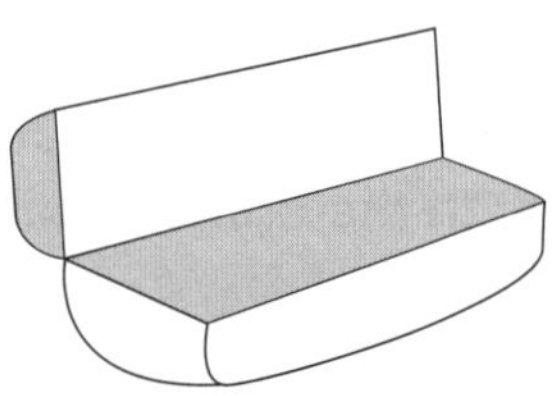

- Befestigen Sie innerhalb dieser *lunch box* verschiedene *Picture Cards,* z. B. *egg, muesli bar, apple, orange, sandwich, broccoli, carrot, pear etc.* mit der Abbildung zur Tafel.
- Die Kinder sollen nun erraten, welche Lebensmittel in der *lunch box* sind. Sagen Sie: *Guess what's in my lunch box.* Je nach Leistungsstand stellen die Kinder nun Vermutungen mit *Is it a/an …?* an oder fragen in Einwortsätzen *Apple? Carrot?* etc.
- Wenn die Kinder richtig geraten haben, bestätigen Sie dies mit *Yes, it's an apple.* und drehen die Karte um.

☆ 5 Watch the story and say words you remember. Mr Matt Sketch: What's for breakfast?

- Zeigen Sie den Kindern die Geschichte *What's for breakfast?* zweimal von der DVD.

Videoscript: What's for breakfast?

Danny and Daisy:	*We're hungry.*
	What's for breakfast, Dad?
Mr Matt:	*Tea and toast?*
Danny and Daisy:	*OK.*
	Dad, where's our toast?
Mr Matt:	*Just a minute.*
Danny and Daisy:	*Dad, where's our toast.*
Mr Matt:	*Just a minute.*
Danny and Daisy:	*Dad, where's our toast.*
Mr Matt:	*Just a minute.*
Mr Matt:	*Sorry. No toast.*
Danny and Daisy:	*But, Dad! We're hungry!*
Mr Matt:	*A smoothie?*
Danny and Daisy:	*Yes!*
Mr Matt:	*Yoghurt. Milk.*
	Orange or banana?
Danny and Daisy:	*Banana.*
Mr Matt:	*OK. Banana. … Banana.*
Mr Matt:	*Sorry. No smoothie.*
Danny and Daisy:	*But Dad, we're hungry!*
Mr Matt:	*Eggs?*
Danny and Daisy:	*Yes, please.*
Mr Matt:	*Hey, watch this!*
Danny and Daisy:	*No, Dad, please!*
Mr Matt:	*Don't worry.*
	Watch this!
Danny and Daisy:	*Oh, no!*
Mr Matt:	*No problem, there are two more eggs.*
	Sorry. No eggs.

- Nach dem Vorspielen der Geschichte von der DVD fordern Sie die Kinder auf, Wörter oder Phrasen zu benennen, an die sie sich erinnern können. Sagen Sie: *Give me words and phrases you remember.*
- Halten Sie die Äußerungen der Kinder an der Tafel fest.

Finish the sentences.
Sätze vervollständigen

- Die Kinder öffnen nun das *Pupil's Book* auf Seite 48.
- Fordern Sie die Kinder auf, die Bilder in Übung 5 zu betrachten und lesen Sie die Satzanfänge bzw. -enden langsam und deutlich vor. Die Kinder sollen mitzeigen.
- Anschließend fordern Sie die Kinder auf, die Sätze mündlich zu ergänzen.
- Schreiben Sie die Sprechblasen an die Tafel und ergänzen Sie die Phrasen auf Zuruf der Kinder.

What's for breakfast?

Sorry, no toast.

Hey, watch this.

No problem, there are two more eggs.

6 Listen and read.
Hör- und Leseübung

2 28

6 2 28 Listen and read.

Rob:	Good morning.
Dad:	Good morning.
Rob:	I'm hungry. What's for breakfast?
Dad:	Egg on toast?
Rob:	Great.
Dad:	And to drink?
Rob:	Can I have some tea?
Dad:	Yes, of course.
Rob:	Thanks.

7 Do a role play.

48

- Die Kinder öffnen das *Pupil's Book* auf Seite 48 und betrachten Übung 6.
- Spielen Sie den Dialog von der CD 2 Nr. 28 mehrmals vor. Die Kinder lesen im Buch mit.

Tapescript:

Rob:	*Good morning.*
Dad:	*Good morning.*
Rob:	*I'm hungry. What's for breakfast?*
Dad:	*Egg on toast?*
Rob:	*Great.*
Dad:	*And to drink?*
Rob:	*Can I have some tea?*
Dad:	*Yes, of course.*
Rob:	*Thanks.*

- Üben Sie den Dialog dann durch mehrmaliges Vor- und Nachsprechen gut ein.
- Die Kinder lesen den Dialog abschließend mit verteilten Rollen.

7 Do a role play.
Rollenspiel

- Die Übung 7 auf Seite 48 im *Pupil's Book* entspricht einem erhöhten Anspruchsniveau und ist als optional anzusehen. Die Erarbeitung kann entweder lehrer/innenzentriert (Variante 1) oder in besonders leistungsstarken Lerngruppen selbstständig durch die Kinder erfolgen (Variante 2).
  Variante 1:
  Üben Sie nun den Text durch mehrmaliges Vor- und Nachsprechen Satz für Satz ein.
  Die Kinder finden sich in Kleingruppen zusammen und setzen die Szene spielhandelnd um.
  Variante 2:
  Zur Differenzierung können leistungsstärkere Kinder den Dialogtext als Modelltext nutzen und kreativ abwandeln. Dazu können sie die Wörter für die Lebensmittel austauschen.
- Abschließend tragen Freiwillige ihre Rollenspiele vor der Klasse vor.

UNTERRICHTSSEQUENZ 5

Wortschatz, Phrasen und Strukturen:

Vorwiegend rezeptiv: *Your mother brings you a plate of spaghetti; Start eating; There's spaghetti on the table; There's spaghetti on the floor; There's no spaghetti in your mouth; Get a knife; Cut the spaghetti; Eat with your spoon; Wonderful spaghetti.*

Sprachliche Fertigkeiten:

Eine Kette von Anweisungen einer *Action Story (Eating spaghetti)* verstehen.
Anweisungen von der CD verstehen und Bilder entsprechend ordnen.

Kognitive, motorische und soziale Fertigkeiten:

Anweisungen mit Bewegungen verbinden.
Anweisungen in vertauschter Reihenfolge verstehen und ausführen.
Bilder durch Nummerieren ordnen.
Eventuell das Ergebnis der eigenen Arbeit selbstständig mit einem Lösungsblatt vergleichen.

Integration in den Gesamtunterricht:

Sachunterricht: Redeanlass „Tischmanieren".

Materialien:

Word Cards 90–105
Activity Book, Seite 40, Übungen 5–6; CD 2 Nr. 29–30; evtl. Kopiervorlage 22 (mit Lösungsblatt)

Wiederholung

ball

- Die Kinder spielen zur Wiederholung die Dialoge vor, die sie in der vorhergehenden Unterrichtssequenz erarbeitet haben.
- Spielen Sie *What's missing?* mit den *Word Cards.* Die Kinder verwenden auch den Artikel *a* bzw. *an* und sagen z. B.: *An apple is missing* oder *A carrot is missing.*

☆ 5 Listen and mime.
Action Story: Eating spaghetti

- Die Kinder stehen auf. Geben Sie die Anweisungen der *Action Story (Eating spaghetti;* siehe Tapescript unten) und führen Sie sie gleichzeitig mimisch bzw. gestisch aus. Die Kinder imitieren Ihre Handlungen.
- Gehen Sie bei der weiteren Erarbeitung der *Action Story* so vor, wie in der Einleitung beschrieben (Seite 19).
  – Anweisungen ausführen
  – Anweisungen durcheinander ausführen

Then listen and point.
Hörübung

AB CD 2 29

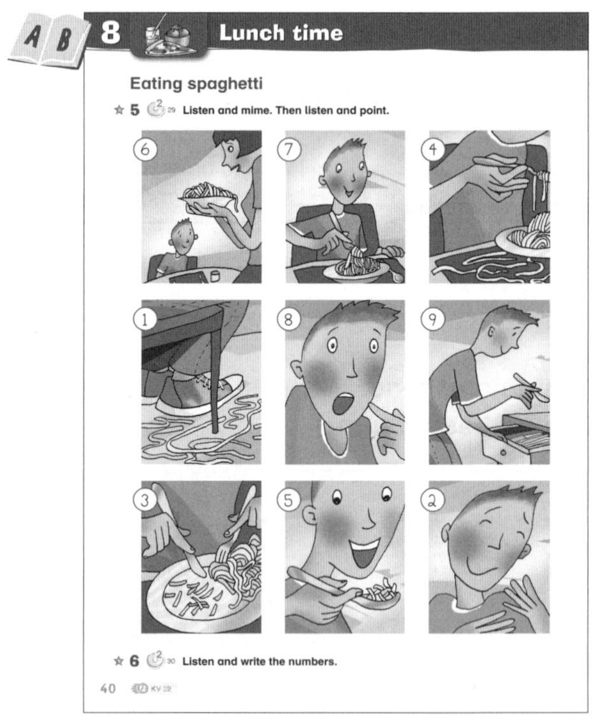

- Fordern Sie die Kinder auf, das *Activity Book* auf Seite 40 aufzuschlagen und die Bilder in Übung 5 zu betrachten.
- Spielen Sie die *Action Story* von der CD (CD 2 Nr. 29) vor. Die Kinder zeigen im Buch mit.

Tapescript:

Your mother brings you a plate of spaghetti.
Start eating.
There's spaghetti on the table.
There's spaghetti on the floor.
There's no spaghetti in your mouth.
Get a knife.
Cut the spaghetti.
Eat with your spoon.
Wonderful spaghetti.

- Geben Sie nun einige Anweisungen in beliebiger Reihenfolge. Die Kinder zeigen auf das entsprechende Bild.

☆ 6 Listen and write the numbers. Hörübung

AB CD 2 30

- Die Kinder haben das *Activity Book* auf Seite 40 geöffnet. Spielen Sie die Hörübung von der CD vor (CD 2 Nr. 30). Die Kinder tragen die richtigen Zahlen in die Bilder ein.

Tapescript:

One:	*There's spaghetti on the floor.*
Two:	*Wonderful spaghetti.*
Three:	*Cut the spaghetti.*
Four:	*There's spaghetti on the table.*
Five:	*Eat with your spoon.*
Six:	*Your mother brings you a plate of spaghetti.*
Seven:	*Start eating.*
Eight:	*There's no spaghetti in your mouth.*
Nine:	*Get a knife.*

- Anschließend werden die Ergebnisse verglichen. Halten Sie Ihr Buch hoch, zeigen Sie auf ein Bild und fragen Sie: *What number is it?* Oder: *What number is 'Cut the spaghetti'?* etc. Die Kinder nennen Ihnen die entsprechende Zahl.

Alternative: Zeichnen Sie einen Raster mit neun Feldern an die Tafel. Dieser Raster stellt eine grafische Repräsentation der Seite 40 im *Activity Book* dar. Deuten Sie auf das erste Rasterfeld und lassen Sie die Kinder die Zahl nennen. Fahren Sie mit den übrigen Rasterfeldern auf diese Weise fort. Wenn alle Zahlen in den Feldern stehen, ist es für die Kinder ein Leichtes zu erkennen, ob sie die Bilder richtig nummeriert haben.

Kopiervorlage 22: Eating spaghetti (Action Story)

Cut out and put into the correct order. Sätze chronologisch ordnen

- Zur Differenzierung besonders leistungsstarker Kinder kopieren Sie die Kopiervorlage 22 (siehe Anhang, Seite 203).
- Die Kinder lesen die Sätze der *Action Story* leise durch, schneiden diese aus und bringen sie in die richtige Reihenfolge.
- Zur Überprüfung spielen Sie die *Action Story* von der CD vor (CD 2 Nr. 29). Die Kinder kontrollieren ihre Arbeitsergebnisse. Eine weitere Möglichkeit der Überprüfung bietet ein vorbereitetes Lösungsblatt mit den Sätzen in der richtigen Reihenfolge, welches die Kinder zur Selbstkontrolle nutzen.

Lösung: vgl. Tapescript CD 2 Nr. 29

UNTERRICHTSSEQUENZ 6

Wortschatz, Phrasen und Strukturen:

I like (tomatoes); My favourite lunch is (tomato soup); I don't like ...; My number 2 favourite lunch is ...; In my favourite lunch box, there is/are ...

Sprachliche Fertigkeiten:

Das Schriftbild von zusammenhängenden Sätzen erkennen und einem Bild zuordnen.
Über Vorlieben und Abneigungen das Essen betreffend sprechen.
Einen Modelltext kreativ und individuell abwandeln.

Kognitive, motorische und soziale Fertigkeiten:

Zu zweit ein Ratespiel spielen, dabei aufmerksam zuhören und der Beschreibung ein Bild im Buch zuordnen.
Einen Text selbstständig verfassen.
Über Vorlieben und Abneigungen schreiben.

Integration in den Gesamtunterricht:

Sachunterricht

Materialien:

Pupil's Book, Seite 49, Übungen 8–11

Wiederholung

- Wiederholen Sie die *Action Story Eating spaghetti* mit den Kindern (siehe Unterrichtssequenz 5).

8 Read the text. Find the correct picture.
Lese- und Zuordnungsübung

- Zeichnen Sie einen Teller mit Ihrem Lieblingsessen an die Tafel und stellen Sie dies vor. Sagen Sie z. B.: *I like chicken. My favourite lunch is chicken, chips and peas.*
- Fordern Sie dann die Kinder auf, das *Pupil's Book* auf Seite 49 aufzuschlagen und die vier Bilder in Übung 8 zu betrachten.
- Erklären Sie den Kindern die Aufgabe. Sie sollen den farblich hinterlegten Satz leise lesen und anschließend das dazu passende Bild finden: *It's picture number two.*

9 Play a guessing game.
Ratespiel

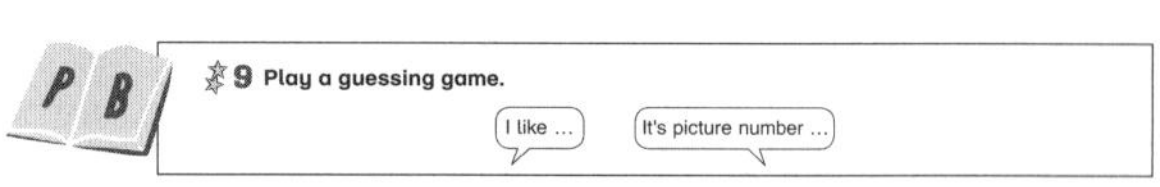

- Die Kinder lesen den Inhalt der Sprechblasen in Übung 9 auf Seite 49 des *Pupil's Book.*
- Erklären Sie die Übung: Kind A beschreibt eines der vier Bilder aus Übung 8. Kind B rät, um welche Mahlzeit es sich dabei handelt.
- Demonstrieren Sie das Ratespiel mit einem Kind. Sagen Sie z. B.: *I like spaghetti.* Die Kinder sagen nun, um welches Bild es sich handelt: *It's picture number four.*
- Fordern Sie die Kinder anschließend dazu auf, das Ratespiel mit einem/einer Partner/in zu spielen.

10 Read. Write your own text.
Kreative Schreibübung: My text

- Fordern Sie die Kinder auf, sich den Text in Übung 10 auf Seite 49 im *Pupil's Book* anzuschauen. Lesen Sie den Text mehrere Male vor. Die Kinder lesen im Buch mit.
- Fordern Sie die Kinder dann auf, Ihnen den Text zu diktieren. Schreiben Sie die Anfangsbuchstaben an die Tafel, sodass folgender Skeletttext an der Tafel steht:

  I l ch.
  M f l i ch a r.
  I d't l f.

- „Lesen" Sie den Skeletttext mit den Kindern gemeinsam mehrere Male, bis ihnen der Text geläufig ist.
- Die Kinder schreiben nun ihren eigenen Text und verwenden den Text im Buch als Modelltext.
- Gehen Sie in der Klasse herum und helfen Sie, wenn dies notwendig ist.
- Korrigieren Sie die Texte der Kinder und fordern Sie die Kinder dann auf, eine Reinschrift ihres Textes anzufertigen. Wenn die Kinder damit fertig sind, können sie ihre Texte illustrieren.

11 Read. Write your own text.
Kreative Schreibübung: My text

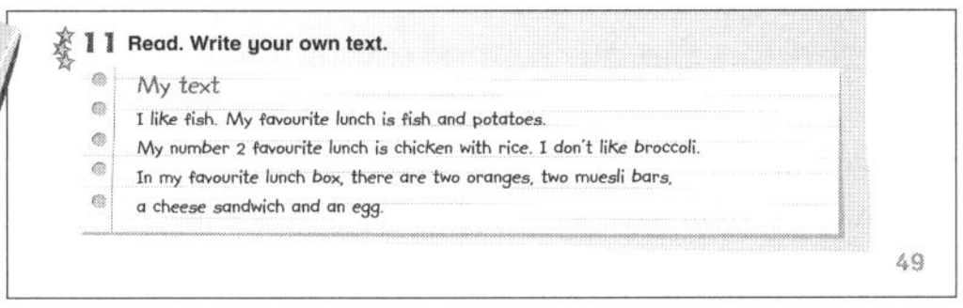
11 Read. Write your own text.

My text

I like fish. My favourite lunch is fish and potatoes.
My number 2 favourite lunch is chicken with rice. I don't like broccoli.
In my favourite lunch box, there are two oranges, two muesli bars,
a cheese sandwich and an egg.

49

- Der zweite Modelltext entspricht einem hohen Anforderungsniveau und ist optional.
- Die Kinder haben das *Pupil's Book* auf Seite 49 geöffnet. Lesen Sie den Text aus Übung 11 mehrmals laut vor. Die Kinder lesen im Buch mit.
- Schreiben Sie den Text an die Tafel. Fordern Sie die Kinder auf, den Text gemeinsam mit Ihnen zu lesen.
- Löschen Sie dann aus jedem Satz ein Wort und fordern Sie die Kinder auf, den Text ohne Ihre Unterstützung nochmals abzulesen. Löschen Sie weitere Wörter aus den Sätzen, bis Sie merken, dass die Kinder den Text mühelos wiedergeben können.
- Die Kinder erstellen anschließend selbstständig einen Text über ihre Lieblingsgerichte, indem sie den Ausgangstext kreativ abwandeln. Geben Sie den Kindern dafür genügend Zeit.
- Gehen Sie währenddessen in der Klasse herum und helfen Sie, falls nötig. Gehen Sie dann wie in Übung 10 beschrieben weiter vor (Korrektur, Reinschrift). Die Kinder können ihre Texte auch wieder passend illustrieren.
- Geben Sie den Kindern abschließend die Möglichkeit, ihre Arbeiten zu präsentieren.

UNTERRICHTSSEQUENZ 7

Wortschatz, Phrasen und Strukturen:

milk; orange juice; mineral water; hot chocolate; tea; (Helen) would like some (milk).
Vorwiegend rezeptiv: *(Helen), would you like some (milk)?; Can I have some (hot chocolate)?; Mum, I'm thirsty; Yes, of course.*

Sprachliche Fertigkeiten:

Den neuen Wortschatz aus dem Wortfeld *Drinks* verstehen und anwenden.
Über Vorlieben und Abneigungen sprechen.

Kognitive, motorische und soziale Fertigkeiten:

Ein Bildrätsel mithilfe visueller Hinweise lösen.
Einen Dialog verstehen und durch Nummerieren in die richtige Reihenfolge bringen.

Integration in den Gesamtunterricht:

Sachunterricht: „Ernährung".

Materialien:

Picture Cards 90–94; *Word Cards* 90–105; 108–112; *Pupil's Book,* Seite 50, Übungen 12–13; CD 2 Nr. 31–32; evtl. Lesezeichen (siehe Anhang, Seite 213); evtl. Kopiervorlage 23 (mit Lösungsblatt); *Activity Book,* Seite 41, Übungen 7–8

Wiederholung

- Die Kinder lesen ihre selbstständig verfassten Texte aus der *My text* Übung vor (siehe Unterrichtssequenz 6).

Wortschatzeinführung

milk; orange juice; mineral water; hot chocolate; tea

- Führen Sie die neuen Wörter mit Unterstützung der *Picture Cards* in gewohnter Weise ein.
- Üben Sie die Wörter durch mehrmaliges Vor- und Nachsprechen.
- Führen Sie mit den Kindern Übungen zur Verankerung des Wortschatzes im Wiedererkennensgedächtnis und im Produktionsgedächtnis durch (siehe dazu methodische Vorschläge auf Seite 15 in der Einleitung).

Wortschatzeinführung mit Schriftbildunterstützung

milk; orange juice; mineral water; hot chocolate; tea

- Zeigen Sie die *Word Cards* nacheinander und sagen Sie jeweils das entsprechende Wort.
- Fordern Sie einzelne Kinder auf, die *Word Cards* zu den entsprechenden *Picture Cards* an die Tafel zu hängen.
- Spielen Sie *Touch the ...* mit den *Picture Cards* und *Word Cards.* Rufen Sie dazu ein Kind auf, z. B.: *Jakob, touch the orange juice.* Das Kind steht auf, kommt zu Ihnen an die Tafel und berührt die entsprechende *Picture Card* bzw. *Word Card.*

12 Listen and point. Hörübung

2 31

- Fordern Sie die Kinder auf, die Übung 12 im *Pupil's Book* auf Seite 50 aufzuschlagen und die Spalte mit den Wörtern abzudecken.
- Spielen Sie die Hörübung von der CD vor (CD 2 Nr. 31). Die Kinder hören die Wörter und zeigen auf die entsprechenden Abbildungen.

Tapescript:

One:	*Milk.*
Two:	*Orange juice.*
Three:	*Mineral water.*
Four:	*Hot chocolate.*
Five:	*Tea.*

- Nun entfernen die Kinder die Abdeckung von der Spalte mit den Wörtern. Spielen Sie die Hörübung von der CD 2 Nr. 31 erneut ab. Die Kinder zeigen auf die entsprechenden abgedruckten Wörter.

Then test your partner.
Partnerarbeit

PB

- Abschließend testen sich die Kinder gegenseitig. Kind A nennt die Getränke und Kind B zeigt je nach Leistungsstand auf das entsprechende Bild oder auf das entsprechende Wort in der Spalte.
- Eine weitere mögliche Variante besteht darin, dass Kind A die Spalte abdeckt. Kind B verdeckt die Spalte nicht. Nun sagt Kind B eine Zahl, z. B. *Two.*, und Kind A nennt das Wort: *Orange juice.* Kind B überprüft anhand der Spalte, ob die Antwort richtig ist und gibt eine Rückmeldung: *Yes./No.* oder *Right./Wrong.*

Wortschatzvorentlastung

I would like some …

- Teilen Sie die *Picture Cards* zum Themenbereich *Drinks* an einzelne Kinder aus. Sagen Sie dann: *I would like some tea.* Das Kind mit der entsprechenden *Picture Card* gibt Ihnen die Karte. Wiederholen Sie dies mit den anderen *Picture Cards*.

13 Look and say. Then listen and check.
Hör- und Zuordnungsübung

PB 2 32

- Die Kinder öffnen das *Pupil's Book* auf Seite 50 und betrachten die Übung 13.
- Machen Sie die Kinder auf die Kästchen oben aufmerksam: *Look at the little boxes.* Zeigen Sie auf diese Kästchen und lesen Sie die Wörter vor.
- Fragen Sie anschließend: *Helen would like some ...?* und schauen Sie die Kinder dabei fragend an. Die Kinder ordnen den blauen Fingerabdruck Helen zu und führen so den Satz zu Ende: *... milk.*
- Fragen Sie weiter: *And Harry?* Die Kinder antworten nun unter Verwendung des Redemittels in der Sprechblase: *Harry would like some hot chocolate.* etc.
- Spielen Sie abschließend die Hörübung von der CD vor (CD 2 Nr. 32). Die Kinder überprüfen ihre Arbeitsergebnisse.

Tapescript:

Speaker 1:	*Helen, would you like some milk?*
Helen:	*Yes, please.*
Speaker 2:	*Harry, would you like some tea?*
Harry:	*No, thank you. Can I have some hot chocolate?*
Isabel:	*Mum, I'm thirsty.*
Speaker 3:	*Would you like some orange juice, Isabel?*
Isabel:	*Yes, please.*
Speaker 4:	*Would you like some milk, Adam?*
Adam:	*No, thank you. Can I have some mineral water?*
Speaker 4:	*Yes, of course.*

Kopiervorlage 23: What food do they like?

Look and complete.
Rätsel

- Zur Differenzierung besonders leistungsstarker Kinder kopieren Sie die Kopiervorlage 23 (siehe Anhang, Seite 204).
- Die Kinder betrachten die Abbildungen der Kinder und die Symbole auf der Kopiervorlage. Mithilfe des ersten Satzes tragen sie die ersten beiden Symbole in die Legende (Kästchen rechts unten) ein und überprüfen, welche weiteren Sätze sie nun bereits vervollständigen können.
- Die Kinder lesen nun die nächsten Sätze und lösen auf diese Weise das Rätsel.
- Abschließend kontrollieren die Kinder mit einem Lösungsblatt ihre Arbeitsergebnisse.
- Falls Zeit bleibt, können Sie mit den Kindern über ihre Lösungsstrategien sprechen.

Lösung:

1. Henry likes chicken and rice.
2. Charlotte likes carrots and pizza.
3. Jamie likes pizza and yoghurt.
4. Olivia likes chicken and carrots.
5. Dylan likes yoghurt and rice.

★ chicken
○ rice
□ pizza
○ yoghurt
▲ carrots

7 Read the dialogue and put the pictures in the correct order. Lese- und Zuordnungsübung

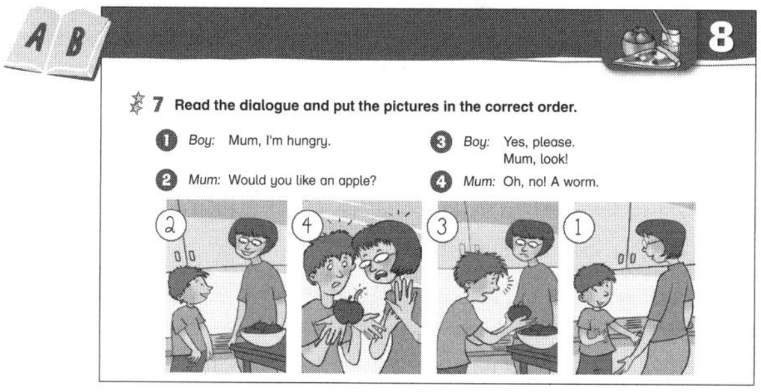

- Die Kinder schlagen das *Activity Book* auf Seite 41 auf. Fordern Sie die Kinder dazu auf, den Dialog in Übung 7 leise zu lesen.
- Anschließend bringen die Kinder die Bilder in die richtige Reihenfolge, indem sie die einzelnen Nummern des Dialogs den entsprechenden Bildern zuordnen.
- Zeichnen Sie zur Überprüfung der Ergebnisse vier Rechtecke an die Tafel, die die Bilder im Buch repräsentieren. Die Kinder diktieren Ihnen die Nummern und sagen je nach Leistungsstand auch den entsprechenden Satz dazu.
- Zur Differenzierung setzen besonders schnell arbeitende Kinder den Dialog spielhandelnd um. Sie sollten auch dazu ermuntert werden, den Dialog kreativ abzuwandeln, indem sie z. B. das Obst austauschen oder ein anderes Familienmitglied auswählen. Zum Abschluss präsentieren die Kinder die Dialoge vor der Klasse.

8 Look at the pictures. Write. Schreibübung

- Die Übung ist optional und kann zur Förderung besonders leistungsstarker Kinder eingesetzt werden.
- Heften Sie einige *Word Cards* von Lebensmitteln an die Tafel und malen Sie neben jene, die Sie nicht so gerne mögen, ein X. Sprechen Sie die Sätze entsprechend vor, z. B.: *I like broccoli and cheese sandwiches. I don't like pears.*
- Die Kinder öffnen nun das *Activity Book* auf Seite 41 und betrachten Übung 8. Fordern Sie die Kinder dazu auf, die erste Aufgabe mündlich zu bearbeiten: *I like chicken and rice. I don't like fish and cheese.*
- Anschließend bearbeiten die Kinder die Aufgabe schriftlich. Gehen Sie während der Bearbeitungsphase in der Klasse herum und helfen Sie bei Bedarf.
- Zum Vergleichen der Arbeitsergebnisse lesen die Kinder ihre Sätze vor. Legen Sie eventuell Lösungsblätter in der Klasse auf, sodass die Kinder selbstständig ihre Rechtschreibung überprüfen können.
- Kinder, die schneller fertig sind, malen ein Bild von sich und von dem Essen, das sie mögen bzw. nicht mögen, und verfassen entsprechend der Vorlage im *Activity Book* einen kurzen Text dazu.

UNTERRICHTSSEQUENZ 8

Wortschatz, Phrasen und Strukturen:

lunch box; dinner lady; school canteen
Vorwiegend rezeptiv: *Close your books and enjoy your lunch; What's for lunch?; I'm hungry; Let's go to the canteen; I've got a packed lunch today; What have you got?; Wait and see; And this is the school canteen; And these are our dinner ladies; What would you like?; I'm really hungry; Can I have some fish and chips?; Sorry, we haven't got fish and chips today; Would you like a jacket potato?; Have a look; I love muesli bars; And carrots are my favourite; What have you got in your lunch box?; I've got an idea; Let's swap; Delicious!*

Sprachliche Fertigkeiten:

Vermutungen zu Bildern anstellen.
Eine *Mia & Mike* Episode *(What's for lunch?)* anschauen und global verstehen.

Kognitive, motorische und soziale Fertigkeiten:

Unbekannte Wörter entschlüsseln.
Mithilfe visueller Hinweise einen Kurzfilm global verstehen und dabei Gemeinsamkeiten und Unterschiede zwischen englischen Schulen und der eigenen Schule entdecken.

Integration in den Gesamtunterricht:

Sachunterricht: Redeanlass „Ernährung"; „Schule in anderen Ländern".

Materialien:

Word Cards 90–105, 107–112
Pupil's Book, Seite 51, Übung 14; DVD *(Mia & Mike: What's for lunch,* 02:54); evtl. Bastelvorlage B1, Kuverts, Scheren, Buntstifte, Blätter Papier

Wiederholung

ball

- Legen Sie die Wortkarten aller Lebensmittel und Getränke mit dem Schriftbild nach unten auf den Fußboden. Die Kinder versammeln sich im Sitzkreis um die Karten.
- Demonstrieren Sie folgenden Ablauf: Decken Sie zwei Karten auf, z. B. *chicken* und *tea*. Sprechen Sie nun über Ihre Vorlieben, z. B.: *I like chicken. I don't like tea.*
- Nun ziehen die Kinder die Karten und sprechen über ihre Vorlieben und Abneigungen.

Pre-viewing activity

14 Look at the photos. Guess the answers.
Zuordnungsübung

PB

- Sagen Sie den Kindern, dass sie das *Pupil's Book* auf Seite 51 aufschlagen sollen und fordern Sie sie dazu auf, die Fotos in Übung 14 zu betrachten.
- Sagen Sie den Kindern, dass sie die Fragen beantworten sollen: *Look at the photos. Which picture shows a lunch box, a dinner lady, a school canteen?*
- Lesen Sie die Fragen vor und lassen Sie anschließend so viele Kinder wie möglich Vermutungen anstellen. Sie verwenden dabei das abgebildete Redemittel: *Number (one) is (a school canteen).*
- Fragen Sie die Kinder abschließend noch einmal explizit nach der Bedeutung der Wörter *dinner lady* und *school canteen.* Sie dürfen auf Deutsch erklären, welche Strategien sie beim Entschlüsseln der Wörter angewandt haben.
- Sind Sie alle Fragen mit den Kindern durchgegangen und sind so viele Kinder wie möglich zu Wort gekommen, sagen Sie ihnen, dass sie nun ein Video schauen und ihre Antworten überprüfen sollen: *Watch the video and check.*

Then watch the video and check. Mia & Mike: What's for lunch?

- Zeigen Sie den Kindern den Kurzfilm *What's for lunch?* einmal von der DVD.

Videoscript: What's for lunch?

Teacher:	*OK, children. Close your books and enjoy your lunch.*
Mia	*Hello, and welcome to Mia and Mike. What's for lunch? I'm hungry.*
Mike:	*I'm hungry, too. Let's go to the canteen.*
Mia:	*Wait a second, Mike. I've got a packed lunch today.*
Mike:	*OK.*
Mia:	*Mmmmh. Yummy.*
Mike:	*What have you got?*
Mia:	*Wait and see.*
Mike:	*OK.*
Mia:	*And this is the school canteen.*
Mike:	*And these are our dinner ladies. Hello.*
Dinner lady:	*Hello Mia, hello Mike.*
Other dinner ladies:	*Hello.*
Dinner lady:	*Mia, what would you like?*
Mia:	*I'm fine, thanks, I've got a packed lunch today.*
Dinner lady:	*Ah, OK. Mike, what would you like?*
Mike:	*Oh, I'm really hungry. Can I have some fish and chips?*
Dinner lady:	*Sorry, we haven't got fish and chips today.*
Mike:	*All right.*
Dinner lady:	*Would you like a jacket potato?*
Mike:	*Yeah, all right.*
Dinner lady:	*With cheese and baked beans?*
Mike:	*Oh, yes, please.*
Dinner lady:	*Here you are.*
Mike:	*Thanks.*
Mia:	*OK, so here's Mike with his school lunch. Jacket potato with cheese and baked beans. Yummy.*
Mike:	*Mia, what have you got in your lunch box?*
Mia:	*Have a look. An orange … a muesli bar … two carrots ... and a yoghurt.*
Mike:	*Mmmh. I love muesli bars. And carrots are my favourite. Yummy.*
Mia:	*I've got an idea. Let's swap. Give me your potato and you have my muesli bar and carrots.*
Mike:	*OK.*
Mia & Mike:	*Delicious!*

- Fragen Sie die Kinder nach dem erstmaligen Anschauen des Videos nochmals, was auf den einzelnen Fotos im *Pupil's Book* abgebildet ist.
  Which picture shows ...
  – a lunch box?
  – a dinner lady?
  – a school canteen?
- Die Kinder antworten wiederum mit *Number ... is ...* Halten Sie die Ergebnisse an der Tafel fest:
  1 – *a school canteen*
  2 – *a lunch box*
  3 – *a dinner lady*
- Zeigen Sie den Kindern den Kurzfilm *What's for lunch?* noch ein weiteres Mal von der DVD.

Post-viewing activities

Give me words and phrases.

- Fordern Sie die Kinder auf, Ihnen Wörter oder Phrasen aus der Geschichte zu nennen. Sagen Sie: *Give me words and phrases.* Halten Sie die Wörter/Phrasen an der Tafel fest.

A group project. What's for lunch? Spiel

PB

- Das Projekt entspricht einem hohen Anforderungsniveau. Es kann zur zeitlichen Differenzierung und zur Förderung besonders leistungsstarker Kinder eingesetzt werden. Die Bearbeitung ist somit optional.
- Fordern Sie die Kinder dazu auf, die Bilder und Anweisungen auf Seite 51, Übung 14 (unten) zu betrachten.
- Lesen Sie die Sätze vor und lassen Sie die Kinder mitzeigen.
- Die Kinder arbeiten dann selbstständig und erstellen eine *lunch box.* Sie zeichnen verschiedene Lebensmittel und schneiden diese aus.
- Anschließend geben die Kinder fünf Lebensmittel in die *lunch box* und übergeben sie mit *Here's your lunch box.* an die/den jeweilige/n Partner/in. Die Partner „entpacken" ihre *lunch box,* antworten mit *Thank you. Ah, I've got …* und benennen die jeweiligen Lebensmittel.
- Die Kinder dürfen selbstverständlich auch weitere Phrasen verwenden und den im Buch vorgeschlagenen Dialog erweitern (z. B.: *I like it./I don't like it. Would you like some ...? No, thank you.* etc.)

Kommentar: Die *lunch box* lässt sich beispielsweise leicht aus einem farblosen Kuvert herstellen. Die Kinder bemalen das Kuvert nach Belieben. Für die Illustrationen der Lebensmittel kann auch die Bastelvorlage B1 (siehe Anhang Seite 208) verwendet werden.

UNTERRICHTSSEQUENZ 1

Wortschatz, Phrasen und Strukturen:
Überprüfung der Wortschatzkenntnisse und des Handlungswissens.

Sprachliche Fertigkeiten:
Wörter und kurze Sätze verstehen und lesen.
Wörter aus den Units 7–8 schreiben.

Kognitive, motorische und soziale Fertigkeiten:
Wörter bzw. Sätze durch Nummerieren den entsprechenden Bildern zuordnen.
Sätze (kommunikative Sprachfunktionen) den entsprechenden Situationen zuordnen und schreiben.
Selbstevaluation.

Materialien:
Activity Book, Seite 42–43, Übungen 1–4; Lösungsblätter

1 Read and write the numbers.
Zuordnungsübung

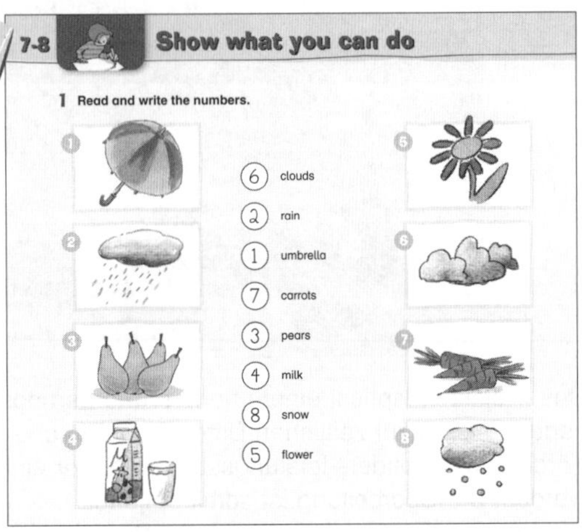

- Erklären Sie den Kindern, dass sie nun selbst herausfinden sollen, welche Wörter zu den Zeichnungen im *Activity Book* auf Seite 42 in Übung 1 sie bereits gut lesen und verstehen können und bei welchen Wörtern noch Aufholbedarf besteht.
- Die Kinder überprüfen nun selbstständig, ob sie das Schriftbild zu den jeweiligen Zeichnungen kennen. Sie ordnen die jeweiligen Bilder den Wörtern durch Nummerieren zu. Zeigen Sie das erste Beispiel bei Bedarf vor.
- Geben Sie den Kindern für diese Arbeit genügend Zeit. Gehen Sie in der Klasse herum und unterstützen Sie die Kinder in der ersten Phase ihrer Selbstevaluation.

2 Look and write.
Schreibübung

- Erklären Sie den Kindern, dass sie nun selbst herausfinden sollen, welche Wörter zu den Zeichnungen im *Activity Book* auf Seite 42 in Übung 2 sie bereits gut verstehen und schreiben können und welche Wörter ihnen noch Schwierigkeiten bereiten.
- Die Kinder überprüfen nun selbstständig, ob sie zu den Zeichnungen das jeweilige Schriftbild kennen. Sie schreiben nun die fehlenden Buchstaben auf die Linien unter den Bildern. Zeigen Sie das erste Beispiel bei Bedarf vor.
- Geben Sie den Kindern für diese Arbeit genügend Zeit. Gehen Sie in der Klasse herum und unterstützen Sie die Kinder.
- Legen Sie zur Selbstkontrolle Lösungsblätter in der Klasse aus oder schreiben Sie die Wörter abschließend in der richtigen Reihenfolge an die Tafel, damit die Kinder ihre Rechtschreibung kontrollieren können.

3 Read and write the numbers.
Zuordnungsübung

- Fordern Sie die Kinder auf, die Seite 43 im *Activity Book* aufzuschlagen und sich die Situationen in Übung 3 genau anzusehen. Sie sollen nun selbstständig überprüfen, ob sie die kommunikativen Sprachfunktionen (die Sätze in dem Kästchen) den entsprechenden Bildern zuordnen können.
- Die Kinder ordnen die jeweiligen Sätze den Bildern durch Nummerieren zu.

4 Read and match.
Lese- und Zuordnungsübung

4 Read and match.

1 What's your favourite day?	3 Yes, please.
2 It's raining.	1 Saturday.
3 Would you like some tea?	4 Ah. What a sweet smell.
4 Look, a wonderful flower.	2 Come with me. I've got an umbrella.

- Fordern Sie die Kinder auf, sich die Sätze in Übung 4 auf Seite 43 im *Activity Book* genau anzusehen und durchzulesen. Sie sollen nun selbstständig überprüfen, ob sie die kommunikativen Sprachfunktionen einander zuordnen können.
- Die Kinder nummerieren die Sätze rechts mit den entsprechenden Nummern der passenden Sprachfunktion links.
- Legen Sie zur Überprüfung der Ergebnisse Lösungsblätter in der Klasse auf.

Selbstevaluation

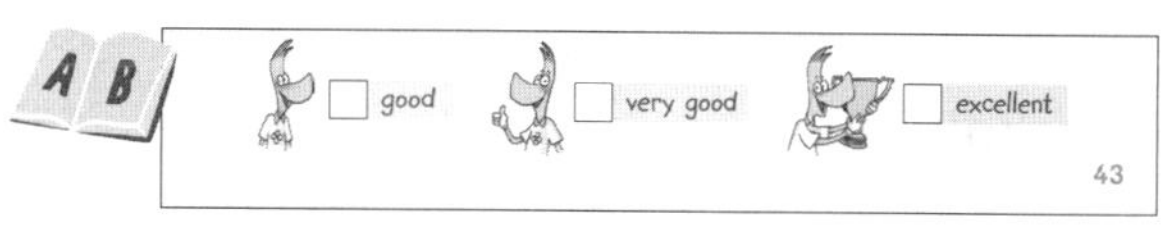

- Haben die Kinder alle Aufgaben bearbeitet, sollen sie ihre Gesamtleistung beurteilen. Sagen Sie ihnen, dass sie sich noch einmal alle Übungen anschauen und genau überlegen sollen, wie leicht sie ihnen gefallen sind, was sie vielleicht noch nicht so gut können und wo sie sich noch verbessern können. Erst dann sollen sie ein ehrliches Gesamturteil abgeben.

Hinweis: Zur Arbeit mit *Show what you can do* siehe auch die entsprechenden Hinweise auf Seite 60.

On the farm

UNTERRICHTSSEQUENZ 1

Wortschatz, Phrasen und Strukturen:

cat; dog; rabbit; bee; horse; cow; pig; hen; sheep; duck; earthworm
I like ...; I don't like ...; Yes, (rabbits) are nice.

Sprachliche Fertigkeiten:

Bedeutung und Aussprache der neuen Wörter lernen.
Klanglich abgesicherte Wörter ihrem Schriftbild zuordnen.
Über Vorlieben sprechen.

Kognitive, motorische und soziale Fertigkeiten:

Bildkarten den entsprechenden Wörtern zuordnen.
Wörter in Partnerarbeit üben.
Ein Gespräch führen.

Integration in den Gesamtunterricht:

Sachunterricht: Redeanlass „Tiere rund um den Bauernhof".

Materialien:

CD 2 Nr. 27
Picture Cards 43–44, 69–70, 95–101; *Word Cards* 43–44, 87–88, 113–119; *Pupil's Book*, Seite 52, Übungen 1–2; CD 2 Nr. 33; evtl. Lesezeichen (siehe Anhang Seite 213); Handpuppe Max; Poster 9

Wiederholung

2 27

- Sprechen Sie den *Chant Lots of spaghetti* aus der vorhergehenden Unit mit Unterstützung der Playback-version (CD 2 Nr. 27, siehe Unterrichtssequenz 2).

Wortschatzwiederholung und -einführung

cat; dog; rabbit; bee; horse; cow; pig; hen; sheep; duck; earthworm

- Wiederholen Sie die bereits bekannten Tiere (*dog, rabbit, cat, bee)* mithilfe der *Picture Cards.*
- Führen Sie die neuen Wörter mit Unterstützung der *Picture Cards* in gewohnter Weise ein.
- Üben Sie die Wörter durch mehrmaliges Vor- und Nachsprechen.

Übung zur Verankerung des Wortschatzes im Wiedererkennensgedächtnis

- Befestigen Sie die *Picture Cards* an der Tafel. Rufen Sie einzelne Kinder zur Tafel und geben Sie z. B. folgende einfache Anweisungen:
  Thorsten, touch the cow.
  Lilly, swap the pig and the horse.
  Finn, take the horse and put it on Theo's desk.
  Marlene, take the pig and give it to Evelyn.
  Anne, bring the pig back and give it to me, please. etc.
- Zuletzt hängen alle Karten wieder an der Tafel.

Übungen zur Verankerung des Wortschatzes im Produktionsgedächtnis

- Spielen Sie *What's missing?* mit den *Picture Cards.* Fordern Sie die Kinder auf, die Augen zu schließen *(Close your eyes.).* Entfernen Sie dann eine oder mehrere *Picture Cards* von der Tafel.
- Sagen Sie dann: *Open your eyes. What's missing?* Die Kinder antworten entsprechend. Wiederholen Sie dies einige Male.
- Entfernen Sie alle *Picture Cards* von der Tafel. Nehmen Sie dann eine Karte in die Hand und halten Sie sie verdeckt. Fragen Sie: *What is it? Guess.* Lassen Sie einzelne Kinder raten, z. B.: Kind: *Is it the cow?*
  Sie: *No, sorry.*
  Kind: *Is it the horse*?
  Sie: *Yes, (Julia), you are right. Come here. It's your turn now.*
- Das Kind, das richtig geraten hat, darf an Ihrer Stelle weitermachen etc.

Wortschatzeinführung mit Schriftbildunterstützung

cat; dog; rabbit; bee; horse; cow; pig; hen; sheep; duck; earthworm

- Zeigen Sie die *Word Cards* nacheinander und sagen Sie jeweils das entsprechende Wort. Fordern Sie einzelne Kinder auf, die *Word Cards* zu den entsprechenden *Picture Cards* an die Tafel zu hängen.
- Teilen Sie die *Picture Cards* und *Word Cards* an einzelne Kinder aus. Sagen Sie: *Let's find the matching pairs.* Sagen Sie z. B. *Bee.* und fordern Sie die Kinder mit der entsprechenden *Picture Card* und *Word Card* auf, herauszukommen und sich nebeneinander aufzustellen. Fahren Sie so mit den anderen Wörtern fort.
- Sprechen Sie gemeinsam mit den Kindern mehrmals alle Wörter.

☆ 1 Listen and point.
Hörübung

33

- Fordern Sie die Kinder auf, das *Pupil's Book* auf Seite 52 aufzuschlagen und die Übung 1 zu betrachten. Die Kinder decken die Spalte mit den Wörtern ab, z. B. mit einem Blatt Papier oder dem Lesezeichen im Anhang (Seite 213), und betrachten die Abbildung.
- Nennen Sie die Tiere durcheinander und die Kinder zeigen auf die entsprechenden Abbildungen.
- Spielen Sie die Hörübung von der CD vor (CD 2 Nr. 33). Die Kinder hören die Wörter und zeigen im Buch auf die entsprechenden Tiere.

Tapescript:

One:	*Horse.*
Two:	*Cow.*
Three:	*Pig.*
Four:	*Hen.*
Five:	*Sheep.*
Six:	*Dog.*
Seven:	*Rabbit.*
Eight:	*Cat.*
Nine:	*Duck.*
Ten:	*Bee.*
Eleven:	*Earthworm.*

- Fordern Sie die Kinder nun dazu auf, die Abdeckung von der Spalte mit den Wörtern zu entfernen.
- Lesen Sie die Wörter in der Spalte der Reihe nach laut vor. Die Kinder lesen und zeigen mit und sprechen Ihnen nach.
- Spielen Sie dann die Hörübung nochmals von der CD (CD 2 Nr. 33) vor. Die Kinder zeigen nun auf die Wörter in der Spalte.

Then test your partner.
Partnerarbeit

- Fordern Sie die Kinder nun auf, sich gegenseitig zu überprüfen. Die Kinder arbeiten zu zweit. Nach zwei richtig benannten Tieren tauschen die Kinder jeweils die Rollen.
- Zunächst wird die Spalte mit den geschriebenen Wörtern abgedeckt. Kind A zeigt auf ein Tier und Kind B benennt dieses, z. B. *Sheep.*
- In einem nächsten Schritt wird die Spalte aufgedeckt. Kind A nennt die Wörter und Kind B zeigt auf das entsprechende Schriftbild in der Spalte.
- Eine weitere mögliche Variante besteht darin, dass Kind A die Spalte mit dem Schriftbild abdeckt. Kind B verdeckt die Spalte nicht. Nun sagt Kind B eine Zahl, z. B. *Four.* und Kind A benennt das Tier: *Hen.* Kind B überprüft anhand der Spalte, ob die Antwort richtig ist und gibt eine Rückmeldung: *Yes./No./Right./Wrong.*

☆ 2 Talk in class.
Sprechübung

- Die Kinder betrachten nun die Übung 2 im *Pupil's Book* auf Seite 52. Lesen Sie die Redemittel in den Sprechblasen vor. Die Kinder zeigen mit dem Finger mit: *I like pigs. I don't like pigs. I like rabbits. Yes, rabbits are nice.*
- Spielen Sie einen ähnlichen Dialog mit der Handpuppe Max vor. Sagen Sie z. B.: *I like dogs.* Max antwortet: *I don't like dogs. I like ducks.*
- Sprechen Sie anschließend den im Buch abgedruckten Dialog mit der Handpuppe Max und zwei freiwilligen Kindern.
- Nun finden sich die Kinder in Dreiergruppen zusammen und sprechen über Tiere. Dabei nutzen sie die im Buch vorgegebenen Phrasen als Hilfe.
- Geben Sie ein akustisches Signal, finden sich die Kinder in neuen Gruppen zusammen. Gehen Sie während der Aktivität in der Klasse umher und helfen Sie, falls nötig.
- Abschließend führen die Kinder die Dialoge freiwillig vor.

Poster 9: On the farm

- Eine detaillierte Beschreibung zur Arbeit mit dem Poster finden Sie im entsprechenden Abschnitt in der Einleitung auf Seite 18.

U N T E R R I C H T S S E Q U E N Z 2

Wortschatz, Phrasen und Strukturen:

horse; cow; pig; hen; sheep; dog; rabbit; cat; duck; bee; earthworm
There is/are ...; big; small

Sprachliche Fertigkeiten:

Einfache Fragen zu einem Bild lesen, verstehen und beantworten.
Über Unterschiede sprechen.
Das Schriftbild des neu erlernten Wortschatzes in einem Wortsuchbild finden.
Plural und Singular voneinander unterscheiden und entsprechend einfache, beschreibende Sätze bilden.

Kognitive, motorische und soziale Fertigkeiten:

Bilder miteinander vergleichen.
Mit einem/einer Partner/in ein Gespräch führen.

Integration in den Gesamtunterricht:

Sachunterricht: Redeanlass „Tiere rund um den Bauernhof".

Materialien:

Picture Cards 43–44, 69–70, 95–101
Pupil's Book, Seite 53, Übungen 3–4; *Activity Book*, Seite 44, Übungen 1–2; evtl. Kopiervorlage 24 (mit Lösungsblatt); Blätter Papier

Wiederholung

- Spielen Sie *What's missing?* mit den *Picture Cards*.
- Anschließend lassen Sie die Kinder jeweils eine *Picture Card* ziehen. Die Kinder sagen, ob sie das darauf abgebildete Tier mögen oder nicht mögen. Helfen Sie durch Einflüstern, wenn notwendig.

Wortschatzeinführung

big; small

- Zeichnen Sie ein sehr kleines Huhn an die Tafel. Sagen Sie: *Look at the small hen.* Zeichnen Sie anschließend ein großes Huhn und sagen Sie: *Look at the big hen.*
- Zeigen Sie auf die Zeichnungen und wiederholen Sie die Wörter *big* und *small*.

☆ 3 Look and answer.
Sprechübung

- Die Kinder öffnen das *Pupil's Book* auf Seite 53 und betrachten die Übung 3.
- Lesen Sie die erste Frage vor: *Which picture shows three big sheep? Picture one or picture two?* Die Kinder antworten je nach Leistungsstand mit *One.* oder *Picture one.*
- Die Kinder arbeiten anschließend nach dem *Think – Pair – Share* Prinzip: Zunächst beantworten sie die Fragen für sich selbst (*Work alone/all by yourself.*) und machen sich auf einem Zettel Notizen zur Anzahl der Tiere, dann tauschen sie sich mit einem/einer Partner/in aus (*Work with a partner.*) und abschließend werden die Arbeitsergebnisse im Plenum besprochen.
- Für die Plenumsphase schreiben Sie die Fragen untereinander an die Tafel:
  Which picture shows ...
  ... three big sheep?
  ... a big and a small dog?
  ... a big and a small cat?
  ... two small cows?
  ... three small hens?
  ... a big and a small horse?
- Die Kinder diktieren Ihnen ihre Antworten.

☆ 4 Look at the pictures.
Say what is different.
Partnerarbeit: Sprechübung

- Fordern Sie die Kinder nun auf, die Übung 4 auf Seite 53 im *Pupil's Book* zu betrachten.
- Lesen Sie die Redemittel in den Sprechblasen vor. Die Kinder zeigen mit.
- Demonstrieren Sie die Übung mit einem Kind. Sagen Sie z. B.: *In picture one, there is one big cat and one small cat.* Das Kind sagt: *In picture two, there are two big cats.*

- Fordern Sie die Kinder anschließend dazu auf, mit einem/einer Partner/in zu arbeiten und sich über Unterschiede auszutauschen: *Work with a partner. Look at the pictures. Say what is different.* Die Kinder verwenden die Redemittel als Hilfe.
- Gehen Sie während der Bearbeitung in der Klasse umher und helfen Sie, falls notwendig.

Kopiervorlage 24: How many animals are there?

Look and write the numbers.
Zählübung

- Zur Differenzierung von Kindern mit Förderbedarf kopieren Sie die Kopiervorlage 24 (siehe Anhang, Seite 205).
- Die Kinder betrachten die Abbildungen, zählen die großen und kleinen Tiere und tragen die entsprechend richtigen Zahlen in die Tabellen ein.
- Bereiten Sie ein Lösungsblatt mit richtig ausgefüllten Tabellen zum Vergleichen der Arbeitsergebnisse und zur Selbstkontrolle vor.

Lösung:

Kopiervorlage 24: How many animals are there? *Playway 3 Teacher's Book*, S. 169

Look and write the numbers.

1

big cat(s)	3
small cat(s)	4
big dog(s)	1
small dog(s)	2
small cow(s)	3
small duck(s)	7
big duck(s)	1
big pig(s)	5

2

big cat(s)	4
small cat(s)	6
big dog(s)	1
small dog(s)	2
small cow(s)	2
small duck(s)	8
big duck(s)	1
big pig(s)	3

☆ 1 Find the ten names of the animals. ↓→
Suchspiel

AB

- Die Kinder öffnen das *Activity Book* auf Seite 44 und betrachten die Übung 1. Halten Sie Ihr Buch für alle gut sichtbar hoch, zeigen Sie auf die Tiere rund um den Raster und sagen Sie *Give me words*. Die Kinder benennen die Tiere, die sie auf dem Bild sehen.
- Fordern Sie die Kinder anschließend auf, die Wörter im Kasten zu finden und einzukreisen, indem Sie sagen: *Find the ten animals in the grid. Circle them.*
- Zur Überprüfung der Arbeitsergebnisse zeichnen Sie einen senkrechten Pfeil und einen waagrechten Pfeil an die Tafel. Die Kinder diktieren Ihnen die Wörter in der richtigen Reihenfolge.

Lösung:

↓	→
bee	*cow, sheep*
cat	*mouse*
horse	*butterfly*
	duck(s), pig
	dog, hen

☆ 2 Read. Tick the correct pieces to make a sentence (✓).
Zuordnungsübung

AB

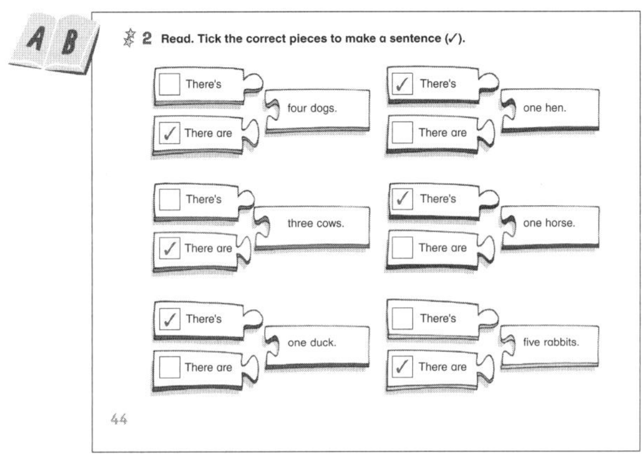

- Schreiben Sie folgende Sätze an die Tafel:
  There's one hen.
  There are three bees.
- Fordern Sie nun ein Kind auf, die entsprechend richtige Anzahl der Tiere hinter die Sätze zu zeichnen.
- Zeichnen Sie einen Merkkasten mit den folgenden Sätzen an die Tafel:

> *There's one hen. (= There is one hen.)*
> *There are three bees.*

- Lesen Sie nun den ersten Satz aus Übung 2 mit beiden Varianten vor und schauen Sie die Kinder dabei fragend an: *'There's four dogs' or 'There are four dogs'. Which one is right?*
- Die Kinder benennen den richtigen Satz. Anschließend lesen sie die Sätze leise durch und setzen jeweils ein Häkchen am entsprechend richtigen Satzanfang.
- Zum Vergleichen der Arbeitsergebnisse lassen Sie sich die jeweils richtigen Sätze von den Kindern diktieren. Schreiben Sie diese untereinander an die Tafel.

Lösung: *There are four dogs.*
There are three cows.
There's one duck.
There's one hen.
There's one horse.
There are five rabbits.

UNTERRICHTSSEQUENZ 3

Wortschatz, Phrasen und Strukturen:

cow; hen; bee; earthworm; trees; vegetables; honey
Vorwiegend rezeptiv: *Who are you?; I'm Eddie, the earthworm; I give milk; What about you?; Erm ... I live underground; Stupid; Eddie is sad; I lay eggs; I make honey; You look sad; What's the problem?; I can't give milk/lay eggs/make honey; You're the king of the garden; Really?; The flowers/ vegetables/trees love you; Everybody loves you; Eddie is happy again.*

Sprachliche Fertigkeiten:

Eine *Cartoon Story (Eddie, the earthworm)* von der DVD, von der CD und beim Erzählen durch die Lehrperson verstehen.
Eine *Cartoon Story* lesen.
Allmählich beim Erzählen mitsprechen.
Einen Lückentext lesen.
Eine Geschichte als Rollenspiel darstellen.

Kognitive, motorische und soziale Fertigkeiten:

Der Erzählstruktur einer Geschichte folgen können.
Sätze lesen und deren Wahrheitsgehalt beurteilen.
Einen Lückentext ergänzen.
Sätze der Geschichte in die chronologisch richtige Reihenfolge bringen.
Sich in verschiedene Rollen hineindenken.

Integration in den Gesamtunterricht:

Sachunterricht: Redeanlass „Nützlinge im Garten".

Materialien:

weicher Ball oder Wollknäuel
Picture Cards 43–44, 69–70, 85, 90, 95–102; *Word Cards* 43–44, 87–88, 113–120; *Story Cards* 46–57; DVD *(Cartoon Story: Eddie, the earthworm,* 03:35); CD 2 Nr. 34; *Pupil's Book*, Seite 54, Übung 5; *Activity Book*, Seite 45, Übungen 3–5; evtl. Rollenkarten

Wiederholung

- Spielen Sie mit den Kindern folgendes Wortschatzspiel: Sagen Sie: *Cat and dog*. Werfen Sie einem Kind einen weichen Ball oder einen Wollknäuel *(a ball of wool)* zu.
- Das Kind fängt den Ball und muss nun die Wörter, die Sie gesagt haben, wiederholen und ein passendes Wort ergänzen, z. B.: *Cat and dog and duck.*
- Dann wirft es den Ball einem anderen Kind zu. Das Kind, dem der Ball zugeworfen wurde, muss die Wortreihe wiederholen und um ein weiteres passendes Wort ergänzen, z. B.: *Cat and dog and duck and pig* etc. Falls ein Kind sich nicht erinnern kann oder die Reihenfolge falsch sagt, fordern Sie die anderen Kinder auf, zu helfen. So können z. B. die Kinder die Reihenfolge chorisch sprechen oder das richtige Wort einflüstern.

Wiederholung und Vorentlastung wichtiger Wörter

bee; egg; milk; cow; hen; earthworm; honey; flowers; vegetables; trees

- Wiederholen bzw. erarbeiten Sie die neuen Wörter folgendermaßen: Wiederholen Sie die Wörter *bee, egg, milk, cow* und *hen* mithilfe der *Picture Cards.*
- Erarbeiten Sie das Wort *honey* mithilfe der *Picture Card.*
- Nehmen Sie die *Story Card* Nr. 57, auf der *Eddie, the earthworm* mit Gemüse zu sehen ist. Zeigen Sie auf die einzelnen Illustrationen und benennen Sie sie als *vegetables.*
- Zeichnen Sie einen Baum und Blümchen an die Tafel, um *tree* und *flowers* einzuführen.
- Zeigen Sie nacheinander auf die *Picture Cards (cow, hen, bee, honey)* und sagen Sie das jeweilige Wort. Die Kinder sprechen Ihnen nach.

Wortschatzübung mit Schriftbildunterstützung

- Befestigen Sie die *Picture Cards* zum Themenbereich *On the farm* an der Tafel. Halten Sie die dazugehörigen *Word Cards* nacheinander nur ganz kurz hoch. Die Kinder sagen das Wort.
- Teilen Sie die *Word Cards* an einzelne Kinder aus. Zeigen Sie auf eine *Picture Card* an der Tafel. Das Kind mit der entsprechenden *Word Card* kommt an die Tafel heraus, sagt das Wort und hängt die *Word Card* neben die entsprechende *Picture Card.* Verfahren Sie mit den anderen Karten ebenso.
- Fordern Sie die Kinder auf, die Augen zu schließen. Sagen Sie: *Close your eyes.* Vertauschen Sie einige *Word Cards.* Sagen Sie dann: *Open your eyes. What's wrong?* Einzelne Kinder kommen an die Tafel und hängen die *Word Cards* wieder neben die entsprechenden *Picture Cards.*

Pre-viewing activity

- Die Kinder versammeln sich im Halbkreis vor der Tafel. Präsentieren Sie ihnen die *Story Cards* Nr. 47 und 50 und stellen Sie dazu die folgenden zwei Fragen:

What does the cow say to Eddie?
What does Eddie say to the hen?

- Lassen Sie die Kinder nun für sich oder in Partnerarbeit die beiden Fragen beantworten.
- Sammeln Sie die Antworten abschließend und geben Sie so vielen Kindern wie möglich die Gelegenheit, ihre Antworten zu sagen. Dabei ist es wichtig, dass die Kinder so viele Vermutungen wie möglich anstellen. Schreiben Sie die Vermutungen der Kinder an die Tafel.

☆ 5 Watch the story.
Cartoon Story: Eddie, the earthworm

- Zeigen Sie den Kindern die Videosequenz *Eddie, the earthworm* einmal von der DVD.

Videoscript: Eddie, the earthworm

Storyteller:	*It's a lovely morning on the farm. This is Eddie, the earthworm.*
Eddie:	*Hi, everybody.*
Cow:	*Moo. Who are you?*
Eddie:	*Hi, I'm Eddie, the earthworm.*
Cow:	*I give milk. What about you?*
Eddie:	*Erm, erm … I live underground.*
Cow:	*Underground? Stupid.*
Storyteller:	*Eddie is sad.*
Hen:	*Who are you?*
Eddie:	*Hi, I'm Eddie, the earthworm.*
Hen:	*I lay eggs. What about you?*
Eddie:	*Erm, erm … I live underground.*
Hen:	*Underground? Stupid.*
Storyteller:	*Eddie is very sad.*
Bee:	*Who are you?*
Eddie:	*Hi, I'm Eddie, the earthworm.*
Bee:	*I make honey. What about you?*
Eddie:	*Erm, erm … I live underground.*
Bee:	*Underground? Stupid.*
Storyteller:	*Eddie is very, very sad.*
Girl:	*Hello, Eddie. You look sad. What's the problem?*
Eddie:	*I can't give milk, I can't lay eggs, and I can't make honey.*
Girl:	*Eddie, you're the king of the garden.*
Eddie:	*Really?*
Girl:	*Yes. The flowers love you, the vegetables love you, and the trees love you.*
Chorus:	*Eddie, Eddie is the king of the garden. Eddie, Eddie, everybody loves you.*
Storyteller:	*Eddie is happy again.*
Eddie:	*Oh, thank you. Thank you very much.*

- Lassen Sie die Kinder Wörter und Phrasen aus der Geschichte nennen. Sagen Sie: *Tell me words and phrases you remember.* Sammeln Sie die Rückmeldungen der Kinder an der Tafel.
- Zeigen Sie die Videosequenz bei Bedarf ein zweites Mal.

Listen and read.
Hör- und Leseübung

PB 2 34

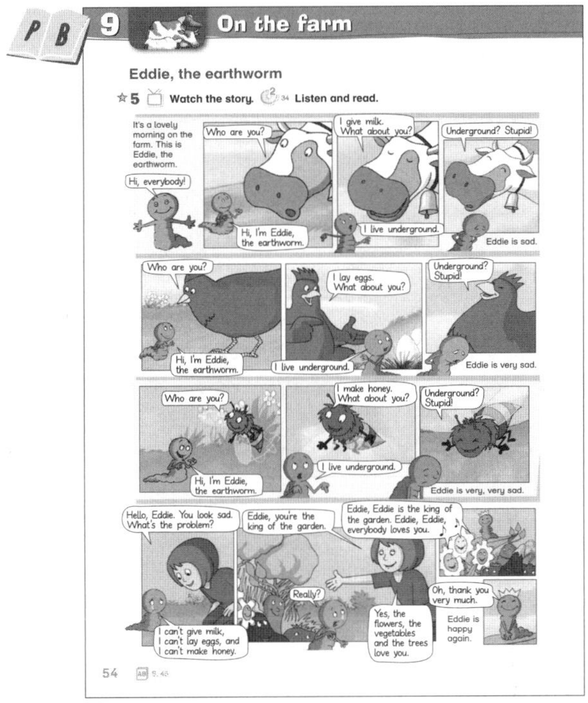

- Lesen Sie anschließend mit den Kindern den Comic zur *Cartoon Story* auf der Seite 54 im *Pupil's Book.*
- Verwenden Sie dazu auch die CD (CD 2 Nr. 34). Spielen Sie die CD ab. Die Kinder zeigen je nach Leistungsstand auf die Bilder oder den entsprechenden Text.
- Fragen Sie erneut nach den in der *Pre-viewing* Phase gestellten Fragen.
- Vergleichen Sie die vor dem Schauen des Videos gegebenen Antworten von der Tafel mit der richtigen Antwort, indem die Kinder die Sätze aus der Geschichte benennen: *What does the cow say to Eddie? – "Who are you?" What does Eddie say to the hen? – "Hi, I'm Eddie, the earthworm."*

Hinweis: Falls genügend Zeit bleibt, können Sie den Kindern verschiedene Handlungsalternativen vorschlagen (siehe Seite 34, links oben).

Spiele zur Rekonstruktion der Geschichte

- Verteilen Sie die *Story Cards* an einzelne Kinder. Erzählen Sie die Geschichte noch einmal. Das Kind mit dem jeweiligen Bild kommt heraus. Zuletzt stehen alle Kinder, an die die *Story Cards* verteilt wurden, in der Reihenfolge des Ablaufs der Geschichte vor der Klasse. Die Bilder werden für die anderen gut sichtbar in die Höhe gehalten.
- Erzählen Sie die Geschichte langsam und zeigen Sie dabei jeweils auf das Kind mit dem entsprechenden Bild. Stoppen Sie und fordern Sie das Kind auf, den Satz/die Sätze zu vervollständigen. Lassen Sie, wenn nötig, die anderen Kinder helfen. Unterstützen Sie die Kinder mit Mimik und Gestik.
  Sagen Sie z. B.: *Hi, I'm Eddie, the …* Kind: *… earthworm.*
  Sagen Sie: *I give …* Kind: *… milk.* etc.

Post-viewing activities

☆ 3 Look, read and circle *True* ✓ or *False* ✗.
Leseübung

9

☆ 3 Look, read and circle *True* ✓ or *False* ✗.

1 'I make honey.'
2 Eddie is happy.
3 Hens lay eggs.
4 Eddie is sad.

- Die Kinder schlagen das *Activity Book* auf Seite 45 auf und betrachten die Übung 3.
- Lesen Sie die Sätze unter den Bildern vor. Die Kinder sollen das jeweils entsprechend richtige Kästchen einkreisen.
- Überprüfen Sie abschließend die Arbeitsergebnisse, indem Sie die Sätze noch einmal vorlesen. Die Kinder nennen ihr Ergebnis (*True* oder *False*).

Lösung: 1 – *False: 'I lay eggs.'*
2 – *True*
3 – *False: 'Bees make honey.'*
4 – *True*

☆☆ 4 Complete the sentences with the correct words.
Lückentext

☆☆ 4 Complete the sentences with the correct words.

~~king~~ give ~~make~~ ~~flowers~~ ~~lay~~

1 Eddie can't lay eggs.
2 The flowers and vegetables love you.
3 Eddie is the king of the garden.
4 I make honey. What about you?

- Die Kinder schlagen die Übung 4 auf Seite 45 im *Activity Book* auf, lesen die Sätze und setzen die entsprechend richtigen Wörter aus dem Kästchen ein.
- Machen Sie die Kinder darauf aufmerksam, dass sich ein Wort zuviel im Kästchen befindet und sie daher nur vier der fünf Wörter verwenden dürfen.

Anmerkung: Benötigen die Kinder noch Hilfe bei der Bewältigung der Aufgabe, ist es möglich, ihnen die Übung 5 auf Seite 54 im *Pupil's Book* zur Verfügung zu stellen. Sie können hier die entsprechenden Lösungen finden. Ferner können die Kinder, die die Aufgabe ohne Unterstützung bewältigen können, auf der Seite 54 im *Pupil's Book* ihre Arbeitsergebnisse kontrollieren.

☆☆☆ 5 Put the sentences in the correct order. Write 1–6.
Sätze chronologisch ordnen

☆☆☆ 5 Put the sentences in the correct order. Write 1–6.

(3) The animals say, 'Stupid.'
(2) Eddie says, 'I live underground.'
(6) Eddie is happy.
(1) Eddie meets a cow, a hen and a bee.
(5) The girl says, 'The flowers and vegetables love you.'
(4) Eddie is sad.

45

- Diese Aufgabe hat ein sehr hohes Anforderungsniveau und muss nicht von allen Kindern gleichermaßen bearbeitet werden. Sie dient zur zeitlichen Differenzierung und zur Förderung leistungsstarker Kinder.
- Fordern Sie die Kinder auf, das *Activity Book* auf Seite 45 aufzuschlagen. Die Kinder sollen die Übung 5 betrachten, die Sätze durchlesen und in die chronologisch richtige Reihenfolge bringen.
- Zum Vergleichen der Arbeitsergebnisse zeichnen Sie sechs Kreise an die Tafel und die Kinder diktieren Ihnen die jeweilige Zahl.
- Lesen Sie zum Schluss noch einmal alle Sätze in der richtigen Reihenfolge vor oder lassen Sie einzelne Kinder vorlesen.

Anmerkung: Zur Unterstützung beim Bearbeiten der Aufgabe bzw. zur Selbstkontrolle der Ergebnisse erlauben Sie den Kindern, die Seite 54 im *Pupil's Book* zu verwenden.

Rollenspiel

- Erzählen Sie die Geschichte noch einmal. Lassen Sie dann Kinder die Rollen von Eddie, der Kuh, der Henne und der Biene übernehmen.
- Üben Sie die Rollen durch Vor- und Nachsprechen ein.
- Lassen Sie die Geschichte als Rollenspiel nachspielen. Hängen Sie dabei den Kindern Rollenkarten um, auf denen die Bilder der Tiere zu sehen sind, die sie spielen. Übernehmen Sie die Rolle des *storyteller* und helfen Sie den Kindern, wenn nötig, durch Einflüstern.

Kommentar: *Eddie, the earthworm* eignet sich vorzüglich als *End of the year play*. Die Kinder, die keine Rolle haben, singen zu Beginn und am Ende des Rollenspiels den *Earthworm song* (siehe Unterrichtssequenz 4).

Mini project: Create a new scene for *Eddie, the earthworm*

- Zur zeitlichen Differenzierung der Kinder, die mit der Bearbeitung der Aufgaben eher fertig sind, eignet sich die folgende Übung.
- Erklären Sie den Kindern, dass sie sich vorstellen sollen, dass Eddie noch ein weiteres Tier trifft. Sammeln Sie gemeinsam mit den Kindern Tierwörter und überlegen Sie, was sie sagen können. Sagen Sie: *Eddie meets another animal. What animal is it? What do Eddie and the animal say?*
- Fordern Sie die Kinder dann auf, ein Bild der Szene anzufertigen und den Dialog in Sprechblasen niederzuschreiben. Sagen Sie: *Draw a picture and write what they say.* Bei Bedarf nutzen die Kinder die Seite 54 im *Pupil's Book* als Vorlage.
- Abschließend stellen die Kinder ihre Bilder vor und stellen sie in der Klasse aus.

UNTERRICHTSSEQUENZ 4

Wortschatz, Phrasen und Strukturen:

Hens lay eggs; cows give milk; and bees make honey; Lots of eggs/milk/honey; But Eddie is the king of the garden; Eddie, everybody loves you.

Sprachliche Fertigkeiten:

Ein Lied *(The earthworm song)* singen.
Eine Geschichte als Rollenspiel darstellen.

Kognitive, motorische und soziale Fertigkeiten:

Während des Zuhörens im Buch mitschauen und mitlesen.

Beim Chorsprechen und Singen auf Rhythmus und Melodie achten.
Sich in verschiedene Rollen hineindenken.

Integration in den Gesamtunterricht:

Musik

Materialien:

DVD *(Cartoon Story: Eddie, the earthworm*, 03:35); *Story Cards* 46–57
Picture Cards 85, 90, 102; *Word Cards* 103, 108, 120; *Pupil's Book*, Seite 55, Übung 6; CD 2 Nr. 35–36

Wiederholung

- Rekonstruieren Sie gemeinsam mit den Kindern die Geschichte *Eddie, the earthworm* mithilfe der DVD und der *Story Cards*.

Wortschatzwiederholung

egg; milk; honey

- Wiederholen Sie die Wörter mit Unterstützung der *Picture Cards* und *Word Cards*.

☆6 Listen. Sing the song. Song: The earthworm song

PB 2 35/36

- Spielen Sie das Lied von der CD vor (CD 2 Nr. 35). Die Kinder hören zunächst nur zu.
- Fordern Sie die Kinder anschließend auf, die Seite 55 im *Pupil's Book* aufzuschlagen und das Bild in Übung 6 zu betrachten.
- Lesen Sie mit den Kindern gemeinsam einige Male den Text im Buch im Rhythmus des Liedes.
- Singen Sie das Lied gemeinsam mit den Kindern einige Male zur CD.
- Fordern Sie die Kinder auf, sich in einem Kreis aufzustellen. Summen Sie die Melodie des Liedes. Allmählich schließen sich Ihnen die Kinder an und summen mit. Wenn alle summen, beginnen Sie den Text zu singen. Die Kinder stimmen mit ein.
- Singen Sie das Lied abschließend gemeinsam mit den Kindern zur Playbackversion der CD (CD 2 Nr. 36).

The earthworm song

Text: Puchta, Gerngross
Musik: Lorenz Maierhofer
© Helbling, Rum/Innsbruck

Rollenspiel – Wiederholung

2 36

- Lassen Sie die Geschichte *Eddie, the earthworm* als Rollenspiel nachspielen (siehe Unterrichtssequenz 3).
- Verwenden Sie dazu, wenn möglich, für die darzustellenden Tiere und Gemüsesorten geeignete Masken. Diese könnten z. B. im Kunstunterricht gebastelt werden.
- Danach singen Sie mit allen Kindern den *Earthworm song* zur Playbackversion der CD (CD 2 Nr. 36).

UNTERRICHTSSEQUENZ 5

Wortschatz, Phrasen und Strukturen:

Vorwiegend rezeptiv: *Climb over the fence; Suddenly you hear a noise; You turn round; There's a big bull in front of you; The bull looks at you; Freeze and quietly say, 'I'm sorry.'; Slowly walk backwards; Climb back over the fence; Wipe your forehead.*

Sprachliche Fertigkeiten:

Eine Kette von Anweisungen einer *Action Story (The fence)* verstehen.
Die Anweisungen von der CD verstehen und mit Bildern verbinden.

Kognitive, motorische und soziale Fertigkeiten:

Anweisungen mit Bewegungen verbinden.
Anweisungen in vertauschter Reihenfolge verstehen und ausführen.
Anweisungen von der CD verstehen und die Bilder im Buch entsprechend nummerieren.

Integration in den Gesamtunterricht:

Musik
Sport

Materialien:

CD 2 Nr. 36; *Pupil's Book,* Seite 55, Übung 6; *Story Cards* 46–57
Activity Book, Seite 46, Übungen 6–7; CD 2 Nr. 37–38; evtl. Kopiervorlage 25 (mit Lösungsblatt)

Wiederholung

CD 2 36

- Singen Sie mit allen Kindern noch einmal den *Earthworm song* zur Playbackversion der CD (CD 2 Nr. 36). Die Kinder verwenden die Bilder bzw. den Liedtext in Übung 6 auf Seite 55 im *Pupil's Book* als Gedächtnisstütze.
- Rekonstruieren Sie gemeinsam mit den Kindern die Geschichte *Eddie, the earthworm* mithilfe der *Story Cards.*

Wortschatzvorentlastung

fence; bull

- Führen Sie das Wort *bull* mithilfe entsprechender Bewegungen bzw. passender Mimik und Gestik ein.
- Klären Sie die Bedeutung des Wortes *fence* durch eine einfache Tafelzeichnung. Ergänzen Sie eventuell auch einen Stier an der Tafel und wiederholen Sie die Wörter mehrmals.

☆ 6 Listen and mime. Action Story: The fence Zuhören und imitieren

AB

- Die Kinder stehen auf. Geben Sie die Anweisungen der *Action Story* (siehe Tapescript unten) und führen Sie sie gleichzeitig mimisch und gestisch aus. Die Kinder imitieren Ihre Handlungen.
- Gehen Sie bei der weiteren Erarbeitung der *Action Story* so vor, wie in der Einleitung beschrieben (Seite 19):
  – Anweisungen ausführen
  – Anweisungen durcheinander ausführen

Then listen and point. Hörübung

AB CD 2 37

- Fordern Sie die Kinder dann auf, das *Activity Book* auf Seite 46 aufzuschlagen und die Bilder in Übung 6 anzuschauen.
- Spielen Sie die *Action Story* von der CD vor (CD 2 Nr. 37). Die Kinder zeigen im Buch mit.

> **Tapescript:**
> *Climb over the fence.*
> *Suddenly you hear a noise.*
> *You turn round.*
> *There's a big bull in front of you.*
> *The bull looks at you.*
> *Freeze and quietly say, 'I'm sorry.'*
> *Slowly walk backwards.*
> *Climb back over the fence.*
> *Wipe your forehead.*

- Geben Sie nun einige Anweisungen in beliebiger Reihenfolge. Die Kinder zeigen auf das entsprechende Bild.

☆ 7 Listen and write the numbers. Hörübung

AB CD 2 38

- Die Kinder haben das *Activity Book* auf Seite 46 geöffnet. Spielen Sie die Hörübung vor (CD 2 Nr. 38) und fordern Sie die Kinder dazu auf, die richtigen Zahlen in die Bilder einzutragen.

Tapescript:

One:	*Slowly walk backwards.*
Two:	*The bull looks at you.*
Three:	*Freeze and quietly say, 'I'm sorry.'*
Four:	*Climb over the fence.*
Five:	*Suddenly you hear a noise.*
Six:	*Wipe your forehead.*
Seven:	*You turn round.*
Eight:	*There's a big bull in front of you.*
Nine:	*Climb back over the fence.*

- Anschließend werden die Ergebnisse verglichen. Halten Sie Ihr Buch hoch, zeigen Sie auf ein Bild und fragen Sie: *What number is 'You turn around?'* Die Kinder nennen Ihnen die entsprechende Zahl etc.

Alternative: Zeichnen Sie einen Raster mit 9 Feldern an die Tafel. Dieser Raster stellt eine grafische Repräsentation der Seite 46 im *Activity Book* dar. Deuten Sie auf das erste Rasterfeld und lassen Sie die Kinder die entsprechende Zahl nennen. Fahren Sie mit den übrigen Rasterfeldern auf diese Weise fort. Wenn alle Zahlen in den Feldern stehen, ist es für die Kinder ein Leichtes zu erkennen, ob sie die Bilder richtig nummeriert haben.

Kopiervorlage 25: The fence (Action Story)

Cut out and put into the correct order. Sätze chronologisch ordnen

- Zur Differenzierung besonders leistungsstarker und schnell arbeitender Kinder kopieren Sie die Kopiervorlage 25 (siehe Anhang, Seite 206).
- Die Kinder lesen die Sätze der *Action Story* leise, schneiden sie aus und bringen sie in die richtige Reihenfolge.
- Zur Überprüfung der Arbeitsergebnisse spielen Sie die *Action Story* nochmals von der CD vor (CD 2 Nr. 37). Die Kinder lesen die Sätze mit.
- Als alternative Form der Überprüfung stellen Sie den Kindern ein Lösungsblatt mit den Sätzen in der richtigen Reihenfolge zur Selbstkontrolle zur Verfügung.

Lösung: vgl. Tapescript CD 2 Nr. 37

UNTERRICHTSSEQUENZ 6

Wortschatz, Phrasen und Strukturen:
(Bees) can fly; (Dogs) can swim; (Earthworms) can't fly/can't swim/can't climb trees; (Hens) lay eggs; (Cows) give milk; (Bees) make honey; (Cows) eat grass; (Cats) can climb trees.

Sprachliche Fertigkeiten:
Einfache Sätze bilden.

Kognitive, motorische und soziale Fertigkeiten:
Unter Zuhilfenahme eines Satzbildungskastens Wörter und Phrasen zu einem Satz zusammenfügen.
Mit einem/einer Partner/in zusammenarbeiten.

Integration in den Gesamtunterricht:
Sachunterricht: Redeanlass „Fähigkeiten von Tieren".

Materialien:
Picture Cards 43–44, 69–71, 95–101; *Word Cards* 43–44, 87–89, 113–119; *Pupil's Book*, Seite 55, Übung 7

Wiederholung

- Spielen Sie zur Wiederholung mit den Anweisungen der *Action Story The fence* aus der vorhergehenden Unterrichtssequenz das Spiel *Call my bluff* mit den Kindern.
- Sagen Sie z. B. *Wipe your forehead.* und gehen Sie dabei langsam rückwärts. Da Ihre Pantomime nicht zum Satz passt, müssen die Kinder aufstehen.
- Wenn Sie aber z. B. *Wipe your forehead.* sagen und gleichzeitig so tun, als ob sie sich über die Stirn wischen würden, bleiben die Kinder einfach still sitzen.

Wortschatzwiederholung

- Wiederholen Sie die Tierwörter mit Unterstützung der *Picture Cards* und *Word Cards*. Teilen Sie die Karten an einzelne Kinder aus. Ein Kind mit einer *Picture Card* imitiert das darauf abgebildete Tier. Die anderen Kinder raten.
- Wenn ein Kind das Tier erraten hat, wird die *Picture Card* an der Tafel befestigt und das Kind mit der entsprechenden *Word Card* hängt diese ebenfalls an die Tafel neben die *Picture Card* etc.

Wortschatzerweiterung

swim; fly; climb trees

- Wiederholen Sie das Wort *swim*, indem Sie so tun, als ob Sie im Wasser schwimmen würden. Sprechen Sie das Wort mehrmals vor. Die Kinder sprechen nach und imitieren die Schwimmbewegung.
- Erarbeiten Sie das Wort *fly*, indem Sie mit Ihren Händen die Flugbewegung eines Vogels nachmachen. Sagen Sie das Wort mehrere Male vor. Die Kinder sprechen Ihnen nach und imitieren die Bewegung.
- Führen Sie die Phrase *climb trees* ein, indem Sie einen Baum an die Tafel zeichnen und eine Kletterbewegung dazu machen. Sprechen Sie dabei die Phrase mehrmals deutlich vor.
- Fragen Sie anschließend die Kinder: *Can you swim? Can you climb trees?* Die Kinder antworten je nach Sprachleistungsstand. Fragen Sie dann mit einem Augenzwinkern *Can you fly?* und lassen Sie die Kinder antworten.

7 Work in pairs. How many correct sentences can you make? Partnerarbeit

PB

- Fordern Sie die Kinder dazu auf, die Übung 7 auf Seite 55 im *Pupil's Book* zu betrachten. Halten Sie Ihr Buch hoch, zeigen Sie auf die Kuh und sagen Sie dabei *Cows can't ...?* und schauen Sie die Kinder dabei fragend an. Die Kinder führen den Satz zu Ende: ... *climb trees.*
- Lesen Sie anschließend die Wörter und Phrasen in den Kästen vor. Die Kinder zeigen mit dem Finger mit. Bilden Sie nun zwei wahre Sätze, z. B. *Cats can climb trees.* und *Bees can't swim.*
- Die Kinder arbeiten nun zu zweit und bilden mündlich so viele wahre Sätze wie möglich.
- Abschließend stellen die Kinder ihre Sätze vor.

Hinweis zur Differenzierung: Besonders leistungsstarke Kinder schreiben zur zeitlichen Differenzierung die Sätze auf. Als weitere Form der Differenzierung bilden die Kinder wahre *(true)* und falsche *(false)* Sätze und schreiben diese für ihre Mitschüler/innen auf. Diese lesen die Sätze durch und markieren diese mit ✓ für *true* und mit ✗ für *false*.

UNTERRICHTSSEQUENZ 7

Wortschatz, Phrasen und Strukturen:
It can fly/swim/...; It can't lay eggs/...; What is it?

Sprachliche Fertigkeiten:
Einen Text von der CD verstehen.
Ein Rätsel lesen, verstehen und formulieren.

Kognitive, motorische und soziale Fertigkeiten:
Ein Rätsel von der CD verstehen.
Ein Rätsel lesen und lösen.
Ein eigenes Rätsel formulieren.

Integration in den Gesamtunterricht:
Sachunterricht: Redeanlass „Fähigkeiten von Tieren."

Materialien:
CD 2 Nr. 36
Pupil's Book, Seite 56, Übungen 8–10; CD 2 Nr. 39; evtl. Kopiervorlage 26 (mit Lösungsblatt); evtl. Wollknäuel oder Körbchen mit Filzwolle

Wiederholung

CD 2 36

- Spielen Sie mit den Phrasen aus der vorhergehenden Unterrichtssequenz eine Abwandlung des Spiels *Call my bluff.*
- Dazu machen Sie eine Aussage, z. B.: *Hens give milk.* Ist die Aussage falsch, stehen die Kinder auf; ist sie richtig, so bleiben sie sitzen bzw. setzen sich hin. Um die Spannung zu erhöhen, spielen Sie zügig und ohne lange Pausen. Leistungsstarke Kinder übernehmen die Ansage, wenn sie möchten.
- Singen Sie das Lied *The earthworm song* aus der Unterrichtssequenz 4 zur Playbackversion (CD 2 Nr. 36).

Wortschatzvorentlastung

wool

- Bringen Sie ein Wollknäuel oder ein Körbchen mit Filzwolle mit und reichen Sie es herum. Sagen Sie: *This is wool.*

☆ 8 Listen. Guess the animals. Ratespiel

PB CD 2 39

- Fordern Sie die Kinder auf, sich die Bilder der Übung 8 auf Seite 56 im *Pupil's Book* anzuschauen.
- Sagen Sie: *Look at row one. There's a sheep, a duck, a cow and a horse.* Halten Sie Ihr Buch hoch und zeigen Sie in der ersten Reihe mit. Verfahren Sie mit den restlichen drei Reihen ebenso.
- Erklären Sie die Hörübung. Die Kinder hören Beschreibungen von unterschiedlichen Tieren. Sie sollen herausfinden, um welches Tier es sich in der entsprechenden Zeile handelt.
- Machen Sie das erste Beispiel mit den Kindern gemeinsam. Spielen Sie die erste Beschreibung von der CD vor (CD 2 Nr. 39). Die Kinder hören gut zu und schauen auf die Tiere in der ersten Reihe.

Tapescript:
One. It can't fly. It can't lay eggs. It gives us wool.
Two. It can't swim. It lays eggs. It can't sing.
Three. It can fly. It can't swim. It makes honey.
Four. It can't fly. It can't lay eggs. It can climb trees.

- Stoppen Sie die CD nach der ersten Beschreibung und fragen Sie: *What is it?*
  Ein Kind antwortet z. B.: *The horse.*
  Sagen Sie: *No, sorry. It isn't. Listen again.*
  Spielen Sie gegebenenfalls die Beschreibung des ersten Tieres noch einmal von der CD vor. Wenn die Kinder die richtige Lösung (*It's the) Sheep.* nennen, sagen Sie: *Yes, that's right! It's the sheep.*
- Verfahren Sie mit den restlichen Beschreibungen auf die gleiche Weise.

Lösung: 1 – *sheep*
2 – *hen*
3 – *bee*
4 – *cat*

Hinweis zur Differenzierung: Zur zeitlichen Differenzierung eignet sich folgendes Partnerspiel. Die Kinder stellen dazu einen Schulranzen als Sichtschutz auf den Tisch. Mit einem Radiergummi deckt ein Kind ein Tier ab und sagt die Reihe an, z. B. *Four.* Das andere Kind rät nun, um welches Tier in Reihe vier es sich handelt. Zur Förderung des kreativen Sprechens werden die Strukturen für diese Übung nicht vorgegeben. So bedienen sich die Kinder je nach Sprachentwicklungsstand ihres eigenen Formelrepertoires oder konstruieren eigene Sätze (*Is it the (cow)? It's a ...* etc.).

☆ 9 Read the text. Find the correct picture.
Lese- und Zuordnungsübung

- Die Kinder betrachten die Übung 9 auf Seite 56 im *Pupil's Book*. Halten Sie Ihr Buch hoch und zeigen Sie nacheinander auf die dort unter 1–3 abgebildeten Tiere und schauen Sie die Kinder dabei fragend an. Die Kinder nennen die entsprechenden Tiernamen.
- Fordern Sie die Kinder nun dazu auf, den Text in der Box leise zu lesen *(Read the text quietly, please.)* und das beschriebene Tier zu identifizieren *(Find the correct picture)*.
- Die Kinder nennen abschließend das richtige Tier *(frog)*.

☆☆ 10 Work in pairs. Make a riddle for your partner.
Partnerarbeit

- Die Kinder betrachten die Übung 10 im *Pupil's Book* auf Seite 56. Lesen Sie den Text in der linken Sprechblase vor: *It can fly. It makes honey. It can't swim. What is it?* Die Kinder beantworten Ihre Frage. Helfen Sie durch Einflüstern, wenn notwendig. Formulieren Sie ein bis zwei weitere Rätsel und demonstrieren Sie die Übung mit verschiedenen Kindern.
- Nun arbeiten die Kinder mit einem/einer Partner/in. Die Kinder wechseln sich ab und formulieren ein Rätsel; das jeweils andere Kind errät das Tier.

Kopiervorlage 26: Animals on the farm

Write the words.
Schreibübung

- Zur Differenzierung besonders leistungsstarker oder schnell arbeitender Kinder kopieren Sie die Kopiervorlage 26 (siehe Anhang, Seite 206).
- Die Kinder betrachten die Wortschlange, identifizieren die Tierwörter und kreisen diese ein. Anschließend schreiben die Kinder die Wörter auf die entsprechenden Linien neben den Bildern.
- Zur Selbstkontrolle stellen Sie den Kindern ein Lösungsblatt zur Verfügung.

Lösung:

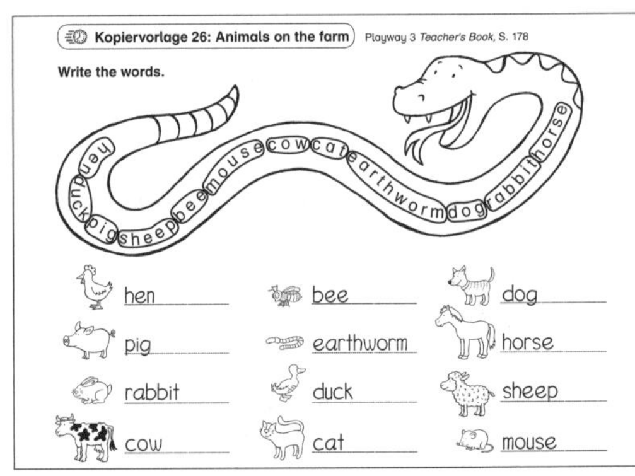

U N T E R R I C H T S S E Q U E N Z 8

Wortschatz, Phrasen und Strukturen:
swim; fly; draw; eat spaghetti; sing; dance; make woolly hats; jump; Oliver can sing/jump up high/eat spaghetti/can't fly.

Sprachliche Fertigkeiten:
Wörter und Phrasen verstehen und einem Bild zuordnen.
Ein Gedicht verstehen und sprechen.
Mithilfe einer Vorlage ein Gedicht verfassen.

Kognitive, motorische und soziale Fertigkeiten:
Modelltexte als Vorlage nutzen und illustrieren.

Integration in den Gesamtunterricht:
Kunst

Materialien:
Picture Cards 43–44, 69–71, 95–101
Pupil's Book, Seite 57, Übungen 11–13; CD 2 Nr. 40–41; evtl. Blätter Papier und Buntstifte

Wiederholung

- Befestigen Sie die *Picture Cards* aller Tiere an der Tafel. Wählen Sie ein Tier aus und beschreiben Sie dieses, z. B.: *It can fly. It can swim. It lays eggs. What is it?* Die Kinder raten z. B. *It's a (duck).* Haben die Kinder richtig geraten, drehen Sie die entsprechende Karte um.
- Nun übernimmt ein Kind Ihre Rolle und beschreibt ein Tier. Helfen Sie durch Einflüstern, wenn notwendig.
- Das Ratespiel wird so lange fortgesetzt, bis alle Karten umgedreht sind.

Wortschatzwiederholung

- Spielen Sie das Spiel *Simon says* mit folgenden Verben und Phrasen: *swim; fly; draw; eat spaghetti; sing; dance; make a woolly hat; jump.*

☆ 11 Listen and point. Test your partner. Ratespiel

PB 2 40

- Fordern Sie die Kinder auf, sich die Bilder der Übung 11 auf Seite 57 im *Pupil's Book* anzuschauen.
  Sagen Sie: *Look. Swim. Fly. Draw. Eat spaghetti. Sing. Dance. Make a woolly hat. Jump.*
  Halten Sie Ihr Buch hoch und zeigen Sie mit.
- Erklären Sie die Hörübung. Die Kinder sollen sich die Übung von der CD (CD 2 Nr. 40) anhören und auf das entsprechend richtige Bild zeigen.

Tapescript:
Sing.
Swim.
Eat spaghetti.
Dance.
Jump.
Make a woolly hat.
Draw.
Fly.

- Anschließend arbeiten die Kinder mit einem/einer Partner/in. Ein Kind macht die Ansage, das andere zeigt auf das entsprechend richtige Bild. Nach einigen Wörtern/Phrasen werden die Rollen getauscht.

☆☆ 12 Listen to the poem and practise it. Hörübung

PB 2 41

- Lassen Sie die Kinder die Übung 12 auf Seite 57 im *Pupil's Book* für ca. 10–15 Sekunden betrachten. Dann schließen die Kinder die Bücher. Sagen Sie: *Give me words.* und halten Sie die Äußerungen der Kinder an der Tafel fest.
- Spielen Sie das *poem* von der CD vor (CD 2 Nr. 41). Die Kinder hören zu.

Tapescript:
Oliver, the sheep, can sing.
Oliver can jump up high.
Oliver can eat spaghetti.
But Oliver can't fly.

- Die Kinder öffnen ihre Bücher wieder. Spielen Sie das *poem* nochmals von der CD vor. Die Kinder zeigen auf die Bilder im Buch.
- Üben Sie mit den Kindern gemeinsam den Text, indem Sie jede Zeile mehrmals vorlesen. Die Kinder lesen im Buch mit und sprechen Ihnen nach. Wiederholen Sie dies einige Male.
- Fordern Sie die Kinder nun auf, das Gedicht in Gruppen zu üben und szenisch umzusetzen.

☆☆☆ 13 Write your own poem and draw a picture. Kreative Schreibübung

PB

- Die Aufgabe entspricht einem sehr hohen Anforderungsniveau. Sie kann zur zeitlichen Differenzierung und zur Förderung besonders leistungsstarker Kinder eingesetzt werden. Die Bearbeitung ist somit optional.
- Fordern Sie die Kinder dazu auf, das *Pupil's Book* auf Seite 57 aufzuschlagen und die Aufgabenstellung in Übung 13 zu betrachten.
- Erklären Sie den Kindern, dass sie nun ihr eigenes *poem* mithilfe des Textes in Übung 12 im *Pupil's Book* verfassen werden. Sie sollen den Namen und das Tier mit einem Namen und einem Tier ihrer Wahl austauschen.
- Geben Sie den Kindern für diese Arbeit genügend Zeit. Gehen Sie in der Klasse herum und helfen Sie nötigenfalls. Namen und Tierwörter können an der Tafel zur Verfügung gestellt werden und auch das *Picture Dictionary* am Ende des *Activity Book* darf verwendet werden.
- Korrigieren Sie die Erstentwürfe der Kinder. Die Kinder fertigen anschließend eine Reinschrift an und illustrieren ihren Text.
- Stellen Sie die Texte der Kinder an der Wandtafel aus.

On the farm

UNTERRICHTSSEQUENZ 9

Wortschatz, Phrasen und Strukturen:

She/He/They/It can/can't swim/draw/sing/fly; There is .../There are ...

Sprachliche Fertigkeiten:

Einfache Sätze lesen und verstehen.
Eine einfache Beschreibung verfassen.

Kognitive, motorische und soziale Fertigkeiten:

Sätze lesen und ihre Aussage beurteilen.
Etwas zeichnen und eine schriftliche Beschreibung verfassen.
Arbeitsergebnisse präsentieren.

Materialien:

CD 2 Nr. 41
Activity Book, Seite 47, Übungen 8–9

Wiederholung

2 41

- Spielen Sie zur Wiederholung das Gedicht *Oliver, the sheep* von der CD (CD 2 Nr. 41) ab. Die Kinder sprechen mit.
- Anschließend tragen einige Kinder ihre selbst erstellten *poems* aus der vorhergehenden Unterrichtssequenz vor.

☆ 8 Read. Tick the correct picture (✓). Zuordnungsübung

AB

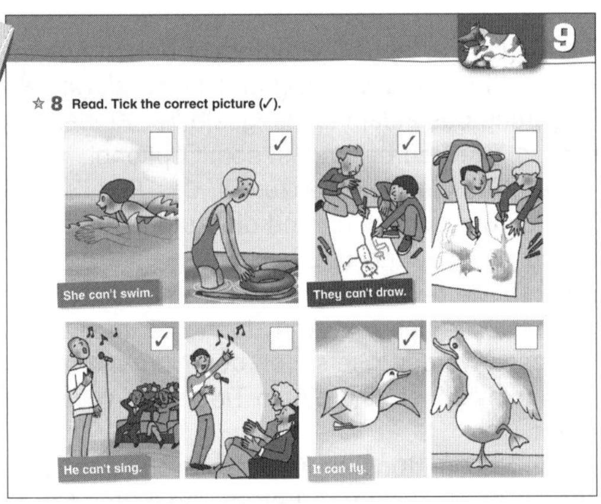

- Fordern Sie die Kinder auf, sich die Bilder in Übung 8 auf Seite 47 im *Activity Book* anzuschauen.
- Erklären Sie die Übung. Die Kinder sollen sich die Bilder und Sätze anschauen und das entsprechend richtige Bild mit einem Häkchen versehen. Sagen Sie: *Look and read. Tick the correct picture.*
- Zum Vergleichen der Arbeitsergebnisse zeichnen Sie jeweils immer zwei Kästchen an die Tafel, die die Abbildung im Buch repräsentieren. Rufen Sie einzelne Kinder zu sich an die Tafel. Die Kinder setzen im richtigen Kasten ein Häkchen.

9 Draw your farm. Write and say. Schreibübung

AB

- Skizzieren Sie an der Tafel eine *farm* ähnlich jener im *Activity Book* in Übung 9 auf Seite 47.
- Zeichnen Sie einige Tiere und beschreiben Sie Ihre *farm*, z. B.: *On my farm, there is one horse and one pig. On my farm, there are five cats, two dogs, and three hens.*
- Die Kinder öffnen nun das *Activity Book* auf Seite 47. Sagen Sie ihnen, dass sie erst Tiere zeichnen und anschließend ihre *farm* beschreiben sollen, indem sie die unten vorgegebenen Satzanfänge zu Ende führen.
- Wenn notwendig, nutzen die Kinder das *Picture Dictionary* auf Seite 51 im *Activity Book* als Vorlage zum Schreiben der Tierwörter. Gehen Sie während der Bearbeitung der Aufgabe in der Klasse herum und helfen Sie, falls die Kinder Ihre Hilfe benötigen.
- Abschließend versammeln sich die Kinder im Sitzkreis und stellen ihre Arbeitsergebnisse vor. Dazu halten sie ihre Zeichnung hoch und lesen den Text dazu vor.

UNTERRICHTSSEQUENZ 1

Wortschatz, Phrasen und Strukturen:

We wish you a Merry Christmas and a Happy New Year!
Vorwiegend rezeptiv: *Hi, I'm Christina from Cambridge; This is our Christmas; Christmas Eve. We hang up our Christmas stockings for the small presents; We put a biscuit and a glass of milk for Father Christmas on a table; Christmas Day. We open our presents in the morning; Later we have Christmas dinner; We eat turkey, Christmas pudding and mince pies; Here you can see my brother Pete, my grandma and grandpa, and my mum and dad; We pull open Christmas crackers; In each cracker, there's a paper hat, a joke and small presents.*

Sprachliche Fertigkeiten:

Ein Lied *(Merry Christmas!)* von der CD verstehen und singen.

Informationen über Weihnachten in Großbritannien mithilfe von Bildern und den Erklärungen der Lehrperson verstehen.

Kognitive, motorische und soziale Fertigkeiten:

Landeskundliche Informationen mithilfe entsprechender Illustrationen verstehen.
Ein Lied von der CD verstehen und singen können.

Integration in den Gesamtunterricht:

Sachunterricht: Redeanlass „Weihnachtsbräuche in englischsprachigen Ländern und bei uns".
Musik
Kunst

Materialien:

Pupil's Book, Seite 58, Übungen 1–2; CD 2 Nr. 42–44; evtl. Zeichenpapier und Buntstifte

Einstimmung

- Erläutern Sie den Brauch des *Carolling,* bei dem in Großbritannien vor Weihnachten Gruppen von Kindern und Jugendlichen *(carol singers)* von Haus zu Haus ziehen und Weihnachtslieder *(Christmas carols)* singen, um Geld für wohltätige Zwecke zu sammeln.
- Fragen Sie die Kinder, ob sie englische Weihnachtslieder kennen und erstellen Sie eine Liste an der Tafel.

☆ 1 Listen. Sing the song. Song: Merry Christmas!

PB 2 42/43

- Fordern Sie die Kinder auf, das *Pupil's Book* auf Seite 58 zu öffnen.
- Erklären Sie die Bedeutung von *Merry Christmas!* bzw. *Happy New Year!* und spielen Sie das Lied von der CD (CD 2 Nr. 42) vor.

We wish you a Merry Christmas

Text: Trad.
Musik: Trad.

- Sprechen Sie den Text einmal laut vor.
- Sprechen Sie den Text dann gemeinsam mit den Kindern.
- Spielen Sie dann das Lied nochmals von der CD vor und fordern Sie die Kinder auf, mitzusingen.
- Singen Sie abschließend das Lied mit den Kindern zur Playbackversion der CD (CD 2 Nr. 43).

★ 2 Listen and read.
Hör- und Leseübung

PB 2 44

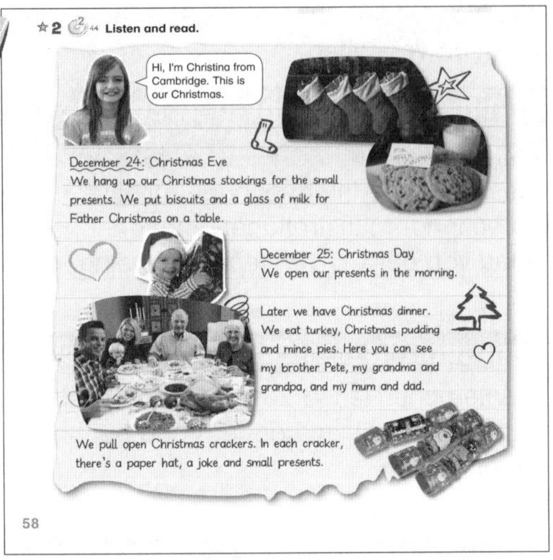

- Fordern Sie die Kinder auf, das *Pupil's Book* auf Seite 58 zu öffnen und die Bilder in Übung 2 zu betrachten.
- Halten Sie Ihr Buch für alle gut sichtbar hoch und zeigen Sie auf das Mädchen namens Christina. Erklären Sie, dass Cambridge eine Stadt in England ist. Christina lebt in Cambridge und erzählt von Weihnachten.
- Die Kinder hören den Text von der CD und lesen im Buch mit (CD 2 Nr. 44).

Tapescript:

Hi, I'm Christina from Cambridge. This is our Christmas.

December 24: Christmas Eve
We hang up our Christmas stockings for the small presents. We put biscuits and a glass of milk for Father Christmas on a table.

December 25: Christmas Day
We open our presents in the morning.
Later we have Christmas dinner. We eat turkey, Christmas pudding and mince pies. Here you can see my brother Pete, my grandma and grandpa, and my mum and dad.
We pull open Christmas crackers. In each cracker, there's a paper hat, a joke and small presents.

- Fordern Sie die Kinder dann auf, ein Bild über Weihnachten bei sich zu Hause auf ein Blatt Papier zu zeichnen und einen Satz dazu zu schreiben.
- Weisen Sie die Kinder darauf hin, dass sie auf der Seite 58 im *Pupil's Book* nachschauen können, falls sie nicht genau wissen, was sie schreiben sollen. Bieten Sie Ihre Hilfe an.
- Geben Sie den Kindern genügend Zeit, einander ihre Bilder zu zeigen und ihre Sätze vorzulesen.

Landeskundliche Kurzinformation: Weihnachtsbräuche in Großbritannien

- In Großbritannien tauscht man unter Verwandten, Freunden und Bekannten weitaus mehr Weihnachtspost aus als im übrigen Europa. Auf dem Kaminsims werden alle Weihnachtskarten aufgestellt, die eine Familie bekommt.
- Christmas Eve, der 24. Dezember, wird in Großbritannien nicht gefeiert. *Father Christmas* bringt in der Nacht vom 24. auf den 25. Dezember die Geschenke auf seinem Schlitten, der von Rentieren gezogen wird. Eines davon ist *Rudolph, the red-nosed reindeer. Father Christmas* kommt durch den Kamin *(chimney)* ins Wohnzimmer. Dort hängen die *stockings* (Strümpfe) der Kinder auf dem Kaminsims (oder im Schlafzimmer der Kinder am Bettende) und werden von *Father Christmas* mit kleineren Geschenken gefüllt.
  Größere Geschenke werden unter den Christbaum gelegt, der in Großbritannien meist schon ca. zwei Wochen vor dem Weihnachtstag geschmückt im Wohnzimmer steht. Die Wohnräume werden zusätzlich mit *holly* (Zweigen der Stechpalme) und *mistletoe* (Mistelzweigen) dekoriert.
- Die Geschenke unter dem Weihnachtsbaum werden am frühen Morgen des *Christmas Day* (25. Dezember) geöffnet.
- Ein weiterer Höhepunkt ist das *Christmas dinner*, das traditionellerweise aus *turkey* (Truthahn) und *Christmas pudding* besteht und am 25. Dezember stattfindet. *Christmas pudding* ist eine Art Kuchen mit vielen Früchten, der bereits Wochen vor Weihnachten zubereitet wird.

UNTERRICHTSSEQUENZ 2

Wortschatz, Phrasen und Strukturen:

Vorwiegend rezeptiv: *It's Christmas Day; There are no presents; Mum, Dad! Where are our presents?; Sorry, we don't know; Excuse me, I'm lost; Where's the farm?; Sorry, I'm in a hurry. Bye; Brrrr! I'm cold; I'm busy; Oh, dear!; I don't know; It's over there; Thanks very much; You're welcome, Father Christmas; Who is it?; It's Father Christmas; Welcome!; Sorry, I'm late.*

Sprachliche Fertigkeiten:

Eine *Cartoon Story (Father Christmas is lost)* von der DVD, von der CD und beim Erzählen durch die Lehrperson verstehen.
Klanglich abgesicherte Wörter bzw. Phrasen mit ihrem Schriftbild verbinden.
Allmählich beim Erzählen Rollen übernehmen und mitsprechen.
Die Geschichte als Rollenspiel darstellen.

Kognitive, motorische und soziale Fertigkeiten:

Der Erzählstruktur einer Geschichte folgen können.
Wörter und Phrasen richtig in eine Bildgeschichte einfügen.
Die Geschichte gemeinsam mit der Lehrperson in einem Rollenspiel rekonstruieren.

Integration in den Gesamtunterricht:

Sachunterricht: Redeanlass „Weihnachtsbräuche in englischsprachigen Ländern und bei uns“.
Musik

Materialien:

CD 2 Nr. 42–43
Story Cards 58–69; *Pupil's Book,* Seite 59, Übung 3; DVD *(Cartoon Story: Father Christmas is lost,* 03:58); CD 2 Nr. 45; evtl. Blätter Papier
Zusatzangebot: Bastelvorlage C1–C3; Zeichenpapier; Wasserfarben; Pinsel; Scheren; Klebstoff; Gummibänder

Wiederholung

2 42/43

- Singen Sie das Lied *Merry Christmas!* aus der vorherigen Unterrichtssequenz mit den Kindern (CD 2 Nr. 42/43).
- Fragen Sie die Kinder danach, an welche Besonderheiten des englischen Weihnachtsfestes sie sich noch erinnern. Halten Sie die Rückmeldungen der Kinder in Stichpunkten als Mindmap an der Tafel fest.
- Anschließend stellen einige Kinder ihre Bilder und Sätze über Weihnachten in ihrer Familie aus der vorhergehenden Unterrichtssequenz vor.

Wortschatzerweiterung und Phrasenvorentlastung

- Nehmen Sie die *Story Card* Nr. 59, auf der *Father Christmas* im Schneegestöber abgebildet ist.
- Zeigen Sie auf die Illustration und sagen Sie: *Look. This is Father Christmas. He's lost. He can't find the farm. He still has all the presents in his sack.*
- Fragen Sie die Kinder, ob sie sich vorstellen können, was *lost* bedeutet. Falls die Kinder nicht darauf kommen, geben Sie eine kurze Übersetzung (hat sich verirrt).

Pre-viewing activity

- Die Kinder versammeln sich im Halbkreis vor der Tafel. Präsentieren Sie ihnen die *Story Cards* (Nr. 59, 60, 62, 64, 65, 67), hängen Sie die Karten an die Tafel und stellen Sie dazu zwei Fragen:

  Where does Father Christmas want to go?
  Who helps him?

- Lassen Sie die Kinder nun für sich oder in Partnerarbeit Vermutungen über die beiden Fragen anstellen.
- Sammeln Sie die Antworten abschließend und geben Sie so vielen Kindern wie möglich die Chance, ihre Antworten zu nennen. Je nach Leistungsstand antworten die Kinder auf Deutsch, in Einwortsätzen oder sie zeigen auf die Bilder.

☆ 3 Watch the story.
Cartoon Story: Father Christmas is lost

- Zeigen Sie den Kindern die Videosequenz *Father Christmas is lost* von der DVD.

Videoscript: Father Christmas is lost

Storyteller:	*It's Christmas Day.*
Children:	*There are no presents!* *Mum, Dad!* *Where are our presents?*
Mum and Dad:	*Sorry, we don't know.*
Father Christmas:	*Excuse me, I'm lost.* *Where's the farm?*
Rabbit:	*Sorry. I'm in a hurry. Bye.*
Father Christmas:	*Brrrrrrr! I'm cold. And I'm lost.* *Excuse me.* *Excuse me, I'm lost.* *Where's the farm, please?*
Woodpecker:	*I'm sorry. I'm busy.*
Father Christmas:	*Oh, dear, oh, dear!* *Excuse me, I'm lost.* *Where's the farm, please?*
Deer:	*The farm? I'm sorry. I don't know.*

Father Christmas:	*Brrrrrrr! I'm soooooo cold! Excuse me, I'm lost. Where's the farm, please?*
Owl:	*Sorry?*
Father Christmas:	*The farm. Where's the farm?*
Owl:	*Oh, it's over there.*
Father Christmas:	*Thanks very much.*
Owl:	*You're welcome, Father Christmas.*
Children:	*Who is it?*
Father Christmas:	*It's Father Christmas!*
Children:	*Father Christmas! Welcome!*
Father Christmas:	*Sorry I'm late!*
Children, parents and Father Christmas:	*We wish you a Merry Christmas, we wish you a Merry Christmas, we wish you a Merry Christmas and a Happy New Year!*

- Lassen Sie die Kinder Wörter und Phrasen aus der Geschichte nennen. Sagen Sie: *Tell me words and phrases you remember.* Sammeln Sie die Rückmeldungen der Kinder an der Tafel.
- Zeigen Sie den Kindern die Videosequenz bei Bedarf ein weiteres Mal.

Listen and read.
Hör- und Leseübung

PB 2 45

- Lesen Sie anschließend mit den Kindern den Comic zur *Cartoon Story* auf der Seite 59 im *Pupil's Book*. Verwenden Sie dazu auch die CD (CD 2 Nr. 45). Spielen Sie die CD ab. Die Kinder zeigen je nach Leistungsstand auf die Bilder oder den entsprechenden Text in den Sprechblasen.

- Fragen Sie dann erneut nach den in der *Pre-viewing* Phase gestellten Fragen: *Where does Father Christmas want to go? Who helps him?*
- Überprüfen Sie die vor dem Anschauen des Videos gegebenen Antworten: *He wants to go to the farm.* bzw. *The owl helps him.*

Hinweis: Falls genügend Zeit bleibt, können Sie den Kindern verschiedene Handlungsalternativen vorschlagen (siehe Seite 34, links oben).

Post-viewing activities

Spiele zur Rekonstruktion der Geschichte

- Verteilen Sie die *Story Cards* an einzelne Kinder. Erzählen Sie die Geschichte noch einmal. Das Kind mit dem jeweiligen Bild kommt heraus. Zuletzt stehen alle Kinder, an die die *Story Cards* verteilt wurden, in der Reihenfolge des Ablaufs der Geschichte vor der Klasse. Die Bilder werden für die anderen gut sichtbar in die Höhe gehalten.
- Erzählen Sie die Geschichte langsam und zeigen Sie dabei jeweils auf das Kind mit dem entsprechenden Bild. Stoppen Sie und fordern Sie das Kind auf, den Satz/die Sätze zu vervollständigen. Lassen Sie, wenn nötig, die anderen Kinder helfen. Unterstützen Sie die Kinder durch Mimik und Gestik.
  Sagen Sie z. B.: *Excuse me, I'm ...* Kind: *... lost.*
  Sie: *Where's the ...* Kind: *... farm.* etc.

Bastelvorlage C

Zusatzangebot: Animal masks
Rollenspiel

- Erzählen Sie die Geschichte noch einmal. Lassen Sie dann Kinder die Rollen der Familienmitglieder, des *Father Christmas*, des Hasen, des Spechts, des Hirsches und der Eule spielen und sprechen.
- Üben Sie die Rollen durch Vor- und Nachsprechen ein.
- Lassen Sie die Geschichte als Rollenspiel nachspielen. Dazu können Sie auch die vier Tiermasken im Anhang des *Teacher's Book* verwenden. Kopieren Sie die vier Masken von der Bastelvorlage C1–C3 (siehe Anhang, Seiten 210 ff.) und verteilen Sie diese an die Kinder mit den entsprechenden Rollen.
- Die Kinder kleben die Kopien auf Zeichenpapier und bemalen die Masken mit Wasserfarben.
- Dann werden die Umrisse der Masken sowie die Augen ausgeschnitten. Die Löcher an beiden Seiten der Masken werden durchstoßen. Anschließend wird ein etwas stärkeres Gummiband durchgezogen und verknüpft.
- Lassen Sie nun die Geschichte als Rollenspiel nachspielen. Übernehmen Sie die Rolle des *storyteller* und helfen Sie den Kindern, wenn nötig, durch einflüstern.

Kommentar: *Father Christmas is lost* eignet sich vorzüglich als *Christmas Play* für die Weihnachtsfeier. Die Kinder, die keine Rolle haben, singen zu Beginn und am Ende des Rollenspiels *We wish you a Merry Christmas.*

UNTERRICHTSSEQUENZ 1

Wortschatz, Phrasen und Strukturen:

Vorwiegend rezeptiv: *The fourth Thursday in November is Thanksgiving Day in the USA; People say thank you for the harvest; On Thanksgiving Day, families eat turkey, sweet potatoes and pumpkin pie; The first winter/spring/autumn.*

Sprachliche Fertigkeiten:

Einen Text von der CD verstehen.
Einen Text im Buch lesen und verstehen.

Kognitive, motorische und soziale Fertigkeiten:

Anhand von Bildern und eines Textes landeskundliche Informationen über die USA erhalten und diese spielhandelnd umsetzen.

Integration in den Gesamtunterricht:

Sachunterricht: Redeanlass „Bräuche".
Religion: Redeanlass „Erntedank".

Materialien:

Pupil's Book, Seite 60, Übungen 1–2; CD 2 Nr. 46; evtl. Realia (englischer Kalender, Bilder aus Zeitschriften, Globus oder Weltkarte)

Vorentlastung wichtiger Phrasen

Thursday; USA; harvest; turkey; sweet potatoes; (pumpkin) pie

- Zeigen Sie auf einem englischen Kalenderblatt den Monat November und den vierten Donnerstag *(the fourth Thursday)* und führen Sie so die Wörter *Thursday* und *November* ein.
- Führen Sie anschließend die Wörter *turkey, sweet potatoe* und *pumpkin* sowie *pumpkin pie* ebenfalls mit Bildern aus Zeitschriften ein. Erklären Sie die Bedeutung von *harvest* auf Deutsch (Ernte).
- Zeigen Sie den Kindern auf einer Weltkarte oder einem Globus die USA und sagen Sie ihnen, dass sie über einen Feiertag in den USA sprechen werden: *Today we are going to talk about a special day in the USA: Thanksgiving Day.*

☆ 1 Listen and read.
Hör- und Leseübung

PB 2 46

Tapescript:

The fourth Thursday in November is Thanksgiving Day in the USA.
People say thank you for the harvest.
On Thanksgiving Day, families eat turkey, sweet potatoes and pumpkin pie.

- Fordern Sie die Kinder auf, Übung 1 auf der Seite 60 im *Pupil's Book* zu betrachten. Erklären Sie den Kindern, dass sie mithilfe des Hörtextes und der Fotos im Buch herausfinden sollen, was *Thanksgiving* ist.
- Schreiben Sie *Thanksgiving* an die Tafel. Spielen Sie die Hörübung von der CD (CD 2 Nr. 46) eventuell mehrere Male vor. Die Kinder hören zunächst nur zu und lesen dann im Buch mit.
- Stellen Sie dann Fragen zum Text, wie z. B.: *When is Thanksgiving Day? What do people do on that day? What do they eat? Why do people have Thanksgiving?* Unterstützen Sie das Verständnis der Fragen durch Mimik und Gestik. Je nach Leistungsstand antworten die Kinder auf Deutsch, in Einwortsätzen oder sie zeigen auf die Bilder im Buch.

☆ 2 Look at the cartoon.
Leseübung

PB

- Teilen Sie die Kinder in kleine Gruppen ein.
- Die Kinder betrachten den kurzen Comic in Übung 2 im *Pupil's Book* auf Seite 60 und spielen die Szenen nach. Dabei verwenden sie das bis dahin erworbene Sprachrepertoire.

Thanksgiving

- Zur Differenzierung bietet es sich an, mit den Kindern an der Tafel Phrasen zu sammeln, die sie anschließend in die szenische Umsetzung miteinbeziehen, z. B.:

  Bild 1:
  Hello; Hello; What's your name?; Welcome.

  Bild 2:
  I'm cold; I'm hungry; This is for you; Here, for you; Thank you.

  Bild 3:
  What's your name?; I'm...; Nice to meet you; I want to help; OK; Thank you.

  Bild 4:
  Here you are; Mmmh, turkey; Yummy; Thank you, friends; This is for you; Thank you for your help.

- Lassen Sie auch Einwortsätze und Kinder, die pantomimisch handeln, zu.
- Die Kinder üben die Rollen ein und spielen sie anschließend der Klasse vor.

U N T E R R I C H T S S E Q U E N Z 1

Wortschatz, Phrasen und Strukturen:

Easter bunny, come along; Hush, hush, hop, hop, come along; hush, it's time to come along; It's time for Easter eggs; yellow, red and blue; it's time for you.
Vorwiegend rezeptiv: *Before Easter, children make Easter cards at school; On Easter Sunday, many families have hot cross buns and boiled eggs for breakfast; For lunch, they have a big family meal; The children get big Easter eggs on Easter Sunday; The bilby is a small Australian animal; It is in danger; Cats eat bilbies and rabbits eat their food; To help the bilby, Australians make chocolate Easter bilbies; 50 cents go to 'Save the bilby'.*

Sprachliche Fertigkeiten:

Ein Lied (*Easter bunny*) singen können.
Einen Text von der CD verstehen.
Den Text im Buch lesen können.

Kognitive, motorische und soziale Fertigkeiten:

Einen Text im Buch lesen, von der CD verstehen und mit den entsprechenden Bildern verbinden können.
Anhand der Bilder und des Textes landeskundliche Informationen über England und Australien erhalten.

Integration in den Gesamtunterricht:

Sachunterricht: Redeanlass „Bräuche in anderen Ländern", „bedrohte Tierarten".
Religion: Redeanlass „Ostern".

Materialien:

Pupil's Book, Seite 61, Übungen 1–3; CD 2 Nr. 47–49; evtl. Realia (englischer Kalender, Bilder aus Zeitschriften, Globus oder Weltkarte); evtl. Fotos, Posterpapier und Buntstifte

☆ 1 Listen. Sing the song.
Song: Easter bunny

PB CD 2 47/48

- Erklären Sie die Bedeutung von *Easter bunny* und *Easter eggs* anhand von einfachen Tafelzeichnungen.
- Spielen Sie das Lied von der CD (CD 2 Nr. 47) vor.

Tapescript: Easter Bunny

Easter bunny, come along.
Hush, hush, hop, hop, come along,
Easter bunny, come along,
hush, it's time to come along.

It's time for Easter eggs,
yellow, red and blue.
It's time for Easter eggs,
it's time for you.

- Fordern Sie die Kinder auf, das *Pupil's Book* auf Seite 61 zu öffnen. Sprechen Sie den Text einmal Zeile für Zeile vor. Die Kinder lesen im Buch mit.
- Sprechen Sie dann den Text gemeinsam mit den Kindern.
- Spielen Sie das Lied nochmals von der CD vor und fordern Sie die Kinder auf, mitzusingen.
- Singen Sie dann das Lied mit den Kindern zur Playbackversion der CD (CD 2 Nr. 48).

Vorentlastung wichtiger Wörter

Easter Sunday; hot cross buns; boiled egg; family meal

- Zeigen Sie auf einem (englischen) Kalenderblatt den Ostersonntag und erklären Sie so das Wort *Easter Sunday*.
- Führen Sie anschließend die Wörter *hot cross buns* (Karfreitagsbrötchen), *boiled egg* und *family meal* ebenfalls mit Bildern ein.

☆2 Listen and read.
Hör- und Leseübung

PB CD 2 49

- Fordern Sie die Kinder auf, das *Pupil's Book* auf Seite 61 zu öffnen und die Bilder in Übung 2 zu betrachten.
- Erklären Sie den Kindern, dass sie nun einen Text über Ostern in englischsprachigen Ländern hören werden und versuchen sollen, so viel wie möglich zu verstehen.

Tapescript:

Before Easter, children make Easter cards at school.
On Easter Sunday, many families have hot cross buns and boiled eggs for breakfast.
For lunch, they have a big family meal.
The children get big Easter eggs on Easter Sunday.

The bilby is a small Australian animal.
It is in danger.
Cats eat bilbies and rabbits eat their food.
To help the bilby, Australians make chocolate Easter bilbies.
50 cents go to 'Save the bilby'.

- Die Kinder hören den Text von der CD und lesen im Buch mit (CD 2 Nr. 49). Stoppen Sie den Text nach der ersten Hälfte (Ostern in England) mit der Pausetaste des CD-Spielers. Fordern Sie die Kinder dazu auf, Wörter zu nennen, die sie behalten haben.
- Zeigen Sie den Kindern dann auf einer Weltkarte oder einem Globus Australien *(Australia)* und sagen Sie ihnen, dass sie nun etwas über eine Besonderheit des australischen Osterfestes lesen werden: *We are going to read about Easter bilbies in Australia.*
- Erklären Sie die Phrase *(to be) in danger*. Geben Sie dazu eine Übersetzung (in Gefahr sein). Die Kinder sollen sich die Bilder anschauen und den Text im rosa Kasten schnell überfliegen.
- Anschließend legen sie ein Lesezeichen in das Buch und schließen die Seite 61. Fragen Sie nun: *What do you remember?* Die Kinder nennen Wörter und Phrasen, an die sie sich erinnern können.
- Fragen Sie nun genauer nach und evozieren Sie Sätze, in die die Wörter eingebunden werden, z. B.: *The bilby is an Australian animal. Cats eat bilbies. The Australians want to help the bilby.* etc.
- Lassen Sie die Kinder nun das Buch wieder öffnen und spielen Sie den zweiten Teil des Textes vor (CD 2 Nr. 49). Die Kinder lesen und zeigen mit dem Finger mit.
- Fragen Sie abschließend: *Why do some Australians have Easter bilbies?* Die Kinder antworten je nach Leistungsstand und nutzen den Text als Hilfe.

Hinweis zur Differenzierung: Besonders interessierte Kinder erstellen ein *'Save the bilby'* Poster und stellen das Gelesene bildlich dar.

☆3 Make a poster about your Easter. Speak.
Sprechübung

PB

- Fordern Sie die Kinder auf, ein Poster über Ostern bei sich zu Hause zu erstellen. Die Kinder dürfen Fotos mitbringen oder ein Bild zeichnen.
- In leistungsstarken Gruppen können die Kinder einige Sätze zu ihrem Poster verfassen. Weisen Sie die Kinder darauf hin, dass sie auf der Seite 61 im *Pupil's Book* nachschauen können, falls sie nicht genau wissen, was sie schreiben sollen. Bieten Sie Ihre Hilfe an.
- Als Alternative bietet es sich an, folgenden Modelltext an der Tafel zur Verfügung zu stellen, den die Kinder individuell vervollständigen.

My family Easter

On Easter Sunday, I have ______ and ______ for breakfast.
For lunch, we have ________.
We get ________ on Easter Sunday.

- Geben Sie den Kindern genügend Zeit, sich die Poster gegenseitig zu zeigen und gegebenenfalls ihre Sätze vorzulesen.

III.
Anhang

Kopiervorlage 1: Colours

Playway 3 *Teacher's Book*, S. 44

Write the words.

1. red red
2. white
3. black
4. brown
5. green
6. blue
7. yellow
8. grey

Kopiervorlage 2: Numbers 1–10

Playway 3 *Teacher's Book*, S. 49

Write.

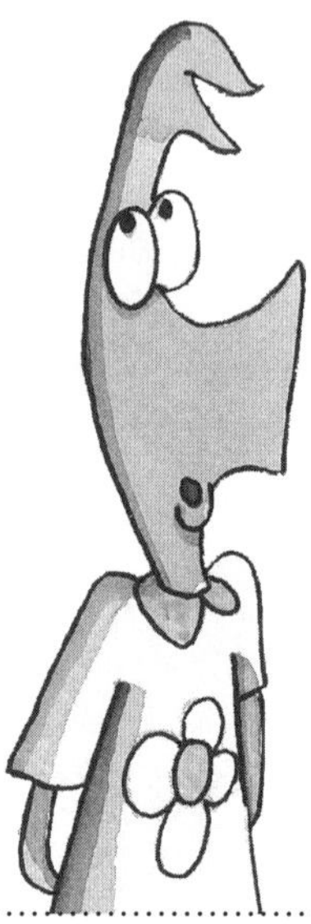

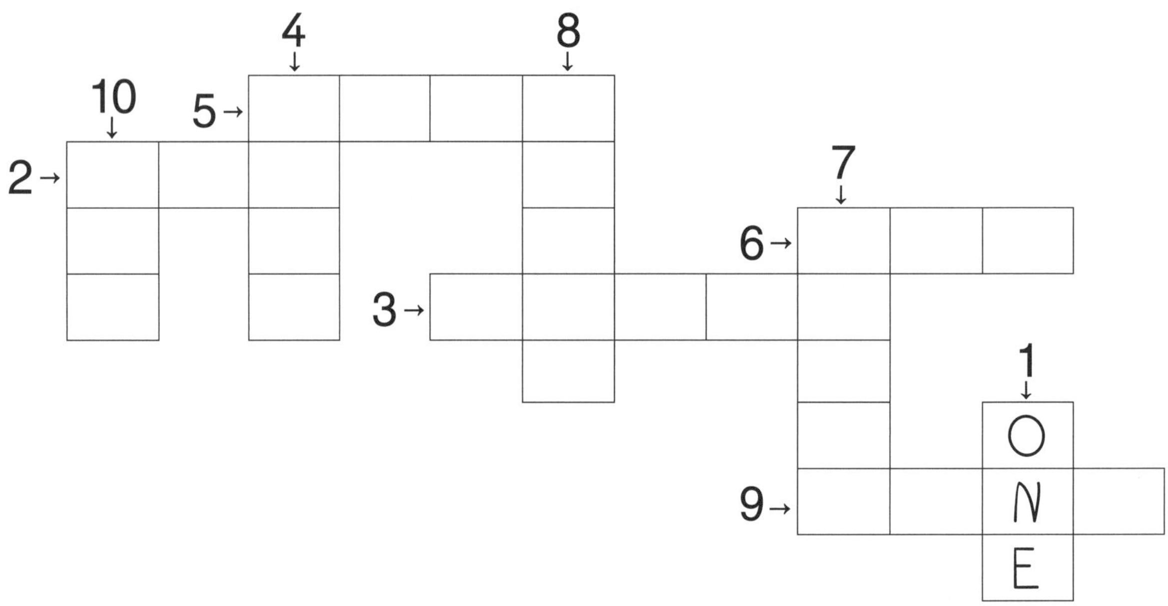

Kopiervorlage 3: Numbers 1–10

Playway 3 *Teacher's Book*, S. 51

Complete.

1 – 2 – 3 – 4 – ____ – ____ – ____

3 – 4 – 3 – 4 – ____ – ____ – ____

8 – 9 – 9 – 8 – ____ – ____ – ____

7 – 6 – 5 – 4 – ____ – ____ – ____

Kopiervorlage 4: Off to school (Action Story)

Playway 3 *Teacher's Book*, S. 57

Cut out and put into the correct order.

You've got your slippers on.	Turn off the alarm clock.	Get your schoolbag.
Run to the bus stop.	Shout, 'Oh, no!'	Put on your jeans and your T-shirt.
Get out of bed.	Have a glass of milk.	Look at your feet.

Kopiervorlage 5: School things

Playway 3 *Teacher's Book*, S. 60

Look and write the numbers.

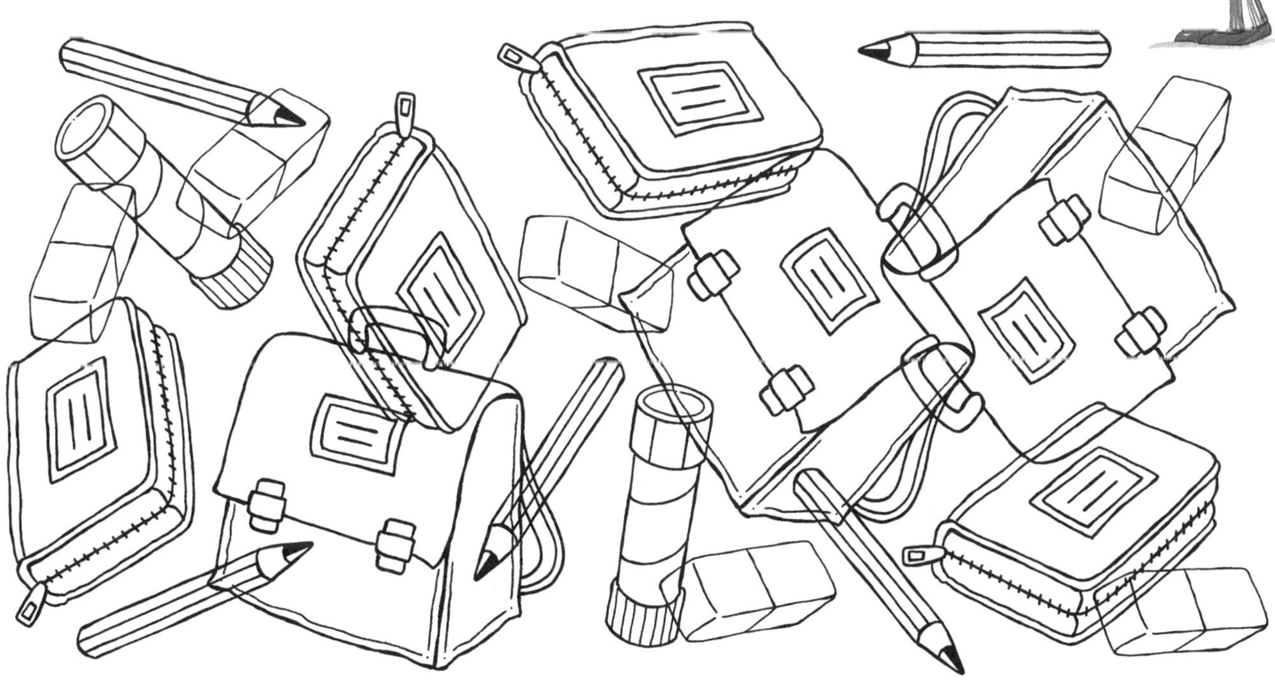

schoolbags	rubbers	pencils	pencil cases	glue sticks

Kopiervorlage 6: Words Units 1–2 Playway 3 *Teacher's Book*, S. 62

Write more words.

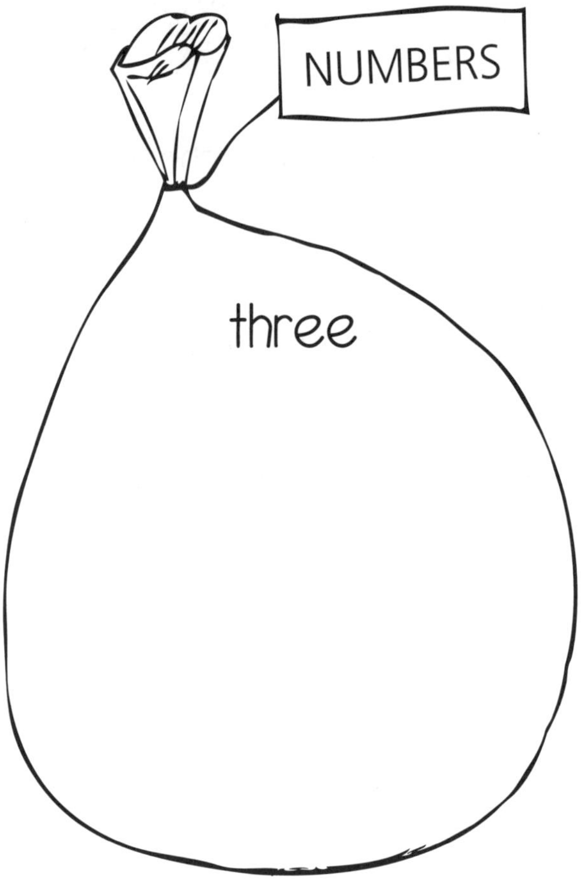

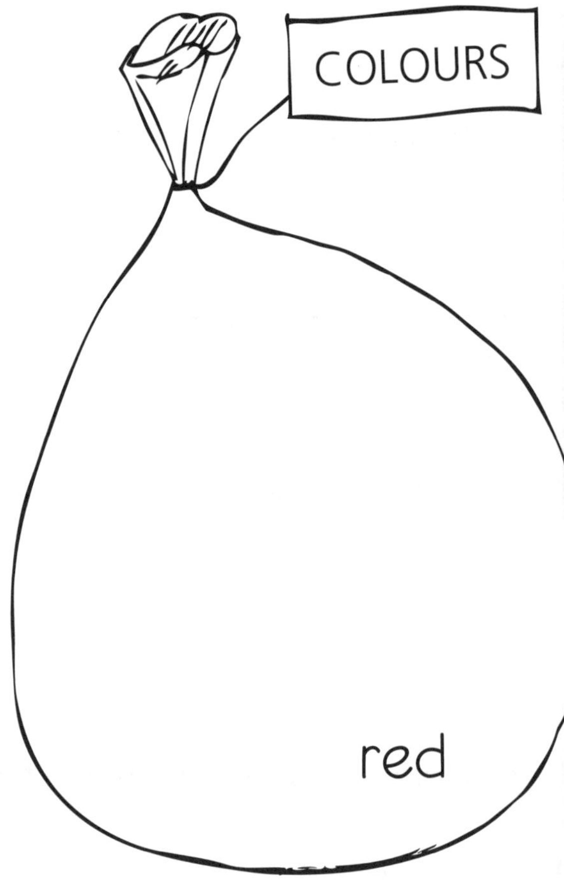

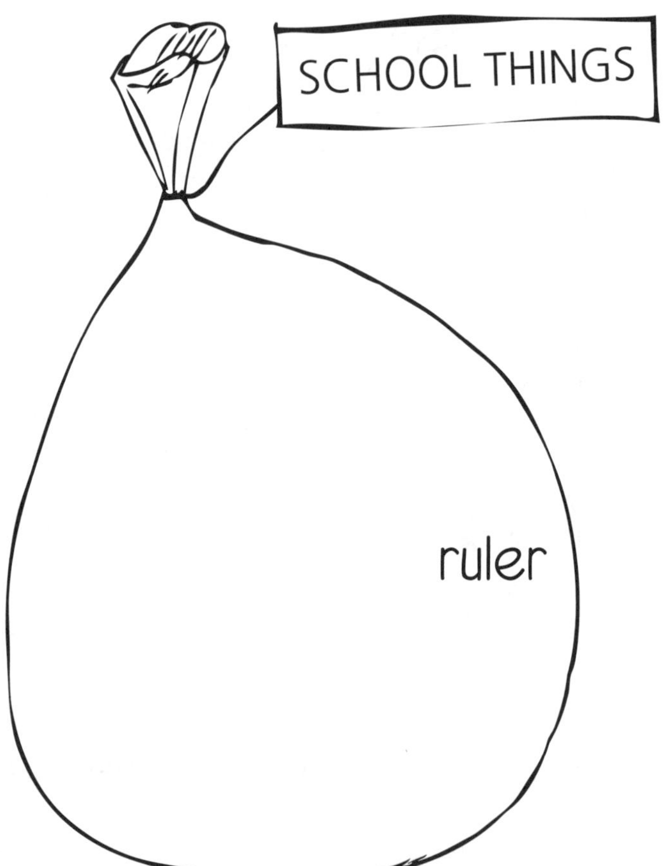

Kopiervorlage 7: Numbers 11–20

Playway 3 *Teacher's Book*, S. 73

Match.

18 • 20 • 12 • 16 • 11 • 13 •

• twelve • eleven • sixteen • TWENTY • eighteen • thirteen

Kopiervorlage 8: I like ... / I don't like ...

Playway 3 *Teacher's Book*, S. 81

Look and write.

1

2

3

4

5

6

Kopiervorlage 9: My zoo Playway 3 *Teacher's Book,* S. 83

Read and draw the animals.

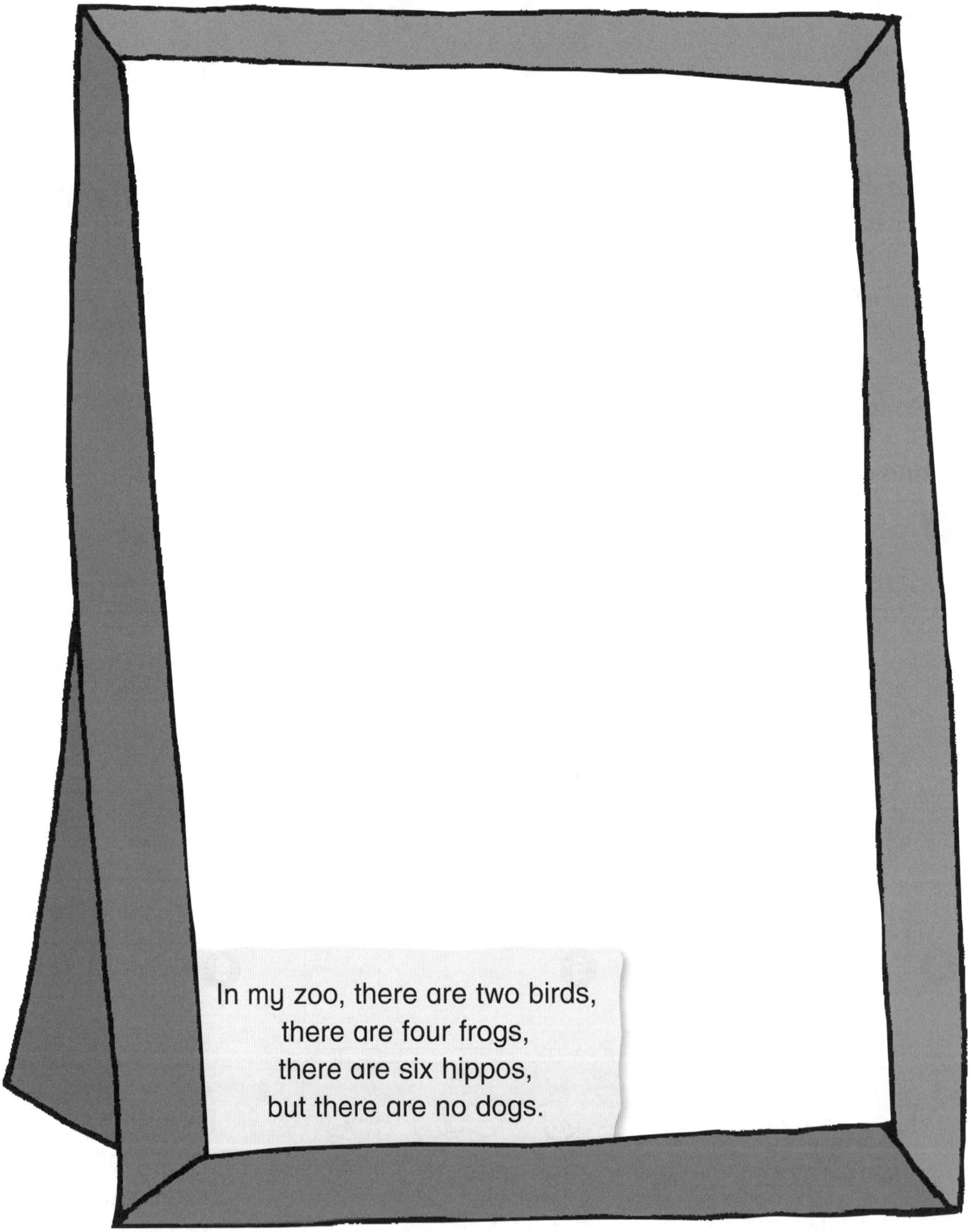

two = 2 four = 4 six = 6

Kopiervorlage 10: Oh, no! (Action Story)

Playway 3 *Teacher's Book*, S. 88

Cut out and put into the correct order.

Put on your shoes and socks.	Get out of the water.	Put on your jeans.
Dry yourself.	Put on your jacket.	Oh, no! You're wearing your swimming goggles!
Walk out.	You're in the swimming pool.	Put on your T-shirt.

Kopiervorlage 11: Words Units 1–4

Playway 3 *Teacher's Book*, S. 92

Find the odd one out.

1	fifteen	~~blue~~	six	three	twenty
2	schoolbag	book	pencil	rat	pen
3	lion	desk	monkey	fox	frog
4	bird	mittens	cap	trainers	boots
5	elephant	hippo	fox	bat	crocodile
6	socks	green	seven	pencil	lion

Kopiervorlage 12: I like ... / I don't like ...

Playway 3 *Teacher's Book*, S. 101

Look and draw or .

I like ...
I don't like ...

1

2

3

4

5

6

Kopiervorlage 13: Words Units 1–5

Playway 3 *Teacher's Book*, S. 109

Look and write.

write stand up draw read run take off swim
dance put on sit down help listen

1 ____________

2 ____________

3 ____________

4 ____________

5 ____________

6 ____________

7 ____________

8 ____________

9 ____________

10 ____________

11 ____________

12 ____________

Kopiervorlage 14: Holly's family Playway 3 *Teacher's Book*, S. 109

Read and draw Holly and her family.

Hi, I'm Holly.
In my family,
there is my mum,
my dad and me.

Body

Kopiervorlage 15: Wilbur (Action Story)

Playway 3 *Teacher's Book*, S. 123

Cut out and put into the correct order.

He bends his knees.	Oh, no!	
Wilbur runs into the bathroom.	Wilbur gets out of bed.	He cleans his teeth.
He shakes his arms.	He says hello to his dog.	He shakes his legs.

Kopiervorlage 16: Words Units 2–6

Playway 3 *Teacher's Book*, S. 126

Look and circle the words. Then write.

M	O	U	T	H	O	M	H	F	R	T	K	Y
P	S	A	E	L	N	G	I	O	F	H	S	I
W	M	D	T	X	M	O	U	X	Y	A	N	G
S	K	I	R	T	O	R	A	G	P	X	W	P
Y	S	G	B	R	N	U	J	A	C	K	E	T
Y	H	G	R	C	K	O	R	A	R	C	T	L
E	D	S	M	A	E	I	S	H	O	E	S	U
Y	O	C	C	E	Y	C	I	H	F	S	T	N
E	I	H	Z	E	T	X	P	H	A	C	W	O
A	I	A	O	X	T	M	R	G	M	K	L	S
S	C	I	S	S	O	R	S	R	I	R	X	E
O	I	R	I	I	K	J	G	J	L	V	I	E
K	O	G	A	G	L	E	G	T	Y	G	K	A

 jacket

 ____________

 ____________

 ____________

 ____________

 ____________

 ____________

 ____________

 ____________

 ____________

 ____________

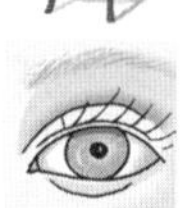 ____________

Kopiervorlage 17: My ... hurts Playway 3 *Teacher's Book*, S. 127

Look and write.

1 My _____ hurts.

2 My ____ hurts.

3 My ______ hurts.

4 My ___ hurts.

5 My ___ hurts.

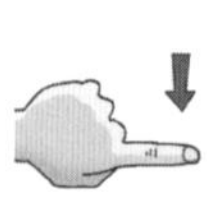 finger

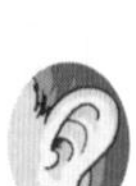 ear

 tummy

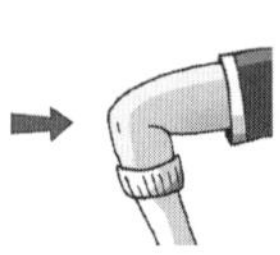 knee

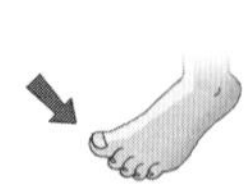 toe

Kopiervorlage 18: Peter Frog

Playway 3 *Teacher's Book,* S. 141

Read and write.

1 Peter Frog likes the _ _ _ .

2 Hippo Jane likes the _ _ _ _ .

3 Penguin Joe likes the _ _ _ _ .

4 Lion Scott likes it _ _ _ .

5 And Stuart, our crazy dog, likes _ _ _
and _ _ _ _ and _ _ _ _ and _ _ _ .

Kopiervorlage 19: Go for a walk (Action Story)

Playway 3 *Teacher's Book,* S. 143

Cut out and put into the correct order.

Go for a walk.	Your hair gets wet.
Your T-shirt gets wet.	Your jeans get wet.
Your shoes get wet. Yuck!	There are big black clouds in the sky.
It starts raining.	It's sunny.
Run home.	

Kopiervorlage 20: Weather Playway 3 *Teacher's Book*, S. 146

Look and write.

1	**Monday**	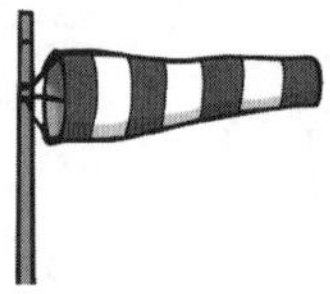
2	**Tuesday**	
3	**Wednesday**	
4	**Thursday**	
5	**Friday**	
6	**Saturday**	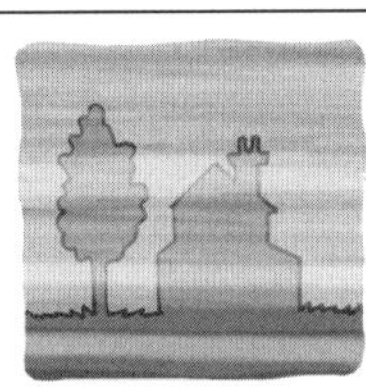
7	**Sunday**	

1. On Monday it's windy.
2. On Tuesday it's _ _ _ _ _.
3. On Wednesday it's _ _ _ _ _ _ and _ _ _ _ _.
4. On Thursday it's _ _ _ _ _ and _ _ _ _ _ _ _.
5. On Friday it's _ _ _ _ _ _ _.
6. On Saturday it's _ _ _ _ _.
7. On Sunday it's _ _ _ _ _.

 windy
 raining
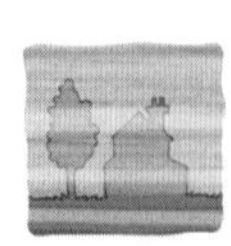 foggy
 cloudy
 sunny

Kopiervorlage 21: What's in my lunch box?

Playway 3 *Teacher's Book*, S. 152

Look and write the numbers.

egg(s)	
muesli bar(s)	
carrot(s)	
sandwich(es)	
yoghurt(s)	

Kopiervorlage 22: Eating spaghetti (Action Story)

Playway 3 *Teacher's Book*, S. 157

Cut out and put into the correct order.

Wonderful spaghetti.	Start eating.	Cut the spaghetti.
Your mother brings you a plate of spaghetti.	Get a knife.	There's spaghetti on the table.
There's spaghetti on the floor.	Eat with your spoon.	There's no spaghetti in your mouth.

Kopiervorlage 23: What food do they like? Playway 3 *Teacher's Book*, S. 160

Look and complete.

1. Henry likes chicken and rice.
2. Charlotte likes ____________ and pizza.
3. Jamie likes ____________ and yoghurt.
4. Olivia likes ____________ and carrots.
5. Dylan likes ____________ and ____________ .

★ ____________
☼ ____________
□ ____________
○ ____________
▲ ____________

Kopiervorlage 24: How many animals are there?

Playway 3 *Teacher's Book*, S. 169

Look and write the numbers.

1

big cat(s)	
small cat(s)	
big dog(s)	
small dog(s)	
small cow(s)	
small duck(s)	
big duck(s)	
big pig(s)	

2

big cat(s)	
small cat(s)	
big dog(s)	
small dog(s)	
small cow(s)	
small duck(s)	
big duck(s)	
big pig(s)	

Kopiervorlage 25: The fence (Action Story)

Playway 3 *Teacher's Book*, S. 175

Cut out and put into the correct order.

Wipe your forehead.	Freeze and quietly say, 'I'm sorry'.	You turn round.
Suddenly you hear a noise.	Climb over the fence.	There's a big bull in front of you.
Slowly walk backwards.	The bull looks at you.	Climb back over the fence.

Kopiervorlage 26: Animals on the farm

Playway 3 *Teacher's Book*, S. 178

Write the words.

 hen ______

 ______

 ______

 ______

 ______

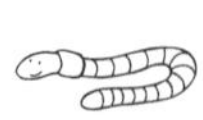 ______

 ______

 ______

 ______

 ______

 ______

 ______

Bastelvorlage A Playway 3 *Teacher's Book,* S. 112

Bastelvorlage B1

Playway 3 *Teacher's Book*, S. 150

Bastelvorlage B2 Playway 3 *Teacher's Book*, S. 150

fish	chips	tomato soup
potatoes	chicken	rice
cheese sandwich	pear	apple
carrots	muesli bar	yoghurt
orange	eggs	broccoli

Bastelvorlage C1 Playway 3 *Teacher's Book*, S. 184

Bastelvorlage C2 Playway 3 *Teacher's Book*, S. 184

Bastelvorlage C3 Playway 3 *Teacher's Book*, S. 184

Anleitung

- Diese Vorlage kann einerseits als normales Lesezeichen dienen, andererseits kann sie aber auch zur Wortschatzarbeit eingesetzt werden.
- Im *Pupil's Book* werden die neu eingeführten Wörter jeder Unit immer links in einer Spalte gelistet. Nachdem die Kinder die Wörter von der CD gehört und im Buch mitgezeigt haben, können sie diese in Einzel- oder Partnerarbeit vertiefen.
- Die Kinder decken die Wörter in der Spalte mithilfe des Lesezeichens ab und versuchen die Bilder zu benennen.

Hinweis: Laminieren Sie die Lesezeichen, damit Ihre Schüler/innen lange Freude daran haben.

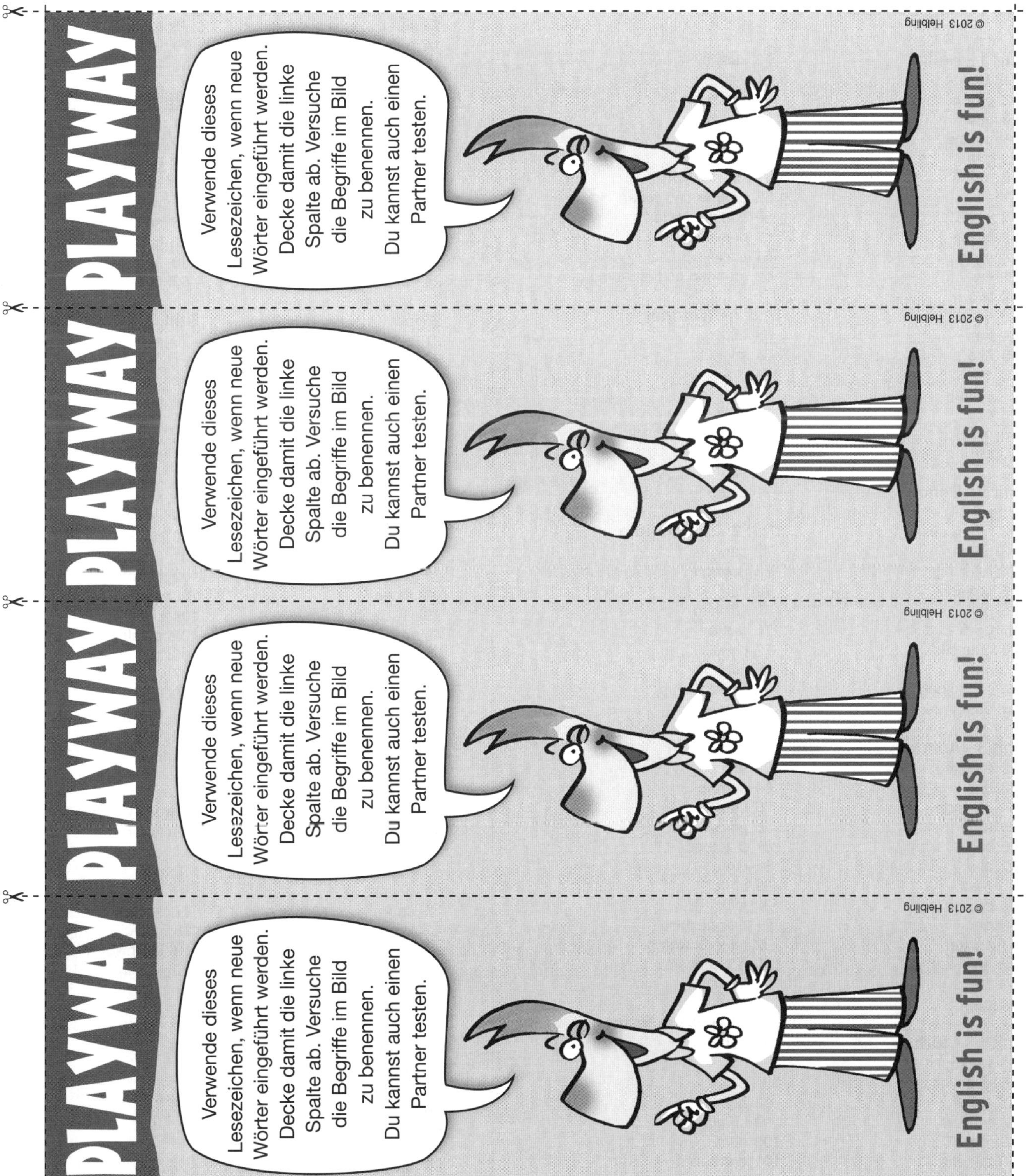

Cards Set

STORY CARDS

1–12	Unit 3 – Animals: The lion is ill
13–21	Unit 4 – Clothes: The woolly hat
22–33	Unit 5 – Family: The raccoons and the beaver
34–45	Unit 7 – Weather: The little seed
46–57	Unit 9 – On the farm: Eddie, the earthworm
58–69	Christmas – Father Christmas is lost

PICTURE CARDS

Unit 1 - Hello
1 orange
2 green
3 blue
4 yellow
5 grey
6 red
7 pink
8 white
9 black
10 brown
11 one
12 two
13 three
14 four
15 five
16 six
17 seven
18 eight
19 nine
20 ten

Unit 2 - School
21 pencil
22 pencil case
23 rubber
24 ruler
25 scissors
26 pen
27 book
28 glue stick
29 chair
30 schoolbag
31 desk

Unit 3 - Animals
32 monkey
33 bat
34 elephant
35 fox
36 lion
37 bird
38 hippo
39 crocodile
40 frog
41 snake
42 rat
43 cat
44 dog

Unit 4 - Clothes
45 woolly hat
46 pullover
47 jeans
48 trainers
49 T-shirt
50 mittens
51 boots
52 cap
53 jacket
54 skirt
55 tights
56 socks
57 shoes

Unit 5 - Family
58 brother and sister
59 dad and mum
60 aunt
61 uncle
62 grandpa and grandma

Unit 7 - Weather
63 rain
64 snow
65 cloud
66 fog
67 wind
68 sun
69 rabbit
70 bee
71 butterfly

Unit 8 - Lunch time
72 pear
73 yoghurt
74 rice
75 chicken
76 apple
77 chips
78 fish
79 tomato soup
80 muesli bar
81 cheese sandwich
82 orange
83 broccoli
84 carrots
85 egg
86 peas
87 potatoes
88 plate
89 butter
90 milk
91 orange juice
92 mineral water
93 hot chocolate
94 tea

Unit 9 - On the farm
95 horse
96 cow
97 pig
98 hen
99 sheep
100 duck
101 earthworm
102 honey

WORD CARDS

Unit 1 - Hello
1 orange
2 green
3 blue
4 yellow
5 grey
6 red
7 pink
8 white
9 black
10 brown
11 one
12 two
13 three
14 four
15 five
16 six
17 seven
18 eight
19 nine
20 ten

Unit 2 - School
21 pencil
22 pencil case
23 rubber
24 ruler
25 scissors
26 pen
27 book
28 glue stick
29 chair
30 schoolbag
31 desk

Unit 3 - Animals
32 monkey
33 bat
34 elephant
35 fox
36 lion
37 bird
38 hippo
39 crocodile
40 frog
41 snake
42 rat
43 cat
44 dog

Unit 4 - Clothes
45 woolly hat
46 pullover
47 jeans
48 trainers
49 T-shirt
50 mittens
51 boots
52 cap
53 jacket
54 skirt
55 tights
56 socks
57 shoes

Unit 5 - Family
58 brother
59 sister
60 dad
61 mum
62 aunt
63 uncle
64 grandpa
65 grandma

Unit 6 - Body
66 hand
67 arm
68 shoulder
69 head
70 ear
71 hair
72 eye
73 nose
74 mouth
75 tooth/teeth
76 finger
77 knee
78 toe
79 leg
80 foot/feet

Unit 7 - Weather
81 rain
82 snow
83 cloud
84 fog
85 wind
86 sun
87 rabbit
88 bee
89 butterfly

Unit 8 - Lunch time
90 pear
91 yoghurt
92 rice
93 chicken
94 apple
95 chips
96 fish
97 tomato soup
98 muesli bar
99 cheese sandwich
100 orange
101 broccoli
102 carrots
103 egg
104 peas
105 potatoes
106 plate
107 butter
108 milk
109 orange juice
110 mineral water
111 hot chocolate
112 tea

Unit 9 - On the farm
113 horse
114 cow
115 pig
116 hen
117 sheep
118 duck
119 earthworm
120 honey